西安城市轨道交通施工关键技术

宋　扬　马　钢◎主编

中国铁道出版社有限公司

2022年·北　京

内 容 简 介

本书共 8 章，主要依托西安既有轨道交通建设工程对大量工程经验进行提炼和总结。首先，介绍西安轨道交通工程发展情况、西安轨道交通工程地质条件；然后，详细总结轨道交通工程极具代表性的施工关键技术，着重介绍西安市轨道交通建设过程中的创新技术和风险控制要点，涵盖土建施工、轨道施工、装饰装修、公共艺术文化、设备安装、BIM 技术等众多专业；最后，展望西安轨道交通施工技术。

本书内容丰富、适用性强，具有较强的参考与借鉴价值，可供从事城市轨道交通建设的技术人员、管理人员及高等院校相关专业师生参考。

图书在版编目（CIP）数据

西安城市轨道交通施工关键技术/宋扬，马钢主编．—北京：中国铁道出版社有限公司，2022.11

ISBN 978-7-113-29427-4

Ⅰ.①西…　Ⅱ.①宋…　②马…　Ⅲ.①城市铁路-轨道交通-工程施工-研究-西安　Ⅳ.①U239.5

中国版本图书馆 CIP 数据核字（2022）第 122073 号

书　　名：**西安城市轨道交通施工关键技术**
作　　者：宋　扬　马　钢

策　　划：陈小刚
责任编辑：张　瑜　　　　**编辑部电话**：（010）51873017
封面设计：崔丽芳
责任校对：安海燕
责任印制：樊启鹏

出版发行：中国铁道出版社有限公司（100054，北京市西城区右安门西街 8 号）
网　　址：http://www.tdpress.com
印　　刷：北京联兴盛业印刷股份有限公司
版　　次：2022 年 11 月第 1 版　2022 年 11 月第 1 次印刷
开　　本：880 mm×1 230 mm　1/16　**印张**：17.75　**字数**：515 千
书　　号：ISBN 978-7-113-29427-4
定　　价：136.00 元

编 委 会

序一

西安城市轨道交通自2006年开工建设，已运营8条线路259公里，在建7条线路163公里，线网客运总量和客流强度长年位居全国前列，充分说明了线网规划的合理性，也反映了西安这座古城发展城市轨道交通的迫切性。欣闻西安市轨道交通集团有限公司在建设15周年、运营10周年组织编写了《西安城市轨道交通施工关键技术》，书籍系统总结了这一阶段的规划、设计、施工经验，意义重大，值得学习与借鉴。

西安以历史文化闻名于世，3 100多年建城史、1 100年建都史及十三朝古都，蕴藏着地面和地下大量珍贵文物，承载着历史文脉，其厚重历史犹如她地下的黄土层一样，极具研究意义。“八水绕长安”的沧海桑田变化改变着她的地貌，也充分表明这里地质条件极具复杂性，目前西安市域范围内已经探明的14条地裂缝几乎与每条城市轨道交通线路都有交集，这大大增加了施工难度和安全风险，在十多年的建设历程中，西安城市轨道交通建设者们始终坚持科学严谨的工作态度，以解决施工现场实际问题为导向，不仅克服了湿陷性黄土、饱和软黄土、地裂缝等技术难题，还很好保护了珍贵文物古迹，形成了一批优秀的技术创新成果，丰富了在特定环境下明挖、暗挖、盾构等关键工法的内涵；同时西安地铁车站装修特色鲜明，在装修风格上秉承“融汇古今”和“艺术地铁”的设计理念，打造“一站一景”，很好体现了西安古城优秀文化与艺术传承；他们在城市轨道交通建设的发展中创新、创新中发展，特色鲜明，并具引领性。西安地铁2号线荣获FIDIC 2014年度“全球杰出工程”大奖，地铁4号线荣获雁塔杯、长安杯、国家优质工程奖和第十九届中国土木工程詹天佑奖，这就是对西安地铁建设最好的肯定。

作者团队以亲历西安城市轨道交通工程建设者的身份，紧密结合工程实践，力求反映工程一线的实际情况，从土建施工、轨道工程、车站装饰装修以及系统设备等全过程充分总结了施工过程遇到的难题及解决方法，形成了全方位的施工关键技术，既可以为广大城市轨道交通建设者系统学习相关技术与管理知识、了解新技术发展和应用现状提供指导，也可以作为相关专业技术人员的实用技术指南。

如今，西安城市轨道交通工程第三期建设规划线路正在如火如荼的建设中，第四期建设规划正在编制，轨道交通建设正处于蓬勃发展的崭新阶段，不断向“多网融合”“打造轨道上的西安都市圈”迈进。本书的出版凝聚了西安城市轨道交通建设者的智慧与心血，将为广大城市轨道交通建设者提供有益借鉴和指导，共同谱写城市轨道交通行业高质量发展新篇章。

中国工程院院士
住建部城市轨道交通建设专业委员会主任委员
2022年3月20日

序二

2021年，适逢西安地铁建设十五周年、运营十周年。彼时，雒继锋同志提议对西安地铁十多年建设发展积累的经验进行总结，一来为集团青年技术干部、新员工提供契合现场实际的案例教材，指导员工成长成才；二来对过去工程建设中的不足进行全面反思，汲取教训、以示来者。后经讨论研究后决定，以技术管理工作为主线，组织编写设计创新、施工关键技术等方面的系列专著。

回首过往，西安地铁从无到有、从优到强，从2号线荣获轨道交通行业首个“FIDIC”大奖，到4号线获得西北五省首个“詹天佑奖”，在高质量发展之路上阔步前行，赋能未来。编委会经过半年多搜集整理、思索提炼，2021年底百余万字的《西安城市轨道交通设计与创新》专著出版，内容涵盖轨道交通设计各专项、各专业及设计管理方方面面，是一本指导城市轨道交通设计工作的系统书籍，受到业界高度赞赏。随后，《西安城市轨道交通施工关键技术》开始编写，编委会从选题策划到章节脉络形成，从案例选取到总结提炼均反复研酌，力求客观真实、准确无误，以飨读者。如今，《西安城市轨道交通施工关键技术》专著即将付梓，本该结题欢雀，怎奈故人千里！雒继锋同志是西安地铁建设发展重要的奠基者之一，是西安地铁引以为傲的专家型智库人才，也是我非常敬重的“老大哥”。多年来，他始终潜心轨道交通领域技术研究，言传身教、示范带领公司广大技术管理人员先后完成了西安城市轨道交通多轮次线网规划、建设规划编制，统筹推进地铁勘察设计、技术管理及其创新研究等工作。怀念与他共事五年多来的点点滴滴，悲痛思念之情涌上心头，难以言表、久久不能平复……故以此序纪念雒继锋同志，激励广大干部员工为轨道交通高质量的发展不懈奋斗。

今年，陕西轨道交通集团有限公司正式成立，西安城市轨道交通发展迎来新的机遇。立足新发展阶段，我们将认真贯彻新发展理念，主动融入新发展格局，积极适应生态文明、智慧城轨、数字技术、项目多元、能级提升等新形势、新任务要求，以“联网、补网、强链”为重点，统筹加快推动国铁干线、城际铁路、市域（郊）铁路、城市轨道交通“四网融合”发展，不断开创发展新机遇，谋求发展新动力，为进一步激发陕西铁路网枢纽经济潜能，加快推进西安都市圈建设作出积极的轨道交通贡献。

最后，衷心感谢长期以来关心支持陕西轨道交通和西安城市轨道交通建设发展的各级领导、专家、学者、同行！热切期待今后与兄弟单位、科研院校、社会各界开展更深层次的合作交流。

陕西轨道交通集团有限公司

党委书记、董事长

2022年11月

前言

交通是强国之基、兴国之要。《中共中央关于制定国民经济和社会发展第十四个五年规划和二〇三五年远景目标的建议》提出:“加快建设交通强国,完善综合运输大通道、综合交通枢纽和物流网络,加快城市群和都市圈轨道交通网络化,提高农村和边境地区交通通达深度。”立足新发展阶段、贯彻新发展理念、构建新发展格局,轨道交通迫切需要从规模化发展走向高质量发展,这其中既要从尊重城市发展规律的角度谋划,也要立足促进城市整体性、系统性、生长性角度合理规划建设,进一步发挥轨道交通在优化提升城市功能、助力城市增值等方面的影响力。

与一般的市政基础设施工程相比,轨道交通工程具有规模大、风险高、专业复杂、涉及主体多、与工程周边环境相互影响较大等特点,加之地下情况复杂,促使轨道交通建设难度加大。在建设初期,面临文物保护、穿越地裂缝、湿陷性黄土及饱和软黄土等特殊建设难题。尤其在这种特殊地质条件下首次修建地铁,难度可想而知,如地铁2、6号线盾构绕穿钟楼,4号线下穿大厚度自重湿陷性黄土区段,属全国首例,建设方案屡屡受到文物专家质疑,工程建设一度陷入举步维艰的困境。

西安市轨道交通建设15年来(2006—2021),始终聚焦“建设全国一流地铁”总目标,积极践行“致力成为城市建设引领者和生活方式提供商”的企业愿景,立足城市定位和发展需求,坚持“只留经典、不留遗憾”的建设理念,截至2021年8月已开通运营8条线259 km。建设过程中,培养了一支经验丰富、技术水平过硬、与时俱进的专业技术人才队伍,凝练了一系列具有西安地铁建设特色的施工工法工艺。地铁2号线荣获FIDIC 2014年度“全球杰出工程”大奖,4号线荣获雁塔杯、长安杯、国家优质工程奖和詹天佑大奖。

本书在《西安地铁土建工程设计与施工》的基础上,依托西安既有轨道交通建设工程,通过对大量工程经验进行总结和提炼,详细介绍极具代表性的施工关键技术,着重介绍西安市轨道交通建设过程中的创新技术和风险控制要点,涵盖工程地质、土建施工、轨道施工、装饰装修、公共艺术文化、设备安装、BIM技术等众多专业。旨在总结提炼、传承专业精神,指导后续工程建设,继续为城市轨道交通建设又好又快发展作出贡献。

立足当下,展望未来。我们坚信,在以习近平同志为核心的党中央坚强领导下,在“交通强国”战略目标引领下,城市轨道交通发展必将日新月异、蒸蒸日上。我们将虚心向国内兄弟城市学习,不断总结建管经验,更新思维理念、创新发展方式,继续为西安都市圈和国家中心城市建设作出积极的贡献。

本书也得到了各级专家、学者、领导的指导,在此表示衷心感谢。鉴于编者水平有限,《西安城市轨道交通施工关键技术》编写过程中,虽经反复推敲核证,仍难免有不妥甚至疏漏之处,恳请批评指正。

编　者

2022年2月

目录

第1章　西安轨道交通工程发展概述

1.1　西安轨道交通建设规划

西安市城市轨道交通建设规划经历三轮五次批复，共获批建设12条地铁线路，总里程约422 km（不含机场线）。目前，已建成运营1、2、3、4、5、9、14号线及6号线一期，共259 km；在建项目7个，包括1号线三期、2号线二期、6号线二期、8号线、10号线一期、15号线一期和16号线一期，共163 km。项目全部建成后，将形成12条线路运营、总长422 km的轨道交通网。

1.1.1　第一期建设规划

2005年，西安市完成了《西安市城市快速轨道交通建设规划（2006—2015）》的编制工作。规划在2006—2015年的10年中建设地铁1、2号线两条线，总长50.3 km，投资估算179.5亿元。2006年9月，获国家发改委批复通过。

1.1.2　第一期建设规划调整

2009年，西安市完成了《西安市城市快速轨道交通建设规划调整方案（2006—2016）》的编制工作。在原规划的基础上增加建设3号线一期工程和1号线二期工程，并将规划年限延长至2016年。调整后的轨道交通近期建设项目总长度94.6 km，总投资约439.1亿元。2010年1月，获国家发改委批复通过。

1.1.3　第二期建设规划

2012年，西安市完成了《西安市城市轨道交通近期建设规划（2013—2018年）》的编制工作。规划在2013—2018年的6年中建设地铁4号线、5号线一期、6号线一期3个项目，总长78.9 km，投资估算475.01亿元。2013年12月，获国家发改委批复通过。

1.1.4　第二期建设规划调整

2015年，西安市完成了《西安市城市轨道交通近期建设规划调整（2013—2021年）》的编制工作。规划在第二期建设规划的基础上增加5号线二期、6号线二期和临潼线（9号线主线），并将规划年限延长至2021年。调整后的轨道交通第二期建设项目总长度144 km，总投资约863.74亿元。2016年2月，获国家发改委批复通过。

1.1.5　第三期建设规划

2018年，西安市完成了《西安市城市轨道交通第三期建设规划（2019—2024年）》的编制工作。规划在2019—2024年建设地铁1号线三期、2号线二期、8号线、10号线一期、14号线、15号线一期、16号线一期7个项目，总长150 km，投资968.5亿元。2019年6月，获国家发改委批复通过。

1.2　西安轨道交通建设

1.2.1　第一期建设规划及调整线路

1. 地铁2号线

地铁2号线北起草滩北站，南至常宁站，线路全长20.6 km，设17座车站；2010—2014年，建成2号线会展中心—韦曲南段，长度 6.09 km，设 4 座车站；2019 年 10 月底，开工建设 2 号线南北延伸段，南北延伸段各 2 站 2 区间，总长 6.90 km，均为地下线。

地铁 2 号线一期车站全为岛式站台车站，其中钟楼站为分离岛式站台车站；施工方法基本为明挖法，钟楼站站台采用暗挖法施工。

地铁 2 号线一期区间成功下穿陇海铁路、南北明城墙（护城河），成功绕穿钟楼；穿越了 16 次地裂缝。主要施工方法为盾构法和浅埋暗挖法，盾构法约占 57%，浅埋暗挖法约占 33%，其余为明挖法施工。

地铁 2 号线一期建设成功解决了文物保护、过地裂缝、湿陷性黄土处理等技术问题，基本确定了车站围护结构形式和参数，基本确定了盾构选型及技术参数，为后续线路的建设打下了坚实的基础。

2. 地铁 1 号线

地铁 1 号线西起秦都站站，终点纺织城站，线路全长 42.06 km。全线分三期建设，一期工程后卫寨至纺织城段，线路长 25.36 km，设 19 座地下车站；二期工程沣河森林公园至后卫寨段，线路长 6.09 km，设 4 座地下车站；三期工程秦都站至沣河森林公园段，线路长 10.61 km，设 7 座地下车站。2009—2013 年，建成后卫寨至纺织城段；2015—2019 年，建成森林公园至后卫寨段；三期工程于 2020 年 3 月开工建设。

地铁 1 号线攻克了以下工程难点：区间隧道穿越东、西护城河以及玉祥门、朝阳门、市政隧道、浐河、东三环立交、多层砖混房屋和铁路专用线下方等；长乐坡—浐河东区间隧道斜穿 f_6 地裂缝、朝阳门—康复路暗挖区间等；饱和软黄土降水及地下车站超深降水（降水厚度大于 10 m）对周边管线及建（构）筑物的影响；后卫寨—沣东自贸园区间近距离下穿既有出入段线及太平河等。

3. 地铁 3 号线

地铁 3 号线一期工程为鱼化寨—国际港务区段，正线全长 39.15 km，其中地下线长 27.13 km，高架线长 11.57 km，敞口段长 0.45 km。于 2016 年建成通车，共设车站 26 座，其中 19 座地下站，7 座高架站。

地铁 3 号线地下线车站和区间与 1、2 号线基本类同，高架段采用标准宽度的预制简支梁、现浇简支梁、跨既有道路现浇连续梁及跨浐河、灞河 T 形刚构桥连续梁桥结构，并在香湖湾车站大里程方向采用变截面连续梁结构设置了线路的折返线。灞河大桥在建设过程中采用钢板桩围堰技术，克服了河床起伏大且砾岩层中存在卵石夹层的基础施工难题，采用多套挂篮悬臂平衡浇筑法组织上部结构现浇施工，同时建设过程中高度重视线路周边环境保护工作，制定专项方案进行灞河河水及周边环境的保护。高架车站主体结构采用钻孔桩基础及框架结构形式，车站顶部采用钢结构+幕墙形式。车站主体及出入口外立面及屋顶幕墙系统造型别致，寓意丰富，且与周边环境协调统一，成为周边地标性建筑物，得到了广泛认可。

4. 主要设施设备

车辆选用直流 1 500 V、三动三拖（3 号线四动二拖）、6 车辆编组 B 型车；信号系统采用 WLAN2.4 车地通信的列车控制系统（CBTC）；通信系统设有传输、800 MHz 无线集群、公专合一交换、模—数视频监控、时钟、数字广播、乘客信息、电源和综合网管集中告警等系统；车站设有环境与设备监控、火灾自动报警、自动售检票、站台屏蔽门、电扶梯、通风空调和给排水等系统，系统设备为同期主流、先进设备。

1、2、3 号线共用一个控制中心，设于 2 号线渭河车辆段。

1.2.2 第二期建设规划及调整线路

1. 地铁 4 号线

地铁 4 号线起于航天新城站，止于北客站站，线路长度约为 35.2 km，均为地下线路，共设置 29 座车站。2018 年建成通车，28 座车站采用明挖法施工（其中 3 座车站设置半铺盖临时路面系统），1 座车站（火车站站）采用明暗挖结合施工，区间施工方法和第一期规划线路基本类同。

地铁 4 号线研发了大断面隧道下穿国铁咽喉区道岔群施工关键技术，线路斜向 45°下穿西安火车站咽喉区 29 股道、11 组道岔及 1 组复式交分道岔，创下穿道岔数量之最、复杂程度之最。隧道跨度11.7 m，上覆饱和软黄土，采用超长大管棚、全断面深孔注浆、机器人开挖和自动化监测联动等技术，确保了特等客运站日均 104 对列车运营安全。南段线路 6 km 地形起伏大，高差 100 m，分布 25 m 厚湿陷性黄土，采用大型浸水试验判定为非自重湿陷性场地;开展湿陷机理分析、工程特性研究,确定本段可不作地基处理;明挖法改为盾构,降低了工程难度,为类似工程提供了借鉴。

2. 地铁5号线

地铁5号线一期工程全长25.36 km,呈东西方向,西起阿房宫南站,东至西安东站,是西安市轨道交通线网中第二条东西向的主骨架线路。一期工程共设车站21座(其中20座地下站,1座高架站)。二期工程西起交大创新港站,东至阿房宫南站,线路全长19.82 km(其中地下线长7.30 km,高架线长12.16 km,桥隧过渡段0.36 km),设车站13座,其中高架站8座,地下站5座。一期工程由西安轨道交通集团有限公司负责建设,二期工程由西咸新区轨道交通投资建设有限公司负责建设。2015—2020年,建成5号线交大创新港站—马腾空站段,主要施工方法和第一期规划线路类同。

一期工程南稍门—文艺路盾构区间隧道在南稍门站以东24~43 m范围下穿2号线永宁门—南稍门矿山法区间隧道,竖向最小净距2.5 m;穿越前设置掘进试验段,穿越过程中对既有线采取限速运行,同时加强同步及二次注浆,并采取自动化监测的信息化施工措施,下穿工程对既有线隧道的沉降控制在5 mm以内,各项指标均未超标,保证了既有运营2号线区间隧道的整体稳定及运营安全。

3. 地铁6号线

地铁6号线为轨道交通线网规划中的骨干线,整体呈西南—东北走向,长约39.6 km,均为地下线,共设置车站32座。2015—2020年,建成6号线一期西安国际医学中心站—西北工业大学站段。6号线一期车站,结合计算分析结果,采取相关措施,取消了车站诱导缝,减少了后期运营维护成本和难度;省体育馆站为双岛四线换乘站,基坑规模大,采取半幅盖挖法施工,有效减少明挖施工对唐延路现状交通的影响;省体育馆站—木塔寺站区间采用双联拱,结合洞内注浆,成功下穿唐城墙遗址;丈八一路—省体育馆站区间采用双侧壁导坑法,并辅以超前地质预报等相应的工程措施,成功保证了小间距隧道向双洞大断面(单洞开挖跨度15.6 m)的顺利过渡,有效控制了工程风险;省体育馆站为目前西安地铁已开通运营线路当中首个两线平行换乘车站,其他车站、区间施工方法和第一期规划线路基本类同。

4. 地铁9号线

地铁9号线全长25.30 km,设车站15座,采用PPP模式建设,2017—2020年建成,施工方法和第一期规划线路基本类同。

5. 主要设施设备

车辆选用直流1 500 V、四动二拖、6车辆编组B型车;信号系统采用LTE-M车地通信的列车控制系统(CBTC);通信系统设有传输、800 MHz无线集群、公务电话软交换、数字视频监控、时钟、数字广播、乘客信息、电源和综合网管集中告警等系统;车站设有环境与设备监控、火灾自动报警、自动售检票、站台屏蔽门、电扶梯、通风空调和给排水等系统。系统设备为同期主流、先进设备。

地铁4、5、6、9号线共用一个控制中心,设于4号线航天城车辆段。

1.2.3 第三期建设规划线路

第三期建设规划线路8、10、14、15、16号线及1号线三期、2号线二期于2019、2020年陆续开工建设,计划2024年全面建成。

1. 地铁8号线

作为西安轨道交通线网唯一环线,建设环境复杂,车站主要采用明挖法施工的同时,为减小对交通的影响,有3座车站采用暗挖法施工。区间隧道共计25次穿过12条地裂缝及2条分支裂缝,并多次下穿铁路及运营轨道交通线路,确保工程实施安全,风险安全可控是技术关键。

秉承“建地铁就是建城市”的设计理念,地铁8号线建设充分融入城市发展规划。根据城市建设发展及总体规划,发挥轨道交通的引导带动作用,优化线站位方案,更为均衡服务城市片区,5.8 km地铁线路与幸福林带工程统一规划、统一开发、同期设计、同期施工,实现了地铁与城市综合一体化开发的相互融合。

2. 地铁 10 号线

地铁 10 号线一期工程打造快速、高效、便捷的立体交通线，相较于西安既有运营地铁线路，最高运行时速从 80 km 提高至 100 km。全线 2/3 线路采用高架敷设的方式，以“人文、科技、绿色”为主线，打造轨道交通与城市景观的有机融合，“人在车中看，车在景中游”成为穿梭于城市中的移动观景台。跨越泾、渭河桥梁公轨合建，两桥一古一今、一柔一刚，泾渭分明，融合于自然环境，打造承载历史文脉、提升城市品位的“地标性”城市名片。

3. 地铁 14 号线

地铁 14 号线工程线路全长 13.65 km，均为地下线，设车站 8 座。地铁 14 号线工程作为第十四届全运会最便捷的轨道交通配套工程，2021 年 6 月 30 日建成与机场线贯通运营。

地铁 14 号线在西安地铁建设以来首次应用了预制装配化的构件。在双寨站、港务大道站出入口内部结构中，对内部楼梯均采用了全预制形式的楼梯板、梯梁、梯柱，实现了内部结构预制试点，降低了传统地铁车站建设对劳动力的依赖，减少了施工现场工作量，降低了对施工现场周边环境影响，对提高整体工程质量具有极大优势。

地铁 14 号线在西安地铁建设以来首次盾构长距离不停机穿越河流：在北辰—奥体中心区间盾构长距离下穿灞河，灞河河床下方应用冻结法施工联络通道，在全断面富水砂层中连续匀速穿越不停机，在穿越过程中采取多项有效措施，保证了盾构穿越灞河的施工安全。盾构隧道小半径近距离连续穿越运营高铁桥梁：文景山公园—西安工大 · 武德路站区间以 350 m 半径连续穿越徐兰、大西高铁及疏解线桥梁，隧道与桥桩平面净距仅 3.8 m，采取“钻孔隔离桩+桩内侧地面袖阀管预加固+浅埋土压盾构+自动化实时监测下的信息化施工+应急预案”的隔离保护措施，确保地铁穿越施工期间高铁的运营安全。

4. 地铁 15 号线

地铁 15 号线为城市南部东西走向的一条骨干线路。一期工程长 19.46 km，设站 13 座。一期工程实施难度大，风险点多（下穿皂河、下穿 3 处黑河供水管、下穿大直径雨污水管线、下穿既有运营 2 号线隧道），其中神舟二路站轨面埋深 47 m，最大线路纵坡 31.983‰。

5. 地铁 16 号线

地铁 16 号线是一条南北向的快速客运通道，与线网中的 12、18 号线共同构成西咸新区内的南北向轨道交通骨架，由西咸新区轨道交通投资建设有限公司负责建设。一期工程均为地下线，线路长 15.05 km，设站 9 座。线路多次穿越既有铁路线，包括陇海铁路、黄家寨客车存放基地、西成高铁，施工难度大，风险高。

6. 主要设施设备及创新

第三期建设规划 8、15 号线车辆采用 A 型车，其他线路采用 B 型车。10、14、15、16 号线最高行车速度 100 km/h，其他线路最高行车速度 80 km/h。列车编组：初、近、远期均为 6 辆。

在国家“大力发展智慧交通”的背景下，第三期建设规划部分线路围绕一个云平台、两大中心（大数据及线网指挥中心）、三级管理（线网、线路、车站）、五类服务（服务于乘客、服务于行车、服务于运营、服务于维保、服务于管理）的整体架构进行设计。向乘客提供增值增质的人性化、精准化服务；面向运营管理提供精细化、高效化的智能应用。结合《中国城市轨道交通智慧城轨发展纲要》，应用了全自动无人驾驶、云平台、大数据、智慧车站、智能运维、BIM 等新兴技术，聚焦乘客服务、行车组织、调度指挥、车站管理、运营维护、安全保障及应急处置等多方面，打造高效、便捷、安全、绿色、经济的新一代智慧型城市轨道交通。

采用 TOD 理念，10 号线在高陵区以站点为核心打造 TOD 地铁小镇，与沿线片区统筹规划，激发城市活力，促进城市更新，打造城市整合发展的新引擎。15 号线重点在位于古城文化轴的航天城站和科技创新轴的细柳车辆段研究一体化开发。

地铁 8、10、15 号线共用一个控制中心，设于 8 号线长鸣路车辆段。

小　　结

西安轨道交通一、二期规划基本在规划期内完成了线路建设，三期规划线路从审批通过到全部线路开工建设，用时最短。西安轨道交通车站主要采用箱形框架结构，明挖法施工，围护结构主要采用混凝土灌注排桩加内支撑，施工降水根据地质情况采用坑外降水或坑内外联合降水；区间主要采用土压平衡盾构和浅埋暗挖法施工。西安轨道交通建设成功解决了文物保护、过地裂缝、湿陷性黄土处理等技术难题，设施设备系统均采用国内同期主流、先进设备。随着城轨交通行业信息化建设步入快速发展阶段，西安城市轨道交通建设水平和智慧化程度将会不断提高，更好地成为城市建设的引领者和生活方式的提供商。

第 2 章　西安轨道交通工程地质条件概况

2.1　区域地质构造

西安市位于区域构造渭河断陷带的中部地区和秦岭褶皱系的北部边缘。渭河断陷带位于鄂尔多斯地块和秦岭褶皱带之间，西起宝鸡东，东达山西运城和河南灵宝一带，包括渭河盆地中的西安坳陷、固市坳陷、运城盆地、灵宝盆地。渭河断陷带总体上呈近 EW 向分布，向东逐渐变为 NEE 向。断陷带的南北两侧均受正倾滑的活动断层控制。南侧的临潼—长安断裂和秦岭山前断裂是盆地的主控边界断裂。盆地内的固市坳陷则是第四纪沉积厚度最大、升降差异运动最强烈的地区。整个盆地带南深北浅，向南倾斜（图 2.1）。西安地区由西安坳陷、固市坳陷、骊山隆起、咸阳隆起四部分组成。与渭河盆地东部地区相比，该区域地震活动较为强烈，断裂构造也较为发育。

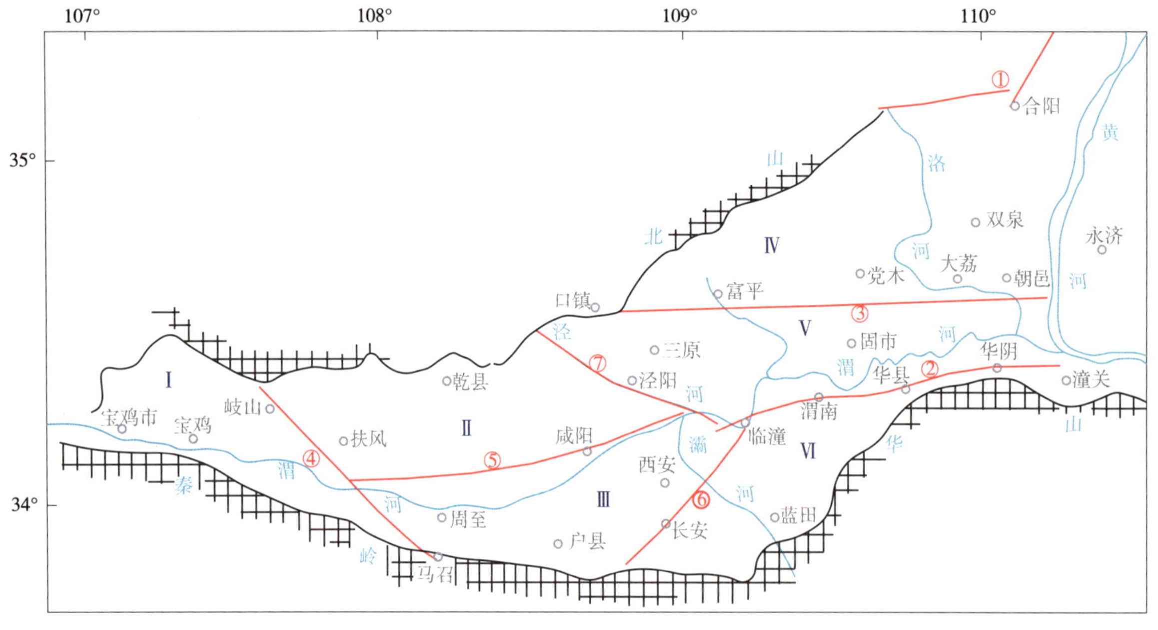

图 2.1　地质构造分布略图

Ⅰ—宝鸡隆起；Ⅱ—咸阳隆起；Ⅲ—西安坳陷；Ⅳ—蒲城隆起；Ⅴ—固市坳陷；Ⅵ—骊山隆起；

①—北山山前断裂；②—秦岭山前断裂；③—口镇—关山断裂；④—哑柏断裂；⑤—渭河断裂；⑥—临潼—长安断裂；⑦—泾河断裂

由于断裂垂直差异运动的幅度不同，而形成了盆地内部的相对上升区和下降区，如以秦岭褶皱带、骊山隆起为主的明显上升区，礼泉—咸阳黄土台塬、富平—蒲城黄土台塬和骊山西南侧一系列黄土台塬如白鹿塬、少陵塬、神禾塬的缓慢上升区和西安坳陷、固市坳陷的强烈下降区。西安市地处渭河盆地中央的西安坳陷区，新生代以来，本区一直处于南北向引张应力场作用下的伸展拉张环境之中。这种深部构造和应力场背景，为西安地区断裂的活动提供了有利的条件。

西安市四周被序次不同的正断层所围限，区内分布有临潼—长安断裂，其将新生界覆盖层分为东西两区（东区为骊山隆起，西区为西安坳陷，坳陷区的新生界厚度达 7 000 m，其中第四系厚度近千米）。临潼—长安断裂带延伸和切割深度大，活动性强，为区域性活动大断裂，对本区构造稳定性影响较大。断裂走向呈北东、近东西、北西向分布，以正断层为主。断裂的继承性活动对地层分布、岩性厚度变化、地貌、地裂缝发育、水文地质特征及地热分布均有重要的影响。区内构造形迹主要表现为隐伏断裂构造，按其走向可分为 EW 向、NE 向和 NW 向三组。

近场区主要活动断裂有 10 条,分别为秦岭北缘断裂(F_2)、渭河断裂(F_3)、临潼—长安断裂(F_4)、口镇—关山断裂(F_5)、盆地北缘断裂(F_6)、礼泉—富平断裂(F_7)、周至—余下断裂(F_8)、骊山山前断裂(F_9)、渭南塬前断裂(F_{10})、泾阳—渭南断裂(F_{11}),其次还有 3 条推测断裂,分别为皂河断裂(JF_1)、浐河断裂(JF_2)和泾河断裂(JF_3),断裂分布位置如图 2.2 所示,活动特征详见表 2.1。

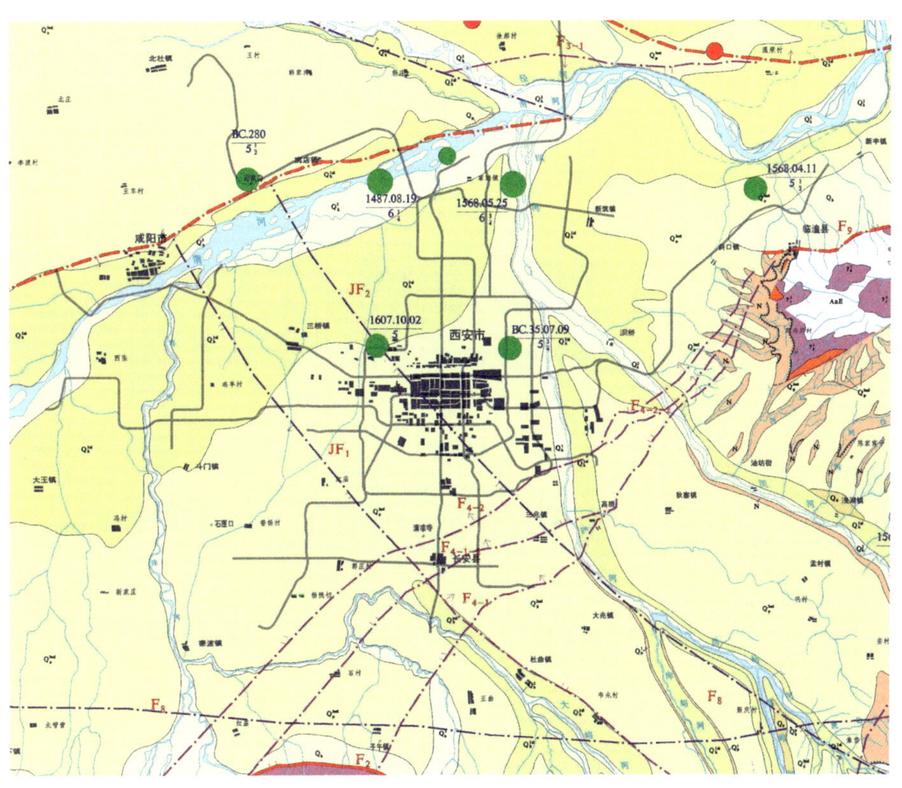

图 2.2 西安市断裂分布截图

表 2.1 近场区主要断层及其活动情况简表

编号	断层名称	分段	走向、倾向、倾角(°)	区内长度(km)	最新活动时代		地震活动
					时代	证据	
F_2	秦岭北缘断裂	东段	断层走向 EW,倾向 N,倾角 60°~80°	98	Q_h	错断地层、地貌陡坎露头及探槽剖面	古地震事件
		西段		15	Q_{p3}		小震群
F_3	渭河断裂	东段	走向近东西,倾向 S,倾角 70°	95	Q_h	探槽、钻孔及露头剖面	有多次中强地震
		西段		15	Q_{p3}		
F_4	临潼—长安断裂		走向 N35°E,倾向 NW,倾角 70°	60	Q_{p3}	探槽、钻孔及露头剖面	有地震
F_5	口镇—关山断裂	东段	走向 EW,倾向 S,倾角 70°	55	Q_h	探槽、钻孔及露头剖面	有小震
		西段		35	Q_{p2}		有地震
F_6	盆地北缘断裂		走向 NE70°~75°,倾向 SE,倾角 60°~75°	70	Q_{p3}	露头剖面及年龄样	有历史地震
F_7	礼泉—富平断裂		走向 NE,倾向 SE,倾角 60°~75°,次级断裂倾向北	80	Q_{p3}	露头、钻孔剖面及年龄样	有历史地震

续上表

编号	断层名称	分段	走向、倾向、倾角(°)	区内长度(km)	最新活动时代		地震活动
					时代	证据	
F_8	周至—余下断裂		断层走向 EW,倾向 N,倾角60°~80°	115	Q_{p1-2}	浅层地震及钻孔剖面	
F_9	骊山山前断裂		走向近 EW,倾向 N,倾角45°~80°	41	Q_h	露头剖面及年龄样	1487 年临潼6 级地震
F_{10}	渭南塬前断裂		走向近 EW,倾向 N,倾角 70°	40	Q_h	露头剖面及年龄样	
F_{11}	泾阳—渭南断裂		走向近东西至北西,倾向北,倾角 68°	61	Q_h	浅层地震及钻孔剖面	1568 年地震
JF_1	皂河断裂		断层走向 NW,倾向 SW,倾角 65°~75°	50	Q_{p2-3}	浅层地震及露头剖面	
JF_2	浐河断裂		断层走向 NW,倾向 SW,倾角 65°~75°	50	Q_{p2}	浅层地震及露头剖面	
JF_3	泾河断裂		断层走向 NW,倾向 NE,倾角 65°~75°	54	Q_{p2}	浅层地震及钻孔剖面	

与西安城市轨道交通工程有关的活动断裂简单叙述如下:

1. 渭河断裂(F_3)

渭河断裂是一条纵贯渭河盆地中西部的大断裂,总长大于 200 km,近场区属于周至—户县断陷北部边界的渭河断裂东段的一部分,也是渭河断裂活动性较强的一个断裂,该断裂又可以再细分为东西两个亚段,其中西亚段西起兴平市西,经咸阳直到梁村南,断层穿过了渭河北岸的一级阶地、二级阶地、高漫滩和低漫滩等地貌单元。断层走向近东西,主断层倾向南,北盘上升,南盘下降,是一张性正断层。

2. 临潼—长安断裂(F_4)

临潼—长安断裂是渭河盆地内次级断块骊山隆起和西安坳陷的分界断裂,西南起自沣峪口,经子午、长安、纺织城、灞桥、临潼西北,总体走向北东 35°~45°,断裂束全长约 60 km。临潼—长安断裂带主要由两条较大的断层组成,一条是麻街—牛角尖—大鲍陂—碾湾断层(F_{4-1}),另一条是胡家沟—肖家寨—月登阁—首帕张断层(F_{4-2})。麻街—牛角尖—大鲍陂—碾湾断层在灞河右岸的高桥又分出一条分支断层,即王家碥—侯家湾断层(F_{4-1-2})。胡家沟—肖家寨—月登阁—首帕张断层在白鹿塬也分出一条分支断层,即家底村—唐家寨断层(F_{4-2-2})。

3. 骊山山前断裂(F_9)

骊山山前断裂西起临潼区东,东至崇凝南,长约 40 km,西段骊山山前走向北东东,东段渭南黄土台塬和波状黄土塬之间走向北西西,倾向北,该断裂是骊山凸起的北界断裂。骊山北侧断层崖、断层三角面明显,断层角砾岩清楚。华清池温泉为该断层形成的断层泉。临潼区空军疗养院的后院,离山很近,但井深 720 m 仍为新生界松散层,陈家窑钻孔深 167 m,见断层泥,其下为花岗片麻岩。东段断裂从渭南塬和波状塬之间通过,南盘出露上、下第三系,北盘为第四系。地貌上表现为南高北低的黄土陡坎,高度可达百米,为南升北降高角度正断层,断距较大。

该断裂第四纪以来活动明显,断裂南盘基岩及中下更新统出露地表或埋藏较浅,而北盘基岩却埋藏较深。根据钻孔资料对比,下更新统底界与中更新统底界在断裂两侧落差分别为180 m和140 m。沿断裂带第四纪断层十分发育。晚更新世和全新世地层中的断层错距分别为5~10 m、2 m,由此得到断裂晚更新世以来的平均滑动速率为0.2~0.4 mm/a,全新世平均位移速率为0.2 mm/a。沿断裂发生过一些中小地震。

4. 泾阳—渭南断裂(F_{11})

泾阳—渭南断裂西起泾阳县城北,经高陵南、零口、渭南至华县附近。西段北西向,东段近东西向,目前仍为一条隐伏断裂。该断裂为三原、大荔重力低和南侧重力高之分界,磁场强度图表明也为三原—临汾正异常西南界零线附近。地矿部第三石油普查大队的地震十余条剖面上有反应,断层面北倾,断距向下变大。据地震勘探资料,在100~1 000 m浅层深度、800~2 000 m中层深度和2 000~5 000 m深层深度,该断裂都反应明显。

2.2 地形地貌

由于受基底断裂的控制,西安地区的地貌分布很有规律,中部地区为渭河河谷,北部为北山山地和渭北黄土台塬,南部地带为黄土台塬、黄土丘陵与秦岭基岩中高山,地势总体南北两侧高,向中间呈台阶状降低,地面高程变化在330~1 300 m之间。西安市地势总体南东高北西低,据区域研究成果,从南向北、自西向东依次为黄土台塬、黄土梁洼、渭河阶地、皂河阶地、浐灞河阶地。具体划分如图2.3所示,详细说明见表2.2。

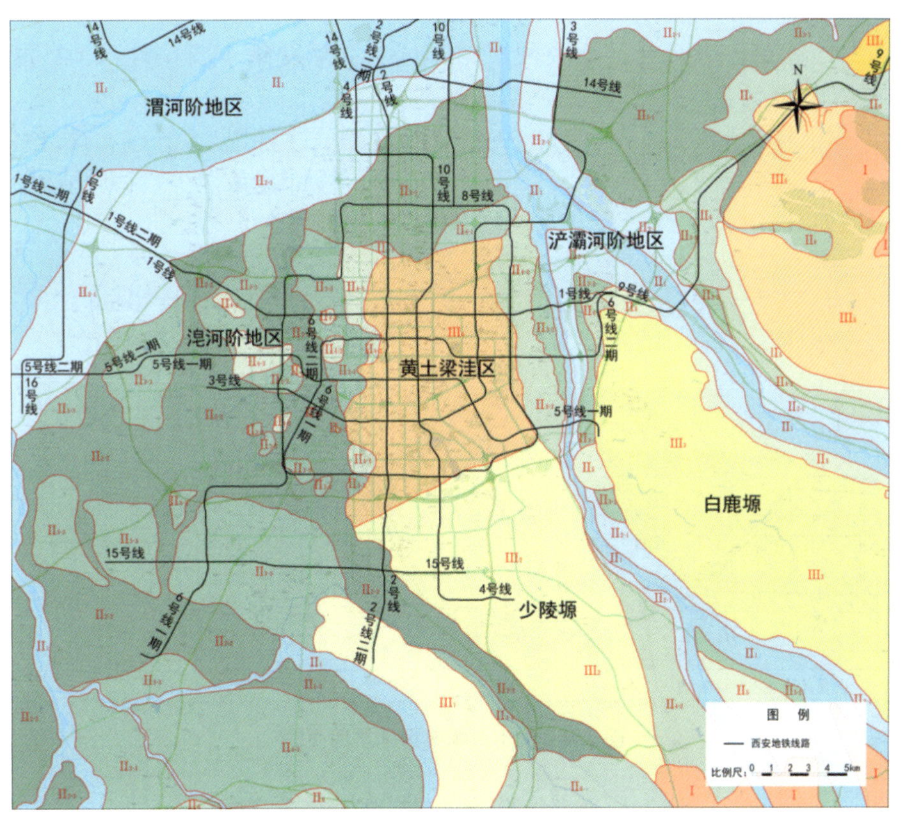

图2.3 西安市区地质地貌图

表 2.2　西安市地貌类型划分表

地貌类型	代　　号	成因类型	说　　明
黄土台塬	Ⅲ$_1$~Ⅲ$_5$	风积、残积地貌	分布于西安市南部，如少陵塬、神禾塬、白鹿塬等，主要由 Q_3、Q_2、Q_1 黄土与古土壤互层组成，厚度约 60~150 m，基座为下更新统洪积和冲湖积沉积层
黄土梁洼	Ⅲ$_6$	风积、残积地貌	主要分布于西安市中部，北至二府庄附近，南至曲江水厂附近，上部主要由 Q_3、Q_2 黄土和古土壤组成，下部以黏性土夹细、中粗砂层为主
渭河阶地	Ⅱ$_1$、Ⅱ$_{2-1}$、Ⅱ$_{3-1}$、Ⅱ$_{4-1}$	冲洪积地貌	位于西安市北部和西北部，分为河漫滩以及一、二、三级阶地，阶地类型为上叠式。一级阶地和二级阶地的地形平坦，三级阶地有起伏
皂河阶地	Ⅱ$_1$、Ⅱ$_{2-2}$、Ⅱ$_{3-3}$、Ⅱ$_{4-3}$、Ⅱ$_6$	冲洪积地貌	分布在西安市西部，地形平坦开阔，可分为一、二级阶地，阶地类型为上叠式，阶地之间高差甚小
浐灞河阶地	Ⅱ$_1$、Ⅱ$_{2-1}$、Ⅱ$_{3-2}$、Ⅱ$_{4-2}$、Ⅱ$_5$、Ⅱ$_6$	冲洪积地貌	分布在西安市东部，分为河漫滩以及一、二、三级阶地，阶地类型为内叠式。河漫滩南高北低；一级阶地的地形平坦，南高北低；二级阶地主要分布在浐河东岸，地形倾向河流；三级阶地分布在浐河东西两岸，西岸地形南北呈波状起伏，东岸地形倾向河床

2.3　地层岩性

2.3.1　黄土台塬

分布于西安市南部，地势高，沟谷切割深，黄土台塬黄土厚达百余米，由晚更新世和中更新世黄土组成，下伏第三系河湖相地层。

晚更新世：<3-1>新黄土，黄褐色，可塑~硬塑，虫孔及大孔隙发育，具湿陷性；<3-2>古土壤，红褐色，硬塑~可塑，团粒结构，具针孔状孔隙，含钙质结核，底部富集。

中更新世：老黄土与古土壤互层。<4-1>老黄土，褐黄色，坚硬~可塑，大孔较发育，含少量钙质结核；<4-2>古土壤，红褐色，团粒结构，坚硬~可塑，针状孔隙发育，含钙质条纹及少量钙质结核。

典型地质剖面如图 2.4 所示，各土层主要物理力学性质指标见表 2.3。

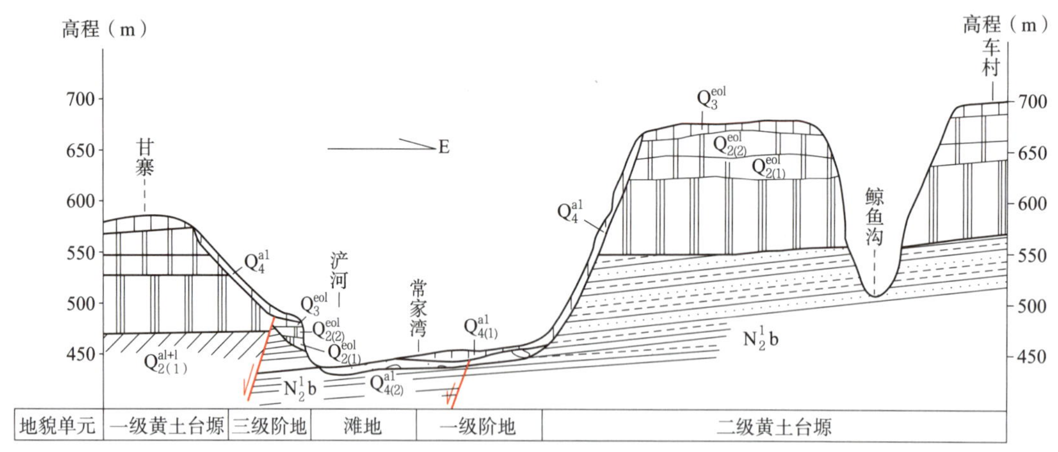

图 2.4　黄土台塬典型地质剖面图

表 2.3　黄土台塬主要土层物理力学性质指标

土层编号	土层名称	天然含水率 w(%)	天然重度 γ(kN/m^3)	天然孔隙比 e_0	液性指数 I_L	压缩系数 $a_{0.1\sim0.2}$(MPa^{-1})	压缩模量 $E_{s0.1\sim0.2}$(MPa)
3-1-1	新黄土	16.9~20.5	16.2~16.8	0.828~1.337	0.05~0.22	0.26~0.35	6.50~8.55
3-2-1	古土壤	16.8~20.3	18.0~18.3	0.720~0.780	0.01~0.15	0.15~0.24	7.52~9.20

续上表

土层编号	土层名称	天然含水率 w(%)	天然重度 γ(kN/m³)	天然孔隙比 e_0	液性指数 I_L	压缩系数 $a_{0.1\sim0.2}$(MPa⁻¹)	压缩模量 $E_{s0.1\sim0.2}$(MPa)
4-1-1	老黄土	18.5~20.4	16.0~16.7	0.902~0.950	0.20~0.28	0.18~0.25	8.20~9.30
4-1-2	老黄土	23.5~24.5	18.6~19.3	0.710~0.760	0.38~0.55	0.19~0.25	7.35~8.60
4-1-3	老黄土	24.0~27.2	17.8~18.8	0.780~0.835	0.76~0.84	0.22~0.27	5.95~7.30
4-2-1	古土壤	18.0~21.6	17.8~18.3	0.723~0.802	0.18~0.30	0.17~0.26	9.35~11.25
4-2-2	古土壤	22.8~24.0	18.6~19.3	0.690~0.730	0.37~0.48	0.20~0.25	7.80~8.60

2.3.2 黄土梁洼

分布于西安市的中部，梁岗和洼地相间分布。黄土梁的黄土较为典型，发育有3~4层甚至多层的古土壤；洼地中的古土壤不发育。其下均分布着晚、中更新世粉质黏土夹砂。

全新世：<1-1/2>人工填土，黄褐色为主，主要为黏性土夹砖瓦片、建筑垃圾、工业废料和生活垃圾等，土质不均。

晚更新世：<3-1>新黄土，黄褐色，可塑~硬塑，水位附近呈软流塑，大孔隙发育，水位以上具湿陷性；<3-2>古土壤，红褐色，硬塑~可塑，具团粒结构，针状孔隙发育，含钙质结核，底部富集；<3-4>粉质黏土，灰褐~灰黄色，可塑~硬塑，含云母碎片、蜗牛壳、钙质结核等，局部夹薄层中粗砂。

中更新世：<4-1>老黄土，褐黄色，可塑，孔隙发育，含少量钙质结核；<4-2>古土壤，红褐色，可塑，具团粒结构，针状孔隙发育，含钙质结核，局部呈红二条；<4-4>粉质黏土，灰褐~灰黄色，可塑~硬塑，含云母碎片、蜗牛壳、钙质结核等，局部夹薄层中粗砂。

典型地质剖面如图2.5所示，各土层主要物理力学性质指标见表2.4。

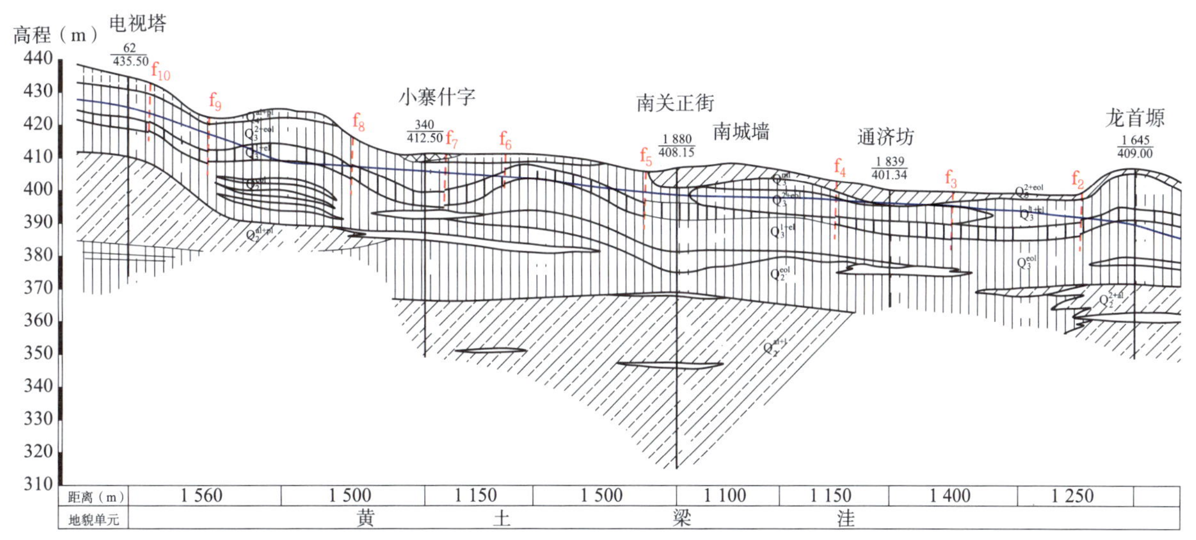

图2.5 黄土梁洼典型地质剖面图

表2.4 黄土梁洼主要土层物理力学性质指标

土层编号	土层名称	天然含水率 w(%)	天然重度 γ(kN/m³)	天然孔隙比 e_0	液性指数 I_L	压缩系数 $a_{0.1\sim0.2}$(MPa⁻¹)	压缩模量 $E_{s0.1\sim0.2}$(MPa)
3-1-1	新 黄 土	20.8~24.2	15.2~19.0	0.782~1.118	0.19~0.47	0.18~0.31	7.60~12.00
3-1-2	新 黄 土	24.4~26.9	18.3~19.2	0.720~0.886	0.39~0.70	0.23~0.30	6.20~9.40
3-1-3	新 黄 土	26.8~30.7	18.3~19.2	0.804~0.958	0.76~0.97	0.26~0.53	4.20~9.20

续上表

土层编号	土层名称	天然含水率 w(%)	天然重度 γ(kN/m^3)	天然孔隙比 e_0	液性指数 I_L	压缩系数 $a_{0.1\sim0.2}$(MPa^{-1})	压缩模量 $E_{s0.1\sim0.2}$(MPa)
3-2-1	古 土 壤	19.2~22.8	16.9~18.5	0.775~0.912	0.08~0.27	0.14~0.27	7.30~13.80
3-2-2	古 土 壤	21.9~26.8	18.6~20.2	0.655~0.756	0.23~0.61	0.22~0.34	5.20~8.40
3-3	粉质黏土	22.4~23.5	19.9~20.5	0.591~0.652	0.30~0.49	0.22~0.25	6.70~7.80
4-1-1	老 黄 土	20.3~22.0	17.4~17.8	0.832~0.845	0.16~0.28	0.19~0.21	8.60~10.90
4-1-2	老 黄 土	21.6~25.9	19.2~20.5	0.616~0.750	0.13~0.66	0.19~0.28	6.19~8.80
4-1-3	老 黄 土	27.2~27.8	18.5~19.2	0.767~0.769	0.82~0.87	0.26~0.33	5.60~6.80
4-2-2	古 土 壤	24.2~25.3	19.5~19.7	0.687~0.699	0.45~0.51	0.25~0.30	5.54~7.20
4-4	粉质黏土	21.2~24.2	19.6~20.5	0.616~0.690	0.13~0.50	0.19~0.28	6.20~9.00

2.3.3 渭河阶地

位于西安市北部和西北部，分为河漫滩以及一、二、三级阶地，阶地类型为上叠式。一级阶地堆积物由全新世的黄土状土和厚层砂、砾土组成；二级阶地堆积物上为晚更新世的新黄土，下为晚更新世早期冲积层，由中粗砂和粉质黏土组成；三级阶地堆积物上为晚更新世的新黄土和中更新世的老黄土，总厚度约25 m，下为中更新世冲积层，由砂类土和粉质黏土组成。

全新世：<2-1>黄土状土，黄褐色，可塑，水位附近软塑，虫孔及大孔隙发育，含铁锰质、云母碎片、钙质结核，局部夹中砂薄层；<2-2>粉质黏土，灰褐色，可塑，孔隙发育，含铁锰质、云母碎片等；<2-4>粉细砂，灰黄色，稍密~中密，级配不良；<2-5/6>中粗砂，灰黄色，中密~密实，局部含砾或卵石，级配不良，砂类土主要成分为石英、长石、云母及少量暗色矿物。

晚更新世：<3-1>新黄土，黄褐色，可塑，虫孔及大孔隙发育，含少量蜗牛壳碎片；<3-2>古土壤，褐红色，可塑，具团粒结构，含钙质条纹及结核，局部富集；<3-4>粉质黏土，灰褐~灰黄色，可塑~硬塑，含云母碎片、蜗牛壳、钙质结核等，局部夹薄层中粗砂。

典型地质剖面如图2.6所示，各土层主要物理力学性质指标见表2.5。

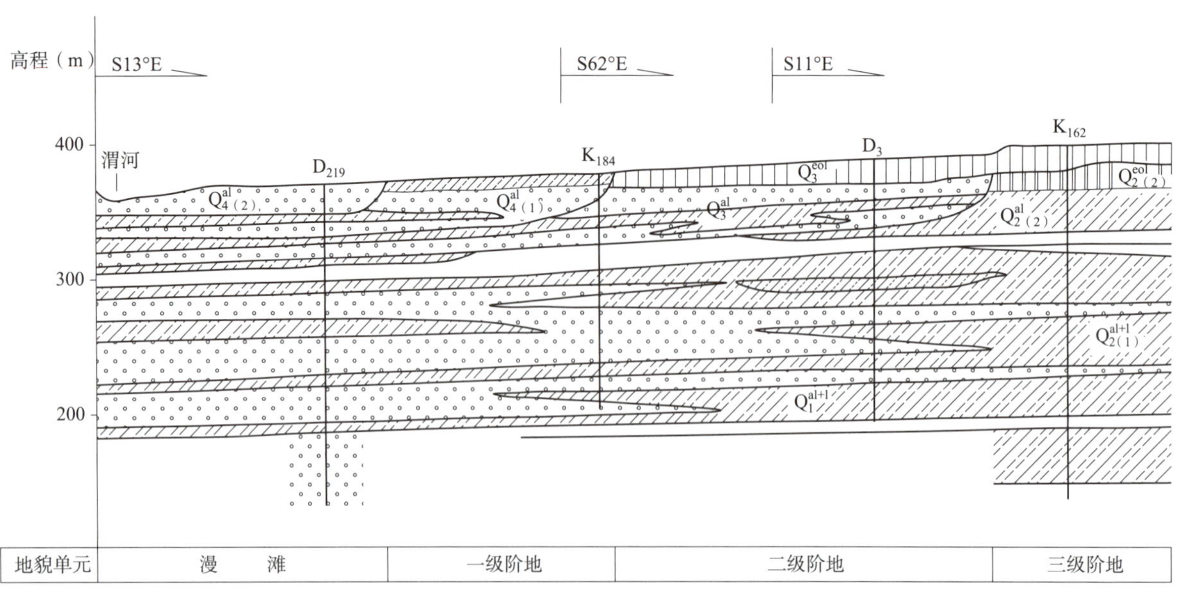

图2.6　渭河阶地典型地质剖面图

表 2.5　渭河阶地主要土层物理力学性质指标

土层编号	土层名称	天然含水率 w（%）	天然重度 γ（kN/m^3）	天然孔隙比 e_0	液性指数 I_L	压缩系数 $a_{0.1\sim0.2}$（MPa^{-1}）	压缩模量 $E_{s0.1\sim0.2}$（MPa）
2-1-1	黄土状土	20.3～23.4	16.6～19.4	0.694～0.925	0.27～0.54	0.27～0.44	5.50～7.20
2-1-2	黄土状土	21.1～25.5	18.5～19.6	0.669～0.806	0.40～0.68	0.24～0.31	6.13～6.83
2-2-2	粉质黏土	22.4～25.1	19.3～19.9	0.648～0.730	0.30～0.51	0.20～0.29	6.90～8.30
2-3-2	粉　　土	16.9～24.2	19.1～20.2	0.543～0.615	0.19～0.58	0.11～0.22	7.75～9.70
3-1-1	新 黄 土	18.5～25.8	15.8～17.3	0.915～1.026	0.02～0.58	0.28～0.46	5.82～7.78
3-1-2	新 黄 土	26.3～26.7	18.2～18.7	0.796～0.852	0.69～0.74	0.29～0.31	6.30～6.88
3-2-2	古 土 壤	23.5～25.2	18.6～19.4	0.685～0.770	0.48～0.67	0.23～0.33	5.71～7.55
3-4	粉质黏土	21.9～24.4	19.1～19.7	0.664～0.730	0.23～0.42	0.18～0.31	5.62～9.77

2.3.4　浐灞河阶地

位于西安市东部，分为河漫滩以及一、二、三级阶地，阶地类型为内叠式。河漫滩堆积物以卵砾石为主，一级阶地堆积物由全新世的黄土状土和砾卵石组成；二级阶地堆积物上为晚更新世的新黄土，下为晚更新世早期冲积层，以卵砾石为主；三级阶地堆积物上为晚更新世的新黄土和中更新世的老黄土，下为冲积层，由卵砾石土和黏性土组成。

全新世：<2-1>黄土状土，黄褐色，可塑，虫孔及大孔隙发育，少量蜗牛壳碎片；<2-2>粉质黏土，黄褐～灰褐色，可塑，含铁锰质、云母片、钙质结核，少量蜗牛壳碎片等；<2-4>粉细砂，灰黄色，稍密～中密，级配不良；<2-5/6>中粗砂，灰黄色，中密～密实，局部含砾或卵石，级配不良，砂类土主要成分为石英、长石、云母及少量暗色矿物。

晚更新世：<3-1>新黄土，黄褐色，可塑，虫孔及大孔隙发育，含少量蜗牛壳碎片；<3-2>古土壤，褐红色，可塑，具团粒结构，针状孔隙发育，含钙质条纹及钙质结核，底部富集；<3-4>粉质黏土，灰褐～灰黄色，可塑～硬塑，含云母碎片、蜗牛壳、钙质结核等，局部夹薄层中粗砂。

中更新世：<4-1>老黄土，黄褐色，可塑，孔隙较发育，含少量蜗牛壳碎片及钙质结核；<4-2>古土壤，褐红色，可塑，具团粒结构，针状孔隙发育，含钙质条纹及钙质结核，底部富集；<4-4>粉质黏土，灰褐～灰黄色，可塑～硬塑，含云母碎片、蜗牛壳、钙质结核等，局部夹薄层中粗砂。

典型地质剖面如图 2.7 所示，各土层主要物理力学性质指标见表 2.6。

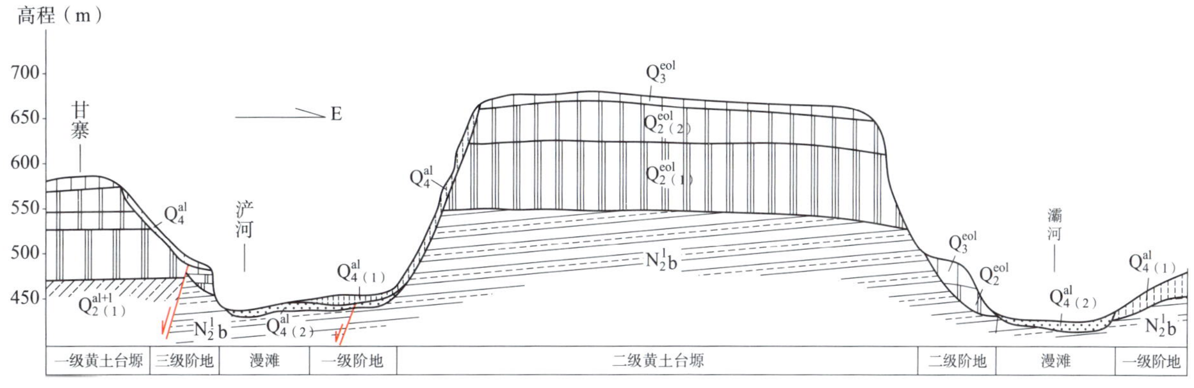

图 2.7　浐灞河阶地典型地质剖面图

表 2.6　浐灞河阶地主要土层物理力学性质指标

土层编号	土层名称	天然含水率 w(%)	天然重度 γ(kN/m^3)	天然孔隙比 e_0	液性指数 I_L	压缩系数 $a_{0.1\sim0.2}$(MPa^{-1})	压缩模量 $E_{s0.1\sim0.2}$(MPa)
2-1-1	黄土状土	20.5~22.6	16.6~18.1	0.802~0.945	0.17~0.34	0.25~0.27	7.13~8.12
2-2-2	粉质黏土	24.4~24.8	19.0~19.1	0.734~0.742	0.43~0.56	0.24~0.32	5.78~7.56
3-1-1	新 黄 土	17.6~20.0	15.5~16.1	0.991~1.072	0.02~0.15	0.23~0.27	7.93~9.08
3-2-1	古 土 壤	17.9~21.6	16.8~17.8	0.826~0.929	0.05~0.30	0.23~0.24	8.12~9.00
3-3-2	粉质黏土	22.6~25.7	18.8~19.2	0.700~0.779	0.29~0.55	0.23~0.27	6.90~7.98
4-1-1	老 黄 土	20.0~23.2	16.1~17.3	0.898~1.011	0.19~0.44	0.24~0.26	8.34~8.73
4-2-1	古 土 壤	20.0~22.2	17.3~18.4	0.767~0.846	0.09~0.34	0.23~0.207	7.37~8.05
4-4	粉质黏土	22.9~24.4	18.5~19.3	0.696~0.788	0.32~0.57	0.20~0.24	8.05~9.23

2.3.5　皂河阶地

分布在西安市西部，地形平坦开阔，可分为一、二级阶地，阶地类型为上叠式。一级阶地堆积物为全新世早期冲洪积层，由黏性土与砂类土互层组成；二级阶地堆积物上为晚更新世的新黄土，下为晚更新世早期冲积层，由黏性土夹薄层砂构成。

全新世：<2-1>黄土状土，黄褐色，可塑，虫孔及大孔隙发育，含铁锰质、云母片、钙质结核等；<2-2>粉质黏土，黄褐~灰褐色，可塑，含铁锰质、云母片、钙质结核；<2-4>粉细砂，灰黄色，稍密~中密，级配不良；<2-5/6>中粗砂，灰黄色，中密~密实，局部含砾或卵石，级配不良，砂类土主要成分为石英、长石、云母及少量暗色矿物。

晚更新世：<3-1>新黄土，黄褐色，可塑，水位附近软塑，虫孔及大孔隙发育，含少量蜗牛壳碎片；<3-2>古土壤，褐红色，可塑，具团粒结构，含钙质条纹及钙质结核，底部富集；<3-4>粉质黏土，灰褐~灰黄色，可塑~硬塑，含云母碎片、蜗牛壳、钙质结核等，局部夹薄层中粗砂。

典型地质剖面如图 2.8 所示，各土层主要物理力学性质指标见表 2.7。

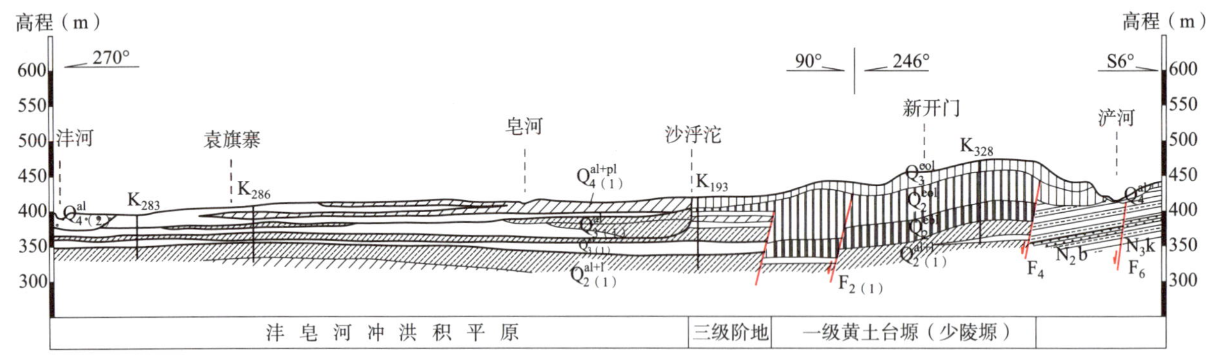

图 2.8　皂河阶地典型地质剖面图

表 2.7　皂河阶地主要土层物理力学性质指标

土层编号	土层名称	天然含水率 w(%)	天然重度 γ(kN/m^3)	天然孔隙比 e_0	液性指数 I_L	压缩系数 $a_{0.1\sim0.2}$(MPa^{-1})	压缩模量 $E_{s0.1\sim0.2}$(MPa)
2-1-1	黄土状土	20.5~23.5	17.1~19.2	0.723~0.874	0.19~0.53	0.15~0.32	6.60~11.7
2-1-2	黄土状土	23.7~30.5	17.2~21.6	0.700~0.948	0.66~0.89	0.38~0.44	4.80~8.60
2-2-2	粉质黏土	23.2~27.7	19.2~20.2	0.667~0.784	0.42~0.64	0.18~0.29	7.00~10.40
3-1-1	新 黄 土	17.9~24.5	16.2~18.4	0.823~0.986	0.06~0.41	0.23~0.33	7.10~9.66
3-1-2	新 黄 土	23.4~25.3	18.1~19.9	0.727~0.819	0.40~0.46	0.25~0.29	6.72~7.76

续上表

土层编号	土层名称	天然含水率 w(%)	天然重度 γ(kN/m^3)	天然孔隙比 e_0	液性指数 I_L	压缩系数 $a_{0.1\sim0.2}$(MPa^{-1})	压缩模量 $E_{s0.1\sim0.2}$(MPa)
3-2-1	古土壤	21.6~24.0	18.1~18.6	0.772~0.791	0.24~0.43	0.20~0.21	9.16~9.72
3-2-2	古土壤	22.9~24.5	18.9~20.2	0.663~0.727	0.21~0.53	0.22~0.30	6.06~8.64
3-4-2	粉质黏土	18.5~23.7	19.9~20.7	0.547~0.675	0.30~0.67	0.12~0.22	7.40~13.20

2.4 地下水

西安地区的地下水类型按照埋藏条件和水力性质可分为潜水和承压水,分布如图2.9所示。随着城市建设的发展,地下空间的利用越来越高,地下工程施工中,地下水的处理是地下工程至关重要的问题。地铁工程埋深一般10~35 m,结构底板多位于地下水位以下,多数需要采取降水措施才能安全顺利施工。与西安地铁工程有关的地下水主要为潜水,但在施工过程中局部地段也遇到上层滞水,因此下面重点介绍潜水的特征。

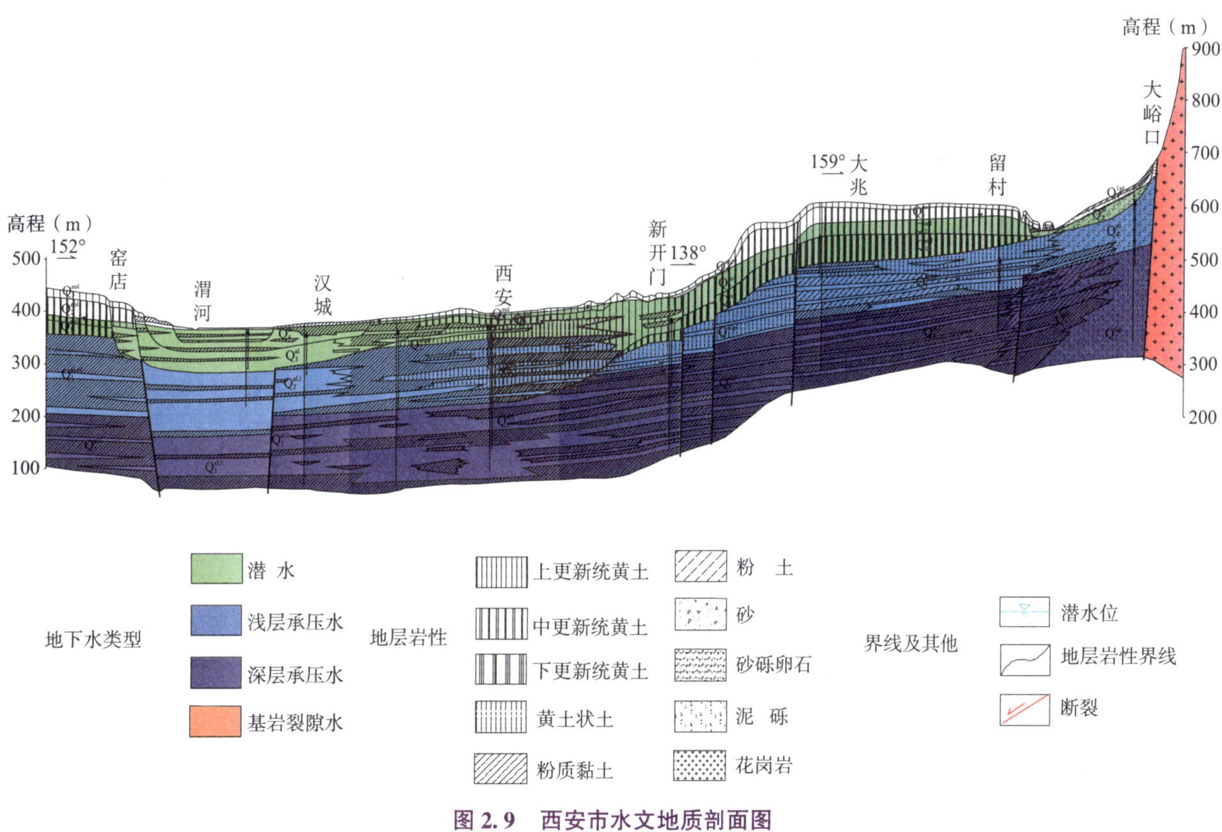

图2.9 西安市水文地质剖面图

2.4.1 潜水

1. 含水层

以松散岩类孔隙潜水为主,含水岩组主要由第四系全新统、上中更新统冲积砂砾卵石组成。含水岩组水位埋深一般5~50 m,厚度20~60 m,底板埋深40~80 m,富水性以河流漫滩、一级阶地最好,二、三级阶地和黄土梁洼次之,黄土台塬较差。

2. 补径排

潜水补给源有大气降水入渗补给、河流、渠系、湖塘渗漏、灌溉水回归及地下水侧向径流补给等,地下水排泄方式主要有垂直蒸发、地下径流、人工抽汲等。地下水的总体流动方向是由东南流向西北，与西安地区整体地形倾斜大体一致，局部受地形控制。

3. 动态特征

由于受补径排和含水层渗透性的影响，各地貌单元动态变化规律不尽相同，详述如下：

黄土台塬区水位埋深较大，地下水位年内变幅 0. 16~1. 46 m，平均 0. 59 m。水位高程随地形由东南向西北呈缓坡状下降。从长观资料分析，20 世纪 60 年代至 70 年代后期开始缓慢持续下降，80 年代开始缓慢上升，由于本区段受城市建设影响较晚，2000 年以后水位波动明显，且根据近年勘察资料，2017 年以后该区域水位上升明显，如图 2. 10 所示。

黄土梁洼区地下水位年内变幅 0. 50~2. 20 m，平均 1. 32 m。从长观资料分析，20 世纪 60 年代至 80 年代水位波动下降，80 年代上升后又开始下降，2000 年以后基本稳定并开始缓慢上升，如图 2. 11 所示。

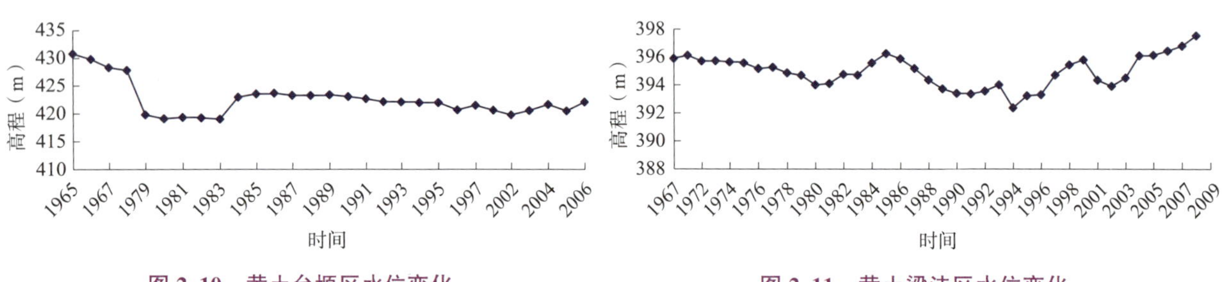

图 2. 10　黄土台塬区水位变化

图 2. 11　黄土梁洼区水位变化

兴庆湖和南湖附近由于蓄水影响与该区地下水位变化略有差异，兴庆湖周边自 20 世纪 50 年代蓄水以来地下水位上升明显，曲江南湖周边自 2010 年蓄水以来地下水位上升也较明显。

如图 2. 12 所示，渭河二、三级阶地区地下水位年内变幅 0. 62~2. 3 m，平均 1. 2 m；渭河一级阶地区地下水位年内变幅 1. 10~3. 21 m，平均 1. 5 m。如图 2. 13 所示，渭河漫滩区地下水位年内变幅 0. 62~3. 3 m，平均 1. 85 m。水位年际变化特征：高阶地区，20 世纪 60 年代至 80 年代水位相对平稳，变化缓慢，80 年代后期水位开始明显下降，但到 2000 年以后，止跌后基本处于缓慢变化期；低阶地区，20 世纪 60 年代至 80 年代水位缓慢变化，而 20 世纪 90 年代后由于水源地和周围民井的开采水位急剧下降，2000 年以后止跌缓慢回升。

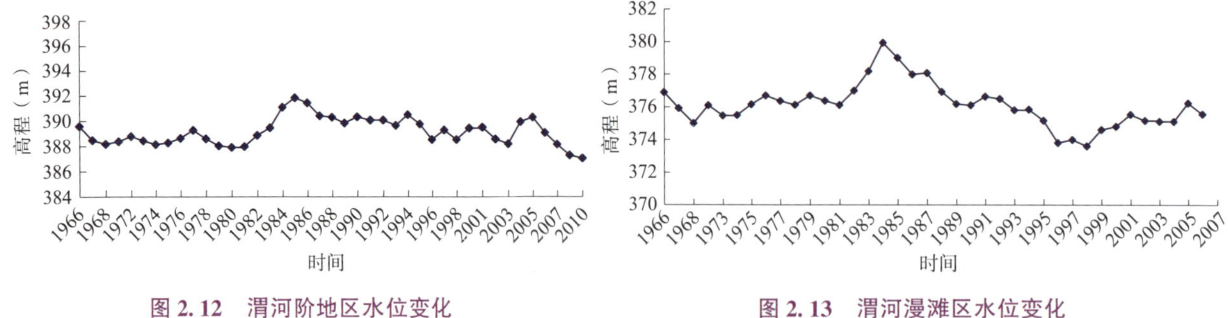

图 2. 12　渭河阶地区水位变化

图 2. 13　渭河漫滩区水位变化

皂河二、三级阶地区地下水位年内变幅 0. 53~2. 00 m，平均 1. 20 m。低阶地区地下水位年内变幅 0. 85~2. 83 m，平均 1. 60 m。水位年际变化特征：高阶地区，20 世纪 60 年代至 80 年代水位波浪状上升后下降，2002 年以后基本处于相对稳定状态，略有波动；低阶地区，20 世纪 60 年代至 80 年代水位缓慢下降，90 年代后由于水源地和周围民井的开采水位急剧下降。皂河阶地区水位变化如图 2. 14 所示。

浐灞河二、三级阶地区的地下水位年内变幅 0. 37~3. 31 m，平均 1. 5 m。一级阶地区及漫滩区的地下水位年内变幅 0. 89~3. 40 m，平均 2. 00 m。水位年际变化特征：二、三级阶地，20 世纪 60 年代至 80 年代水位基本处于稳定状态，90 年代以后水位开始急剧下降，2002 年以后基本处于稳定期，且略有上升；一级阶地,20 世纪 60 年代至 80 年代水位波浪状上升,80 年代后期由于水源地开采水位急剧下降,2000 年以后基本处于缓慢回升阶段。浐灞河阶地区水位变化如图 2.15 所示。

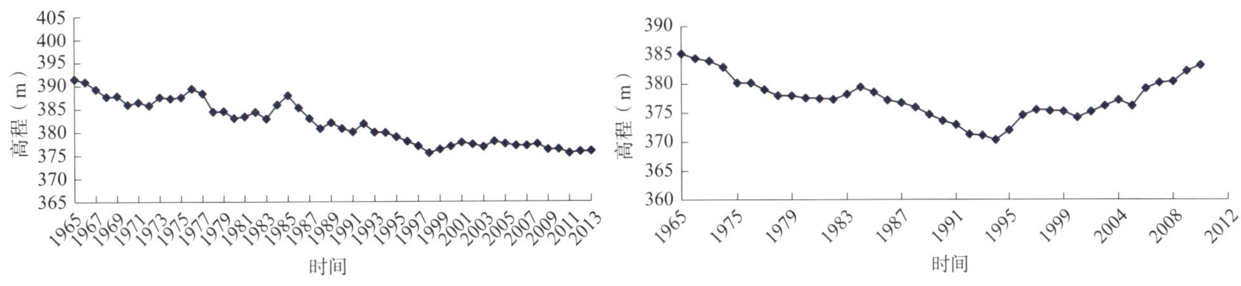

图 2.14 皂河阶地区水位变化

图 2.15 浐灞河阶地区水位变化

据气象部门的降水资料与地下水位观测资料分析,降水最大的年份之后的一定时间段内,地下水位上升幅度比一般年份大,从多年动态观测资料中可见,在 20 世纪 60 年代(1960—1964 年)和 80 年代(1983—1985 年)出现了两个相对的历史高水位期。据近年气候研究发现,西安地区进入了有史以来的气候湿润期和降水增大期,特别是 2016 年、2018 年、2019 年、2020 年、2021 年均出现了历史降水最长、日最大等极端天气,近几年的水位出现了明显普涨,但由于各地貌单元的水文地质条件的差异,涨幅略有差异。

4. 潜水水化学特征

地下水的化学组分与含水层岩性、地貌及地质构造有密切关系,根据区域地质资料及地铁沿线的水文地质试验资料,其分布具有明显分带性:黄土台塬区地下水化学类型多为低矿化度的 HCO_3—Ca 或 HCO_3—Ca · Mg 型水,随着径流长度的增加及强度的减缓,水中 Na^+ 含量相对增加,从塬区到黄土梁洼区、渭河阶地区,形成了 HCO_3—Ca · Na 型水或 HCO_3—Na 型水,矿化度一般 1~2 g/L。

地下水的腐蚀性强度对工程影响较大,西安地区的地下水对混凝土和钢筋混凝土结构中的钢筋具微腐蚀性。但在 1 号线西郊(化工厂)一带、16 号线上林路一带、10 号线的榆楚一带局部地段地下水对混凝土结构具弱~中等腐蚀性,在干湿交替环境下对钢筋混凝土结构中的钢筋具弱~中等腐蚀性。

5. 主要水文地质参数

地铁施工降水多采用管井降水方式,局部地段如浐河、沣河附近的车站采用止水帷幕与管井相结合的方法。管井多环形布置在坑外,止水帷幕采用地下连续墙、灌注桩+旋喷、水泥搅拌桩、冻结法等方法。施工期间定期量测水位、水量、含砂量等,并在周边一定范围设立监测网,实行动态信息化监测,确保施工顺利进行。根据西安地铁各地貌单元的抽水试验成果及降水施工经验,渗透系数汇总见表 2.8。

表 2.8 主要地貌单元渗透系数汇总表

地貌单元	水位降深(m)	渗透系数实测值(m/d)	影响半径(m)	渗透系数建议值(m/d)
渭河漫滩	4.10~5.30	39.40~112.00	258	25~35
渭河一级阶地	4.72~5.23	19.90~35.70	210	15~25
渭河二级阶地	1.73~7.46	9.03~17.91	86~120	10~15
渭河三级阶地	1.48~4.57	8.65~14.50	55~70	8~15
黄土梁洼	5.38~8.98	3.84~15.70	42~100	8~15
皂河阶地	2.73~7.55	5.53~10.51	85~118	8~15
浐灞河阶地	4.53~9.51	8.07~18.21	75~120	8~15
浐灞河漫滩	5.30~6.40	35.70~112.00	260	35~50
黄土台塬	16.0~52.0	3.00~8.00	80~120	3~8

2.4.2 承 压 水

根据承压水含水层的埋藏深度分为浅层承压水和深层承压水。浅层承压水底板埋藏深度 120 mm，补给来源主要为上覆潜水的越流补给及深层承压水的顶托补给。深层承压水含水岩组埋藏于 120～180 m 以下至 300 m 之间，含水层主要为下更新统砂层，主要补给来源为上覆浅层承压水的越流补给。

2.4.3 上层滞水

上层滞水指包气带内局部隔水层之上积聚的具有自由水面的重力水。接近地表，补给区与分布区一致，接受大气降水或地表水的补给，以蒸发的形式排泄。雨季获得补充，积存一定水量，旱季水量逐渐消耗甚至干涸。当其下部隔水层范围较大且包气带厚度较大时，上层滞水存在的时间也比较长。

结合西安地铁现场验槽情况，上层滞水通常出现在包气带的黏性土透镜体之上、砂土交界部位、杂填土的底部等，西安地铁在 1 号线一期与二期的衔接段、5 号线阿房路附近、8 号线环园中路附近、10 号线团结村附近等地段出现了较大范围的上层滞水，对基坑开挖、隧道掘进带来一定的影响。可以预见，随着城市建设的扩展，此类问题将会更加突出，下一步的工程建设中，应更进一步关注和重视上层滞水的分布、特征及对工程的影响，开展相应的研究工作。

2.5 特殊工程地质问题

特殊的地质环境条件和特有的构造格局孕育出西安地区特殊的工程地质问题，主要表现为较大厚度的湿陷性黄土、饱和软黄土以及地裂缝等特殊工程地质问题。其中湿陷性黄土由于埋深大，导致轨道交通工程车站及相应的附属工程的基坑支护及基础施工首先需要考虑湿陷性黄土的处理问题，其次因为厚度大以及浸水湿陷的特性，在隧道施工时除了引起硐室围岩及掌子面稳定性的问题以外，往往还会出现因底板以下仍存在较厚的自重湿陷性黄土导致难以处理的问题。饱和软黄土由于其饱水、高压缩性软弱土的性质使得开挖过程中自稳性极差，地表和周边环境的沉降和变形难以得到有效控制。西安地裂缝的分布范围之广使得轨道交通工程无法按相关规程要求进行避让而必须采用特殊的工程设计及施工工法通过。

针对上述工程地质问题，从勘察、设计、施工三方面均进行了多项专题研究，在湿陷性黄土的勘察评价与处理，饱和软黄土开挖中的工程措施，轨道交通过西安地裂缝时的结构、防水及轨道措施，以及盾构穿越地裂缝研究与试验等方面均取得了可喜的成果。上述相关研究成果和工程实践在后续章节中予以详细叙述。

第3章　土建施工关键技术

3.1　湿陷性黄土地层施工技术

3.1.1　湿陷性黄土

西安市地处湿陷性黄土地区，表层90%以上区域覆盖湿陷性黄土，对西安城市轨道交通工程建设影响巨大。

1. 湿陷性黄土的分布及特征

西安市湿陷性黄土主要分布在中部、南部、东部及北部的广大地区。自重湿陷性黄土主要分布在城东的浐灞河二、三级阶地，黄土梁洼的东部和南部以及白鹿塬等地势较高、地下水位埋藏较深的地貌单元上，在城区北面的渭河二、三级阶地上亦有不连续的成片分布，湿陷等级以Ⅱ～Ⅲ级为主。在渭河一级阶地、皂河一级阶地的古河槽区和城区东北梁洼区的低洼地段等，因水位埋藏浅、填土厚度大和受人为因素的影响，使这些地段黄土的湿陷性较弱或消失。

在湿陷性土层中，晚更新世黄土（<3-1>新黄土）是西安地区湿陷性土层中分布最广、厚度最大、湿陷性强、危害最大的土层。全新世以来形成的黄土状土（<2-1>黄土状土）成因比较复杂，一般厚度不大，湿陷性相对较弱，主要分布在区内各条河流的一级阶地的表层及梁洼坡脚地带。中更新世顶部的老黄土（<4-1>黄土），在区内一些地势较高的梁岗区局部地段也具有湿陷性。不同地貌单元黄土湿陷性的特征见表3.1。

2. 湿陷性黄土的特性及评价

黄土的湿陷变形是黄土的突出特性。由于黄土的湿陷变形具有突变性、非连续性和不可逆性，湿陷后其承载力、压缩性及抗剪强度等工程性质急剧降低，对工程产生的危害严重，所以湿陷性黄土问题一直是湿陷性黄土地区工程建设的关键技术难题。对于黄土的湿陷性机理，很多学者从宏观和微观的角度进行了研究，提出了多种见解和假说，但无论哪一种假说，都从不同的侧面说明了黄土产生湿陷的原因是黄土内部固有的特殊因素和外界适当的条件共同作用的结果。内部因素主要指它的特殊粒状架空结构及特殊组成成分，外部条件是指水和力的作用。

黄土被水浸湿后，水分子渗入到颗粒之间，破坏吸附的水膜并溶解胶结物质，并且使水膜变厚，黏结力降低，原有结构解体，黄土颗粒重新排列后，使黄土密度加大，孔隙度减小，造成黄土的体积缩小，从而发生沉陷，这就是黄土的湿陷。

以往的湿陷性评价主要以室内试验结果为依据，局部地段由于湿陷性土层分布深度大、湿陷等级高，为地铁工程的建设带来了新的问题，但在实践中发现室内试验的评价结果不能完全真实反映实际轨道交通工程中湿陷性的实际表现，为此在西安轨道交通建设中进行了针对大厚度湿陷性黄土的专题研究，进行了大量的现场浸水试验（图3.1），为西安轨道交通的设计和施工提供有力的支撑。

通过研究，提出西安轨道交通工程黄土地基湿陷性评价方法，主要思路为：初勘阶段湿陷性黄土自重湿陷量计算可采用相应规范进行评价；详勘阶段进行现场试坑浸水试验，根据现场试坑浸水试验结果进行评价；如果试验场地为非自重湿陷性黄土场地，则试验结论可以直接作为地基处理措施设计的依据；如果浸水试验确定场地为自重湿陷性黄土场地，根据现场试坑浸水试验结果对 β_0 进行修正，结合室内土工试验资料，按照修正后的经验公式（3.1）对其进行重新评价，该评价方法可以作为西安轨道交通工程湿陷性黄土评价的标准。

表 3.1　西安黄土湿陷特征一览表

地貌单元	湿陷系数		湿陷量(cm)		湿陷下限深度(m)	湿陷类型	湿陷等级	备注
	δ_s	δ_{zs}	Δ_s	Δ_{zs}				
渭河一级阶地	0.016~0.085		5.00~22.80		3.0~6.5	非自重	Ⅰ	一般均不具湿陷性，个别点具轻微湿陷
渭河二级阶地	0.015~0.159	0.015~0.109	14.03~99.07	7.90~33.76	5.0~8.0，个别 12.5	自重	Ⅱ~Ⅲ	以非自重Ⅱ级为主，自重Ⅱ~Ⅲ级次之，非自重Ⅰ级局部分布
						非自重	Ⅰ~Ⅱ	
渭河三级阶地	0.016~0.098	0.015~0.085	24.23~71.98	9.10~12.53	6.5~12.0	自重	Ⅱ~Ⅲ	以自重Ⅱ~Ⅲ级为主，阶地东段为非自重Ⅱ级
						非自重	Ⅱ	
浐灞河一级阶地	0.016~0.132		6.90~46.29		4.7~7.0，个别 10.0	非自重	Ⅰ	以非自重Ⅰ级为主，个别地段可达Ⅱ级
浐灞河二级阶地	0.016~0.109	0.016~0.084	21.60~81.93	13.02~33.28	6.5~13.0	自重	Ⅱ~Ⅲ	主要分布在浐河东岸，局部有非自重Ⅱ级分布
浐灞河三级阶地	0.015~0.170	0.015~0.125	30.45~120.34	7.22~48.86	8.0~12.0，局部 20.0	自重	Ⅱ~Ⅲ	以自重Ⅱ~Ⅲ级为主，个别点达Ⅳ级，局部有非自重Ⅱ级分布
						非自重	Ⅱ	
皂河一级阶地	0.015~0.089		5.00~59.40		局部大于 18.0	非自重	Ⅰ	以非自重Ⅰ级为主，个别地段可达Ⅱ级湿陷，在古河道附近一般不具湿陷性
皂河二级阶地	0.015~0.138	0.016~0.081	5.25~68.54	12.21~17.57	3.0~7.0	自重	Ⅱ~Ⅲ	以非自重Ⅰ级为主，Ⅱ级零星分布，自重湿陷仅在大白杨、市土产仓库一带有分布，局部为非湿陷性场地
						非自重	Ⅰ~Ⅱ	
皂河三级阶地	0.015~0.199	0.015~0.082	5.10~97.03	9.03~10.60	3.0~7.0	自重	Ⅱ~Ⅲ	以非自重Ⅰ~Ⅱ级为主，城南市农机管理站一带有自重Ⅲ级分布
						非自重	Ⅰ~Ⅱ	
黄土梁洼	0.015~0.155	0.015~0.159	5.40~113.82	7.00~37.50	3.5~9.5	自重	Ⅱ~Ⅲ	以非自重Ⅰ~Ⅱ级为主，自重湿陷主要分布在该区东、南段，西南段局部分布，省体育场、黄河厂子校有自重Ⅳ级分布，城区东北较大范围无湿陷
						非自重	Ⅰ~Ⅱ	
少陵塬	0.015~0.063		21.51~35.30		3.5~16.0	非自重	Ⅰ~Ⅱ	该区以非自重湿陷为主
白鹿塬	0.015~0.156	0.015~0.128	31.90~89.10	10.57~22.19	3.5~16.0	自重	Ⅱ~Ⅲ	该区以自重湿陷为主

图 3.1 湿陷性黄土现场浸水试验

$$\Delta_{zs} = k\beta_0 \sum_{i=1}^{n} \alpha\delta_{zsi} h_i \tag{3.1}$$

式中，k 为土层湿陷性土不连续分布效应系数，根据土层湿陷性土（Q_3 和 Q_2 黄土自重湿陷系数分别不小于 0.015 和 0.030 的黄土）所占比例按图 3.2 取值；β_0 为因地区土质而异的修正系数，仍按黄土规范取值；α 为沉积时代效应系数，对 Q_3 黄土取 1.0，Q_2 黄土取 0.5；δ_{zsi} 为第 i 层土的自重湿陷系数，对 Q_3 黄土小于 0.015 和 Q_2 黄土小于 0.030 的不参与累计；h_i 为第 i 层土的厚度（mm）。

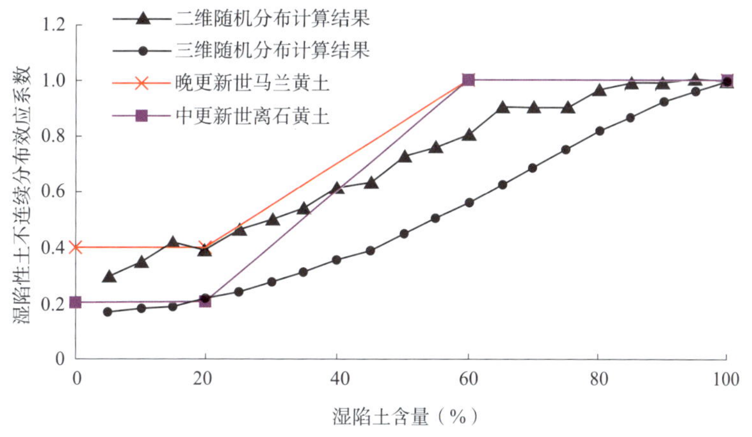

图 3.2 湿陷性土不连续分布效应系数

通过对西安轨道交通建设以来开展的多组试坑浸水试验资料进行总结归纳，针对黄土自重湿陷量计算值与现场实测值差异原因，分析室内试验与现场试验条件差异、自重湿陷量计算公式以及湿陷土不连续分布的特征，提出了自重湿陷量计算经验公式（3.1）。该公式考虑了黄土沉积时代和湿陷土不连续分布效应，将 Q_2 黄土的湿陷性判别标准提高到（湿陷系数）0.030，有助于进一步提高湿陷性黄土评价的准确度。

3.1.2 湿陷性黄土的地基处理措施及技术

轨道交通为甲类建筑，需要全部消除地基土层的湿陷性。西安部分河流高级阶地、黄土梁洼、黄土塬地貌单元覆盖大厚度的湿陷性黄土，其处理的技术难度和经济代价相当大。根据目前西安轨道交通工程对湿陷性黄土处理的工程实例及地基处理经验，线路敷设范围内存在湿陷性黄土的处理方式首先是规避，其次是地基处理或采用桩基直接穿透湿陷性土层。地基处理方法主要有垫层法、强夯法、挤密法及预浸水法等，详见表 3.2。

表 3.2　湿陷性黄土地基常用的处理方法

处理方法		适 用 范 围	处理深度(m)
规避		非自重湿陷性黄土场地及自重湿陷性黄土场地湿陷性土层以下部分土层	—
垫层法	素土	地下水位以上的湿陷性黄土,局部或整片处理	1~3
	灰土		
夯实法	强夯	饱和度小于60%的黄土,局部或整片处理	3~12
	重夯		1~2
挤密法	成孔挤密	含水率小于24%、饱和度小于70%的黄土	5~15
	孔内夯实		5~30
预浸水法		Ⅲ、Ⅳ级自重湿陷性黄土地基,可消除地面6 m以下土层的自重湿陷性	(地面下6 m,可用垫层法或夯实法处理)
桩基穿透	灌注桩/预制钢筋混凝土桩	(1)由于场地周边限制,以上地基处理方法不能处理的场地; (2)上部荷载较大,复合地基不能满足上部荷载要求的场地	桩端穿透湿陷性土层,置于压缩性较低的岩土层

垫层法是处理浅层黄土湿陷性的方法,具有就地取材、施工简便的优点,应用广泛,但处理厚度超过3 m时,挖填方工作量较大,质量不易保证;强夯法的使用需考虑场地地基土的含水率,接近最优含水率时效果较好,并且施工时会产生振动及噪声,对地下建筑及管线等有不利影响;挤密法应用较广,可处理含水率偏高或深度较大的土层;预浸水法在部分场地可消除深部土层的全部湿陷性,但浅部土层不能全部处理,还需与周边建筑保持安全距离,工期较长。

除此之外,桩基也是经常采用的处理湿陷性的地基处理方法。地铁车站及附属工程、场段及场段内的附属建筑物,建筑物类别为甲、乙级时,采用桩基,其桩端必须穿透湿陷性黄土层,并应选择压缩性较低的岩土层作为桩端持力层,满足规范及地基处理的要求。

由于城市轨道交通工程主要在人员密集区,周边环境较复杂,因此应用较多的是垫层法、挤密法及桩基。

1. 规避湿陷性

规避湿陷性,即增加轨道交通埋深,将结构底板置于非湿陷性土层内,以满足结构沉降要求,保证工程安全。

地铁1号线浐河三级阶地万寿路站湿陷性土层普遍在22 m左右,最深至24 m,考虑该站远期与地铁8号线换乘,该站设计由初步设计的两层站(埋深16 m)下压至四层站(埋深28 m),规避了湿陷性黄土,但无形中增加了地铁的造价及施工的风险。

按照现行标准,湿陷性黄土场地湿陷类型的判定有两种方法:室内土工试验和现场试坑浸水试验。

通过收集的资料(表3.3)可以看出,室内土工试验与现场试坑浸水试验确定的湿陷类型和自重湿陷下限深度存在差异,西安大部分地区浸水试验确定的自重湿陷下限深度小于室内试验的自重湿陷下限深度。

表 3.3　收集的室内土工试验与试坑浸水试验资料

序号	场地位置	地貌单元	土的类别	自重湿陷下限深度(m)		自重湿陷量(mm)		β_0	修正 β_0
				室内试验	现场试验	计算值	实测值		
1	西安财经学院	黄土塬	黄土、古土壤	28	0	230	-9		
2	西安北池头村	黄土梁	黄土、古土壤	15	—	158	10		
3	西安黄渠头村	黄土梁	黄土、古土壤	27	9	458	106	0.21	0.88
4	华阴市卫峪乡	渭河二级阶地	粉土、古土壤	22	24.5	463	1 603	3.12	3.12
5	潼关县高桥乡	渭河三级阶地	粉土、古土壤	32	14	570	358	0.57	0.73
6	灵宝豫灵镇	渭河二级阶地	粉土	19	16	380	593	1.40	1.54
7	陕县张湾乡	黄土塬	黄土、古土壤	25	10	588	193	0.30	0.90

鉴于此，在后续的建设中，对于大厚度湿陷性黄土地区，通常将室内土工试验和现场试坑浸水试验结果进行对比，准确查明湿陷性黄土的湿陷类型及湿陷等级，为工程规避湿陷性提供前提条件。

1）规避湿陷性黄土的依据及原则

通过开展西安轨道交通穿越湿陷性黄土科研工作，明确了室内外试验结果差异原因，包括试验应力路径差异、试验环境差异、浸水饱和度差异、试样代表性差异等，在此基础上提出了“关中地区”考虑沉积时代和湿陷性不连续性影响的经验公式，采用数值分析方法建立了轨道交通明挖双线隧道、盾构隧道自重应力比与深度比之间的关系，通过分析得出明挖基坑、暗挖隧道、盾构隧道开挖后（卸荷）地基压缩应力均小于原同一深度位置处自重应力，隧道跨度越大，卸荷效应越显著。

基于上述成果，制定了适合西安轨道交通工程湿陷性黄土评价的原则——非自重湿陷性黄土场地内穿越的各类施工工法形成的隧道可以不采取针对湿陷性黄土的相应地基处理措施；自重湿陷性黄土场地内穿越的各类施工工法形成的隧道可采用模糊综合评判法建立各指标的评判关系，给出评价等级，针对不同等级采取相应的处理原则。该原则可以作为湿陷性黄土地基处理措施的依据。

因此，现场开展试坑浸水试验（图3.3），结合室内试验成果，可以准确判定场地的湿陷类型及自重湿陷下限深度，以自重湿陷下限深度作为调整西安轨道交通工程主体结构底板埋深的基准线。

图3.3 现场试坑浸水试验全景

2）规避湿陷性黄土的应用

截至目前，已在西安轨道交通沿线大厚度湿陷性黄土区选择最具代表性的场地进行了11组现场试坑浸水试验，现列举部分现场试坑浸水试验成果，见表3.4。

表3.4 西安轨道交通工程试坑浸水试验成果（部分）

序号	场地所在地貌单元	应用范围	自重湿陷下限深度（m）		自重湿陷量（mm）		β_0
			室内试验	现场试验	计算值	实测值	
1	神禾塬1区	2站2区间	23	—	162	-5	—
2	神禾塬2区	3站2区间	18	—	107	-3	—
3	黄土梁洼	2站2区间	25	10	214	74.1	0.9
4	浐河三级阶地1区	1站1区间	30	15~18	1 244	208.7	Q_3取0.9；Q_2取0.1
5	浐河三级阶地2区	1站2区间	20	12	338	285.4	0.9
6	浐河三级阶地3区	1站2区间	29.5	12	447	92.8	0.9

由表3.4可以看出，通过开展现场试坑浸水试验，神禾塬沿线场地的湿陷类型最终确定为非自重湿陷场地，轨道交通结构的敷设不受湿陷性的影响；黄土梁洼及浐河三级阶地1区地貌单元，除个别车站外，自重湿陷下限深度均减小，自重湿陷量的实测值也小于350 mm，线路的敷设基本不受湿陷性制约；浐

河三级阶地2区地貌单元内的自重湿陷下限深度也减小到16 m以内,影响区内的车站由原来的地下三层调整为地下两层,区间线路也随车站抬升;浐河三级阶地3区附近的自重湿陷下限深度减小到16 m以内,车站由初设阶段的地下三层优化为地下两层,区间线路随车站调整,避开了主污水管道,减小了工程建设及运营风险。

3)规避湿陷性黄土的实例

西安轨道交通线路在大厚度湿陷性黄土区敷设时,均优先选择进行试坑浸水试验、规避黄土湿陷性的方式,取得了较好的成果。以运营的西安地铁4号线为例:

(1)神禾塬地貌单元内某车站,据室内土工试验,场地属自重湿陷性黄土场地,自重湿陷下限深度约25 m。施工图设计阶段,依据湿陷性黄土科研成果,确定场地为非自重湿陷性黄土场地,最终的设计方案为地下两层岛式站台车站,全长208.0 m,标准段宽度19.2 m,埋深约16 m。根据监测结果,目前运营情况良好,未反馈沉降变形方面的问题,满足地铁结构要求。

(2)神禾塬地貌单元内某区间,据室内土工试验,场地属自重湿陷性黄土场地,自重湿陷下限深度约22 m。施工图设计阶段,依据湿陷性黄土科研成果,确定场地为非自重湿陷性黄土场地,最终的设计方案为区间全长1 008 m,埋深约18 m,线间距最小5 m,最大13.5 m。根据监测结果,目前运营情况良好,未反馈沉降变形方面的问题,满足地铁结构要求。

上述一站一区间如按照室内试验采用挤密桩法处理黄土的湿陷性,预估造价(2016年价格标准)见表3.5。

表3.5 灰土挤密桩方案造价表

项目	处理面积(m^2)	灰土挤密桩长度(m)	每延米造价(元)	总造价(万元)	备注
车站	4 664	189 475	35	663	直径400 mm桩,桩间距800 mm×800 mm,梅花形布置,底板以下湿陷性土层全部处理
区间	12 000	562 500	35	1 969	直径400 mm,间距800 mm×800 mm,等三角形布置,底板以下湿陷性土层全部处理

从上述工程实例可以看出:①建设及运营期间未出现沉降报警情况,证明采用浸水试验成果进行规避湿陷性是安全、可行的;②可降低工程难度及风险,大部分采用浸水试验最终确定的自重湿陷下限深度较室内试验深度浅,车站由地下三层优化为地下两层,区间结构底板也随车站抬升,开挖的土方量减少,基坑支护难度及工程风险也随之降低;③开展浸水试验进行湿陷性规避是安全、经济的,车站可节约湿陷性地基处理的直接费用约663万元,区间可节约湿陷性地基处理费用约1 969万元,并且基坑变浅,土方、支护成本、原材料成本也会大幅降低。

在成果应用过程中,也出现了浸水试验与室内试验确定的自重湿陷下限深度接近的情况,如浐河三级阶地地貌单元内某车站,原设计方案采用地下两层站,结构底板下仍具湿陷性,经浸水试验确定的自重湿陷底界与室内试验底界接近,为规避湿陷性,将调整为地下三层。

2. 垫层法处理黄土湿陷性

垫层法是处理浅层湿陷性黄土地基的传统方法。按照处理范围可将其分为局部垫层和整片垫层。实践证明,经过回填压实处理的黄土地基湿陷性速率和湿陷量可大大减少,一般表土垫层的变形量减少为1~3 cm,灰土垫层的沉降量往往小于1 cm。

根据西安轨道交通工程经验,车站的附属结构其湿陷性类别一般按乙类或丙类建筑考虑,若场地湿陷性等级为Ⅰ~Ⅱ级,多采用垫层法进行地基处理,处理厚度一般为1 m。

垫层法在实际应用中还应注意以下几个问题:

(1)局部垫层处理后,地面水或管道漏水仍可能从垫层侧向渗入下部未处理的湿陷性土层中,从而引起湿陷。因此,局部垫层无法起到防水、隔水的作用,地基受水浸湿可能性大,有防渗要求的建筑物不能采用局部垫层处理地基。

(2)整片垫层的平面处理范围需满足基础地面应力扩散的要求，即 $b' \geqslant b+2z\tan\theta$。车站围护结构多采用排桩加内支撑体系，围护桩外放量一般不超过 100 mm，往往无法满足换填范围的要求，而围护桩对应力扩散的阻隔范围和效果认定目前尚有难度。

(3)垫层法在实际施工中要求回填土一定要密实，否则可能会引起建筑物的倾斜，在以往施工中出现过类似问题，应给予高度重视。

3. 挤密法处理黄土湿陷性

1)挤密法消除黄土湿陷性

城市轨道交通工程场段、明挖车站主体及附属工程结构底板下进行湿陷性处理时，多采用挤密法施工。挤土成孔挤密法适用于地基土含水率略低于最优含水率或塑限的土层，或地基土含水率偏低经增湿后达到最优含水率或接近最优含水率的土层。预钻孔夯扩挤密法适用于含水率偏高的土层，或处理深度较大的土层。

2)挤密法在地铁施工中的实例

地铁 5 号线雁鸣湖停车场，场地地貌单元为浐河三级阶地，地基土含水率在 12%~24%之间，饱和度小于 65%，湿陷性土层埋深为 18.5~27.6 m，湿陷量计算值为 224~1 436 mm，场地属自重湿陷性场地，湿陷等级为Ⅱ级(中等)~Ⅳ级(很严重)。为消除场地湿陷性，采用了静压沉管灰土挤密桩法处理湿陷性黄土，桩长 15 m，处理范围为上盖边缘线外扩 5.0 m。

挤密法处理后进行了相关的检测，夯后桩长范围内灰土或土填料的平均压实系数抽检的数量不应少于桩总数的 1%，平均压实系数达到 0.97，最小压实系数大于 0.93，同时处理深度内桩间土的平均挤密系数均大于 0.93，湿陷系数及自重湿陷系数均小于 0.015，单桩平板荷载均大于原工点设计值(150 kPa)。黄土的湿陷性消除了，处理效果达到了设计要求，目前根据场地的沉降观测资料，场地沉降约为 2 mm，处理效果良好。

4. 桩基础处理黄土湿陷性

1)桩基穿透湿陷性黄土层

在湿陷性黄土场地选用桩基类型时，可根据场地及建筑物的具体情况等采用合适的桩基，一般有钻孔灌注桩及预制钢筋混凝土桩。在非自重湿陷性黄土场地，可采用钻、挖孔(扩底)灌注桩；在地基湿陷性等级较高的自重湿陷性黄土场地，宜采用干作业或人工挖孔成孔(扩底)灌注桩，也可采用混凝土预制桩。车站及附属工程，考虑场地围护桩的施工及场地的位置，通常采用灌注桩穿透湿陷性黄土层；对于区间隧道，考虑场地作业界面小、无法进行大型设备的施工，通常采用微型桩穿透湿陷性黄土层；对于场段工程，考虑场地建筑物荷载较大，桩基还需满足上部荷载的要求，通常采用挤密桩+桩基的组合处理方法，桩基可采用灌注桩或混凝土预制桩，均需穿透湿陷性黄土层，桩端置于良好的持力层中。

湿陷性黄土场地施工灌注桩宜采用干作业机械旋挖或长螺旋钻中心压灌混凝土等干作业工艺，不宜采用泥浆护壁钻孔工艺，确需采用时应采取降低泥浆水对地基土产生不利影响的措施。钻孔、挖孔、扩底及护壁施工过程中，不得让雨水和地表水流入钻孔内，雨水或地表水进入桩孔中易造成桩孔坍塌、桩孔周围土体软化，摩阻力降低，并产生自重湿陷等问题。施工中应合理安排工序，减少各工序之间的间歇时间。

2)桩基在地铁施工中的实例

地铁 5 号线雁鸣湖停车场出入场线敞开段，场地地貌单元为浐河三级阶地，<3-1-1>层新黄土(水上)、<3-2>层古土壤及<4-1-1>层老黄土(水上)具湿陷性，<4-2-1>层古土壤仅局部具湿陷性。场地为自重湿陷性黄土场地，自地面起算的地基湿陷等级为Ⅱ级(中等)~Ⅳ级(很严重)。结构底板位于<3-1-1>新黄土(水上)层，底板下湿陷性土层厚度为 13.5~14.5 m。拟建场地为自重湿陷性黄土场地，敞开段自结构底板起算湿陷量的计算值为 176~629 mm，地基湿陷等级均为Ⅱ级(中等)。

根据场地的地质情况，为保证地铁运营后减少工后沉降，敞开段采用钻孔灌注桩基础，桩径 800 mm，桩端穿透全部湿陷性黄土层，深入<4-11>卵石土层中。

灌注桩成桩后,待桩体强度达到设计强度的100%,采用静载试验方法确定单桩极限承载力,经检测,单桩竖向载荷试验试桩达到设计单桩承载力特征值(4 800 kN)。通过后期的沉降观测资料,场地桩基沉降小于2 mm,达到了消除湿陷性的要求。

小　结

针对湿陷性黄土对西安轨道交通建设的影响,多年来进行了大量研究工作,在工程建设中,越来越多的处理湿陷性的方法得到应用。

(1)对于车站及区间,考虑区间隧道,消除其基础底面以下湿陷性土层的困难性及不可控性相当大,因此优先考虑进行规避,将车站置于非湿陷性土层上,当条件不允许时,应根据工程重要等级采取挤密法消除湿陷性或桩基穿透湿陷性土层。

(2)对于车站附属工程,可采用挤密法或垫层法处理全部或部分湿陷性土层,亦可采用桩基穿透湿陷性土层。

(3)对于场段,应根据场地的具体情况,采取挤密法、桩基或组合处理的方法处理湿陷性黄土。

(4)在明挖、暗挖、盾构等不同工法施工过程中,除按照常规施工标准进行时,还应充分考虑黄土遇水浸湿产生不均匀沉降的特性,加强对地表水体、施工用水的管理,加强管道的检漏,防止黄土浸湿后强度降低,产生不均匀沉降,危及工程安全。

3.2　饱和软黄土地层隧道施工技术

3.2.1　饱和软黄土

饱和软黄土是指第一层古土壤以上的晚更新世的黄土和全新世的黄土状土,饱和度 $S_r \geqslant 80\%$;呈流塑或近于流塑状态,液性指数 $I_L \geqslant 0.90$;高压缩性或近于高压缩性土,压缩系数 $a_{0.1\sim0.2} \geqslant 0.40\ \text{MPa}^{-1}$;承载力特征值 $f_{ak}<130$ kPa。上述几个条件应同时具备,即可定名为饱和软黄土。

1. 分布及成因

从分布的平面和空间看,饱和软黄土主要在黄土梁洼区的洼地中分布,埋藏浅、厚度大、土的工程性质差,典型的如沙坡洼地,其埋深约3 m,厚度约8.5 m,特性指标为:$w=33.6\%$,$e=1.080$,$I_L=1.20$,$E_{s1-2}=2.85$ MPa。相反在梁岗上饱和软黄土则不存在,或埋深大、厚度小、土的工程性质也相对较好,如紧邻沙坡洼地的交大梁,其特性指标为:$w=31.05\%$,$e=0.960$,$I_L=0.95$,$E_{s1-2}=4.7$ MPa。

西安城区典型的饱和软黄土主要分布在兴庆湖周边地区。饱和软黄土分布剖面如图3.4所示。1958年西安市人民政府在唐代兴庆宫遗址内大面积挖湖堆山,形成水域面积达150亩的人工湖,以水面为园中主景,兼观赏、水上游乐和蓄涝防洪等功能。蓄水后改变了东郊近湖地区浅层地下水渗流条件,使附近黄土转变为软流塑状态、高压缩性的饱和土,地基承载力仅80~90 kPa,兴庆湖地区潜水位逐年抬升。兴庆湖周边地区潜水位大面积上改变了浅层黄土(Q_3^{eol})的物理力学性质,使得原以湿陷为主要特征的高孔隙比、非饱和的湿陷性黄土由于自下而上的浸润—增湿—饱和,形成近湖地区大面积成片分布的饱和软黄土。

渭河二级阶地的西部,亦有较大面积的饱和软黄土分布;三级阶地仅个别地段存在饱和软黄土。饱和软黄土不仅分布在地下水位线以下,而且在地下水位线以上也有大量分布,地下水大部分赋存于黄土下冲积砂层中,而饱和软黄土却分布在其上的黄土中。

渭河二级阶地的饱和软黄土的成因:首先是水文地质环境,即存在地表水体,如河流、防洪渠等,这些都为黄土的饱和提供了补给水源;其次是地层结构,上部为晚更新世风积黄土,下部为冲积层,晚更新世风积黄土下部有一层古土壤,古土壤垂直渗透系数比上部黄土要低得多,由于渗透系数的差异,古土壤就拦截了大气降水和地表水向下补给,在其上部形成了一个上层滞水层,它的长期存在就使黄土长期处于饱和状态,引起黄土性质的变化,形成饱和软黄土。

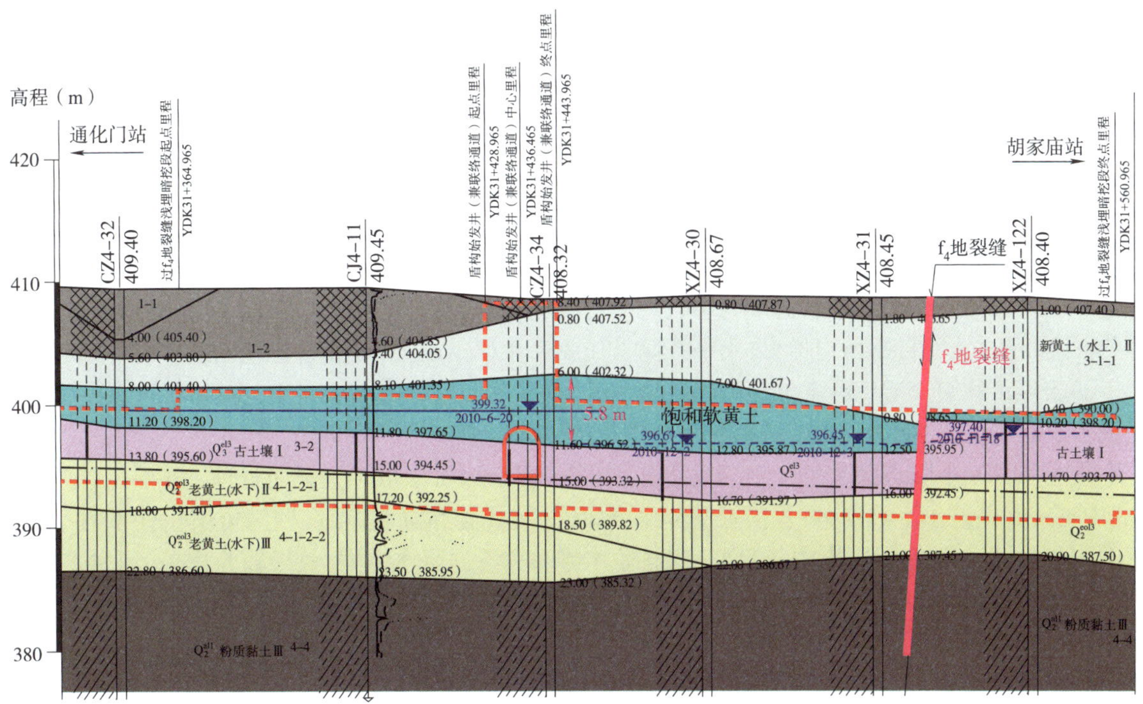

图 3.4 饱和软黄土分布剖面图

2. 工程性质

根据已有工程勘察的结果,对西安市饱和软黄土工程性质进行了总结分析,结果见表 3.6。

表 3.6 典型地貌单元上饱和软黄土物理力学指标的平均值

指　　标	渭河二级阶地区	黄土梁洼区
含水率 w(%)	30.86	31.46
天然重度 γ(kN·m^{-3})	18.37	18.43
干重度 γ_d(kN·m^{-3})	14.12	14.03
饱和度 S_r(%)	90.4	91.3
孔隙比 e	0.927	0.936
液限 w_L(%)	30.44	31.29
塑限 w_p(%)	17.46	18.35
塑性指数 I_p	12.27	12.82
液性指数 I_L	1.027	1.012
压缩系数 $a_{0.1\sim0.2}$(MPa^{-1})	0.41	0.51
压缩模量 $E_{s0.1\sim0.2}$(MPa)	5.18	4.47
三轴(UU)c(kPa)	25.70	20.08
三轴(UU)φ(°)	9.10	10.4
压缩指数 C_c	0.307	0.287
回弹指数 C_s	0.009	0.014
超固结比 ORC	1.527	2.167

3. 工程影响及应对措施

(1)对工程本身的影响及措施

对于区间隧道的饱和软黄土,主要分布在隧道顶板和隧道侧墙范围,由于饱和软黄土的软、流塑性质,易变形或洞顶坍塌,严重时可能会出现地表下沉(陷),在设计时优先采用盾构法施工,采用暗挖法施工时,处理的措施是加强拱部的初期支护强度,采用了小导管压注水泥水玻璃浆液;在施工措施上采用短进尺开挖,尽量减少对地层的扰动,初期支护尽早封闭,二次衬砌紧跟。

对于施工竖井和地铁车站侧壁的饱和软黄土层,自稳性较差,边坡易发生变形失稳事故,支护设计时充分考虑了饱和软黄土特性,加强支护结构刚度。

当车站附属以饱和软黄土为持力层或下卧层时,应进行承载力及变形验算,当不能满足要求时,可采用砂石垫层等地基处理方案。

(2)对周边环境的影响及措施

饱和软黄土由于其土质松软,含水量大,在基坑开挖前需降低地下水位,降水时孔隙水被疏干,对土颗粒的浮力消失,土的自重压力增大,土中孔隙被压缩产生固结沉降,从而引起地面沉降和地面建筑物的变形。西安城市轨道交通工程常常穿越建筑密集区,特别是浅基础的多层建筑,受固结沉降影响较大,在施工降水过程中应采取有效措施,避免出现建筑物损坏的事故。

地铁车站和暗挖隧道降水时产生的地面沉降,施工降水时可采取独立帷幕止水+帷幕内管井降水方案、围护桩间旋喷桩止水帷幕+帷幕内管井降水方案、开放式管井降水方案、回灌方案。在1号线通化门车站的饱和软黄土段降水采用围护桩间旋喷桩止水帷幕内管井降水方案,效果较为理想,且成本较低,施工难度较小。

从近年来西安城市轨道交通工程的勘察成果和施工揭露的情况来看,关于饱和软黄土的勘察应该从其成因和结果两方面来界定。首先应该明确饱和软黄土的形成是需要一定地质和水文条件的,同时也必须满足饱和度 $S_r \geqslant 80\%$、液性指数 $I_L \geqslant 0.90$、压缩系数 $a_{0.1\sim0.2} \geqslant 0.40\ \mathrm{MPa}^{-1}$、承载力特征值 $f_{ak} < 130\ \mathrm{kPa}$ 等内在物理力学指标。由于其呈软、流塑状态,勘察时应注意从取样要求和原位测试两方面积极探索。从工程经验上来讲,饱和软黄土区段工程降水需提早筹划、延长降水周期、分阶段降水,并加强周边环境的变形监测,做到发现问题,及时解决,防止出现安全事故。

3.2.2 饱和软黄土地层隧道施工统计分析

1. 隧道施工情况统计

西安城市轨道交通工程线网规划线路共计23条,部分线路饱和软黄土地层施工情况见表3.7。

表3.7 西安饱和软黄土地层隧道及车站施工(部分)

序号	线 路	部 位	工法	地层情况	设计主要措施	辅助措施	工 效
1	1号线	朝阳门站—康复路站区间	浅埋暗挖法	隧道拱顶埋深约7.6~13.9 m,局部穿越饱和软黄土,同时穿越朝阳门地裂缝。地下水位3.50~7.00 m	降水+超前小导管注浆,地裂缝段采用WSS注浆加固	(1)增加降水井,沉降增大后采用回灌井回灌; (2)洞内采用WSS注浆	0.5 m/d
2	2号线	永宁门站—钟楼站区间	盾构法	隧道通过地层为饱和软黄土地层,部分区段上覆饱和软黄土,层厚达3 m,同时下穿钟楼和城墙	通过线路绕行和加大隧道埋深,将饱和软黄土地层调整至隧道轮廓之上	—	
3	3号线	延兴门站—咸宁路站区间	浅埋暗挖法	隧道主要穿越饱和新黄土(软)、古土壤和老黄土(水下),同时下穿 f_6 地裂缝,地下水位3.7~7.5 m	降水+超前小导管注浆,洞门处密排钢架+12 m大管棚+小导管超前支护,优化开挖断面工法	—	台阶:1 m/d; CRD:0.5 m/d
		咸宁路站—长乐公园站区间	盾构法+浅埋暗挖法	隧道穿越古土壤及饱和新黄土、老黄土地层,同时穿越 f_5 地裂缝。地下水位埋深4.20~12.10 m	降水+超前小导管注浆,洞门处密排钢架+12 m大管棚+小导管超前支护,CRD法开挖	(1)局部涌水掉泥处采用WSS注浆止水措施; (2)地层中存在较大空洞,地面灌浆回填	0.5 m/d

续上表

序号	线 路	部 位	工法	地层情况	设计主要措施	辅助措施	工 效
4	4号线	火车站站	浅埋暗挖法	隧道穿越新黄土、古土壤、粉质黏土和细砂地层,埋深6 m附近分布饱和软黄土,层厚约2~3 m,不具备降水条件	对隧道轮廓2 m范围内的土体全断面注浆,同时采用超前大管棚及小导管,CRD法施工	—	1 m/d
5	5号线	太乙路站—雁翔路区间	盾构法+浅埋暗挖法	隧道穿越老黄土、古土壤、粉质黏土、古土壤、饱和软黄土等。饱和软黄土厚度为2.7~14.6 m,同时穿越f_6地裂缝	区间靠近交大教师公寓段采用WSS全断面深孔注浆止水并加固地层,其余区间隧道采用管井降水施工	(1)f_6地裂缝前后,采取注浆止水措施; (2)调整线路坡度,缩短浅埋暗挖法长度约40 m	1 m/d
6	6号线	长乐门站—交通大学·兴庆宫站区间	盾构法+浅埋暗挖法	隧道洞顶在饱和老黄土层(软)及粉质黏土层中,地下水位在洞顶以上16.8 m,拱顶6.5 m以上存在11 m饱和软黄土层,同时穿越f_5地裂缝	采用全断面WSS注浆,洞门处密排钢架+15 m大管棚+小导管超前支护,进洞后采用超前小导管支护,CRD法开挖	—	0.5 m/d
		交通大学·兴庆宫站	明挖法	车站地下水位埋深约2 m,基坑内饱和软黄土厚度为6.3~9.6 m,层底位于车站负一层楼板下1~2 m	采用坑内降水;止水帷幕采用850@600三轴搅拌桩;围护结构采用直径为1 m的钻孔灌注桩+3道内支撑	—	
		交通大学·兴庆宫站出入口	浅埋暗挖法	出入口过街段洞身全部位于饱和软黄土地层,饱和软黄土厚度约8 m	采用WSS局部注浆加固止水,同时辅以降水措施;洞门处密排钢架+15 m大管棚+小导管超前支护,进洞后采用超前小导管支护	—	
		长乐门站	明挖法	车站地下水位埋深约8 m,基坑内饱和软黄土厚度为3.3~4.8 m,层底位于车站负一层楼板附近	采用1 m厚地下连续墙,竖向设4道支撑,坑内降水;施工加强监测;编制风险预警与应急处置预案	—	
7	8号线	雁塔南路—曲江池西	浅埋暗挖法	区间饱和软黄土长度443.63 m,最大厚度约7.7 m	周边沉降过大、观测井水位出现较大变化或变形速率加剧处,对正线隧道实施深孔帷幕注浆;其余周边建筑若差异沉降达到橙色预警,且变形趋势不收敛,可允许水位适当回升,并参考上述措施予以处理	(1)优化降水启闭顺序; (2)靠近掌子面设临时集水坑,进行积水明排; (3)临近掌子面对已完仰拱底部铺垫钢板施工作业	台阶法:1 m/d;CRD:0.75 m/d

2. 沉降分析

1)饱和软黄土地层厚度与沉降关系

根据现有资料对比分析,在设计措施相同情况下,当饱和软黄土地层厚度较大时,受到的施工扰动越大,地表及建(构)筑物沉降量越大。当线路遇到饱和软黄土地层时,可考虑通过调线调坡措施,绕开饱和软黄土地层或改变饱和软黄土地层与隧道位置关系,以减小施工扰动。

2)饱和软黄土地层降水与沉降关系

根据现有资料对比分析,当采用地层降水辅助施工时,因饱和软黄土地层失水,往往使地面和周边建(构)筑物产生较大沉降。当饱和软黄土地层厚度小于 3 m 时,结合周边建(构)筑物情况,可以考虑采取降水措施,但必须按需降水;当饱和软黄土地层厚度大于 3 m 时,应慎重考虑降水措施。

3)饱和软黄土地层注浆加固与沉降关系

采取全断面注浆加固,一是起到了止水效果,二是加强了地层强度,从而减小了因地层失水和施工扰动带来的地层沉降量,达到控制地表及建(构)筑物沉降的目的。

根据现有资料对比分析,采用全断面注浆加固的隧道,施工过程中地表及建(构)筑物沉降量较小,且后期运营时隧道变化同样较小;而未采取全断面注浆加固的隧道,沉降明显偏大。

3. 沉降控制措施

根据现有资料对比分析,饱和软黄土地层隧道施工时地表及建筑物沉降控制应采取以下措施:

(1)轨道交通工程应尽量规避饱和软黄土地层,并留有一定厚度隔离土层,避免隧道开挖时掌子面失稳及拱顶塌方。

(2)当场地环境风险较低时,可采用降水方案,降低工程自身风险和造价。降水设计应充分考虑各种因素,合理优化降水井布置及回灌措施,做到按需降水。

(3)当降水带来的环境风险不可接受时,采取止水方案,并增加辅助措施。建议采用全断面注浆加固,加固范围为隧道轮廓外 2~3 m,既达到了止水效果,又提高了土体无侧限抗压强度。

(4)饱和软黄土地层不宜作为天然地基。结构底板以下存在饱和软黄土时,应进行地基处理并注意软弱下卧层的验算。

(5)加强施工过程监测,及时反馈信息,根据地表及建筑物沉降变化调整施工措施。

3.2.3 工程案例

1. 西安地铁 4 号线火车站站一期浅埋暗挖隧道施工

1)工程概况

地铁 4 号线火车站站位于西安站国铁站场下,南北方向布置,斜交站场。采用先隧后站-分离岛式车站形式,先期贯通左右 2 条暗挖正线隧道,满足地铁 4 号线通车要求,待国铁站改启动,同步实施剩余明挖部分。车站左线暗挖隧道(带站台)长 240.5 m,站台段宽 11.7 m;右线暗挖隧道(带站台)长 251.95 m,站台段宽 11.7 m;暗挖隧道轨面埋深 18.3 m,底板埋深 21.04 m,覆土厚度 10.5 m;暗挖隧道结构外尺寸为11.7 m 宽×10.1 m 高,初支 350 mm 厚,二衬 600 mm 厚,内含 5 m 宽侧站台,采用 CRD 法和双侧壁导坑法施工。火车站站地层占比如图 3.5 所示。

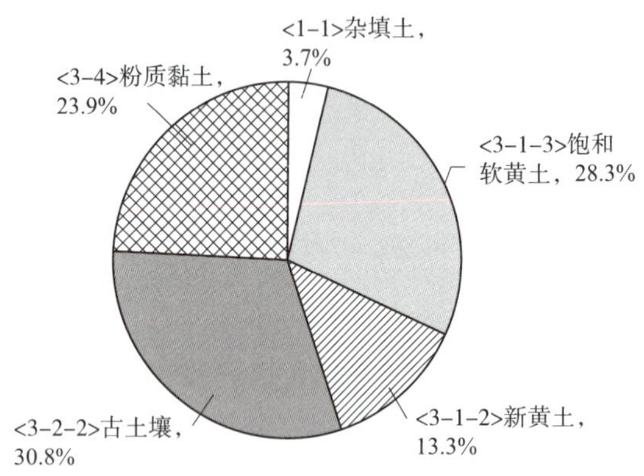

图 3.5 火车站站地层占比示意图

2)重难点及风险点

火车站站位于国铁站场下,南北方向布置,斜交站场道岔区。车站暗挖隧道结构外尺寸为 11.7 m 宽×10.1 m 高,比常规地铁隧道断面大。国铁西安火车站位于铁路运输的大动脉——陇海线上,列车进出站场间隔时间较短,地面无条件进行降水施工,需要采用全断面深孔注浆进行止水和加固土体。

(1)克服“三大”难题

火车站站一期暗挖隧道下穿国铁站场道岔咽喉区,施工条件复杂、技术要求高、安全风险大,国内尚无先例可借鉴,施工前需拆除大量建(构)筑物,拆迁量大、协调产权单位多,施工必须攻克“安全管理、施工技术和组织协调”三大难题。

(2)应对“五大”挑战

西安火车站每日行车200多列,平均每7 min就有一趟列车通过,一期暗挖隧道下穿国铁站场轨行区累计沉降要求不大于15 mm,沉降速率要求不大于5 mm/d;类似条件下的长大管棚施工及全断面深孔注浆施工在国内外尚无先例可循;隧道拱顶有约5 m厚的饱和软黄土,饱和软黄土极易湿陷沉降;由于受征地拆迁滞后18个月等因素影响,工期形势异常严峻;施工必须应对“极大的安全风险、超高的技术要求、不良的地质条件、极限的施工工期和严苛的施工环境”五大挑战。

3)设计方案

隧道施工采用CRD工法,开挖前采用WSS全断面深孔注浆止水加固。隧道衬砌类型统计见表3.8。

表3.8 隧道衬砌类型统计表

序号	结构名称	左线隧道长度(m)	右线隧道长度(m)	衬砌形式
1	过渡段	12	12	60 cm厚C40、P10钢筋混凝土
2	管棚工作室	9.7	9.7	80 cm厚C40素混凝土回填
				60 cm厚C40、P10钢筋混凝土
3	大断面	218.152	151.75	60 cm厚C40、P10钢筋混凝土

4)施工控制重点

(1)开挖前,进行全断面深孔注浆止水加固。加固后开挖面土体无侧限抗压强度达到0.6 MPa,周边土体加固区达到1.2 MPa,渗透系数≤10^{-6} cm/s。

(2)采用双侧壁导坑法开挖,开挖各部连续作业,尽早封闭成环,减少掌子面暴露时间。

(3)施工中开挖进尺严格控制在0.5 m,严格控制超挖。

(4)施作初支时预埋ϕ42注浆管,初支施作完毕后注浆回填。注浆压力控制在0.5 MPa,注浆管环向间距:起拱线以上为2 m,边墙为3 m;纵向间距3 m,梅花形布置。过程中根据沉降情况,多次补注浆。二衬模筑时预埋注浆管,二衬完成后及时压注水泥浆液。

(5)采用地质雷达对穿越地段地下做详尽地下勘探,彻底摸清地下障碍物情况,排除意外因素。

5)实施效果

火车站站暗挖隧道2016年3月15日开工,2018年4月25日二衬结构完成,确保了列车全过程运行安全,同时国铁站场区轨道沉降变形均满足规范要求。

2. 西安地铁5号线太乙路站—雁翔路北口站浅埋暗挖隧道施工

1)工程概况

西安地铁5号线太乙路站—雁翔路北口站区间采用盾构法+浅埋暗挖法施工,其中浅埋暗挖法隧道左、右线长度均为175 m,隧道埋深约16.8~20.5 m,左右线间距为15 m,采用CRD法施工,复合式衬砌。区间设置施工竖井及横通道(兼联络通道)各一座,竖井井深28.7 m,采用倒挂井壁喷锚支护施工;横通道长31.2 m(含通过正线段),采用台阶法施工。浅埋暗挖隧道上方存在12.8~14.6 m厚饱和软黄土地层,该土体压缩变形大,失水易固结,隧道主要位于老黄土和古土壤地层,如图3.6所示。

2)重难点及风险点

(1)太乙路站—雁翔路北口站浅埋暗挖区间饱和软黄土地层厚达12.8~14.6 m,且该地段饱和软黄土呈软流塑状,有变形过大、沉降不均匀、厚度可变的特性,施工时自承能力差,不易稳定。特别是降水施工时,会随着地下水位的抬升而增厚,水位下降则变薄,无论水位上升还是下降,都会引起相对较大的变形,进而引起周边环境的较大隆起、沉降,造成建(构)筑物、管线及路面的开裂、变形。

(2)区间隧道同时穿越地裂缝与饱和软黄土地层,且隧道位于交通主干道正下方,地下管线及周围构筑物较多,降水引起的沉降对环境影响很大。一方面降水工作是区间隧道施工的安全保证,另一方面降水容易引起周围地面的沉降,并可能对地面构筑物造成破坏。由于施工降水和开挖施工可能造成地层

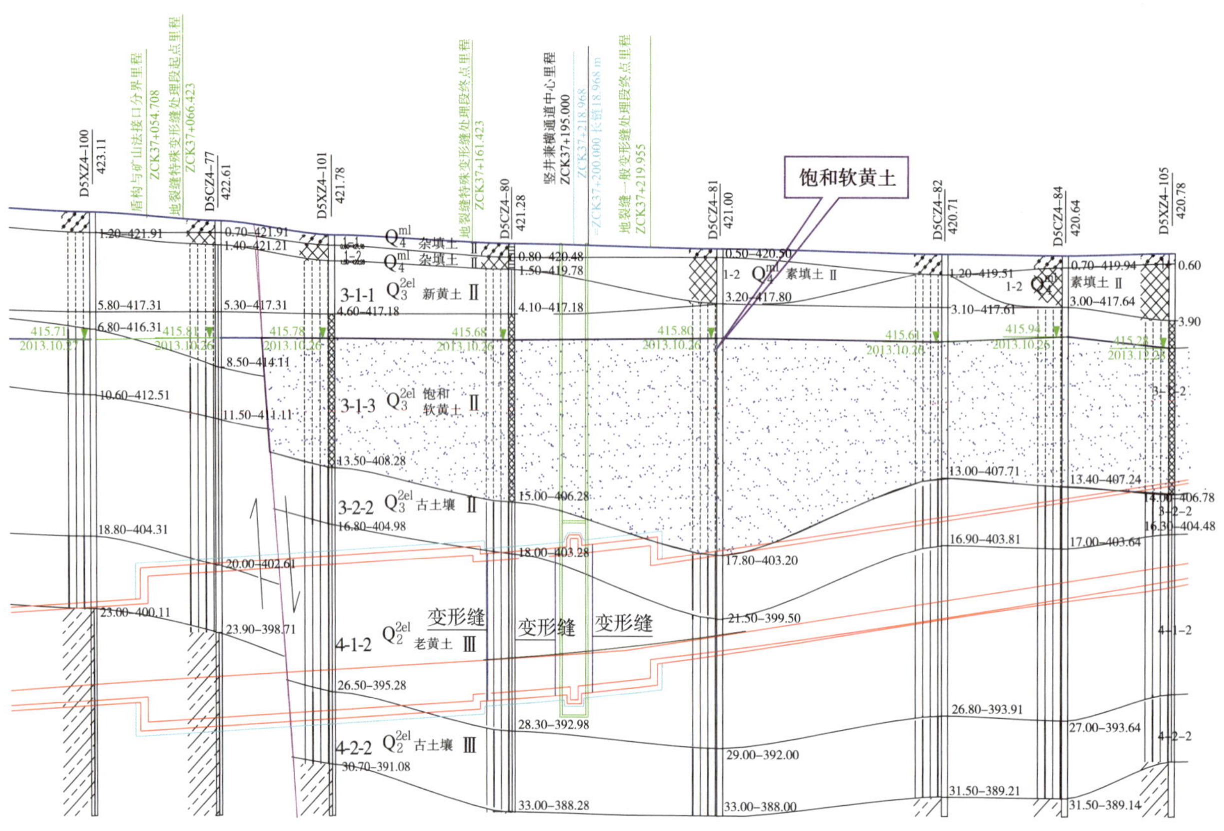

图 3.6　浅埋暗挖法隧道地质纵断面图

叠加沉降，累计沉降量有可能超标，进而造成雨污水管破裂等现象，对隧道施工和地面建(构)筑物及车辆通行造成较大安全影响。因此，控制地层沉降是施工的重中之重。

(3)区间隧道主要位于友谊东路下方，道路北侧建筑有交大青年教师公寓，距离隧道最小净距 4.1 m，交大过街人行天桥桩基础与隧道平面最小净距约 2.8 m，左线隧道与桩基竖向最小净距约 2.16 m。区间拱顶范围管线较多，主要有给水、天然气、光纤、污水、雨水及电力管等。隧道开挖及降水有可能造成地下管沟变形、开裂、倾斜，对地下管线的安全将会造成较大威胁。因此，建(构)筑物和地下管线的保护为本工程的施工风险点。

3)设计方案

太乙路站—雁翔路北口站区间浅埋暗挖隧道结构为双线单洞形式，采用 CRD 法施工，初期支护由拱部超前小导管、网喷混凝土、格栅钢架构成，辅助措施为 WSS 全断面注浆和进马头门超前大管棚。

(1)浅埋暗挖隧道断面设计参数见表 3.9。

表 3.9　隧道断面参数

项　　目	内　　容
图示	图 3.7
断面编号	单线 A 型
断面面积(宽×高)(m)	9.1×9.32
施工工法	CRD 法
长度(m)	445
支护形式	ϕ42 超前小导管、格栅钢架@ 500 mm、ϕ8@ 150 mm×150 mm 双层钢筋网、300 mm 厚喷射 C25 早强混凝土

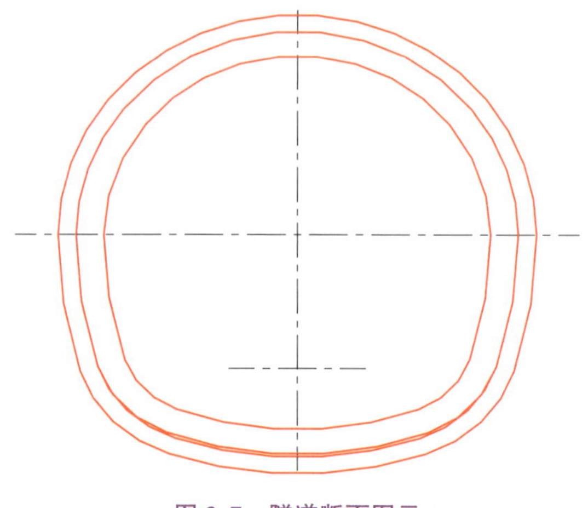

图 3.7　隧道断面图示

(2)降水采用开放式管井降水,共设置12口降水井,正线设置39口降水井,井深均为45 m。由于该处饱和软黄土层厚度达12.2 m、降水深度达26.7 m,采用分部分阶段降水+局部全断面WSS注浆措施。

(3)在隧道侧穿交大教师公寓和下穿交大南门人行天桥桩基础区域122 m范围,采用WSS全断面注浆进行止水并加固地层,加固范围为隧道开挖轮廓线外3 m范围内土体,浆液选用水泥—水玻璃双液浆。

(4)大管棚设置:拱部150°范围,外插角1°~2°,长10 m、直径108 mm、$t=6$ mm钢管,环向间距0.4 m。

4)施工控制重点

(1)根据地层情况结合周边环境,合理选择降水方案和降水井布置,在正洞开挖前30 d,根据降水区间分区分阶段进行预降水,以使土体固结密实,确保隧道施工无水作业。降水过程中加强施工监测,并及时反馈信息指导现场施工,做到按需降水。

(2)严格控制WSS注浆参数,要求如下:

①注浆部位为初支轮廓外3 m,每段注浆循环长度为9 m,后续注浆段预留2 m止浆盘。

②孔位布置:外环辐射孔距离初支完成面20~42 cm,整环均匀布置;水平孔环距1 m。

③浆液配比:水泥—水玻璃双液浆配比为$W:C=1:1$,$C:S=1:1$(体积比);水玻璃模数为2.4~3.4,浓度为35~40 °Bé,凝胶时间为28.30 s。注浆浆液及配比可根据现场实际注浆情况进行调整。

④注浆压力:注浆压力为0.5~1.0 MPa,考虑横通道上方管线安全及注浆效果,注浆压力通过现场进行注浆试验确定。

(3)洞内排水:顺坡段采用水泵将掌子面的水抽至临时排水沟内;反坡排水段,设置集水坑分段集水,用水泵接力抽至地面沉淀池,经过沉淀后排入市政雨水管网。

(4)超前地质探孔:上部导坑采取人工开挖,开挖前必须先使用洛阳铲进行超前地质探测,探孔深度不得小于3 m。上部导坑在拱顶以下50 cm、距侧墙50 cm处打设2个探孔,下部导坑在两侧距侧墙节点50 cm处各打设1个探孔。

(5)针对正洞整体沉降及临时支撑拆除时拱顶沉降,采取以下措施:

①在施工过程中加强监测频率,及时对监测数据进行汇总,对沉降进行预判,指导钢格栅外放尺寸值。

②合理组织施工,加强工序转换的衔接,确保每道工序的支护措施及时执行到位。

③临时支撑拆除长度严格按照设计要求每6 m一段,必要时可以缩短拆除长度,以减少对拱顶的扰动。

5)实施效果

利用沉降监测对现场施工的指导作用,及时反馈监测信息,使施工降水和WSS全断面注浆加固有效结合起来,顺利完成大厚度饱和软黄土地层和地裂缝叠加段浅埋暗挖隧道施工。

3.3 隧道穿越地裂缝施工技术

3.3.1 地裂缝概况

地裂缝是一种典型的地质灾害,在我国多个城市均有发育,其中西安是地裂缝地质病害最为严重的城市。工程措施主要是避让,即建(构)筑物同地裂缝须相隔一定的距离,对于西安城市轨道交通工程,则需重新研究结构无法规避地裂缝时的应对措施。

西安地裂缝是在一组"陡倾的正断层"基础上发育的,受渭河断陷盆地区域构造的控制,具有统一的构造应力场、相同的活动方式和力学性质,其持续活动的原因在于承压水的过量开采。地裂缝的最大特征在于其错断了原有地层,并持续活动,从而产生不均匀沉降,对建(构)筑物造成破坏。

1. 西安地裂缝分布

根据西安地裂缝的勘察及研究成果,目前确定西安共有14条地裂缝(自北向南编号依次为$f_1 \sim f_{14}$)和4条次生地裂缝(f'_5、f'_6、f'_9和f'_{11}),还有近年来地铁建设中发现的长安地裂缝3条(自北向南编号依次为

f_{c1} ~ f_{c2})和临潼地裂缝 9 条(编号依次为 f_{LT1} ~ f_{LT9})。据统计,西安地铁已建成和在建线路穿越地裂缝共计 120 次,其中西安地裂缝 115 次,长安地裂缝 5 次,详见表 3.10。

表 3.10 地裂缝穿越线路次数汇总

线 路	西安地裂缝		长安地裂缝(含临潼地裂缝)	
	条数	次数	条数	次数
1 号线一期	5	6		
2 号线一期	13	13	2	2
3 号线一期	8	13		
4 号线	10	11	2	2
5 号线一期	8	8		
6 号线一期	9	11		
6 号线二期	7	10		
9 号线一期	10	10		
8 号线	12	27		
15 号线	5	6	1	1
合 计		115		5

2. 地裂缝应对原则

地裂缝一直被视作西安城市轨道交通工程的重点、难点问题,针对地裂缝位置的查找、结构应对、防水措施、轨道设防等问题开展了多项专题研究。经线网规划范围内钻探、物探、槽探,大量的现场、室内试验,理论计算和数值分析,得到了地裂缝土体物理力学性质、地裂缝与地下水的关系、地裂缝段结构和防水措施、地裂缝段施工工法等重要的创新性成果,主要应对原则是"尽量避让、分段设缝、扩大断面、结构加强和多道防水",以此适应地裂缝活动变形,从而确保结构和运营安全。

3.3.2 隧道穿越地裂缝施工措施

1. 浅埋暗挖法隧道穿越地裂缝

浅埋暗挖法是西安城市轨道交通工程隧道穿越地裂缝的主要工法,通过确定合理的地裂缝设防长度,结构主动适应地裂缝活动变形。

1)主要措施

(1)确定合理的设防长度,每隔 10~15 m 设置特殊变形缝,释放错动产生的应力。

(2)设防段扩大断面,加强初支和二衬结构,保证地裂缝错动后的建筑限界。

(3)特殊变形缝处采用特殊的结构形式,外侧采用"Ω"形防水橡胶止水带,内侧采用 U 形防水橡胶止水带。

(4)采用可调框架板等道床形式,通过调整线路纵坡来适应地裂缝沉降后仍能确保正常行车。

(5)底板预设注浆、填料孔,以便充填基底变形后的脱空区域。

2)辅助措施

(1)采取隧道外地表井点降水、隧道内轻型井点真空降水或隧道掌子面水平孔排水等辅助措施。

(2)进行超前地质预探,探明地层情况并与地勘资料分析对比,制定后续施工措施。

(3)隧道拱部 150°~180°范围环向设置单排或双排超前小导管注浆,必要时增加全断面注浆止水。

3)特殊变形缝防水

地裂缝防水需满足两个基本要求:一是可适应 500 mm 的垂直错动,即变形缝错动 500 mm 时防水体系仍有效;二是达到规范要求的防水二级标准。

结合地裂缝特殊变形缝特点,进行大型模型试验,通过不断实践和总结,形成了西安城市轨道交通工程特殊变形缝防水体系。变形缝外侧设置“且”形止水带，形成第一道防水线，内侧设置U形止水带，形成第二道防水线，个别出现渗漏的特殊变形缝，可通过设置的注浆孔进行注浆堵漏，基本上达到不漏的要求，如图3.8所示。

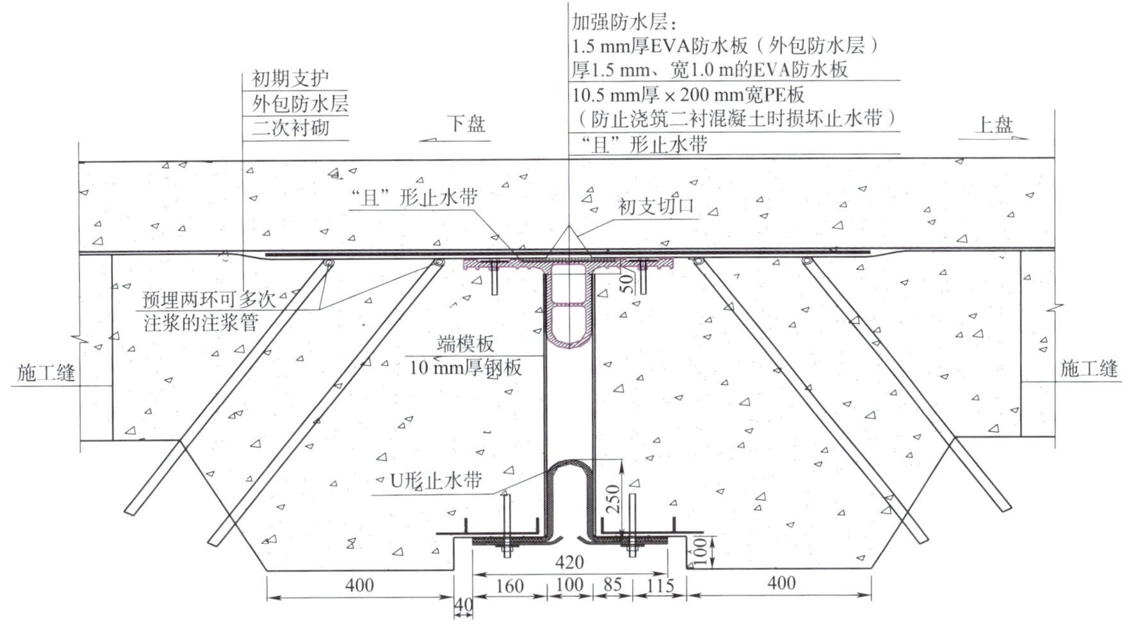

图3.8　地裂缝特殊变形缝防水图(单位：mm)

(1)第一道“且”形橡胶止水带不仅可起挡土作用，更能适应地裂缝处主体结构500 mm垂直错动，同时在100年使用过程中阻挡0.3 MPa的水压。

(2)地裂缝活动时，结构沿滑动面下沉及扭转变形，此时第一道“且”形止水带沿缝隙被拉伸，继续发挥止水功能。

(3)第二道U形(可拆卸式)止水带具备可随上下盘主体结构的错动而变形的性能，在使用过程中可防止渗漏水直接滴漏，并起引流作用。

(4)U形止水带设置范围主要为结构顶板和侧墙部分，当地裂缝处结构错位较大时，可将两侧结构找平后换装U形止水带。

2. 明挖法隧道穿越地裂缝

明挖法隧道穿越地裂缝相对较少，主要采取以下措施：

(1)围护结构采取钻孔桩+内支撑形式，辅以坑外降水施工，主体结构采用矩形框架结构。

(2)设置设防段，每隔10~15 m设置变形缝释放错动产生的变形，同时变形缝采用“且”形止水带。

(3)采用框架板式等道床，通过调整线路纵坡来适应地裂缝沉降后的建筑限界。

3. 盾构法隧道穿越地裂缝

随着规划、建设线路的不断增加，所有地铁线路采用浅埋暗挖或明挖法穿越地裂缝将面临施工成本高、工期长和风险大等问题。鉴于此，开展盾构法穿越地裂缝应对措施研究非常有必要，目前盾构穿越地裂缝研究已取得阶段性成果，并已在8号线活动性弱(Ⅳ级)的地裂缝场地应用。

1)主要措施

(1)地裂缝段采用加强C形管片，管片间和环间止水带加厚。

(2)盾构掘进采用土压平衡模式，上部土仓压力宜为0.12~0.18 MPa。

(3)盾构每环出土量严格控制不得超过56 m^3。

2)辅助措施

(1)严格同步注浆量和注浆压力，每环同步注浆量均应在6 m^3以上，注浆压力在0.25~0.35 MPa之间。

(2)地裂缝前后 20~30 环每环均进行二次和多次补浆,离盾尾 1~4 环注单液浆,4 环以后注双液浆。

(3)做好试验验证的各项传感器等的预埋工作,为后期研究提供数据。

3.3.3 工程案例

1. 西安地铁 4 号线火车站—含元殿区间浅埋暗挖法穿地裂缝

1)工程概况

西安地铁 4 号线火车站—含元殿区间穿过 f_3 地裂缝,该地裂缝沿劳动公园黄土梁南侧发育,分东西两段。地裂缝左线与线路夹角 77°38′23″,右线与线路夹角 54°6′53″,走向 NE65°~NE75°,倾角约 80°。该地裂缝的南西盘(上盘)相对下降,北东盘(下盘)相对上升,南西盘高,北东盘低,相差约 0.5 m,上盘隧道洞身穿越的围岩处于古土壤及粉质黏土、古土壤层,土性较差,下盘隧道洞身穿越的围岩处于<3-4>粉质黏土层,土性较好。本区间地面沉降活动速率为 2~3 mm/a,地面沉降活动速率小于 5 mm/a。

2)重难点及应对措施

地裂缝带的土体裂隙多、地质条件差,施工时可能会造成隧道坍塌,也可能出现沿裂缝带的集中渗水。浅埋暗挖法穿越地裂缝施工时隧道设置变形缝,初支与二衬变形缝位置保持一致,初衬格栅的纵向连接筋断开,变形缝接口处二衬厚度加大,变形缝采用特殊防水措施。

3)设计方案

区间 f_3 地裂缝段隧道结构为单线单洞形式, CRD 工法施工,设置特殊变形缝,断面变化以堵头墙衔接。采用超前支护、钢筋网、喷混凝土、格栅钢架作为隧道初期支护,二次衬砌采用防水、防蚀钢筋混凝土。变形缝外侧采用“且”形防水橡胶止水带,内侧采用 U 形防水橡胶止水带。断面参数详见表 3.11。

表 3.11 断面参数

断面类型	过地裂缝扩大断面
断面面积	70.57 m^2
断面单线长度	左线 66.907 m,右线 65.941 m
开挖方式	CRD 法
初支形式	进洞 ϕ108 大管棚、ϕ42 超前小导管、格栅钢架间距 500 mm、网喷混凝土
二次衬砌	C40、P10 钢筋混凝土,厚 450 mm

4)其他施工措施

(1)施工降水

该段地下水丰富,涌水量大,在地裂缝段左、右线各布设 22 口降水井,井深 40 m,直径为 700 mm,井管为 ϕ500 mm(内径 400 mm)水泥砾石滤水管,井间距为 8.8~13 m,距离隧道外边缘不小于 1.5 m。施工时,每个导坑分别施工 2~3 个水平孔进行排水。

(2)超前地质探孔

采用人工洛阳铲或取芯钻机成孔,每个导坑打设 2 个探孔,探孔深度为 2.5~3 m,孔径为 42 mm,如图 3.9 所示。探孔在掌子面开挖前打设,技术人员全程旁站,做好施工记录及影像资料,并与地勘资料进行对比,若有异常情况及时反馈,保证掌子面开挖安全。

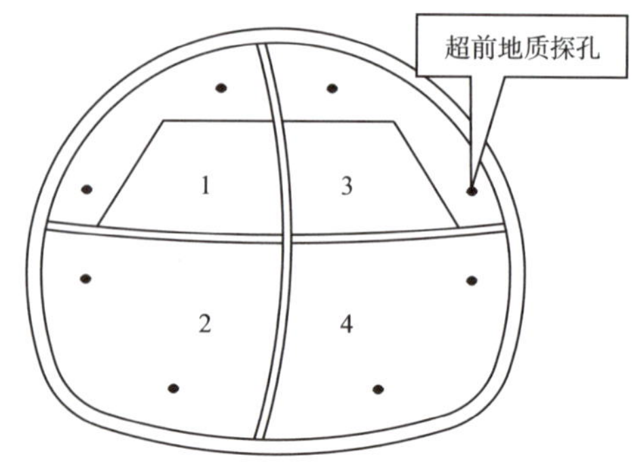

图 3.9 超前地质探孔孔位布置图

(3)背后回填注浆

拱部 150°范围内预埋 ϕ42 mm×3.5 mm×800 mm 注浆管,布置间距 3.0 m(环)×3.0 m(纵),梅花形布置。当初支封闭成环一定长度后,及时背后回填注浆,以减少地面沉降。二衬在模筑时预埋 ϕ42 钢管,长度为 800 mm,布置间距 3.0 m(环)×5.0 m(纵),梅花形布置。

水泥浆水灰比为1∶1,注浆压力不大于0.5 MPa。施工过程中主要技术措施:

①严控注浆压力,防止出现结构变形和串浆,出现异常立即停止注浆并采取补救措施。

②施工顺序:应沿轴线由低到高、由下往上,从少水处往多水处施工。

③注浆参数根据实际情况适当调整,不断改进工艺操作,提高注浆效果。注浆结束后,注浆孔应封填密实。

小　　结

根据穿越地裂缝特点,过程中配合适当辅助措施,提高了地裂缝段浅埋暗挖法施工工效和安全性,并将过程中地面沉降和运营后沉降控制在规范要求范围。

2. 西安地铁8号线华清路—苏王村区间盾构法穿地裂缝

1)工程概况

地铁8号线华清路—苏王村区间隧道下穿 f_3 及 f_2 地裂缝, f_3、f_2 地裂缝与线路交汇附近均未发现地面破裂及变形现象,活动性弱(Ⅳ级),现阶段活动速率约小于1.0 mm/a,未来100年预测错位量<100 mm。依据"西安轨道交通盾构法隧道穿越地裂缝应对措施研究"成果,百年预计错位量 $S \leqslant$ 10 cm时,采用盾构法施工。穿越主要地层为水上老黄土、粉质黏土、中砂层。地下水为第四系孔隙潜水,主要赋存于粉质黏土、砂类土及碎石类土层中,水量较大,地下水稳定水位埋深20~25 m。其中 f_3 地裂缝与线路平面交角约80°,呈隐伏状态,地裂缝处隧道洞身上盘位于水上老黄土地层,下盘位于中砂层,隧顶埋深16 m,地下水位位于22 m左右。f_2 地裂缝与线路平面交角约72°/84°,呈隐伏状态,地裂缝处隧道洞身上盘位于水上老黄土地层,下盘位于粉质黏土层,隧顶埋深18 m,地下水位位于20 m左右。

2)设计方案

(1)f_3、f_2 地裂缝加强段单线设计长度21 m。地裂缝设防区间采用加强型钢纤维多孔管片,钢纤维采用浇筑用无涂覆不锈钢纤维,$d \geqslant 0.08$ mm,在混凝土中掺量为1%。加强型管片相较标准型管片配筋进行加强,混凝土强度为C50,抗渗等级为P12。

(2)多孔管片则在正常管片基础上每环再增设10个注浆孔(除K块外,其余5片每片增加2个),即每环共16个注浆孔。在盾构通过后,通过注浆孔对衬砌环背后进行二次注浆。

(3)地裂缝加强段采用加强型螺栓,即10.9级螺栓及10级螺母。

3)施工措施

(1)盾构机选型

选用土压平衡盾构机,刀盘采用辐条式,开挖直径6 440 mm,开口率60%。

(2)盾构掘进控制

选定土仓压力,掘进过程中通过调整推进力实现推进速度控制,通过调整螺旋输送机转速实现出渣量控制。具体方法如下:

①合理设置土压力

土仓压力宜控制在0.12~0.18 MPa范围。

②推进速度控制

推进速度宜控制在15~35 mm/min范围。

③出渣量的控制

每环掘进出渣量根据试掘进段取得的参数进行控制,每环出土量应严格控制不得超过56 m^3。

(3)渣土改良

在粉土、黏土层掘进时,为防止刀盘产生泥饼,并降低刀盘扭矩,采取向刀盘面和土仓内注入泡沫进行渣土改良,注入量20~30 L/m^3。在砂土地层中掘进时,注入高浓度的膨润土泥浆,同时进行充分的搅拌来改良渣土,泥水、泥浆注入量根据实际情况确定。

(4)壁后注浆

壁后注浆采取同步注浆、二次补充、多次注浆相结合的方式。地裂缝前后 20~30 环每环均应进行二次补浆及多次注浆。在管片脱离盾尾 1~4 环时选择注单液浆,4 环以后注水泥—水玻璃双液浆。注浆压力为 0.25~0.35 MPa。同步注浆注浆量控制在 6 m^3/环以上,根据监测和注浆压力调整注浆量。

(5)钢纤维混凝土管片施工技术

①钢纤维混凝土生产中的关键问题是保证钢纤维在混凝土中均匀分布,防止形成纤维结团,钢纤维越细、越长,掺量越高,其分散性就越差。故需采用专用的设备进行投料,确保均匀分散材料并有效控制掺量偏差。投料时,将钢纤维与砂石骨料一起投入到搅拌机中先行搅拌,把纤维打散,然后再与水泥浆体混合搅拌,有利于通过砂石搅拌使板的钢纤维均匀分散,遇水泥浆液后钢纤维表面胶体溶解,有利于分布均匀。同时,钢纤维混凝土搅拌时间要比普通混凝土延长 20~30 s。

②钢纤维材料密度较大,混凝土容易出现分层、离析,而且坍落度损失也较大。可通过上调胶凝材料用量和提高砂率的方法,适当加大坍落度。

③严格控制钢纤维混凝土的外观质量。钢纤维外露不仅会影响管片的外观,还会给施工人员造成安全隐患,因此需严格控制钢纤维混凝土振捣后的外观质量。

④钢纤维混凝土管片与普通钢筋混凝土管片比较,生产工艺有所改变, 主要是在钢筋骨架制作、混凝土生产、管片浇捣成型及收水抹面等方面, 其他方面如钢模检测、蒸养控制、出厂检验等基本相同,管片质量检验参数也基本相同。

⑤对钢纤维混凝土管片生产质量进行严格把控,确保管片材料合格。同时需加强现场管理,避免在实际施工过程中混用管片,造成质量隐患。加强管片拼装施工过程技术指导和管理,确保地裂缝段钢纤维混凝土管片拼装质量,防止出现错台、裂缝、破损、漏水等情况。

(6)施工监测措施

为掌握地层和结构在施工过程中的力学动态,确保隧道的稳定和建(构)筑物及地下管线的安全,在下穿地裂缝影响区域范围内必须加强现场监控量测,可将下穿地裂缝影响区监测等级提高到一级。监测内容有洞内外观察、地表沉降、管片结构竖向位移、管片结构水平位移、管片结构净空收敛。

监测方法:

①盾构掘进过程洞内外观察。对工程水文地质、支护结构、地表建筑物变形开裂及下沉情况观察。

②水准仪地表沉降监测。监测点沿隧道轴线上方地表布设,测点间距 5~10 m;横向监测断面垂直于隧道轴线布置,在地裂缝上、下盘处需加密布置。横向监测断面测点宜 7~11 个,测点间距主要影响区宜为 3~5 m,次要影响区宜为 5~10 m。

③水准仪、全站仪管片结构竖向、水平及净空监测。监测断面宜在拱顶、拱底、两侧拱腰处布设净空收敛测点,拱顶、拱底净空收敛测点兼作竖向位移测点,两侧拱腰处净空收敛测点兼作水平位移测点。

(7)运营监测措施

为动态掌握地裂缝在长期活动过程中对盾构隧道的影响,并为后续工程提供依据,盾构穿越地裂缝段在地铁运营期间纳入常态化监测,其中隧道内采用自动化监测,隧道上方地表采用常规监测。

监测内容为地表沉降、地下水位、隧道拱顶下沉、结构水平收敛、管片接缝张开、管片外侧接触应力。

监测方法:

①在地裂缝影响区地表设置沉降观测点(地裂缝上盘 4 个测点、下盘 3 个测点)及水位观测孔(地裂缝上、下盘各 1 个测孔),定期监测。

②洞内利用手孔在隧道拱顶、两腰设置棱镜(每 1 环设置一个监测断面),在地裂缝盾构段端部设置全站仪(全站仪应能通视所有测点,不得侵入车辆限界且应保证安全距离),对所有测点位移进行连续自动监测。

③管片拼装前在管片拱顶、两腰、拱底外侧粘贴应变片(每 2 环设置一个监测断面),导线从注浆孔引入隧道内连接仪器连续自动提取数据。

小 结

华清路—苏王村区间首次采用盾构法穿越地裂缝施工的方法,相比浅埋暗挖法,可降低施工风险、加快施工进度,具有巨大的社会经济效益。

3.4 全断面富水砂卵石地层隧道施工技术

3.4.1 概 述

西安东临浐河、灞河,南邻潏河,西邻沣河、皂河,北邻渭河、泾河,自古以来水系发达,形成了渭河、浐灞河、皂河等冲积平原,在低阶地区大多分布有富水砂卵石地层,大幅增加了地铁隧道的施工风险。

在全断面富水砂卵石地层中,盾构法隧道施工特点:一是刀盘刀具磨损量大,造成盾构掘进效率下降,甚至带来盾构机无法掘进风险;二是土仓内建压困难,掌子面坍塌严重,从而造成地层沉降加剧,带来地面、管线、建(构)筑物等沉降风险。浅埋暗挖法隧道施工特点是易出现降水困难、掌子面坍塌失稳等施工风险。

在全断面富水砂卵石地层中隧道下穿重要建(构)筑物施工风险更大,采取有效措施控制施工风险是十分必要的。通过以下典型案例,从设计方案、施工重难点、关键措施和实施效果等方面,详细总结全断面富水砂卵石地层中盾构法、浅埋暗挖法的关键施工技术。

3.4.2 盾构在全断面富水砂卵石地层下穿高层建筑施工技术

1. 工程概况

地铁4号线文景路站—凤城九路站盾构区间,右线长969.25 m、左线长990.133 m,最小转弯半径为350 m,最大纵坡均为28.00‰,位于全断面富水砂卵石地层中。其中左、右线均需下穿某建筑群(图3.10),下穿长度右线180 m、左线85 m,隧道先侧穿1号楼(26层),隧道与基础净距1.8 m;再下穿临街商铺与地下车库,然后下穿2号楼(26层),隧道顶距离基础4.26~4.37 m,最后侧穿5号楼(18层),隧道与基础净距5.55 m。盾构隧道洞身位于中、粗砂层中,地下水位在隧道顶6~6.7 m。盾构在全断面富水砂层中下穿高层建筑在国内轨道交通中尚属首次,盾构通过后楼房最大沉降为7.79 mm,满足设计

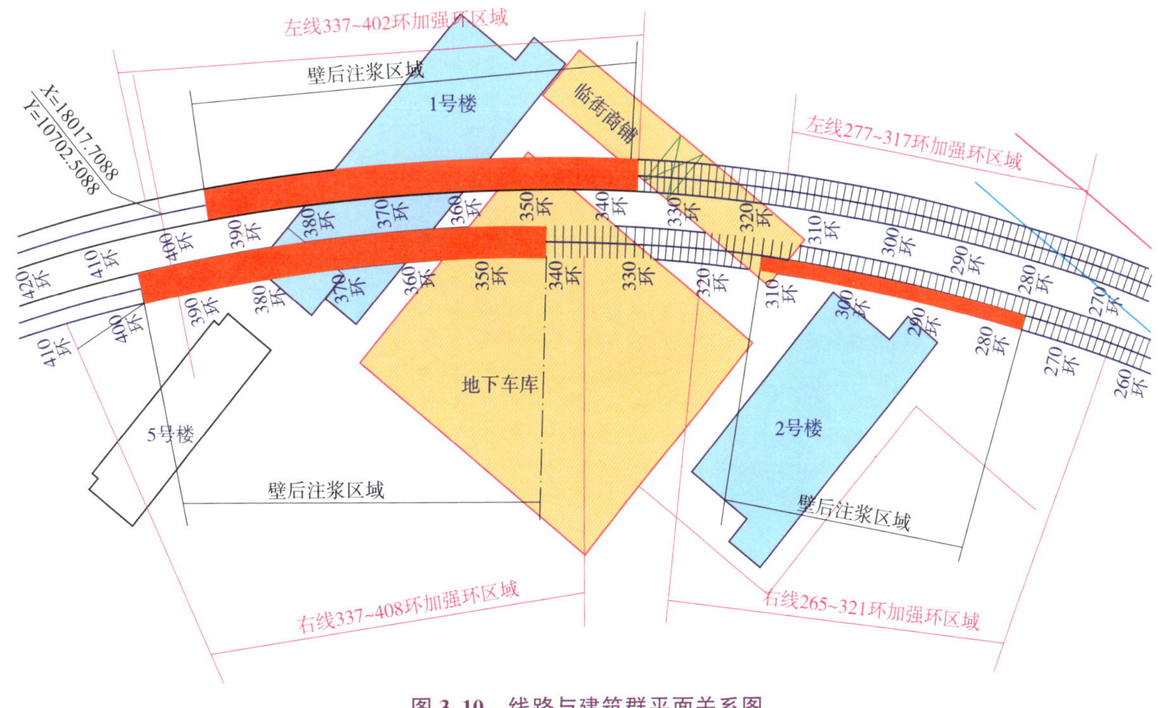

图3.10 线路与建筑群平面关系图

沉降 0~-20 mm、倾斜度小于 2‰要求。

1、2、5 号三栋高层建筑均采用筏板基础，持力层为 CFG 桩，桩径 0.4 m，桩长 8.37 m，底板与 CFG 桩头间褥垫层厚度为 0.2 m，采用级配砂石垫层，如图 3.11 所示。

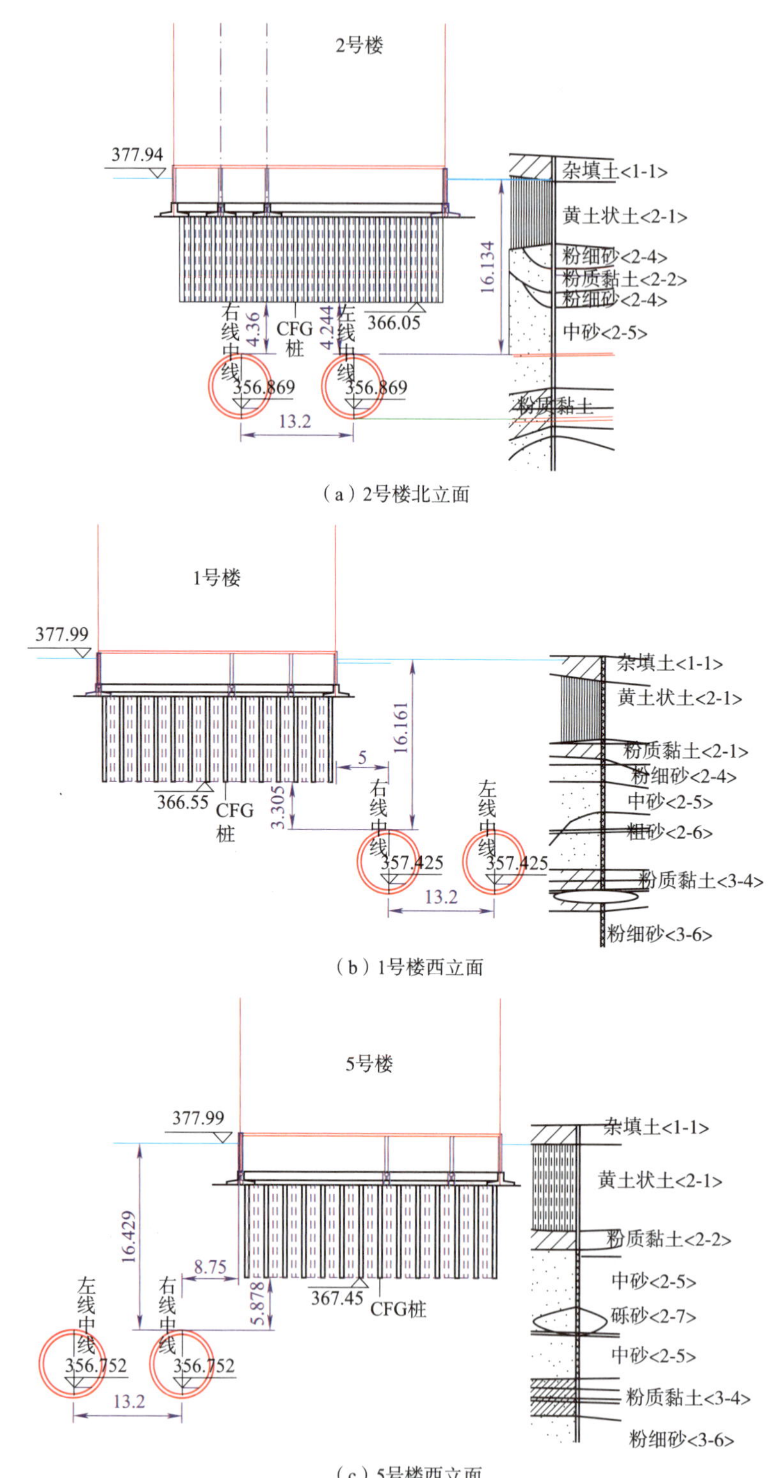

(a) 2号楼北立面

(b) 1号楼西立面

(c) 5号楼西立面

图 3.11　线路与建筑基础横剖面图(单位:m)

2. 设计方案

盾构近距离下穿建筑物，极易发生建筑物倾斜变形、楼体开裂等安全隐患，前期设计方案阶段准备采用超前注浆的办法控制掘进期间可能产生的沉降，通过三次超前注浆试验，综合考虑停机时间过长、沉降不可控因素较多、盾构机复推刀盘启动困难等情况，判定此工艺不可行，所以只能采取调整掘进参数控制沉降措施，将盾构超前注浆加固变更为洞内注浆，采用同步注浆、二次注浆、壁后钢花管深层注浆的综合注浆施工方案，保证高层建筑群的安全与正常使用，同时满足施工要求，节约超前支护施工成本。

3. 施工重难点及风险点分析

工程重难点是该段隧道位于$R=350$ m 小曲线半径与28‰大坡度重合地段，限界偏差要求高，盾构机掘进时姿态控制困难。

工程风险点分别是：(1)盾构掘进断面土层主要为全断面富水砂层，易发生开挖面喷涌、坍塌、地面沉降超限等事故，下穿段上覆荷载的加大会进一步促进盾构开挖面失稳，使开挖面可控性降低；(2)盾构在全断面富水砂层地段下穿或侧穿1、2、5号楼及临街商铺，距离楼房基础较近，掘进时可能会引起地层扰动、沉降，控制不当将可能导致地面房屋倾斜变形、楼体开裂。

4. 关键施工技术

1)盾构机选型

盾构掘进范围内主要地层为中、粗砂层，参照既有施工经验，盾构机配备9组液压马达，驱动功率为945 kW，额定扭矩为6 650 kN · m，脱困扭矩为8 100 kN · m；采用6扭腿6主梁6辅梁结构，主梁采用矩形结构，扭腿及辅梁采用圆管，较好地改善了结构受力条件，通过有限元分析，加强大应力部位材料配置。经核算，刀盘结构的最大综合等效应力为160 MPa，满足刀盘受力要求。

2)渣土改良

针对全断面富水砂层，盾构施工过程中渣土改良剂主要以膨润土悬浮液为主，采用泡沫辅助，并保证泡沫经充分搅拌后扩散到整个面板，全方位增加了刀盘、刀具与渣土之间的润滑效果，使开挖土呈“塑性流动状态”，保证盾构的顺利进行。

3)同步注浆

盾构施工过程中，同步注浆采用水泥砂浆，掘进过程每环注浆量为6.8~7.3 m^3，注浆压力为0.2~0.4 MPa，及时填充管片壁厚间隙，避免周围土体出现无支护状态。

4)二次注浆

二次注浆采用1∶1的水泥水玻璃双液浆，能够确保管片壁后空隙填充均匀、密实，每环注浆量控制在2.3~2.8 m^3，注浆压力为0.2~0.3 MPa。

5)钢花管注浆

针对上覆高层建筑产生的附加荷载，在管片预制时预留钢花管注浆孔，完成二次注浆后，使用钢花管补浆加固土体，浆液采用水泥水玻璃双浆液(水泥、水玻璃配比为1∶6)，注浆压力为0.4~0.6 MPa。

6)地表监测

为更好地控制地表上覆高层建筑的沉降变形情况，对监测频率进行优化，施工监测频率按表3.12控制。

表3.12 穿越建筑群期间监测频率

掘进面距建筑群前后距离	监测频率
穿越前50 m	2次/d
穿越前30 m	4次/d
穿越建筑物时	8次/d
通过建筑物后50 m内	4次/d
通过后50 m外	2次/d

日沉降超过报警值(2 mm)或累计沉降超过控制值的70%时，进行钢花管补充加强注浆，直到地表沉降处于控制值以内。

5. 实施效果

地铁 4 号线文景路站—凤城九路站盾构区间下穿某建筑群，右线历时 15 d，左线历时 9 d，施工采用同步注浆、二次注浆及壁后钢花管深层注浆的综合注浆方案，建筑物最大沉降-7.79 mm，远小于设计限值。该案例是我国首次地铁在富水砂层且小半径曲线施工环境中成功下穿高层建筑的成功案例，为今后类似工程提供了施工参数，在保证工程安全高效的前提下，降低了盾构及相关设备的损耗，有效控制了工程成本，保证了施工进度，取得了良好的经济和社会效益。

3.4.3 盾构在全断面富水砂卵石地层下穿高铁施工技术

1. 工程概况

地铁 4 号线元朔路站—北客站区间下穿西宝高铁涵洞长度为 41.17 m，左右线盾构隧道顶覆土 21.38~23.56 m；盾构隧道下穿西城高铁箱涵，左右线下穿长度分别为 71.9 m、73.133 m，左右线隧道洞顶覆土为 17.14~18.46 m；穿越地层主要为<2-7>砾砂、<2-5-2>中砂地层；区间地下水位埋深 4.10~11.6 m。涵洞与区间隧道平面、剖面示意如图 3.12 所示。

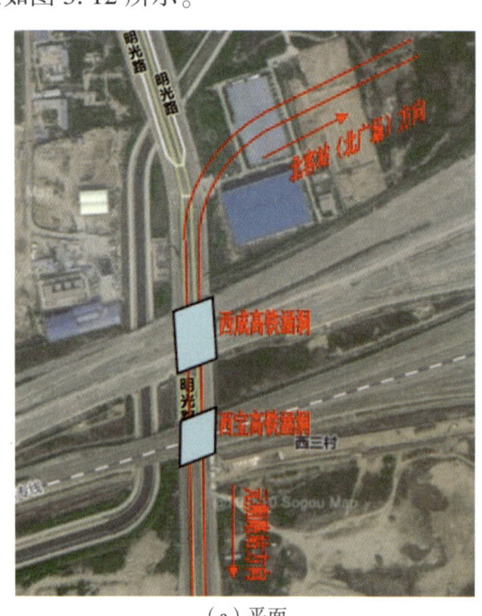

（a）平面

（b）剖面

图 3.12 涵洞与区间隧道平面、剖面示意图（单位：mm）

2. 设计方案

采用多孔管片钢花管壁后压密注浆，在同步注浆机二次注浆完成后，利用管片吊装孔和增加注浆孔（每环增加10个注浆孔，总计16个注浆孔），采用水泥+水玻璃双液浆，对管片迎土侧3 m范围内土体进行加固，使土体形成圆环形固结体，控制高铁涵洞工后沉降，确保地铁及下穿高铁结构安全可控。

3. 施工重难点及风险点分析

(1)盾构在下穿西成高铁箱涵时，有$R=350$ m小半径曲线与28.440‰大纵坡（右线纵坡28.891‰）叠加，如果控制不当，会造成管片错台、破损。

(2)在全断面富水砂层地段下穿高铁箱涵地表沉降控制在设计标准0~5 mm以内，西宝高铁已运营，西成高铁当时正在联调联试，两条高铁线均不能限速，若沉降超限，极有可能造成运营机车脱轨，造成人员伤亡、财产损失和恶劣的社会影响。

(3)在掘进过程中若发生喷涌、引起地表沉降超限，造成高铁中断等严重事件。

4. 关键施工技术

1)盾构机选型

选用两台辽宁三三TY6288土压平衡盾构机，为辐条式刀盘，开口率为44%，驱动功率为电驱800 kW，有较高的强度和耐磨性，有良好的渣土改良系统等；并通过盾构机适应性可靠性专家评估、完善后，经监理复核后下井组装。

2)盾构施工安全质量控制措施

在下穿高铁箱涵前，选取100 m作为试验段，通过总结经验，优化盾构掘进参数（表3.13），将地面注浆作为应急预案。

表3.13 试验段掘进参数(一)

掘进速度(mm/min)	50~80
推力(kN)	2 000~2 500
扭矩(kN·m)	4 200~5 000
刀盘转速(r/min)	1.1~1.5
土仓压力(MPa)	0.13~0.18
同步注浆—注浆量(m^3)	7~8
同步注浆—注浆压力(MPa)	0.3~0.4
盾构机竖直姿态控制(mm)	-50~+50(下负上正)
盾构机水平姿态控制(mm)	-50~+50(左负右正)

(1)渣土改良控制，把“土压平衡盾构机”当作“准泥水盾构机”来用，通过专用管道从洞外膨化池向洞内输送，注入刀盘前方和土仓内，进行有效的渣土改良。

(2)优化掘进参数，应用克泥效技术。

(3)对盾构下穿西成高铁$R=350$ m小半径曲线与28.44‰大纵坡叠加段管片提前进行拟合，及时复测，发现问题及时处理。

(4)在管片脱出盾尾3~5环，采用双液浆从11、1、9点位进行二次注浆，注浆量与压力双控，每环注浆量为0.6~1.2 m^3，注浆压力为0.2~0.4 MPa。

(5)环箍注入，下穿高铁箱涵均采用多孔管片，当管片脱出盾尾，间隔5环从预留孔注入水玻璃，使水玻璃混入同步注浆浆液，加快凝结。

(6)注浆压力0.4~0.5 MPa；隧道内钢花管注浆，下穿高铁前150 m~穿越后25 m，均采用钢花管壁后深孔注浆加固，注双液浆，控制地面及工后沉降。

(7)下穿期间采用“测量机器人”对高铁140 m范围内轨道、道岔、箱涵结构、边坡、接触网杆、转辙机等目标物实时监测，信息化施工。

3）主要管理措施

（1）详细编制"盾构施工重难点及风险点分析及应对措施"方案，并组织专家评审，按专家意见完善并经监理审批后付诸实施。

（2）下穿期间坚持总监组织，各参建方参加日碰头会，总结经验教训，优化掘进参数和指令。

（3）加强与铁路管理部门的联系、有效对接。

5. 实施效果

全断面富水砂层盾构下穿高铁箱涵在国内尚属首例，为今后类似地层下穿重要建（构）筑物提供借鉴及参考。在确保工程安全质量的前提下，有效控制了工程的工后沉降，经监测，盾构通过 2 个月后西成高铁箱涵沉降最大值为 1.8 mm，西宝高铁箱涵沉降最大值为 2.1 mm，均低于设计限值（沉降控制在 5 mm 以内）。

3.4.4 全断面富水砂卵石层浅埋暗挖隧道施工技术

1. 工程概况

地铁 2 号线南段潏河停车场出入场线区间，采用浅埋暗挖法施工，双线双洞隧道，共长 824.104 m，隧道埋深距地面约 9～10 m，结构采用复合式衬砌，初期支护采用喷混凝土、钢筋网、格栅钢架及注浆小导管；二衬为防水钢筋混凝土，初期支护与二次衬砌间设全包防水隔离层。实测地下水位埋深为 1.1～8.0 m，水位高程在 434.42～432.43 m 之间。场地含水层厚度约 20～80 m，洞身围岩主要由细砂、中粗砂、卵石构成，受地下水的影响较大，洞室围岩易发生流砂、坍塌等变形破坏。

2. 设计方案

线路下穿黑河引水管平面示意如图 3.13 所示。衬砌结构设计由外向里分别为：拱部设置 ϕ42×3.5 mm 注浆小导管，L=2.5 m，环向间距 0.3 m，纵向间距 1.5 m；注浆锚管拱墙设置，拱部 L=2.5 m，边墙 L=3 m，格栅拱架间距 0.75 m（过黑河管段为 0.5 m）；钢筋网 ϕ6.5，150 mm×150 mm 全断面单层布置（过黑河管段为双层布置），初衬喷射 C25 早强混凝土；仰拱防水层保护层 50 mm 厚 C20 细石混凝土，预铺式自粘防水卷材，全断面布置；C40 模筑钢筋混凝土，抗渗等级 P10。

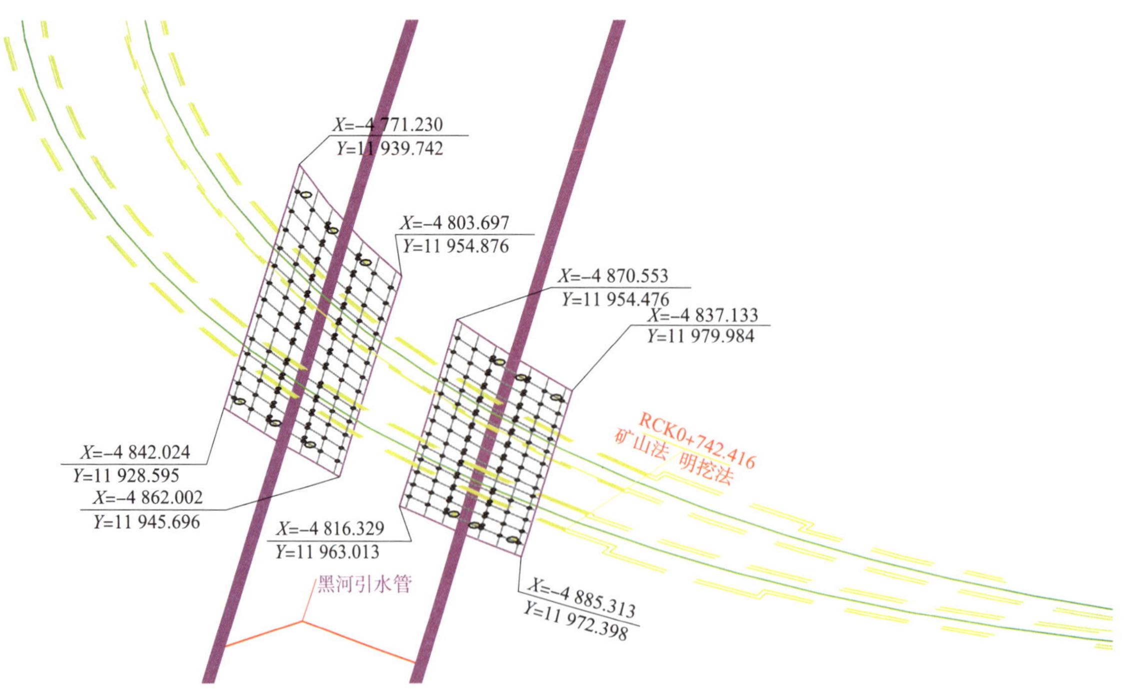

图 3.13 线路下穿黑河引水管平面示意图

3. 施工重难点及风险点分析

(1)下穿两根黑河引水管道。黑河是西安市居民饮用水的主要来源,承担了西安市80%以上的供水任务,是西安市政重点保护工程之一,其下地质情况较差,存在砂层透镜体,隧道在卵石土中穿过,区间结构距离两黑河引水管分别为3.85 m、3.09 m。根据市政府提出的“既不影响城市供水,也不影响地铁建设”的要求,必须保证黑河引水管零沉降,故穿越黑河引水管的安全控制难,安全风险大。

(2)本区间段地质情况差,围岩稳定性差,全断面富水砂层夹杂卵石及少量粉质黏土,黏聚力差,透水性强,对沉降敏感,开挖时容易造成塌方事故,隧道变形较难控制。

(3)洞身岩层为富水砂层夹卵石层含少量粉质黏土,且东为皂河,南有潏河水系发育,区间水位较高,施工时采用井点降水的方法降低水位,若区间水位和潏河水系贯通,则降水困难,施工难度大。

4. 关键技术

1)地表加固

为了确保隧道进洞的安全和黑河引水管道的安全,按照“先护管后进洞”的指导方针,采用地表加固+黑河管道加固两措施相结合的方案。加固采用直径42 mm的钢花管注浆,梅花形布置,间距3.0 m×3.0 m,加固深度为地面下9.0 m,注浆压力为1.0~1.5 MPa,采用42.5级普通硅酸盐水泥,水灰比1∶1,注浆速度30~70 L/min,扩散半径1.5 m。

2)黑河引水管加固措施

为切实保护黑河引水管的安全,将原有的混凝土管改换为钢管,在影响施工范围内的钢管基础下面架设钢筋混凝土暗梁对黑河引水管进行加固保护,管道四周土体分层回填、夯实,确保黑河引水管零沉降。黑河引水管基础加固示意如图3.14所示。

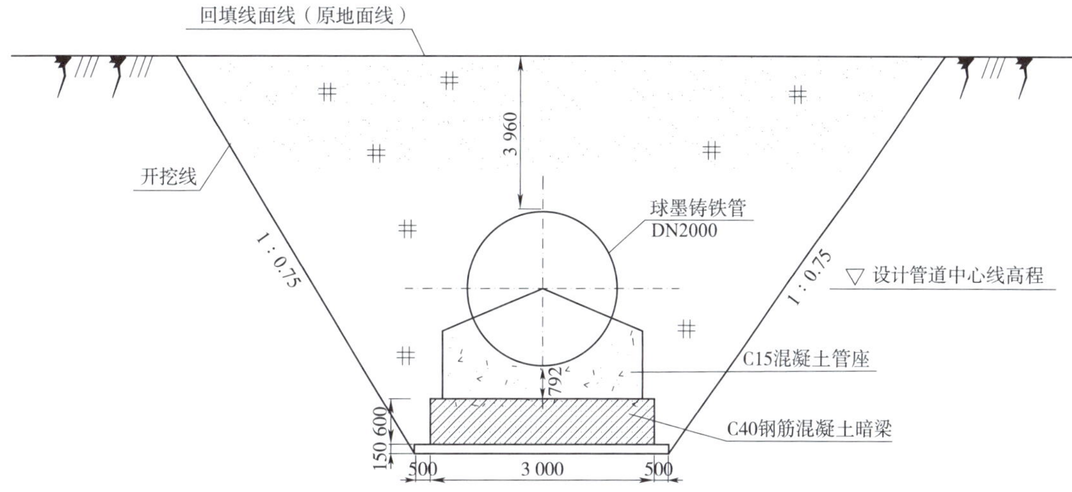

图3.14 黑河引水管基础加固示意图(单位:mm)

3)降水措施

本区间共布置58口降水井,沿线路两侧交叉布置,距结构外边线3 m,沿线路每两侧每隔12~15 m设置降水井一口。通过建立地下水动态监测网,准确掌握场区地下水动态变化,调整开泵地段及开泵数量,同时采取回灌措施。由于区间水位和潏河水系贯通,降水困难,在砂层较厚地段采取加密降水井措施。

4)超前支护

根据地层的特殊性经现场多次试验总结,确定最佳浆液材料、注浆量、配比及注浆压力。采用水泥浆+水玻璃双液浆,水泥浆∶水玻璃双液浆为1∶0.5,一般初压0.3~1.0 MPa,终压0.6~0.8 MPa。注浆扩散半径不小于0.25 m。当注浆压力稳定上升,达到设计压力并持续稳定10 min后,不进浆或进浆量很少时,即停止注浆,进行封孔作业。

5)洞身开挖

隧道采用弧形导坑留核心土法开挖,拱部核心土上台阶超前3~5 m,每循环进尺1~1.2 m,环形开挖进尺0.5~1 m,台阶长度12~15 m。开挖过程中过黑河管段采取措施:加密格栅钢架,缩小开挖步距,全断面布设双层钢筋网片,环纵向均设置ϕ6.5钢筋,网距为150 mm×150 mm,采用挂钢筋网的方式,并及时将初期支护封闭成环。

5. 实施效果

施工工序严格遵守"先下管,后注浆,再开挖,注浆一段,开挖一段,支护一段,封闭一段"的基本原则。水泥水玻璃双液浆注浆加固可在初支外围形成可靠的固结体,利于掌子面稳定和开挖,过黑河管段采取加密格栅钢架、缩小开挖步距、全断面布设双层钢筋网片等措施是有效的,在大幅度提高开挖安全性的同时,实现了黑河引水管零沉降的要求。

由此案例可以得出"预排水、预注浆超前加固、双液浆注浆加固、小断面开挖、双层网片支护、及早封闭成环"的技术措施,可有效解决全断面富水砂卵石层暗挖隧道开挖稳定和地层沉降问题,可为类似工程的设计和施工提供一定的借鉴意义。

小　　结

根据西安地铁1~6、9、14号线全断面富水砂卵石地层的施工,主要获得如下经验:

1. 盾构法隧道的关键施工技术

(1)采用土压平衡盾构机具备技术可行性和经济合理性,刀盘开口率宜大于50%,电驱功率宜大于630 kW,液驱功率宜大于800 kW。刀盘刀具要具备较高的强度和足够的耐磨性,配备良好的渣土改良系统。

(2)富水砂卵石地层盾构施工必须进行开挖面土体改良,渣土改良剂主要以膨润土悬浮液为主,采用泡沫辅助,改良土仓内渣土的和易性,以建立土压平衡模式,并减少刀盘刀具的磨损。

(3)改造盾构机刀具、铰接密封装置、渣土改良系统、同步注浆系统,将土压平衡盾构机当作"准泥水盾构机"来使用,可解决土仓内土压建立困难和刀盘前方掌子面的稳定问题,可有效缓解全断面富水砂层掘进中刀具磨损快、姿态难以控制、刀盘掘进前方的沉降问题及长距离施工等一系列技术难题,提高盾构施工效率。

2. 浅埋暗挖法隧道的关键施工技术

(1)采取提前降水措施,开挖前在隧道两侧布设降水井,通过抽排地下水,使地下水位保持在隧道仰拱底以下。

(2)采取超前支护措施,通过加密超前小导管,注入水泥—水玻璃双液浆等措施稳定开挖面土体。

3. 控制地层沉降关键技术措施

全断面富水砂卵石地层中盾构法、浅埋暗挖法下穿重要建(构)筑物的核心要求是控制地层沉降,关键技术措施如下:

(1)加强施工环境调查,深入分析风险源,详细论证应对措施。

(2)全断面富水砂卵石地层中,采用土压平衡盾构机施工,通过有效的渣土改良技术应用,将土压平衡盾构机改造为"准泥水"盾构机,可有效提高盾构施工工效,并减小刀盘刀具磨损问题,盾构机选型要求:刀盘开口率宜大于50%,电驱功率宜大于630 kW,液驱功率宜大于800 kW;在下穿重要建(构)筑物过程中,采用"克泥效"和管片壁后钢花管注浆措施均为减小地层沉降的有效手段。

(3)通过降水和地层加固有效解决全断面富水砂卵石地层浅埋暗挖隧道开挖风险,对下穿的重要建(构)筑物进行预加固,超前双浆液注浆加固地层效果显著,加密格栅钢架、缩小开挖步距、双层钢筋网片支护可有效减小地层沉降,提高浅埋暗挖隧道下穿施工的安全性。

3.5 盾构法下(侧)穿国家级文物保护区施工技术

3.5.1 轨道交通线路建设与古城文物保护的概述

西安市地上、地下文物古迹众多,轨道交通线路建设过程中不可避免地穿越古文物区。在西安地铁主城区规划的6条线路中,1、2、4、6号线均途经不同的文物保护单位,其中1号线下穿西安城墙朝阳门段和玉祥门段;2号线下穿城墙南门段、北门段,侧穿西安钟楼;4号线下穿城墙和平门段,绕行西京招待所。而地铁建设施工引起的地面变形以及长期运营振动是否会对文物建筑造成损伤,如何确保文物建筑的安全,这些问题均是西安地铁建设的难点和重点。因此,在西安地铁规划建设中,如何保护文物和古遗址,确保两者的协调发展始终是建设者们研究解决的首要问题。

1. 设计方案(西安地铁2号线永宁门站—钟楼站)

地铁2号线线路穿越西安古城永宁门城墙、钟楼、安远门城墙等文物保护区,地铁工程建设中对城墙及钟楼的保护非常重要,一是控制建设过程中施工引起的不均匀沉降对文物本体和周边环境造成破坏;二是控制运营过程中振动对文物本体的损伤。

穿越文物保护区设计主要采用盾构法掘进施工、线路绕行钟楼基座及古城墙敏感点、尽量加大地铁隧道埋深、采用隔离桩及袖阀管注浆对古建筑进行预加固措施等方案解决地铁工程建设对现有文物保护中存在的问题;同时通过试验段验证,考虑轨道采取无缝线路,道床采用减振效果最好、国际最先进的钢弹簧浮置板减振道床,减少地铁运营期间对文物的影响,来保证设计运行速度下地铁运行对城墙和钟楼产生的振动影响满足国家文物局和国家规范的限值要求。

1)地铁2号线穿越永宁门段线路设计

永宁门位于西安城墙的南段,该区段范围内城墙高约11.6 m,底部宽16~18 m,顶部宽12~14 m。西安地铁2号线穿越城墙永宁门段,地铁左右线设计分别从永宁门瓮城东西两侧的城门洞下绕行穿越城墙,绕行线路曲线半径350 m。从钟楼向南以3‰上坡坡度穿越永宁门区段,地下隧道顶埋深17.4~18.5 m(图3.15)。

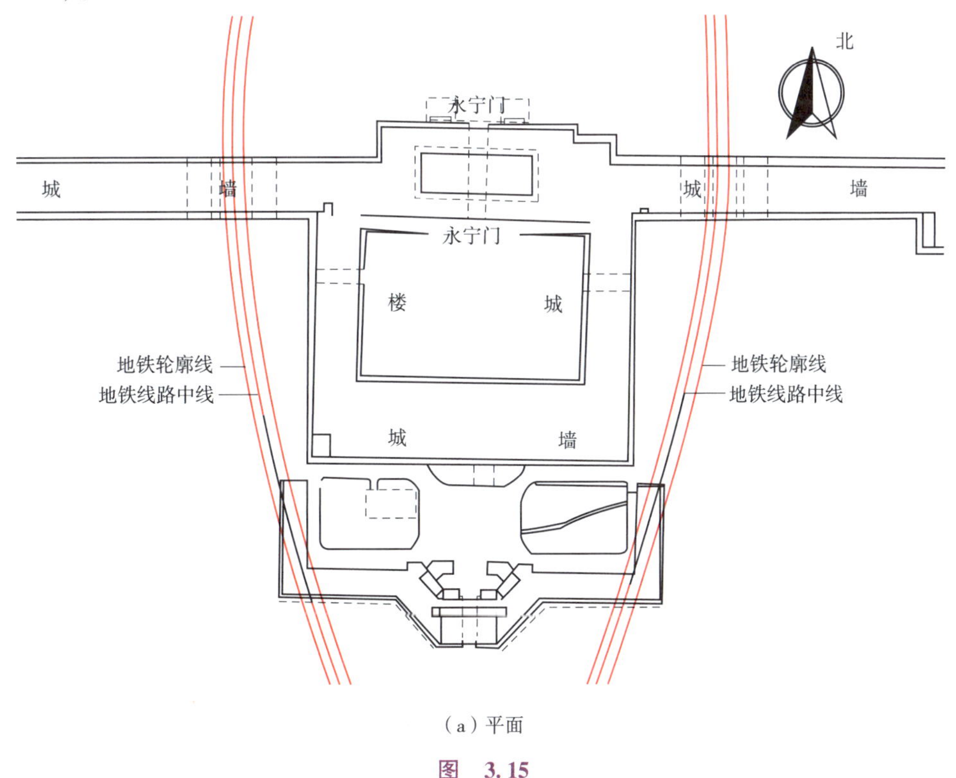

(a)平面

图 3.15

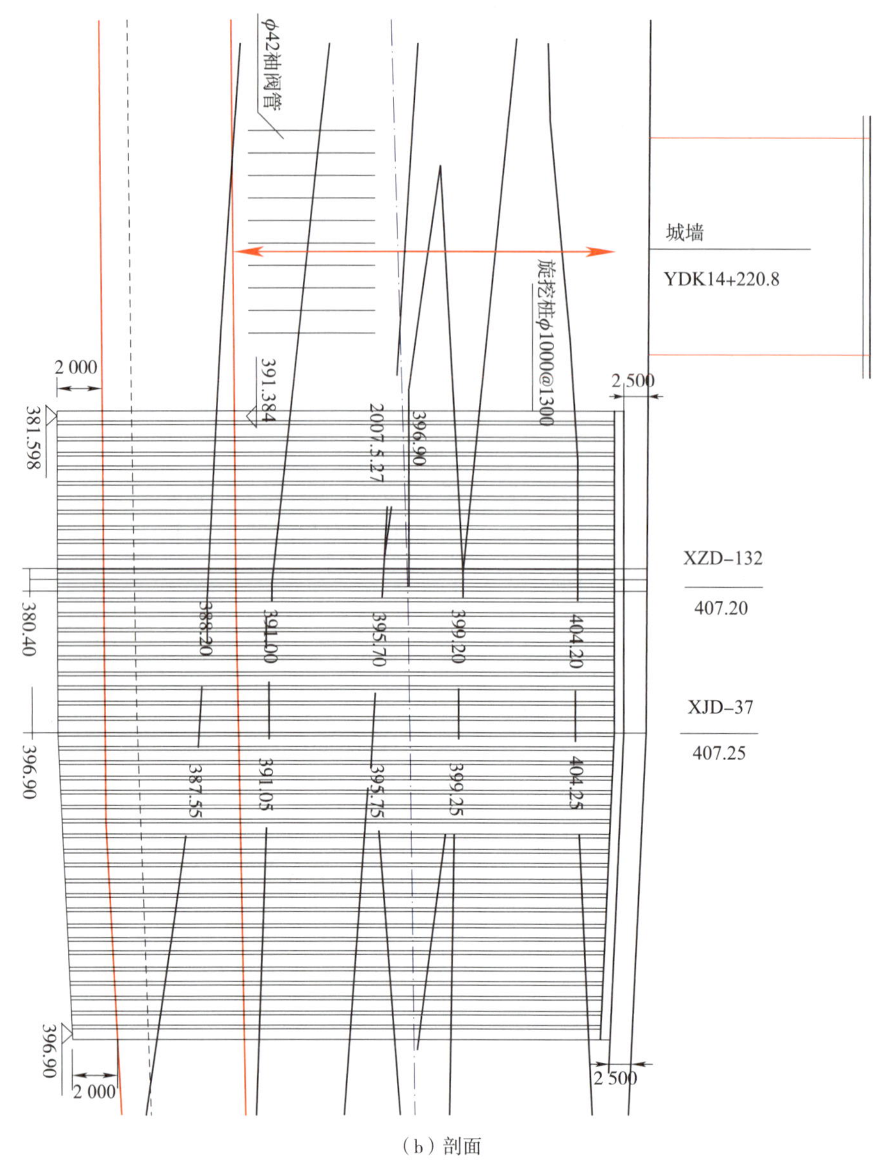

（b）剖面

图 3.15　西安地铁 2 号线通过城墙永宁门平面、剖面关系图(单位:mm)

2)地铁 2 号线穿越钟楼段线路设计

地铁线路设计上尽量远离钟楼基座及城墙的变形敏感区,在经过钟楼时采取了双绕的线路方案以降低对钟楼的影响,线路尽量加大埋深以尽可能降低后期运营振动对文物的影响。2 号线在钟楼处采取左、右线分开绕行以隧道方式通过,右线中线距钟楼台基最近为 15. 3 m,左线为 15. 7 m,该段隧道拱顶埋深 12~16 m(图 3. 16)。

2. 对文物的预加固设计措施

1)护城河的预加固措施

地铁 2 号线穿越护城河处盾构隧道埋深约 14. 6 m,护城河底距隧道顶 5. 6 m。护城河水深 2 m 左右,水底约有 0. 5 m 厚的淤泥,河道为人工开挖的河道,河床及边坡采用混凝土砂浆块石砌成,浆砌石下部有淤泥层,盾构穿越护城河前需对河床进行预加固处理。护城河护坡如图 3. 17 所示。

(1)砂袋围堰反压

在两侧做好砂袋围堰(图 3. 18),抽干施工区域内的护城河河水后,对河床底沉积的淤泥进行清理、运走。

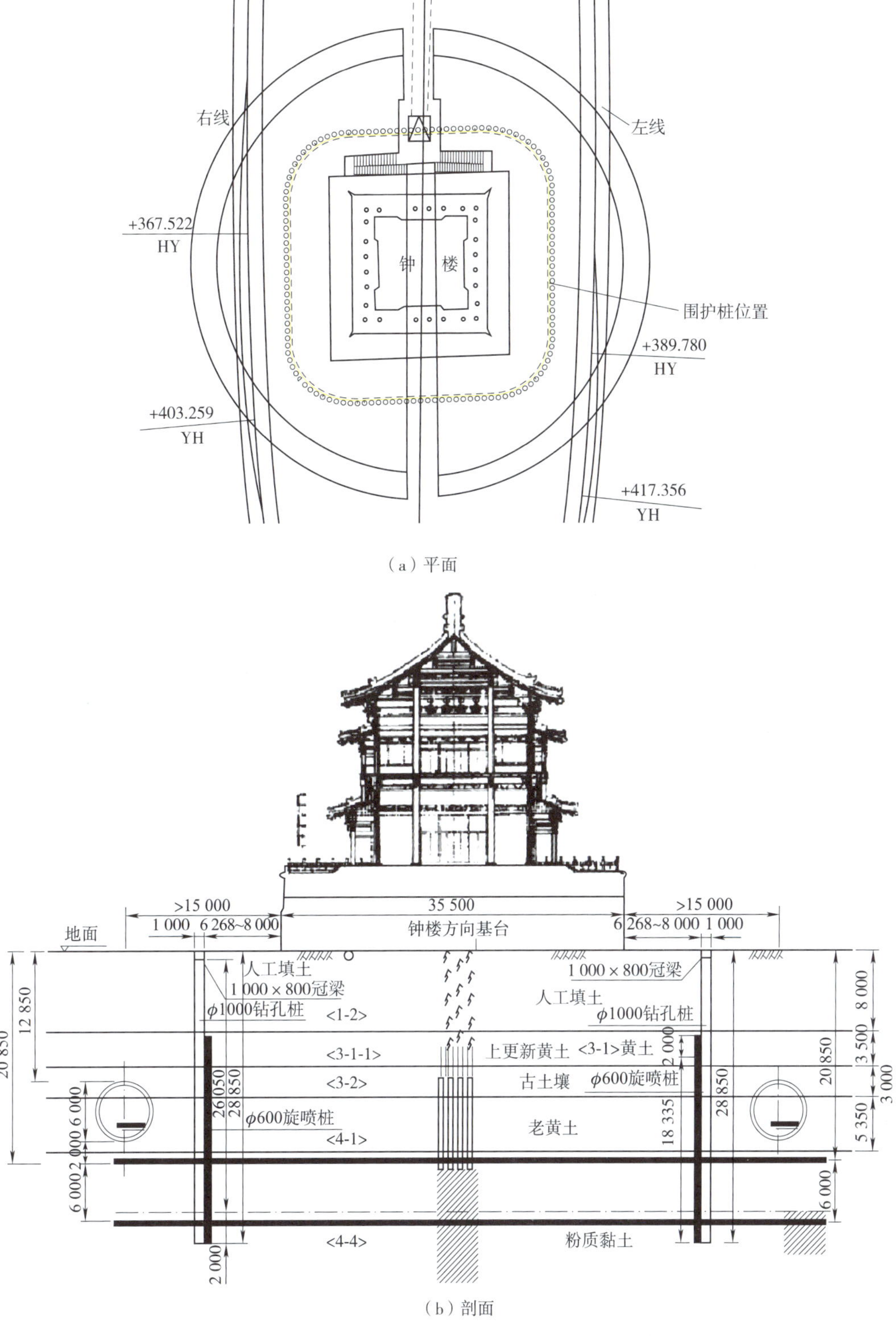

（a）平面

（b）剖面

图 3.16　西安地铁 2 号线绕行钟楼平面、剖面关系图（单位：mm）

（2）护城河加固

为使盾构安全通过护城河，对护城河进行加固，盾构通过区，左、右线加固面积均约 15 m×10 m。

①根据设计图纸加固要求，首先拆除桥涵进出口的“八”字墙的浆砌护坡。

②在河床底盾构通过区采用旋喷桩加固河底土体，加固深度为从河床底到盾构底以下 2 m；而桥涵底板以下部分采用垂直袖阀管注浆加固，在桥涵基础部位采用袖阀管斜插注浆。

图 3.17　护城河护坡及枯水位深度

图 3.18　砂袋围堰反压

③河边护坡上浇筑 20 cm 钢筋混凝土，将浆砌块石连成一体，避免盾构机穿越时岸坡因沉降而产生局部开裂。在盾构机穿越范围内，岸坡上方架设六道水平 H 型钢支撑。

2）城墙防护措施

加固方案分为城墙基础加固、洞门口地基加固、洞门脚点基础加固及洞门本身的支撑加固，以确保整个盾构掘进施工过程中城墙的安全。

（1）基础加固措施

城墙、洞门基础采取盾构通过前隔离桩加预埋袖阀管跟踪注浆的方式进行加固，瓮城外侧城墙与隧道间打设隔离桩。

盾构穿越城墙前距离城墙两侧 5 m 位置打设直径 1 m 钻孔灌注桩（图 3.19）作为隔离桩，桩心间距 1.3 m，桩长分两种，盾构线路两侧桩长至盾构底下 3 m，然后施工冠梁。在沿左右侧门洞脚各预设 4 排袖阀管，沿墙宽方向间距为 2 m，管长 10 m，以便施工中在量测超限时及时注浆，减少施工及运营过程中对城墙的影响。

（2）对城门洞的保护措施

①在城墙门洞内两侧分别埋设一排袖阀管，袖阀管采用 $\phi42$，间距 2 m，“一”字形布置，孔深约 16 m，暂不注浆。在盾构通过之前进行注浆加固，注浆压力控制在 0.15~0.25 MPa 之间。

图 3.19　施作灌注桩

②在门洞内沿门洞轮廓设置一圈 I22d 工字钢内支护，纵向间距为 1 000 mm，在工字钢背后贴近门洞壁全断面铺设 3 mm 厚钢板，并沿洞门环向设置 16 号槽钢加强纵向联系，间距为 1 000 mm，加强整体稳定，具体结构如图 3.20、图 3.21 所示。

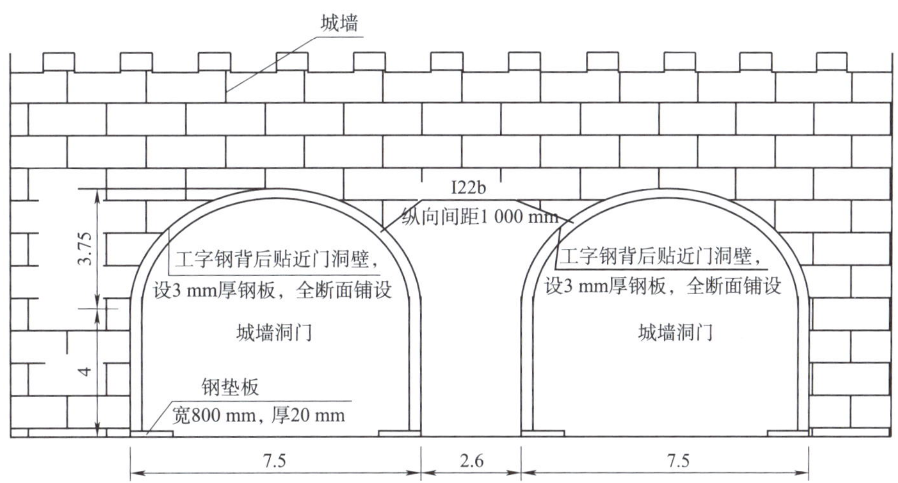

图 3.20　城墙门临时支撑加固示意图(单位：m)

图 3.21　城墙门洞临时加固措施

3)钟楼防护措施

盾构线路左右线分别由钟楼东西两侧通过,该处隧道拱顶埋深为 12.82 m,隧道拱顶地层为新黄土<3-1>。在钟楼基座外围 8 m 左右设一圈旋挖桩隔断地层,加固桩分为 A 型和 B 型桩两种,直径 1 m,桩间距 1.3 m, A 型桩长 27 m,共 105 根,其余为 B 型桩,长 20.9 m,共 34 根。在桩顶施作 1 000 mm×800 mm 冠梁,埋深 2.5 m。

3. 施工及管理措施

1)盾构下穿护城河施工控制技术

由于穿越护城河段拱顶距离河底仅 5.6 m,通过做好过程盾构掘进参数控制、河床保护措施、动态监测等手段,确保了盾构下穿护城河掘进施工过程安全。

(1)盾构掘进穿越护城河技术控制措施

①严格控制切口土压力,确保土压平衡,在土压平衡状态下均速通过。

②及时注浆减少地层损失,严格控制同步注浆量和注浆压力,注入量一般为 150%~200% 的理论盾尾空隙量。

③对同步注浆及二次注浆的浆液质量、注浆量、注浆压力、速度严格控制,防止注浆引起土体隆起,在施工中对地上地下进行跟踪监测,并根据反馈数据及时调整施工参数。

④盾构掘进前准备支顶加固材料、注浆材料、抢险机具设备、车辆、警戒标识物等备用。

(2)盾构下穿护城河采取的保护措施

①盾构通过段临时设围堰将水疏干后再施工通过。

②在进入横穿河之前,利用泡沫或气压建立起全断面土压后,严格进行土压控制、出土量管理和注浆控制,严格控制盾构机顶部土压。

③严密监视出土的状况,尤其是要严密监视出土的水量变化,并据此判断地层状况。

④采用加设抗拔桩和抗浮板并进行河底注浆的加固方法用于平衡盾构推进时土体产生的侧向压力,防止流砂和管涌,以便盾构能以较适当的推进力及推进速度快速通过河底危险区。

⑤河边护坡上浇筑 20 cm 钢筋混凝土,将浆砌块石连成一体,避免盾构机穿越时岸坡因沉降而产生局部开裂。在盾构机穿越范围内,岸坡上方架设六道水平 H 型钢支撑,目的在于防范可能引起的岸坡位移现象。

2)盾构下穿古城墙安全施工技术

地铁 2 号线穿越西安市南、北古城墙,南城墙高 12 m,顶宽 12~14 m,底宽 15~18 m,线路在南城墙北边约 300 m 处左右线间距逐渐拉大,避开直穿永宁门塔楼(砖),以 350 m 曲线半径在永宁门门洞(目前为车行道)下方下穿南城墙,避开瓮城城墙,线路中线离瓮城城墙最近左右线分别为 9.3 m、8.1 m,线路穿南城墙处隧道拱顶埋深 18.9 m;北城墙顶宽 14.5 m,底部宽 20 m,高 12 m,线路同样避开瓮城城墙和塔楼,在安远门门洞(目前为车行道)下方下穿北城墙(图 3.22),该处盾构隧道埋深约 14.95 m。盾构下穿

图 3.22 盾构穿越北城墙线路

古城墙施工过程中,如何保证其安全穿越,同时确保古城墙建筑的安全是技术研究要点。施工过程中通过优化调整盾构掘进参数、盾构施工措施等手段,确保盾构掘进作业和古建筑安全。

(1)盾构施工控制措施

①合理设置土压力,防止超挖。

②穿越时降低推进速度,保证平稳推进,严格控制盾构推进方向,减少纠偏。

③穿越期间加强同步注浆,并确保注浆量。

④环箍补浆(多次补浆)。管片脱离盾尾后即对管片进行二(多)次补浆,补浆量为同步注浆量的30%,注浆利用低压、少量、多次注浆的方式及时补充因原有浆液固结收缩所产生的空隙。

⑤控制好盾构姿态,确保盾尾间隙均匀。

⑥加强施工过程管理,确保盾构连续穿越。

⑦在盾构掘进阶段,对盾构的各个工艺流程尤其是注浆工艺进行 24 h 监控,及时记录实际发生的各项数据。

⑧两台盾构机前后距离控制在 200 m 左右,避免第一台盾构通过后土体还未稳定情况下,第二台盾构施工对土体的二次扰动,减小地表沉降。

⑨盾构机进入穿越区前,尽量将盾构姿态调整至最佳,严格控制盾构的轴线和纠偏量,纠偏坡度控制在±1‰以内,平面偏差控制在 30 mm 以内,每次纠偏量不得超过 5 mm。

(2)盾构机下穿城墙应急预案

在穿越过程中一旦出现不可预见因素而引起基础沉降、倾斜超过预警值,采取如下应急预案:

①盾构继续保持土压平衡掘进,分析沉降所产生的原因。

②若沉降是由于盾构穿越致地层损失而引起,则:

a. 加强洞内二次注浆,确保注浆压力与注浆量。

b. 对地层变化较大地段,在地面采取注浆加固措施。

c. 加大监测频率,密切观察地层变化速率,及时反馈信息,修正施工参数。

③若沉降非盾构引起,会同文物部门共同协商制定可行的补救方案。

④城墙、护城河基础范围管片环内采取内支撑加固措施,以帮助管片承受外部的压力,控制管片的变形及滑动。

(3)盾构下穿钟楼安全施工技术

地铁 2 号线左右线分别由钟楼东西两侧通过(图 3.23),为了确保盾构安全穿越,采取以下控制措施:

①合理设置土压力,防止在盾构推进过程中超挖,根据监测数据及时调整土压力值。钟楼段隧道埋深 11~12 m,根据计算和以往施工经验土压力控制在 0.12~0.14 MPa 之间,并根据施工情况调整。

②穿越时降低推进速度,推进速度应控制在 20~30 mm/min,严格控制盾构推进方向,减少纠偏,每环出土量可控制在 54 m^3。

③穿越期间加强同步注浆,并确保注浆量。

④环箍补浆(多次补浆)。根据地表沉降情况决定是否进行环箍注浆,补浆量为同步注浆量的 30%,注浆利用低压、少量、多次注浆的方式及时补充因原有浆液固结收缩所产生的空隙。盾构推进过后每 15 环进行环箍注浆(例如盾构机当前正在推进 80 环,则需在第 64 环进行一次环箍注浆),每环 6 个孔,每孔注入 0.5~1.0 m^3,注浆损耗率以 10%计,注浆压力为 0.2~0.25 MPa。

⑤控制好盾构姿态,确保盾尾间隙均匀。

3.5.2 监测与实施效果

1. 盾构下穿护城河监测

在盾构机下穿护城河段,采取了 3 个阶段,设置了不同的盾构掘进参数。第 60 环~第 70 环为进入护城河段,土压(0.02~0.06 MPa)慢慢减少,推进速度放慢,均匀施工;第 71 环~第 84 环为过河段,土压

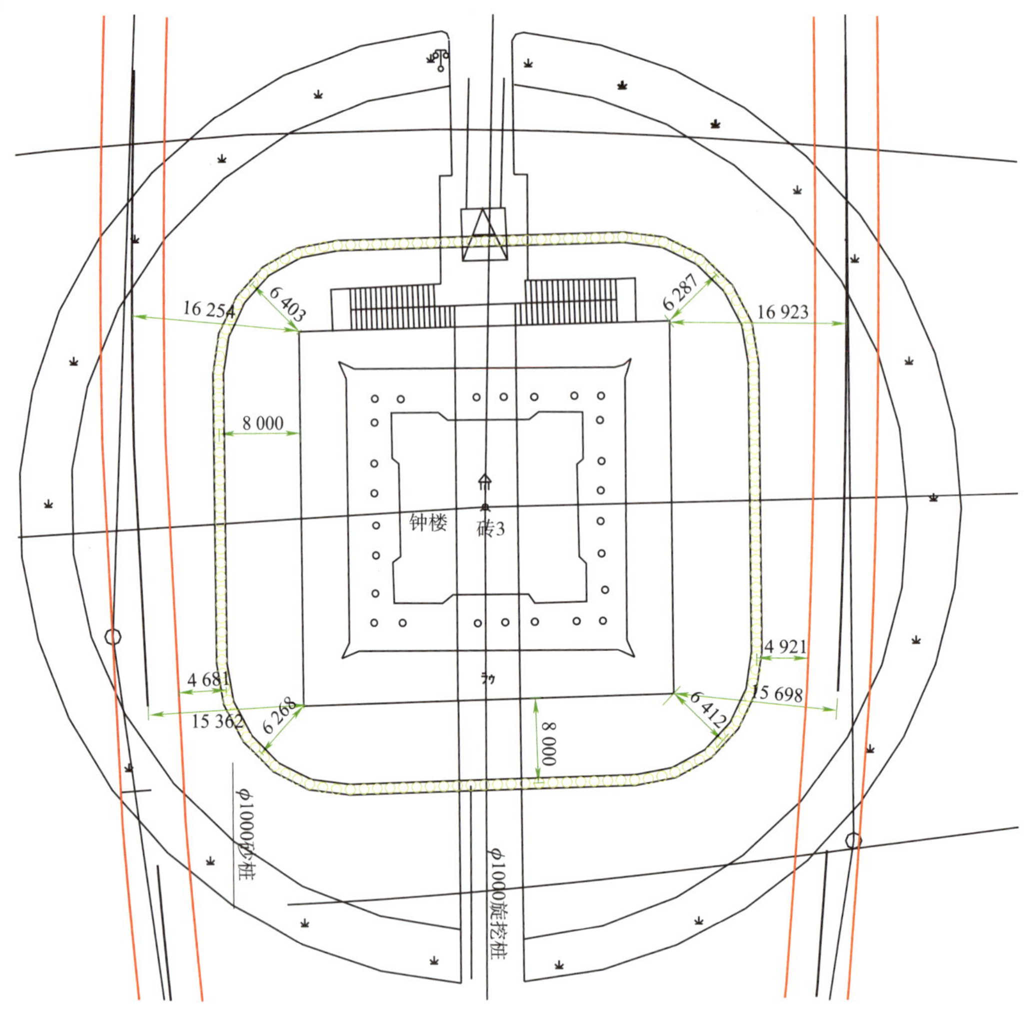

图 3.23 盾构线路与钟楼加固桩平面关系图(单位:mm)

(0.06~0.08 MPa)微略变化,速度还是很慢;第 85 环~第 95 环为离开护城河段,土压(0.08~0.15 MPa)慢慢升高到正常水平,速度较慢,均衡施工。盾构机切口到达前发生隆起,盾尾脱出后发生沉降,最大隆起量为 1.25 mm,最大沉降量为 0.2 mm。实践证明采取加固和掘进措施有效。

2. 盾构下穿城墙监测

由于古城墙基础形式较差,对地层扰动十分敏感,在盾构机旁穿和下穿的过程中,前方土体 20 m 范围开始有扰动下沉,但扰动不大,一般稳定在 1 mm/d,而且在盾构下穿的过程中,位移速度有正有负,土层在下沉上抬过程中反复运动,盾构下穿至此点时,沉降加大,地层移动速度加快,振幅加大。待盾构穿越后,有一个快速稳定的时间,之后地层位移将开始再次固结。

根据监测结果,永宁门城墙距离隧道中心线 8~10 m,地表沉降都控制在 5 mm 以内。永宁门城墙台基座沉降控制在 2.5 mm 以内。

3. 盾构下穿钟楼监测

盾构机左线侧穿钟楼,基座最大沉降量为 1.4 mm,地面累计最大沉降量为 4.13 mm。右线侧穿后,钟楼基座最大累计沉降量为 0.21 mm,地面累计最大沉降量为 2.35 mm。

3.5.3 运营验证

地铁 2 号线运营后,对钟楼和城墙南、北门进行系统振动监测,以此评价 2 号线实际运行后钟楼及城墙南、北门实际振动情况是否满足相关批复和国家标准要求。

1. 监测工况

为了研究地铁单独运行对钟楼和城墙产生的振动响应，调度了两辆电客车以约 40 km/h 和 20 km/h 的速度匀速通过了钟楼、南门和北门，每一个工况往返共通过 6 次。

2. 运营监测结论

地铁 2 号线运行后，分别对钟楼、城墙南门、城墙北门进行了振动监测，结论如下：

(1)由弹性波波速测试结果确定的各测试对象振动容许标准分别为：钟楼台基和城墙南门、北门墙体的容许振动速度为 0.15 mm/s(水平向)，钟楼木结构和北门箭楼的容许振动速度为 0.20 mm/s(水平向)，南门城楼的容许振动速度为 0.19 mm/s(水平向)。

(2)从全程振动时程曲线和分析结果可以看出，地铁运行加地面交通工况振动最大(北门为陇海线货车通过时工况振动最大)，地面交通工况振动次之，地铁单独运行振动量最小。地铁双向运行比单线运行振动响应增幅不明显，运行速度降低则振动响应有一定减小。

(3)地铁单独运行下，测得的振动速度幅值分别为：

钟楼台基：水平向 0.040 mm/s，垂直向 0.028 mm/s；

钟楼木结构：水平向 0.066 mm/s，垂直向 0.049 mm/s；

南门城墙体：水平向 0.051 mm/s，垂直向 0.054 mm/s；

南门城楼：水平向 0.076 mm/s，垂直向 0.041 mm/s；

北门城墙体：水平向 0.061 mm/s，垂直向 0.061 mm/s；

北门箭楼：水平向 0.192 mm/s，垂直向 0.054 mm/s。

测试结果均满足国家文物局要求和《古建筑防工业振动技术规范》的容许振动标准；从施工和运营阶段的监测情况来看，西安地铁 2 号线在穿越城墙、钟楼时，采取的设计和施工控制措施可以保证古建筑物的安全。

3.6 盾构近距离下穿既有地铁隧道施工技术

城市轨道交通的大规模建设必然带来线路区间的交叉问题，新建线路下穿既有运营线路存在较大风险。西安地铁已经成功实现了 1 号线二期超近距离下穿出入段线、5 号线近距离下穿 2 号线。在后面的线路建设过程中，还存在 2 号线二期下穿出入场线、15 号线下穿 2 号线等难题，尽管盾构法施工相较于暗挖法施工降低了风险，但也必须采取有效措施才能确保既有线的运营安全。本节以地铁 5 号线某区间盾构法近距离下穿地铁 2 号线为例介绍该项施工技术。

3.6.1 工程概况

西安地铁 5 号线南稍门站—文艺路站区间长 719.5 m，线间距 15.5~17.0 m，区间隧道覆土 10.14~18.46 m，自上而下为素填土、新黄土、古土壤和粉质黏土，在距离车站约 40 m 处下穿既有运营 2 号线。下穿段 5 号线盾构隧道位于粉质黏土层，地下水位 9.5~12.1 m，隧道处于地下水位线以下；2 号线隧道为浅埋暗挖法施工、马蹄形断面隧道，于 2010 年施工完成。下穿长度为 19.408 m，最小净距约 2.52 m(图 3.24)。

3.6.2 工程风险点分析

(1)5 号线隧道拱顶距 2 号线隧道底部最小净距约 2.52 m，若控制不当，危及 2 号线运营安全甚至停运。

(2)南稍门站盾构接收端头距离地铁 2 号线仅 24 m，下穿施工与盾构出洞风险叠加，且端头管线复杂(表 3.14)，端头采用 WSS 注浆加固，若加固效果不佳，在盾构出洞时会产生涌水涌泥等风险。

(3)下穿地段地表及端头管线复杂(表 3.14)，控制不当会造成管线渗漏或断裂，影响 2 号线的行车安全。

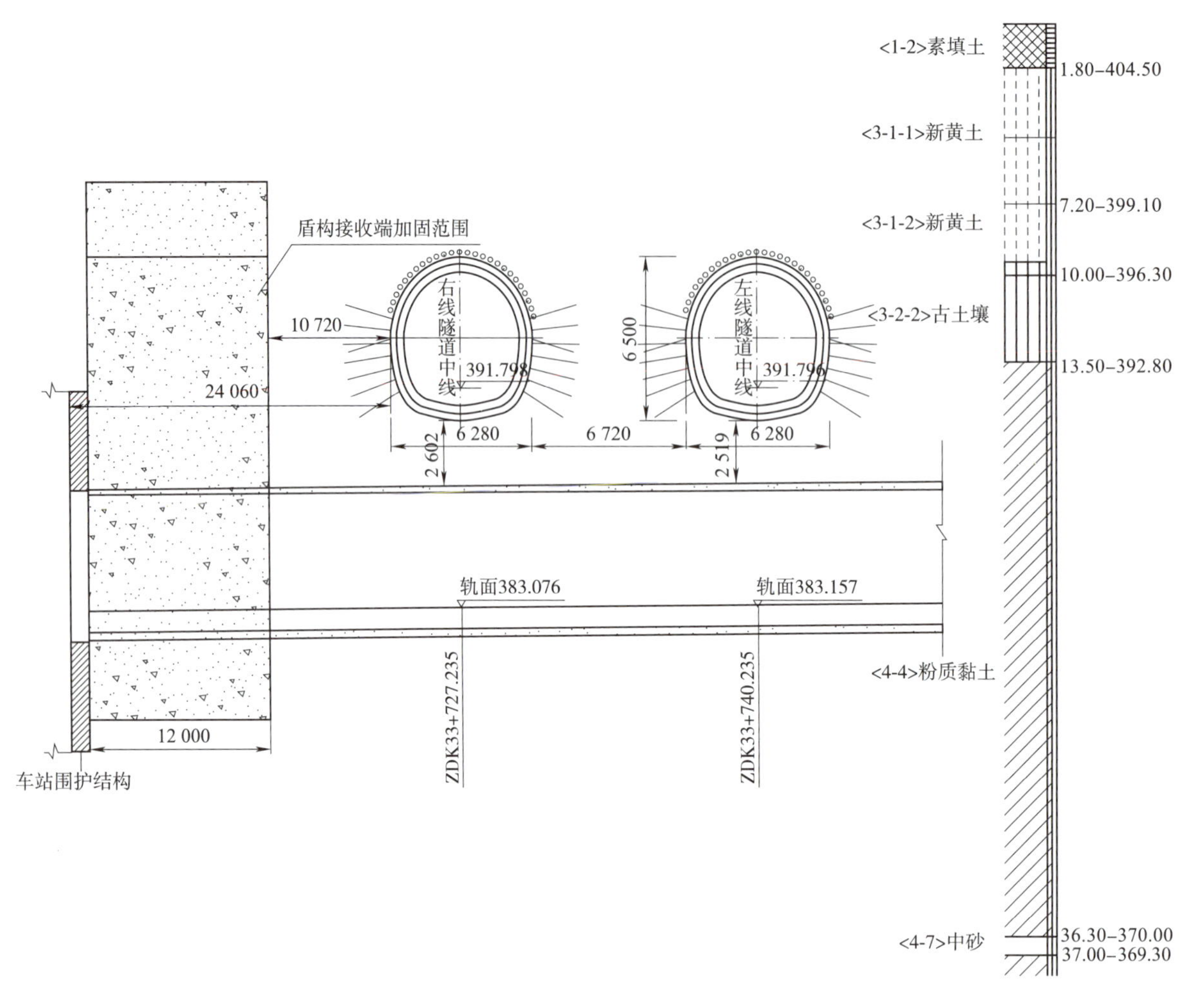

图 3.24　地铁 5 号线隧道与 2 号线隧道剖面关系示意图(单位:mm)

表 3.14　盾构接收端头的主要管线

序　号	类　　型	方　　向	规　　格	埋深(m)
1	热力管(并排两根)	南北方向	DN600	3.5
2	军缆光纤	南北方向	300 mm×600 mm 管沟	0.7
3	给水管	南北方向	DN400	1.87
4	排水管	南北方向	DN800	2.59
5	天然气	南北方向	D200	2.1
6	排水管	东西方向	DN2000	3.1
7	排水管	东西方向	DN600	2.25
8	排水管	东西方向	DN800	2.4
9	给水管	东西方向	DN600	4.9
10	给水管	东西方向	DN800	4.9

3.6.3　下穿前的技术准备

为保证 5 号线安全、顺利下穿既有 2 号线,依托 1 号线二期下穿 1 号线出入段线同类工程(盾构法下穿既有浅埋暗挖法隧道),与长安大学共同开展“黄土地铁隧道近距离下穿既有地铁构筑物安全控制技术研究”,通过研究取得三项成果:

（1）西安黄土地区新建地铁隧道下穿既有地铁线路过程中，既有地铁隧道结构沉降控制基准为 20 mm，线路轨道前后高低差用 L=10 m 弦长的最大矢量值不应超过 4 mm。

（2）下穿既有线净距为 0.1D（D 为新建隧道的外径）时，既有结构的安全性有一定的局限性；而当下穿净距不小于 0.2D 时，采用相应的预加固措施可确保安全。

（3）既有地铁隧道结构沉降实行"三级"警示制度（表 3.15、表 3.16）。

表 3.15　既有地铁结构沉降变形控制标准（单位：mm）

项目	预警值	报警值	控制值
指标	14	16	20

表 3.16　既有地铁隧道结构沉降变形安全等级评价

安全等级	划分范围（mm）	处　理　措　施
Ⅰ	≤14	继续做好监控量测
Ⅱ	14~16	加强监控量测，提高监测频率
Ⅲ	16~20	停止施工，启动应急预案，修正支护和预加固参数
Ⅳ	≥20	破坏等级，一般施工中不允许出现

3.6.4　主要控制措施

1. 主要设计措施

为防止影响既有线整体形变，减少新建线路盾构掘进施工对既有运营隧道和车辆的影响，需提前在新建线路下穿既有 2 号线前对轨道进行预加固，增设轨距拉杆，线路交汇范围两侧加固不少于 15 m，拉杆间距不得大于 1.5 m（图 3.25）；设计要求既有线下沉不大于 6 mm，上浮不大于 5 mm，地表沉降不大于 20 mm。

图 3.25　轨道拉杆加固图

2. 主要施工控制措施

1）盾构机选型

该区间施工投入 2 台 TM614PMx 土压平衡盾构机，施工前由总监主持组织专家对其维修改造后适应性、可靠性进行评估，根据专家意见完善，确保机械性能达到最优。

2）通过试验段确定掘进参数

提前选取 50 环划分成 3 段组织试验段施工，逐步调整优化，成功获取了下穿初始盾构机掘进参数。本工程试验段上部土压为 0.12~0.13 MPa，每环出土量为 48~52 m^3，每环注浆量为 3~4 m^3，注浆压力在 0.18~0.24 MPa 之间，通过后第一试验段地面最大沉降为 1.1 mm，第二试验段为 0.7 mm，第三试验段为 0.2 mm，及时总结，优化下穿段参数（表 3.17）。

表 3.17 试验段掘进参数(二)

项　目	拟定最小值	拟定最大值
推力(kN)	13 000	18 300
刀盘扭矩(kN·m)	1 330	1 880
上部土仓压力(MPa)	0.12	0.13
平均速度(mm/min)	20	30
刀盘转速(r/min)	0.3	0.9
同步注浆量(m^3)	3	4
注浆压力(MPa)	0.18	0.24
加水量(m^3)	0.4	
泡沫(L)	12	
膨润土(m^3)	2.6	
实际方量(m^3)	48~52	

下穿 2 号线时采取先左线后右线的组织顺序进行,下穿过程中盾构机连续掘进,其中上部土仓压力为 0.09~0.12 MPa,每环注浆量为 3.8~4 m^3,注浆压力为 0.15~0.22 MPa,出土量不超过 50 m^3。每环均进行二次补浆,在夜间 2 号线停运后施工,每环补浆量为 0.5~1.2 m^3,注浆压力不超过 0.2 MPa(表 3.18)。

表 3.18 试验段掘进参数(三)

项　目	拟定参数	
	拟定最小值	拟定最大值
推力(kN)	16 000	16 600
刀盘扭矩(kN·m)	1 250	1 580
上部土仓压力(MPa)	0.09	0.12
平均速度(mm/min)	15	25
刀盘转速(r/min)	0.8	1
同步注浆量(m^3)	3.8	4
注浆压力(MPa)	0.15	0.22
加水量(m^3)	0.5	
泡沫(L)	10	
膨润土(m^3)	2.3	
实际方量(m^3)	48~50	

做好与运营管理部门联系和应急准备;对既有线隧道结构和轨道实施自动化监测,及时反馈信息优化调整掘进参数;出洞前做好条件验收,备足应急物资。

3. 主要管理措施

施工前由总监主持对本标段"盾构施工重难点及风险点分析及应对措施"方案进行专家评审,按专家意见完善审批后付诸实施;下穿期间坚持每天总监主持,各参建方参加碰头会,优化掘进参数和指令;与 2 号线运营管理部门密切联系,下穿时运营等相关人员对 2 号线巡视监测;提前与供电部门取得联系,防止下穿过程中突然停电。

3.6.5 实施效果

5 号线下穿 2 号线时,对运营 2 号线实施自动化监测。通过 2 个月后,2 号线道床最大隆起在左线(下行线)为 1.1 mm;左线最大沉降为 1.91 mm,水平位移为 0.22 mm;右线(上行线)道床最大沉降为 1.73 mm,最大水平位移为 0.29 mm;远低于控制值,确保了 2 号线运营安全和 5 号线施工安全。

小　结

(1)地质是地下工程实施的基础,充分了解下穿段的岩土性质,针对不同的地质条件,通过试验确定渣土改良,在砂层盾构掘进施工中采用质量比为1:10的钠基膨润土泥浆,最佳膨化时间20 h为宜,钠基膨润土泥浆对砂土进行改良,改良后渣土渗透性显著降低,内摩擦角降低,黏聚力增大,施工和易性和流动性满足施工要求;通过设置三段试验段逐步优化确定掘进参数。

(2)土仓压力、注浆压力、注浆厚度对既有隧道道床沉降值和最终轨道高差的影响程度大小顺序均为:注浆厚度>注浆压力>土仓压力;而对既有出入段线过程最大轨道高差的影响程度为:注浆压力>注浆厚度>土仓压力。其中注浆压力和注浆厚度的影响程度相差不大,均远大于土仓压力,因此施工时应严格控制注浆压力和注浆范围;加强注浆辅以自动化监测,保证运营安全。

(3)既有隧道变形以竖向沉降为主,同时伴有扭转变形,进而导致轨道的差异沉降;扭转变形以新建盾构隧道中心线上方的既有隧道斜截面为扭转中心,该截面处竖向变形最大。下穿过程中针对既有线路的结构情况及运行性质,采取对轨道进行拉杆加固、运行限速等措施。

(4)下穿前施工方案需要完成运营部门的审批,管理方面建立与运营部门的联动机制,在下穿过程中监测数据与运营共享,指导施工,确保安全运营。

3.7　大断面浅埋暗挖法施工技术

3.7.1　概　述

自西安城市轨道交通工程建设以来,浅埋暗挖法在地铁隧道地裂缝段、大跨度单渡线段、三线四线停车线段等工程中大量应用并取得了成功,已建设完成的有:2号线体育场站—小寨站区间单渡线中部跨度19.7 m的三联拱断面、会展中心站后停车线四线跨度22.5 m的双联拱断面;1号线长乐坡站—浐河站区间单停车线三线跨度19.99 m的大小双拱断面;3号线小寨站—大雁塔站区间跨度14.59 m的单洞双线断面;4号线航天新城站—航天东路站区间跨度26.69 m的四线双连拱断面;5号线南稍门站2号风亭跨度11.55 m的平顶直墙结构,零距离下穿大直径雨污水管。经统计,目前运营及在建的暗挖隧道中最浅埋深6 m,最大开挖跨度26.69 m,正常施工过程中地表沉降范围9.3~41.48 mm,单作业面开挖支护进度在不受外界因素干扰下可达1~1.5 m/d。

浅埋暗挖法虽然在投资、风险及工效等方面与盾构法相比不占优势,但对于受环境制约及大断面暗挖工程来说,有其无法替代的灵活性。

3.7.2　工程主要风险分析

1. 管线、建筑物等不均匀沉降、开裂

暗挖隧道施工前,一般会提前对隧道周围进行降水作业,地下水的疏干会导致土体压缩固结,产生土体沉降,若地层含水层的强度较小,将可能造成地层较大的沉降,从而引起地表及地下既有构筑物的沉降、开裂等不同程度的破坏。

暗挖隧道开挖步序多,对土体多次扰动,易发生围岩变形过大,可能造成土体沉降,严重时可引发管线、建筑物等不均匀沉降、开裂、管线泄露等灾害。

2. 结构变形、失稳、坍塌、涌水涌砂

(1)不良地层主要有人工杂填土、饱和软黄土、湿陷性黄土、地裂缝、砂层、饱和砂土等,土体工程性质差,易发生失稳、坍塌、涌水涌砂等安全事故。

(2)初支二衬工序转换时需对临时支撑进行拆除,单次拆撑过长、换撑强度不足、工序转换时间过长可能导致支护结构变形、失稳、坍塌。

(3)断面转换接口部位受力复杂、土体多次扰动,易发生结构变形超限、结构坍塌、地表沉降等安全事故。

(4)小净距双线隧道开挖相互影响较大,叠加扰动易造成中间夹土层失稳坍塌,发生多米诺效应,导致隧道片帮、冒顶。

3.7.3 关键技术

大断面浅埋暗挖法隧道主要的施工工法有环形开挖预留核心土法、CD 法、CRD 法、单侧壁导坑法、双侧壁导坑法等,在城市轨道交通建设中采用复合式衬砌结构形式,包含初期支护、防水层、二次衬砌,在穿越建筑物时辅以加固、监测等措施。在《西安地铁土建工程设计与施工》(2017 年,陕西人民出版社)中对常规采用的施工工法、工艺进行了详细阐述,本小节仅针对西安轨道交通二期建设创新采用的超前管幕、桩基托换、建筑物基础加固、小净距隧道施工等新技术进行总结。

1. 超前管幕施工技术

超前管幕利用较大直径的钢管在地下密排并相互咬合预先形成钢管帷幕,管幕结构纵向成梁、横向成拱,为开挖作业提供可靠的保护。适用于地质情况复杂,地面沉降要求高、浅覆土等地下空间开发。下面依托地铁 5 号线南稍门站 2 号风亭暗挖通道对该技术进行阐述。

1)工程概况

地铁 5 号线南稍门站 2 号风亭暗挖通道包含跨度 11.1 m、11.55 m 两部分,高度 12.52 m,长 11.1 m,拱顶埋深 7.6 m,单洞最小覆跨比 0.66,平顶直墙结构,复合式衬砌,中洞法+台阶法施工,超前支护采用超前管幕,如图 3.26 所示。

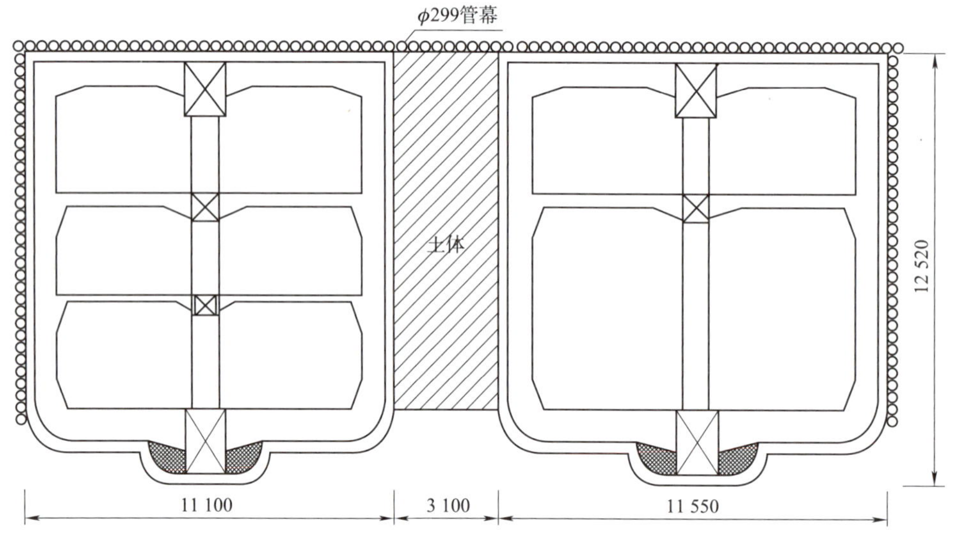

图 3.26 风亭暗挖通道剖面图(单位:mm)

2)工程地质、水文地质

地面高程 405.76~406.08 m,属黄土梁洼地貌。地层自上而下依次为第四系全新统素填土,晚更新统新黄土、古土壤、粉质黏土及中更新统粉质黏土等地层。地下水属潜水类型,水位埋深 13.9~14.1 m,坑外管井降水。

3)周边环境

暗挖通道位于南稍门十字西侧,下穿友谊西路,上方管线众多,主要为 DN1200 给水管、DN1620 污水管、DN600 雨水管,其中距离 DN1620 污水管仅 0.29 m。临近建筑物主要为电信局家属院,为 6 层砖混结构。

4)施工技术

施工流程:施工准备→测量定位、孔口破除→设备安装就位→钢管入孔、定位复测→管幕顶进、旋转出土→循环加装、钢管焊接→回拔钻具、移机→注浆管安装、封孔→管内注浆、管外补浆。

管幕施工时通过外套钢管与螺旋钻杆之间的螺旋空间出土,先顶进楔形无线导向杆(导向钻头直径略小于管幕钢管直径),随后连接相应的螺旋钻杆(螺旋钻杆通过锥扣连接,为中空结构),管幕钢管直接作为螺旋钻杆的外套管,通过液压泵站使顶管机动力头旋转,同时配以顶管机的油缸将工作钢管顶入土体,如图3.27所示。注浆小导管及锁扣角钢与管幕钢管焊接,同步顶进,相邻锁扣之间相互锁紧,形成管幕结构,如图3.28所示。

图3.27 管幕钻进施工示意图

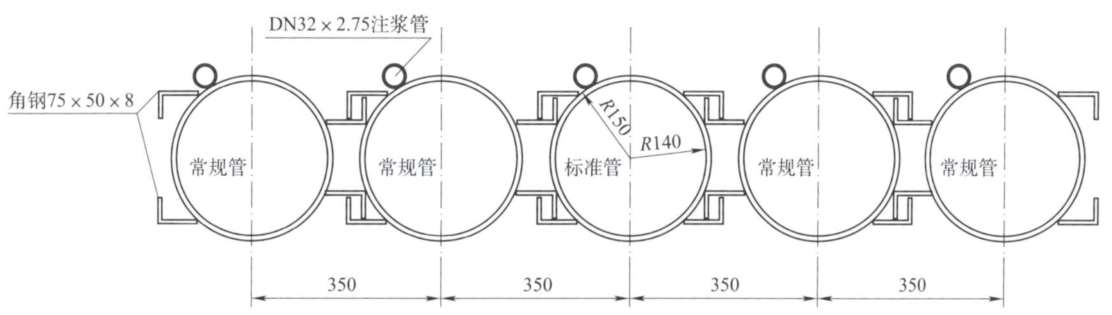

图3.28 管幕连接大样图(单位:mm)

5)监控量测

根据监测数据反馈,暗挖通道施工安全可控,见表3.19。

表3.19 南稍门站2号风亭暗挖通道监控数据

监测项目	累计变形值(mm)	控制值(mm)
地表沉降	-21.5	±30
周边建筑物沉降	-10.14	±20
管线沉降	-4.49	±20
拱顶沉降	-2.90	±20

2. 桩基托换技术

地铁线网规划时通常会规避地下构筑物,在无法避让时需对侵限基础进行破除,为保证上层建筑物安全使用,采取桩基托换技术。桩基托换主要分为洞内托换和洞外托换。洞外托换是对既有构筑物在隧道界限外重新建立支撑体系后拆除原有支撑体系;洞内托换是利用原有支撑体系结合隧道支护结构,原位托换。下面依托地铁6号线一期丈八一路站—省体育馆站区间下穿市政人行天桥对洞内托换技术进行介绍。

1)工程概况

地铁6号线一期丈八一路站—省体育馆站区间左线下穿人行天桥。该段区间为地裂缝调线调坡段,CD法施工。拱顶埋深约16.44 m,断面宽7.78 m,高8.02 m。

2)工程地质、水文地质

地层从上至下主要为<2-1>黄土状土、<3-1>新黄土、<3-2>古土壤、<3-3>粉质黏土、<3-6>中砂,暗挖隧道断面所在土层为<3-3>粉质黏土、<3-6>中砂层,水位线位于隧顶以上。

3)周边环境

人行天桥位于市政十字路口,两条路均为双向八车道,车流十分密集,是交通重要节点,该路口右转车流量非常大,尤其是早高峰期间。

人行天桥1~6号桩基与暗挖隧道平面关系冲突(图3.29),其中1号、2号桩和3号、4号桩分别位于同一承台,需采取桩基处理措施。

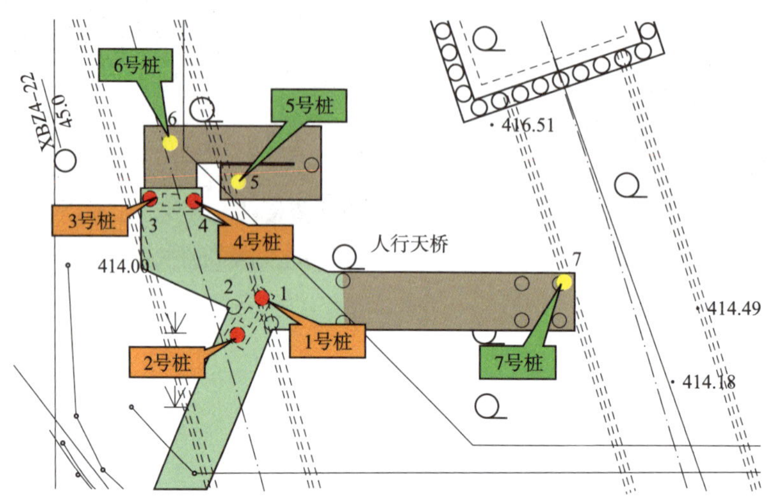

图3.29　暗挖区间下穿人行天桥平面关系图

4)施工技术

桩基洞内托换通过在隧道衬砌内增加托换结构与既有基础桩连接,承担桩基传递的竖向荷载,完成受力转换。

在桩基托换处的隧道断面采用三层支护结构,由外向内依次为喷混初支、托换拱、防水混凝土衬砌,如图3.30所示。

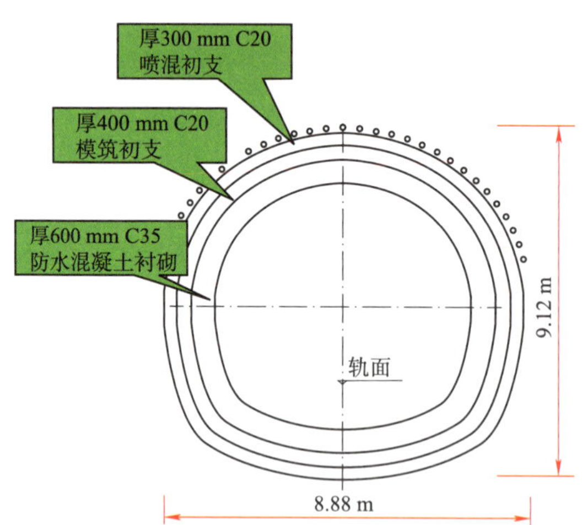

图3.30　暗挖隧道桩基托换断面

托换拱可视作拱形托换梁构件,承担桩基传递的竖向荷载,因此当隧道穿越多根桩基时,在每根桩基正下方位置托换拱钢筋应设置箍筋,形成托换梁体系。托换施工应逐根进行,前一根桩托换完成后方可进行下一根桩托换。

5)监控量测

洞内桩基托换施工期间桥墩沉降值超控制值(表3.20),经召开预警分析会后临时封闭人行天桥,加强后期监测,沉降趋于稳定,评估安全后重新开放。

表 3.20 丈八一路站—省体育馆站区间监控数据

监测项目	累计变形值(mm)	控制值(mm)
墩台竖向位移	-20.58	±20
墩台差异沉降	-25.86	±20

3. 建筑物基础加固施工技术

隧道近距离下穿既有建筑物施工可能会引起建筑物沉降、开裂等,对建筑物进行基础加固是保护建筑物的预处理措施。下面依托地铁2号线体育场站—小寨站区间下穿南二环立交桥、环河盖板暗涵介绍建筑物加固的处理措施。

地铁2号线体育场站—小寨站区间采用矿山法施工,线路由体育场站引出后,向南沿长安中路行进,区间暗挖断面多达11种,工法包括台阶法、CRD、双侧壁导坑法及中导洞+台阶法,涉及大小断面、单洞断面与联拱断面间的频繁转换,最大开挖跨度19.7 m,拱顶最小埋深8.1 m,覆跨比0.41。

该区间下穿南二环立交桥,桥面总宽51.5 m,四跨简支先张预应力空心板桥,跨径为(10.2+14.5+13.5+10.2)m,扩大基础,基础下采用1.5 m厚片石混凝土处理,拱顶距桥梁主跨基础底面为7.2 m。同时该区间下穿环河盖板暗涵,暗涵为3 m×7 m(高×宽)的钢筋混凝土结构,采用600 mm厚钢筋混凝土底板,底板下采用1.5 m厚三七灰土换填。隧道开挖拱顶距桥梁主跨基础底面为9.2 m。

1)立交桥基础加固

(1)洞内处理措施

在施工该区段隧道时,除按一般区间隧道台阶法施工外,在此范围内对隧道周围土体增加超前预注浆加固措施,拱部为仰角1°~2°的80 m长大管棚超前预加固形成拱棚。开挖掘进时,用ϕ42超前小导管注浆补充加固和止漏。隧道结构侧墙部位均设置超前小导管注浆,小导管环向间距0.3 m,通过注浆加固桥基周围地层,减小隧道开挖的侧向变形。

(2)洞外处理措施

双液注浆加固桥基周围土体,人工用重锤将ϕ60 mm钢管敲击插入土层中,然后对基底地基层进行定点注浆,从而达到对基层加固保护桥基的目的。双液注浆保护注浆孔距50 cm,桥基础两侧布置,钢管长度约7~8 m,孔径60 mm,采用ϕ60 mm厚壁无缝钢管人工锤击将钢管慢慢插入地层中。采用水泥—水玻璃双液注浆材料,注浆最大压力$P=1$ MPa。

2)环河盖板暗涵保护措施

在区间通过的环河盖板暗涵60 m范围内实施2.0 mm厚ECB防水板+过水帆布+围堰PE管(图3.31),形成渡槽和渡管结合,小水导流,大水泄流,确保枯汛期施工全过程防止漏水渗水的防护措施。采用跟进式注浆对暗涵周边的土层进行注浆加固处理,防止暗涵漏水掏蚀、软化地层。另外在施工

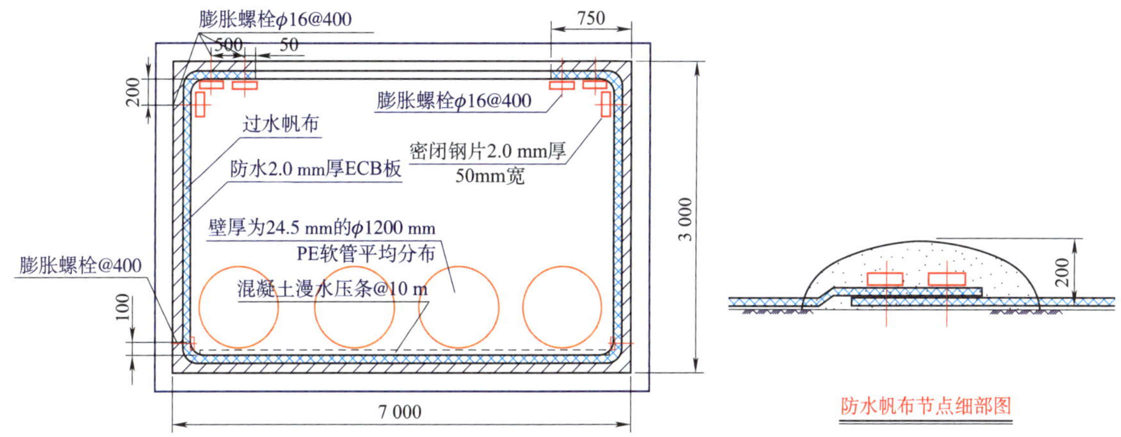

图 3.31 环河暗涵防渗处理图(单位:mm)

中应密切配合降水施工，随时监测降水效果，重视地下水的水量及水质，对抽出水的含砂率常做检测，既争取确保在无水条件下施工，又注意防止抽水产生大的地层损失。

4. 小净距隧道施工技术

由于小净距隧道的中间夹土厚度远小于普通双洞隧道，其土体稳定和支护结构受力要比普通双洞隧道复杂，因此需要采取一定措施保证土体稳定与支护结构的安全。下面依托地铁 2 号线体育场站—小寨站区间单渡线段介绍小净距隧道的加固措施。

该区间单渡线段，单渡线段与正线最小间距 1.1 m，暗挖风险大，设计应对措施为：先施工小断面隧道，待小断面隧道二次衬砌超前 30 m 以上后，再组织大断面隧道施工；大断面隧道在拱顶 180°范围采用 ϕ89 管棚+小导管注浆超前支护，环向间距 0.35 m，拱腰范围布置 ϕ22 砂浆锚杆，环纵向间距 1.0 m×1.0 m，与小断面隧道夹持土部分采用对拉 ϕ25 中空锚杆注浆加固，如图 3.32 所示。

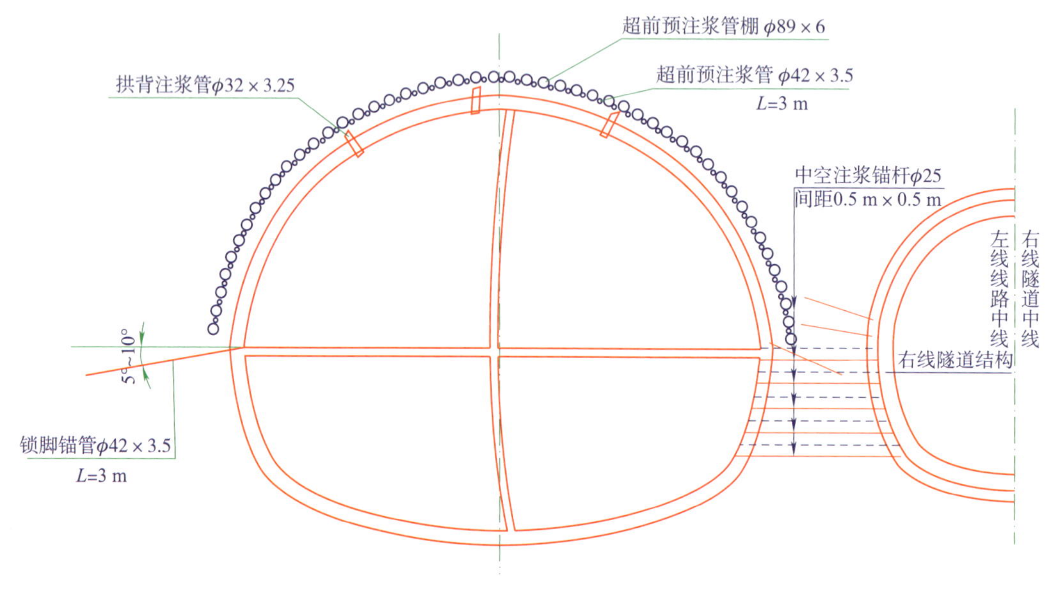

图 3.32　小净距隧道支护剖面图

小　　结

(1)设计阶段通过调阅各产权单位基础资料、现场调查走访、地质勘探、雷达扫描等手段查明拟建线路范围内的不良地质、重要建筑物、管线等，制定合理可行的迁改、避让、加固方案，如 5 号线某暗挖区间开挖期间碰到西安市泄洪管，导致线路局部调整。施工前根据设计图对施工范围建筑物、管线进行核对，核查建筑物结构形式、基础类型，管线是否渗漏等信息，结合设计要求制定合理可行的保护方案，如 5 号线某站附属暗挖通道施工期间因上方污水管道长期渗漏，导致地层脱空、坍塌。

(2)根据地勘报告，隧道穿越地裂缝、湿陷性黄土等不良地质时，落实地质探测要求，增加高密度电法 CT 探测、地质雷达等超前地质预报措施，详细探明前方不良地质发育及分布情况，与地勘资料不符时，应立即封闭掌子面，研究制定可靠措施后方可继续施工。开挖前检测掌子面预加固效果，必要时采取补充注浆等加固措施，如 6 号线某暗挖区间穿越湿陷性黄土、地裂缝时，受降雨影响，黄土湿陷性加重，同时上方房屋重力进一步增加土体压力，施工中未能及时发现前方软弱地层、检测预加固效果，导致已加固的止浆墙无法承受流塑状态的溶泥自重压力，造成掌子面突水涌泥。

(3)严格遵守暗挖“十八字”方针，按设计要求施工，如 2 号线某隧道设计采用 CRD 工法，开挖的顺序为左上、左下、右上、右下，而实际施工时开挖的顺序改为左上、右上、左下、右下，同时受管线渗漏等因素影响，导致地面沉降累计值最大为 124.1 mm，拱顶沉降累计值最大为 82.7 mm。

(4)严格落实设计要求，隧道上方禁止超载堆放，如 3 号线某暗挖区间因临近建筑物基坑肥槽积水长期渗流,导致土体力学性能恶化,自稳能力下降,下台阶违规开挖减压槽,初支未封闭成环,同时隧道上方临时堆土超载,导致隧道开挖过程中发生坍塌事故。

(5)制定应急预案,准备充足的应急物资,加强应急演练,出现险情时第一时间进行现场处置,防止事态扩大。

3.8 暗挖车站施工技术

3.8.1 概　述

目前在建设的线路中,共有5座采用暗挖法施工的车站,分别是6号线二期广济街站(主体结构已完成),2号线二期何家营站,8号线大白杨站、丰禾路站、新植物园站。

3.8.2 暗挖车站重难点分析

(1)暗挖地铁车站一般设置在城市中心城区,车流量大,交通繁忙,地下管线较多且周边环境复杂。

(2)在软弱地层条件下修建浅埋、大跨、动载暗挖大型地下工程,施工条件困难,施工难度大。

(3)城市中心区地铁施工,在减少对路面交通等周边环境影响前提下,施工场地布置存在很大的局限性,很难满足现场施工要求。

(4)必须在无水状态下作业,并且解决土层所存层间滞水,处理好地下水既是工程施工的重点,也是工程施工的一大难点。

(5)穿越主干道及各种地下管线需要确保地面不发生沉降和坍塌,确保建筑物、道路及各种管线等的安全是工程的一大难点。

(6)确保地铁车站结构防水质量,符合规范要求,做到不渗漏,这是工程的重难点。

(7)暗挖车站施工工序多,工作面多,对此施工组织是其一大难点。

3.8.3 洞桩法车站结构选型

洞桩法车站的桩一般都在小导洞内施作,根据洞桩法边桩与中桩(柱)的承载方式不同以及目前施工应用情况,把洞桩法分为边条基+中条基、边桩基+中条基、边桩基+中桩基三类。

1. 边条基+中条基类

上导洞内施作边桩、中柱及顶纵梁与桩顶冠梁,下导洞施作底纵梁及条基,边桩基中柱采用人工挖孔施工,如图3.33所示。

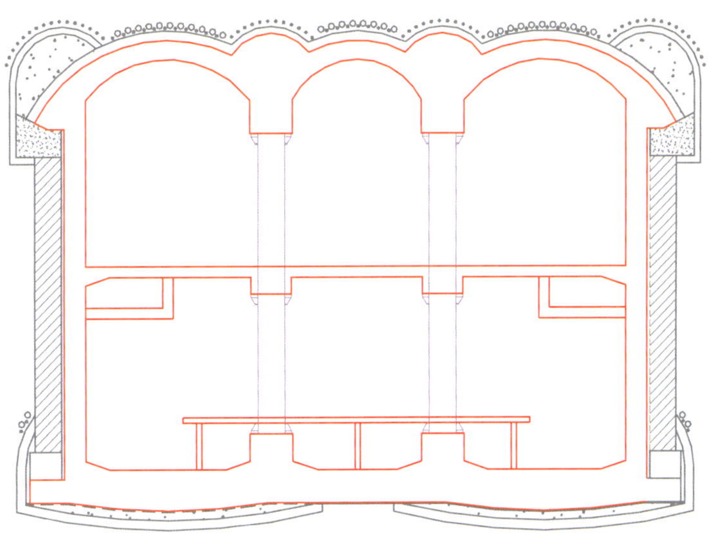

图3.33 边条基+中条基

此施工方法便利且机动性强，基本不受地质条件限制，但是导洞开挖土方体量较大，引起地层沉降较大，且开挖导洞前需进行地层降水，降水时间较长，降水量较大。

施工工序如图 3.34 所示。

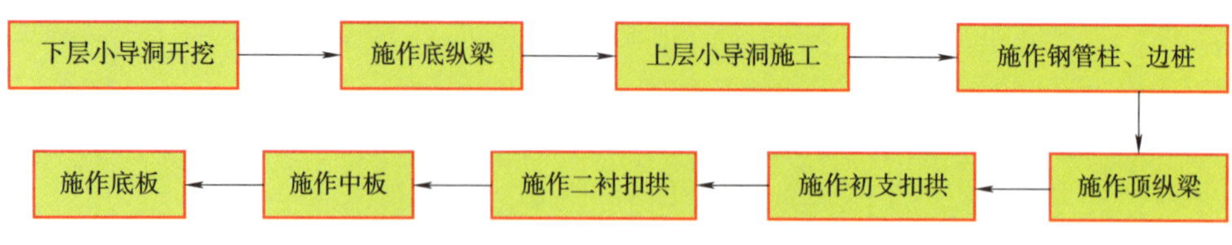

图 3.34　施工工序(边条基+中条基)

2. 边桩基+中条基类

上导洞内施作边桩、中柱及顶纵梁与桩顶冠梁，下导洞施作底纵梁，用边桩取代下层导洞中的边条基，边桩采用机械成孔，中柱采用人工挖孔，如图 3.35 所示。

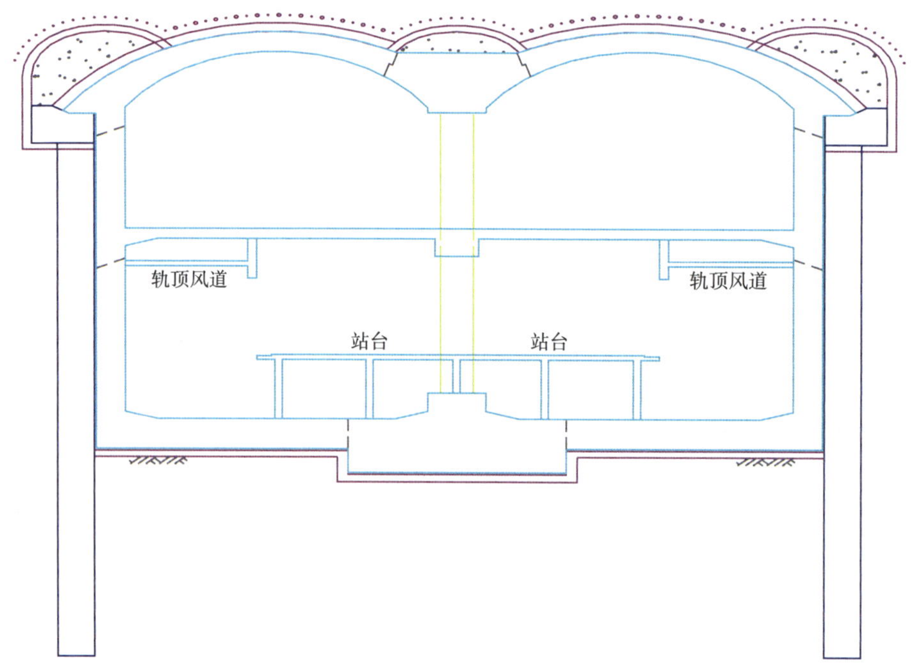

图 3.35　边桩基+中条基

由于导洞开挖量较小且边桩的隔离作用，对地层沉降及周边建(构)筑物的影响较小，在导洞内施工钻孔灌注桩作业空间小，施工环境差，对施工机械能力要求高，尤其遇到大直径卵石地层时对工效影响较大。由于开挖导洞前即需进行地层降水，将地下水位降至底板以下，降水时间较长，降水量较大。

施工工序如图 3.36 所示。

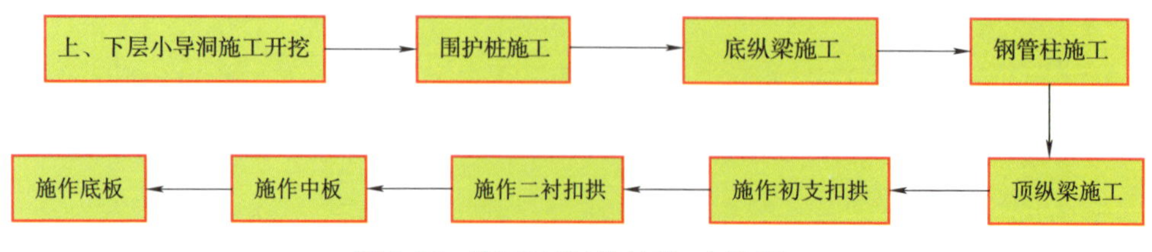

图 3.36　施工工序(边桩基+中条基)

3. 边桩基+中桩基类

上导洞内施作边桩、中柱及顶纵梁与桩顶冠梁；取消下层导洞，用边桩取代下边导洞内条基，用桩基作为(临时)中柱承载基础,边桩及中柱均采用机械成孔,如图3.37所示。

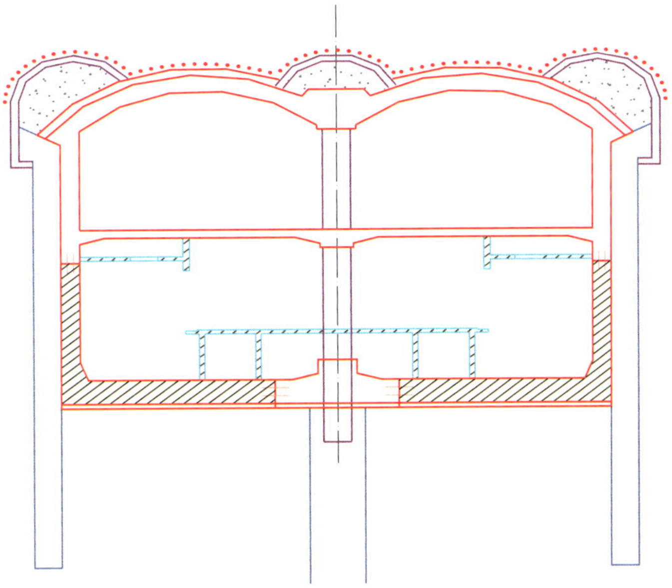

图3.37 边桩基+中桩基

该施工方法由于仅开挖上层导洞,对地层沉降的影响最小;且由于边桩的隔离作用,对周边建(构)筑物的影响也较小,尤其适用于车站临近敏感构筑物的情况。在导洞内施工钻孔空间较小,机械灵活性能力要求较高,由于未开挖下层导洞,无需提前将地下水位降至底板以下,地下降水时间缩短,降水量减少。

施工工序如图3.38所示。

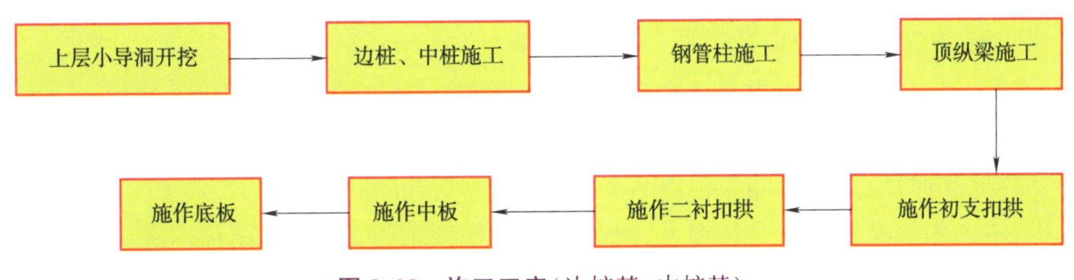

图3.38 施工工序(边桩基+中桩基)

3.8.4 洞内桩钻机选型

以西安地铁6号线广济街车站为例,车站洞内边桩施工钻机选型(表3.21)时,考虑的主要因素有成孔效率问题、塌孔情况、垂直度控制。

表3.21 不同类型钻机优缺点对比分析

钻机类型	优　点	缺　点
锅锥钻机	(1)机械设备简单,现场布置方便; (2)机械成本费用较低	(1)干成孔时间相对较长,约9 h,有塌孔、沉渣较厚和桩身成孔质量较差的风险; (2)设备工艺较为落后,桩身垂直度差; (3)地层适应性较差,主要适用于土质地层,在硬质地层钻杆存在被扭断的风险; (4)成孔后桩身垂直度较差,偏差约1.5%

续上表

钻机类型	优　　点	缺　　点
低净空钻机	(1)对洞内施工作业高度要求较低,4.2 m 高度即可满足施工要求; (2)施工作业范围广,可实现钻深 30 m 以上、钻径 0.5~2 m 以内洞内桩身钻孔作业	(1)干成孔时间较长,约 14 h,有塌孔、沉渣较厚和桩身成孔质量较差的风险; (2)劳动强度较高,人工成本高; (3)设备工艺暂不成熟,维修时间和次数较多,维修成本高; (4)地层适应性较差,主要适用于土质地层,硬质地层钻进时钻杆存在变形扭曲的风险; (5)成孔后桩身垂直度较差,偏差约 1.5%
反循环钻机	(1)对洞内施工作业高度要求较低; (2)钻进速度快,成孔仅需要约 4 h; (3)孔底沉渣清孔时速度快,成孔垂直度较好,垂直度偏差仅约 0.8%; (4)钻孔过程中泥浆护壁不易产生塌孔; (5)地层适应性较为广泛	(1)需要设置专门的泥浆池,文明施工较差; (2)设备重量、体型相对较大,拆卸安装较困难; (3)遇见异物时排污管存在堵管风险

1. 锅锥钻机

锅锥钻机是通过钻孔机动力头带动钻杆、锅锥钻头,使锅锥头部缺口处的斜向切片旋转进行切土作业。

锅锥成孔灌注桩施工工艺,在土质均匀的黄土高原上得到了广泛的应用,该成桩工艺体现了其机械设备简单、现场布置方便、施工速度快、工程成本低的优势。但是在施工过程中,由于施工方法不当及预防措施落实不到位,存在如桩位偏移、沉渣超标、钻机不进尺、塌孔、缩颈、钢筋笼下沉或上浮、混凝土堵管与断桩等工程施工质量问题。

2. 低净空钻机

低净空钻机包括行走机构和钻进机构。低净空钻机将伸缩钻杆下端套设于动力头内,动力头与钻头固结。钻孔作业时,伸缩钻杆在自身重量下使得钻头下压,动力头带动钻头旋转取土,待取土深度达 1 个钻头高度时,伸缩钻杆与钻头同时提升至地面,进行卸土作业,来回循环,直至设计孔深。

3. 反循环钻机

反循环钻机成孔原理:泥浆由储浆池流入或注入钻孔,到孔底同钻渣混合,在真空泵与吸泥泵配合或在空气吸泥机、水力喷射泵的抽吸力作用下,混合物进入钻锥的进渣口,由钻杆内腔吸上,再从出水控制阀经胶管排泄到沉淀池,净化后到储浆池循环使用。

3.8.5　施工控制要点

1. 初支扣拱施工

初支扣拱示意如图 3.39 所示。初支扣拱施工关键控制要点在于扣拱格栅与导洞格栅的连接。在导洞开挖过程中应严格控制每榀格栅步距及里程,后行导洞格栅必须与先行导洞格栅同步,同时做好预留接头部位的保护工作。

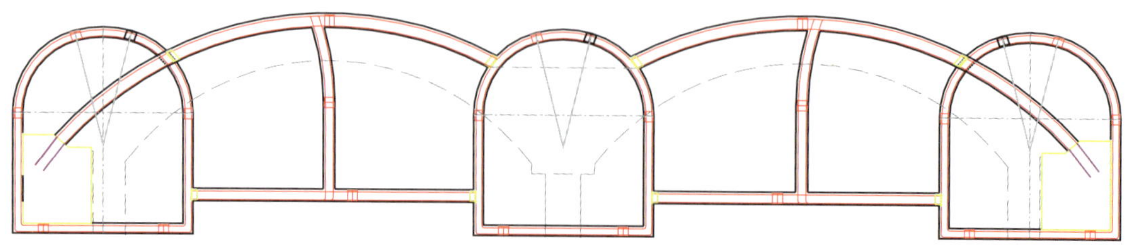

图 3.39　初支扣拱示意图

(1)初支扣拱分为边导洞内扣拱和导洞间扣拱。边导洞内扣拱在边桩冠梁施工时同时进行;导洞间扣拱一般采用台阶法开挖,当跨度较大时,可以采用 CD 法或架设临时支撑方式进行施工。

(2)边导洞内扣拱时应将格栅与导洞格栅中预埋的主筋进行有效的焊接。

(3)初支扣拱随车站拱顶土方开挖及时跟进。为防止扣拱时出现坍塌,在扣拱之前应对前方拱部地层进行超前加固。

2. 二衬扣拱施工

二衬扣拱施工示意如图 3.40 所示。二衬扣拱关键控制点在于小导洞初支拆除方式及拆除长度。

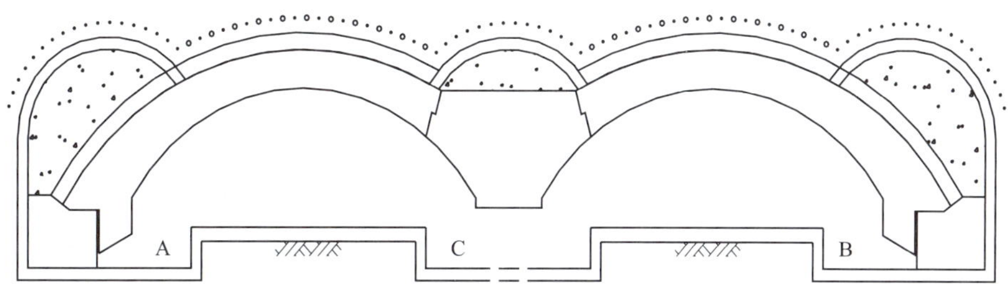

图 3.40 二衬扣拱施工示意图

导洞初支破除一般采用跳格法施工,铺设防水层,支护模板,浇筑混凝土,破除导洞初支属于受力转换关键时期,拆除长度一般控制在 9~12 m,具体长度应根据现场实际情况确定,同时注意左右顶拱浇筑时间。

混凝土灌注口一般设置在拱部,端头堵头板埋设回填注浆管兼作排气管。

3. 防水施工

暗挖车站防水设计遵循“防、排、截、堵相结合,刚柔相济,因地制宜,综合治理”的原则,一般设置三道防线:初期支护—防水层(土工布+防水板)—结构自防水。

1)混凝土防水施工

混凝土结构自防水是地铁车站防水的根本。暗挖地铁车站主体混凝土结构一般要求:抗渗等级为 P10,结构厚度不应小于 250 mm,裂缝宽度不得大于 0.2 mm 并不得贯通,钢筋保护层厚度应根据结构耐久性和工程环境选用,迎水面钢筋保护层厚度不应小于 50 mm。

2)防水板施工

在初期支护变形基本稳定后进行防水板施工。

(1)基面处理

①当基面表面有明流水时,应及时进行处理。

②铺设防水板的基面应基本平整,不得存在尖锐毛刺、石子、钢管、钢筋、钢丝等凸出物。

③基面阴、阳角部位应做半径为 100 mm 的圆弧或 45°折角。

(2)土工布缓冲层铺设

①在铺设缓冲层时,基层表面应平整无明水。

②缓冲层采用搭接法搭接,搭接宽度不小于 5 cm。

③缓冲层铺设时应与基面密贴,不得拉得过紧或出现大的褶皱。

(3)防水板铺设

①防水板应固定在基面,固定间距:拱部宜为 0.5~0.8 m,边墙宜为 1.0~1.5 m,底部宜为 1.5~2.0 m。

②在施工缝 600 mm 宽度范围内增设一道防水加强层。

③两幅防水板搭接宽度不应小于 100 mm,搭接焊缝应为热熔双焊缝,每条焊缝的有效宽度不应小于 10 mm。

④环向铺设时,应先拱后墙,下部防水板应压住上部防水板。

⑤接缝焊接时,防水板搭接层数不得超过三层。

3)关键节点防水施工

(1)顶纵梁防水施工

顶纵梁与二衬扣拱接头处为暗挖法车站防水的薄弱环节。

①在顶纵梁初衬位置表面固定缓冲层及防水层,并且内外两侧分别采用木板与钢板进行保护,保护板深入混凝土长度约为0.8~1.0 m,如图3.41所示。

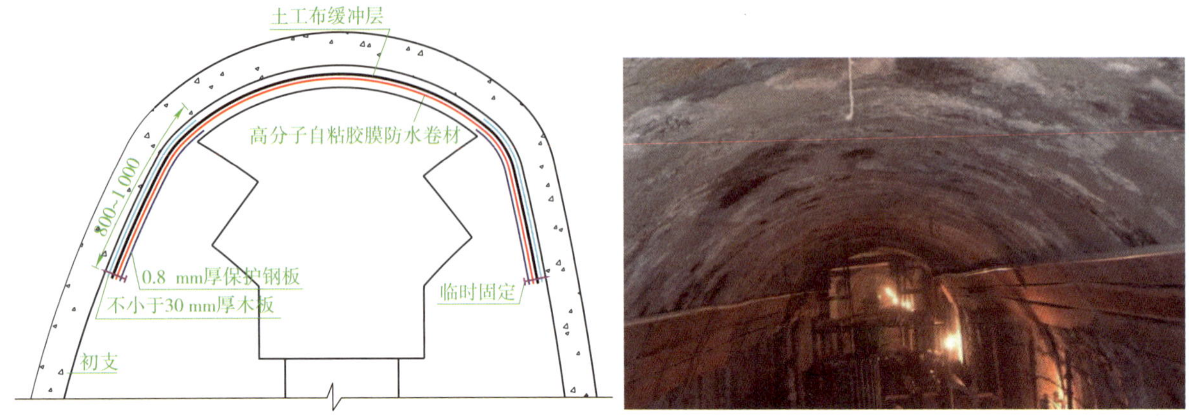

图3.41　顶纵梁防水施工图(单位:mm)

②在施工缝处设置注浆管及止水条等防水层注浆系统。

(2)底纵梁防水施工

暗挖法施工地铁车站,底纵梁防水需加强保护,如图3.42所示。

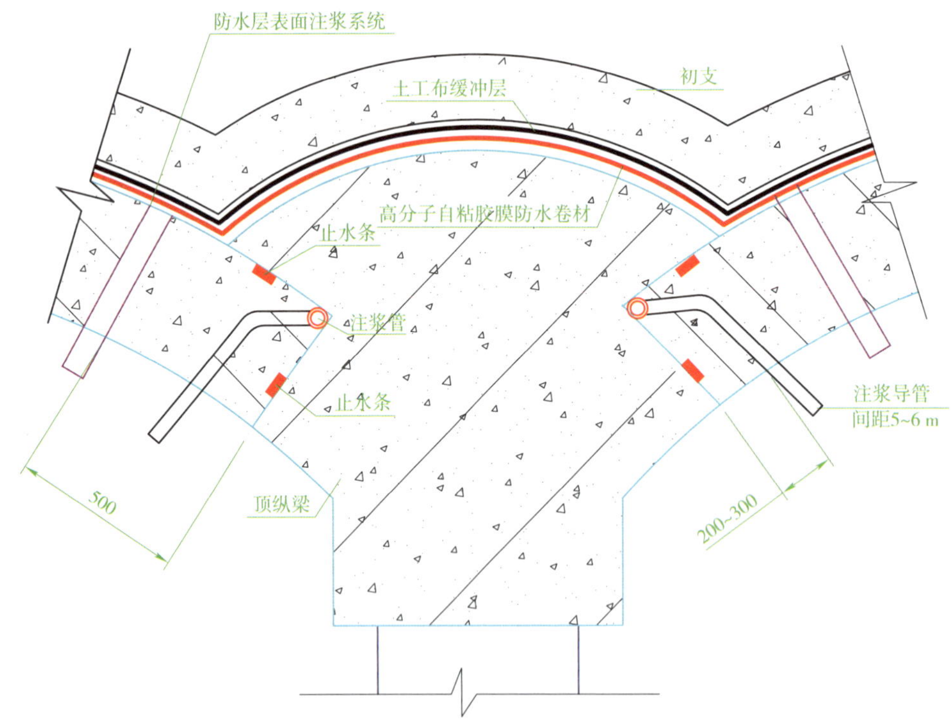

图3.42　底纵梁防水示意图(一)(单位:mm)

①在导洞底部及侧墙处设置保护钢板及临时保护板,然后铺设缓冲层、防水层、细石保护层,如图3.43所示。

②底纵梁混凝土浇筑完毕后,将防水层固定在底纵梁上,进行导洞侧墙的破除,如图3.44所示。

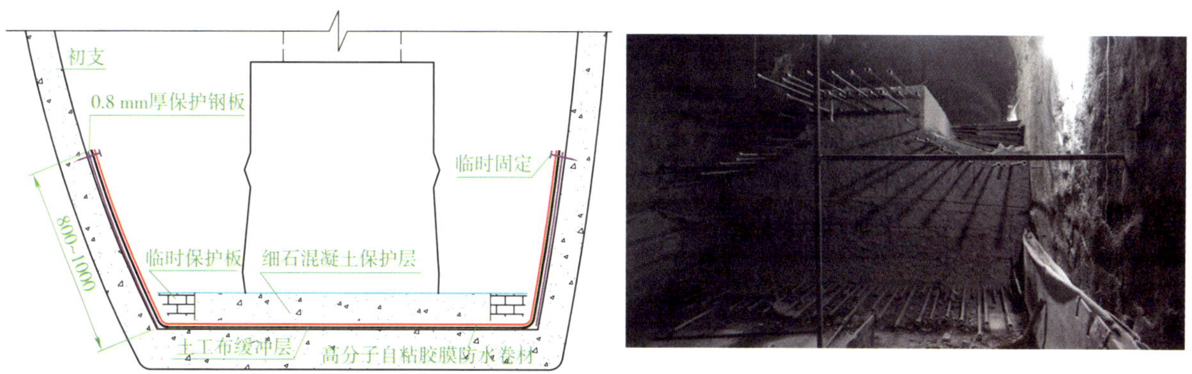

图 3.43 底纵梁防水示意图(二)(单位:mm)

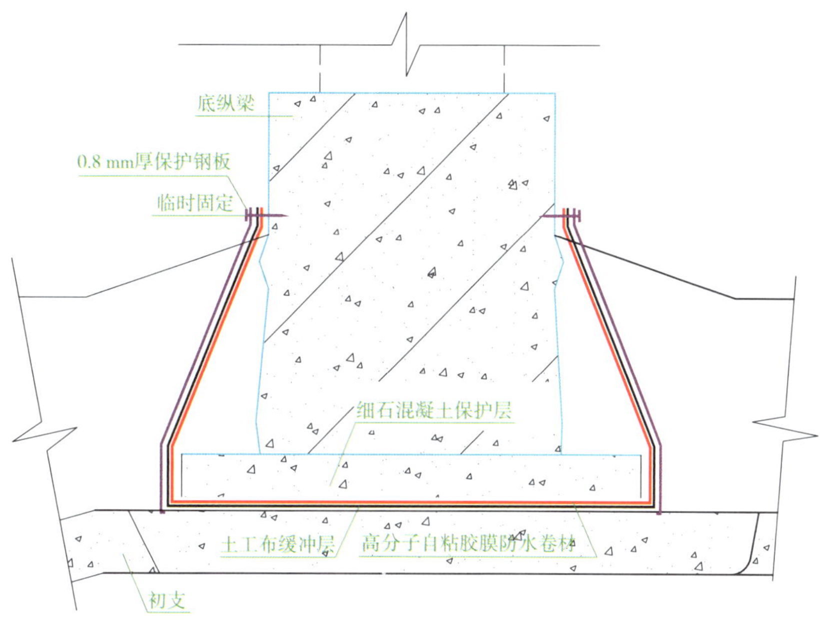

图 3.44 底纵梁防水示意图(三)

③取掉保护板,完成预留防水层与底板防水层的搭接,并设置注浆管及止水带等注浆系统,浇筑底板,如图 3.45 所示。

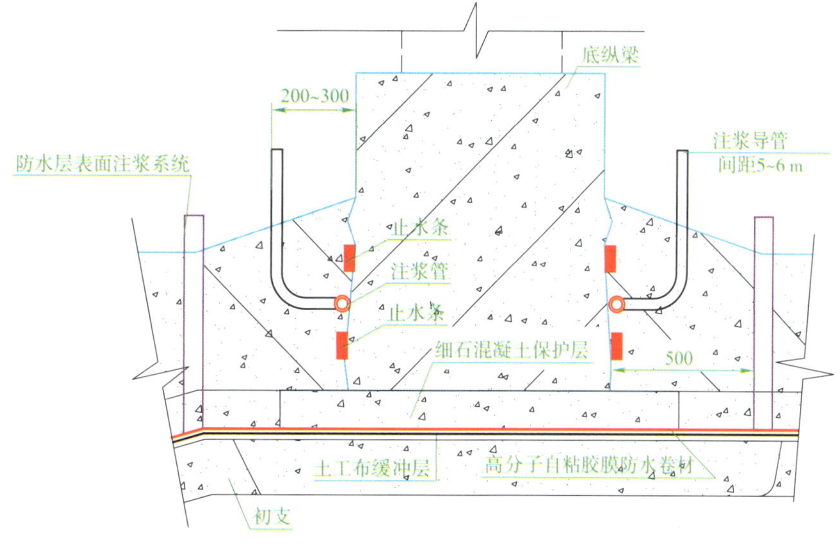

图 3.45 底纵梁防水示意图(四)(单位:mm)

3.8.6 施工工效

暗挖车站工序转换复杂，各个工序的衔接和组织要求较高，工期较长。各个工序施工工效如下：

(1)竖井(5 m×6.5 m)：开挖1 m/d；

(2)横通道(一层3 m×6.4 m)：开挖1.5 m/d；

(3)主体导洞(5 m×4.5 m)：开挖1.5 m/d；

(4)边桩：按设计桩身30 m考虑，(反循环机械)1根/d；

(5)底纵梁：每板按30 m施工，13 d/板；

(6)顶纵梁：按20 m施工，10 d/板；

(7)初支扣拱(跨度6.6 m)：开挖1.5 m/d；

(8)二衬扣拱：每板按9.6 m施工，10 d/板；

(9)中板(0.4 m厚)：每板按30 m施工，9 d/板；

(10)底板(1.2 m厚)：每板按30 m施工，11 d/板。

3.8.7 监测效果

广济街站根据地勘报告显示，施工范围内覆土多为杂填土(平均厚度7.74 m，最大厚度10.5 m)，土质不均，成分杂乱，稳定性较差。地表监测点均布置在杂填土层，由于土体的不稳定性，对监测点沉降造成一定影响。同时施工期间，降水、土体开挖、振动等因素也是造成沉降的原因。根据结构自身监测数据显示，并未因地表沉降而受到较大影响，虽部分地表测点累计控制值超限，但结构自身稳定。

施工开始降水至竖井开始开挖期间，竖井周边地表沉降测点最大变化值为-6.5 mm，最小值为-1.2 mm；竖井开挖期间，竖井周边地表测点最大变化值为-6.5 mm，最小值为-1.2 mm；横通道开挖期间，横通道周边地表测点最大变化值为-43.5 mm，最小值为-5.09 mm；导洞开挖期间，导洞周边地表测点最大变化值为-42.5 mm，最小值为-4.07 mm；初支扣拱破除至二衬扣拱施作期间，主体周边地表测点最大变化值为-56.07 mm，最小值为-4.08 mm；二衬扣拱施作完成后，测点变化速率平稳，周边测点沉降趋于停止。

3.9 复杂环境下明挖车站施工技术

3.9.1 概　述

随着西安城市轨道交通的不断发展，地铁车站在解决人员出行的同时，也因为出行及经济需求多布设于城市繁华地段，继而导致车站施工的复杂性越来越高。明挖法施工作为目前主流的施工工艺，对地铁建设起到至关重要的作用，而在建设过程中交通疏解、周边环境、管线迁改等复杂环境因素，大大地增加了地铁施工的难度。下面就对复杂环境下明挖车站施工重难点、主要控制措施作下介绍。

3.9.2 复杂环境下明挖车站施工关键技术

地铁因其特殊的便利性，多设置于地下，尽可能少地占用地面空间资源。所谓明挖施工，即从地面直接进行开挖，然后进行建设。这是一种施工便捷、造价较低的施工工法，其经济性与便捷性不言而喻。明挖车站的围护体系可分为无水、降水施工型和封闭止水型，其无水、降水型包括土钉围护、钻孔灌注桩围护。封闭止水型包括排桩围护(咬合桩、旋切桩、搅拌桩、SMW桩)、桩加旋喷桩、连续墙等。根据西安水文地质及周边环境特点，多选用钻孔灌注桩、桩间三轴搅拌及地连墙施工技术。

1. 钻孔灌注桩施工技术

1)测量放样

采用全站仪精确定位桩孔的位置，根据桩定位点拉十字线钉放四个控制护桩，以四个控制护桩为基准控制护筒的埋设位置和钻机的准确就位,如图3.46所示。护桩要做好保护工作,防止施工过程中被扰动。

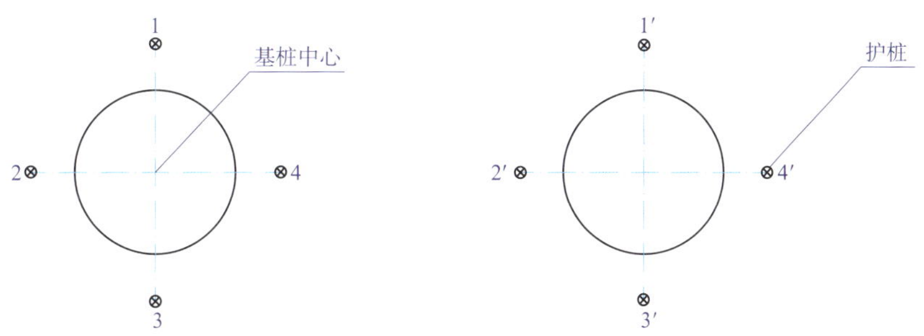

图3.46 桩基施工测量控制图

2)护筒埋设

护筒利用旋挖钻钻孔埋设,埋设按照交叉拉线确定的桩位中心点,然后放入护筒,经检查位置正确、筒身竖直后,四周立即用黏土回填,分层夯实,并随填随观察护筒,防止填土时护筒位置偏移。

3)成孔施工

(1)钻孔前,调平钻机,保持钻机垂直稳固。钻机应选择硬实的场地站位,避免因钻机倾斜导致桩位出现偏差。

(2)初始钻进进尺要缓慢,尽量减少钻杆晃动,保证钻孔的垂直度。钻进过程中,应随时调整机架保持钻杆垂直、位置正确,防止因钻杆晃动引起孔径扩大及增加孔底沉渣。

(3)清孔后,对孔径、孔深、垂直度进行检测(使用测绳测量孔深,使用笼式检孔器检查桩径)。验收合格后,移走钻机,盖好盖板。

(4)桩身垂直度偏差不大于0.35%H(H为总桩长)。成孔时,应采用垂直度好、钻杆刚度好的旋挖钻机,成孔前用经纬仪双向校正桩机架的垂直度,成孔过程中用经纬仪双向再次校正桩机架的垂直度。

4)清孔

桩基成孔检测完毕后,立即清孔。清孔采用钻头清理孔底钻渣,将孔底沉渣和孔内钻渣逐渐清出孔内,成渣厚度不大于100 mm。

5)钢筋笼制作

(1)钢筋笼采用滚焊机加工,按照主筋规格及数量、钢筋笼直径、箍筋规格及间距、加强筋规格和间距等要求进行加工。

(2)为使钢筋笼在吊运时不散架、不变形,在每个起吊位置处焊加强筋。

(3)钢筋笼制作前,应将主筋校直、除锈。为满足钢筋笼设计要求,钢筋笼下料长度要准确。

(4)钢筋笼制作时,主筋连接采用机械连接,接头位置错开,接头位于同一区段内时接头面积百分率不得大于50%,且接头错开35d(d为钢筋直径),主筋和螺旋箍筋以及加劲箍筋之间应全部进行点焊,并保证焊接质量。

6)钢筋笼吊装

(1)为保证钢筋笼能顺利入孔,应在下笼之前认真验孔,确保成孔质量合格后方可吊笼。

(2)起吊准备工作包括以下内容:

①检查起吊钢丝绳是否有磨损,否则换掉。

②检查起吊的吊点是否牢靠,是否符合起吊要求。

③检查起吊路线是否有障碍物。

④检查起吊路线及路基是否符合要求。

⑤检查钢筋笼质量,查看是否对局部进行加固。

(3)吊装过程控制要点如下:

①在起吊过程中要有专人指挥。

②在起吊钢筋笼时要有牵引绳,防止钢筋笼左右摇摆。

③吊机在起吊钢筋笼时,钢筋笼周围严禁站人。

④吊机在吊运钢筋笼行走过程中严格观察周围环境。

⑤在下放钢筋笼过程中严禁下放太快。

⑥在钢筋笼下放过程中要时刻控制钢筋笼的边线,保证下放到位。

7)导管安装

导管安装时应逐节量取导管实际长度并按序编号,做好记录以便混凝土灌注过程中控制埋管深度,并应注意橡皮圈是否安置和检查每个导管两头丝扣有无破丝等现象,以免灌注过程中出现导管进水等现象。导管下放应竖直、轻放,以免碰撞钢筋笼,下放时要记录下放的节数,下放到孔底后,对理论长度与实际长度进行比较,分析其吻合度。

8)混凝土灌注

在灌注时,用吊车的主钩吊起储料斗,与导管相连接,把隔水栓堵放在其底部,向斗内注满混凝土后,用吊车副钩钢丝绳把隔水栓快速提出,使混凝土在很短的时间内降落到孔底,完成封底工作,之后连续进行灌注,为此现场施工人员必须随时与商混站联系,及时更新混凝土的需求量,确保混凝土灌注的连续性。

2. 三轴搅拌桩的施工技术

1)探槽开挖

结合现场实际情况,钻孔灌注桩和三轴搅拌桩探槽同时开挖,同槽勘探。探槽宽度不小于围护结构宽度+40 cm,坑底宽度不小于2. 25 m,探槽采用垂直开挖。施工时必须小心谨慎,应试探性开挖,不得用力过猛,避免破坏地下管线。

2)测量放线

探坑开挖完成,查明地下无管线、障碍物(或有管线、障碍物但进行处理)后,回填并夯实,然后根据施工图纸及现场导线控制点,使用全站仪测定桩位,以“十字交叉法”引到四周用短钢筋做好护桩。

3)沟槽开挖、泥浆池设置

根据测量放样结果开挖桩顶沟槽,沟槽宽度不小于桩基设计宽度,沟槽深度依现场实际情况而定。沟槽主要用于三轴搅拌桩施工过程中返出地面部分浆液导流收集,泥浆池根据现场实际情况进行设置,采用成品泥浆池。

4)泥浆制备

水泥浆采用泥浆搅拌机拌制,水泥浆应随拌随用,因故停止施工时,若水泥浆放置时间过长产生初凝或浆液发生离析时,不得使用,应作废浆处理,严禁使用。

5)钻机就位

钻机就位,桩机应平稳、平正,用经纬仪或线锤进行观测以确保钻机的垂直度;搅拌桩桩位定位偏差应小于20 mm,立柱导向架垂直度偏差不得超过1/250。

6)搅拌成孔

三轴搅拌桩采用复孔全套打施工,相邻桩基施工间隔不得大于24 h,施工顺序如图3. 47所示,阴影部分为套打区段。

搅拌桩成桩采取搅拌、喷浆、下沉→搅拌、喷浆、提升→成桩的施工工艺,1个循环成桩,其中下沉及上升阶段均为喷浆搅拌。

三轴搅拌桩止水帷幕在基坑阴阳角部位按图3. 48施工,即角部搭接处应套接一孔,基坑外侧阴角处止水帷幕加强,即角部施作两幅L形三轴搅拌桩,与正常段止水帷幕搭接250 mm。

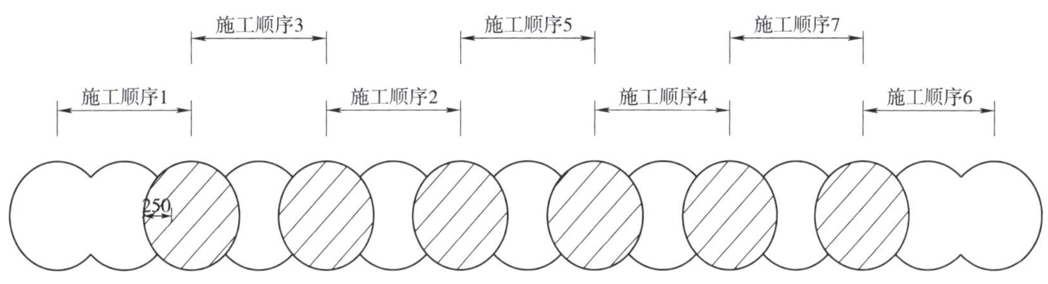

图 3.47 搅拌桩施工顺序示意图(单位:mm)

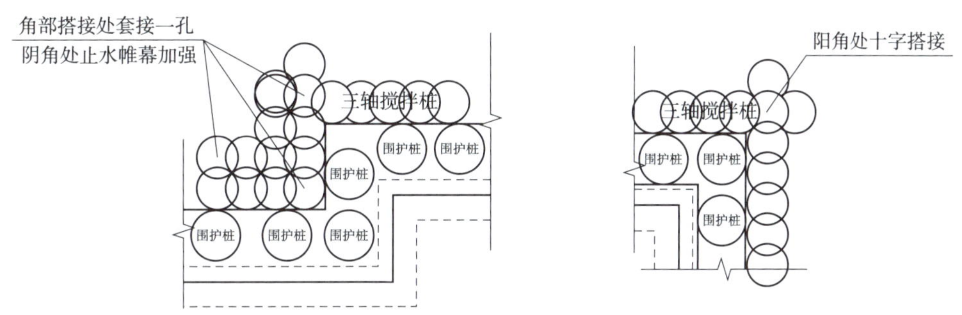

图 3.48 阴阳角三轴搅拌桩施工示意图

3. 地下连续墙施工技术

1)导墙施工

导墙施工主要作用为成槽导向、控制标高、槽段和钢筋笼定位、防止槽口坍塌及承重作用。地下连续墙成槽前,先施作连续墙导墙,然后开挖成槽。导墙采用"┑ ┍"断面。地下连续墙施工工序流程如图 3.49 所示。

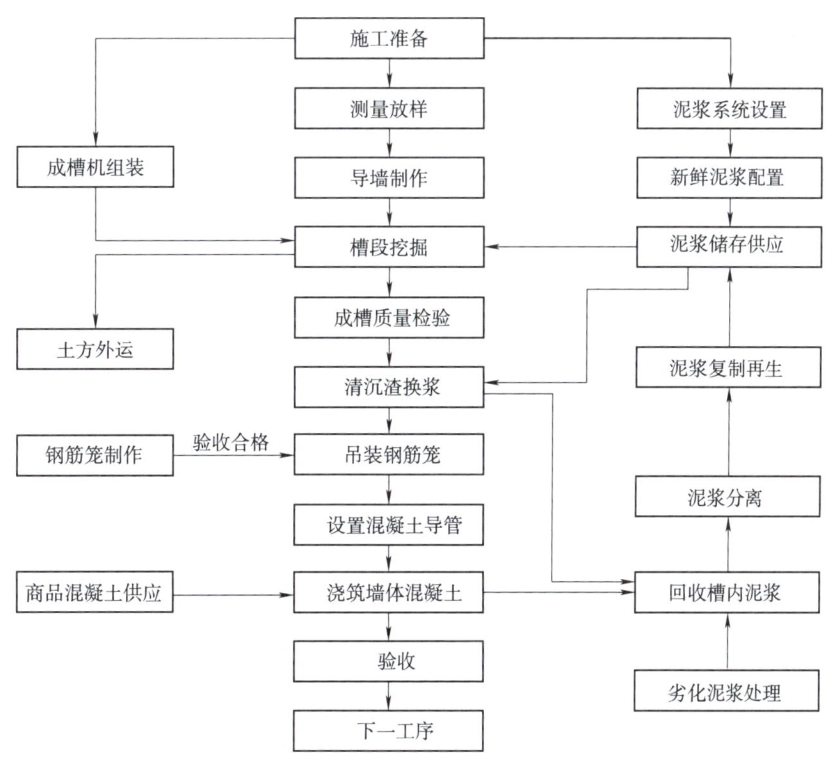

图 3.49 地下连续墙施工工序流程

2)泥浆制作

泥浆循环系统是地下连续墙施工的重要系统，泥浆循环示意如图3.50所示，其布设以满足施工需要为前提。泥浆池布置在施工区域中间位置，以便于向周边输送泥浆。泥浆的制备存储量按最大槽段制作泥浆池，泥浆制作场地以利于施工方便为原则。

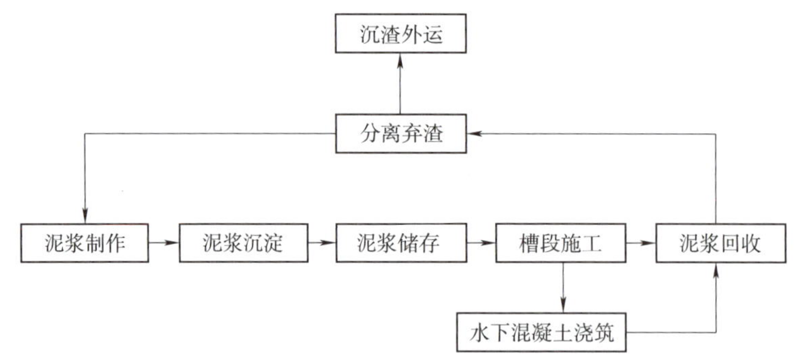

图3.50　泥浆循环示意图

3)成槽施工

(1)槽段划分

为确保连续墙成槽过程中槽孔的稳定，采用跳槽法施工。将相邻连续墙分成两期槽段，成槽采用“跳一挖一”的顺序进行。因此，施工宜采用直线延伸方式进行，即采用逐区、逐段施工，为后续施工创造有利条件。

(2)接头施工

地下连续墙槽段间接头采用工字钢接头形式，这种接头具有加强槽段间整体性及传递剪力、增大渗径、减小渗漏、施工简单的特点。其工字钢与钢筋笼连接情况如图3.51所示。

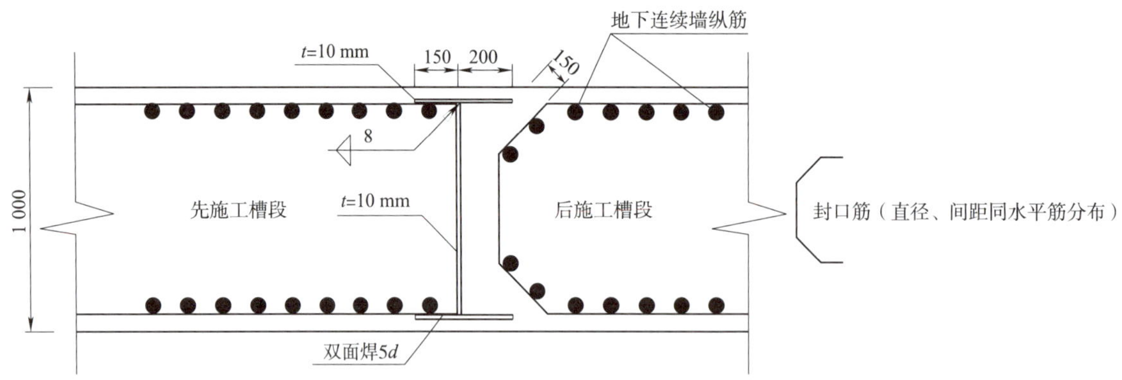

图3.51　地下连续墙接头细部图(单位:mm)

(3)成槽方法

成槽工序是地下连续墙施工关键工序之一，既控制工期又影响质量。根据地质情况并结合以往施工经验，采用地下连续墙液压抓斗和冲孔桩机配合施工。

(4)垂直度控制

垂直度控制是成槽工序中质量控制的重点。

(5)泥浆性能控制

施工过程中应注意泥浆性能的变化，定期进行检测，及时补充符合标准的优质泥浆入槽，保证正常施工。

(6)槽段深度的确认及标准

当成槽达到设计标高时，应进行自检(槽位、槽深、槽宽、垂直度)。槽位、槽宽由测量班复测，垂直度利用超深波检测仪检测,利用测绳检测成槽深度以及沉渣厚度,并进行清孔,泥浆各项指标达到规范要求后下放钢筋笼。

4)钢筋笼吊装

地下连续墙钢筋笼一般较长、较重,钢筋笼主要采用整体加工、整体吊装的施工方法。根据钢筋笼的重量、尺寸以及场地布置等,合理选择机械型号、吊具等并提前做好施工准备,保证机械设备可靠运行、人员管理及作业规范到位。钢筋笼及各种吊具吊环的加工质量是吊装重点,在起吊过程中严格按照施工方案进行,做好吊装过程中的监测,准确安全地下放钢筋笼。

5)清槽

在成槽过程中,为把沉积在槽底的沉渣清出,需对槽底进行清槽,以提高地下连续墙的承载力和抗渗能力,提高成墙质量。

6)水下混凝土浇筑

水下混凝土浇筑采用直升导管法施工。混凝土必须连续浇筑,浇筑时必须使混凝土面均匀上升,严格控制混凝土浇筑速度及导管埋深。

3.9.3 复杂环境下车站施工中的重难点及应对措施

1. 复杂环境下明挖车站的管线迁改(以地铁5号线南稍门站、地铁6号线安定门站为例)

1)工程概况

(1)南稍门站

南稍门站为地铁5号线一期工程的换乘站,是5号线与2号线的换乘站,前承黄雁村站,后接文艺路站。南稍门站位于友谊西路与南关正街的十字路口西侧东西向敷设,2号线沿南关正街南北向敷设,采用通道换乘方式与2号线换乘。

南稍门站车站主体涉及的管线迁改种类主要有给水管DN600、给水管DN800、给水管DN300、排水管DN600、雨水管DN400、排水管DN400、热力管DN300、电信管沟、中压燃气管、高压线杆等,如图3.52所示。

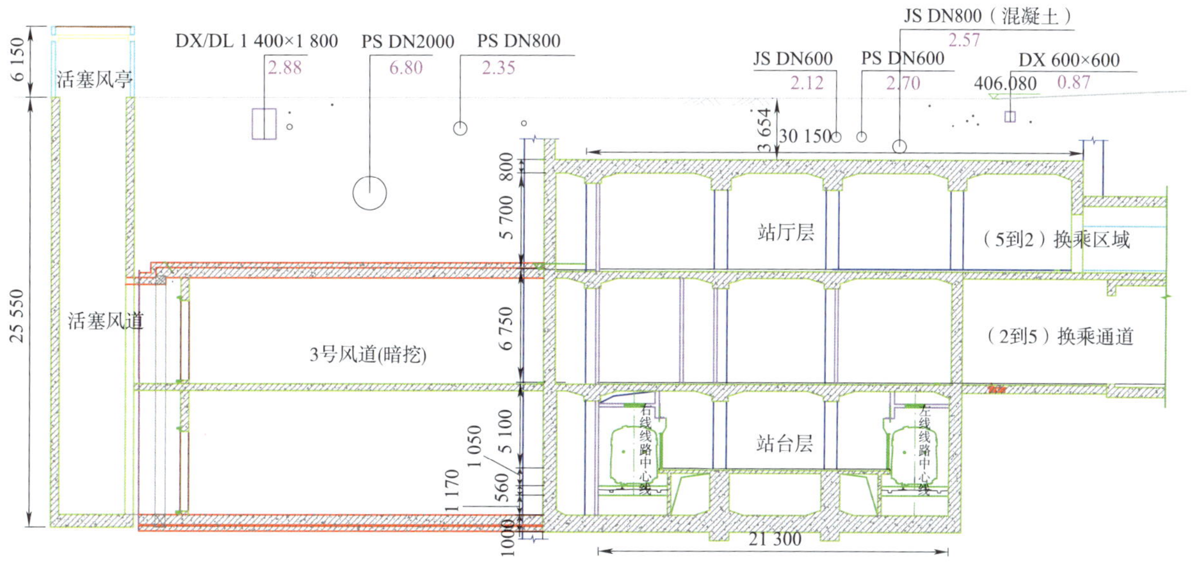

图3.52 南稍门站管线原状调查示意图(单位:mm)

南稍门车站位于南北中轴线处,交通极其复杂,该站还承担着换乘节点作用。为最大程度保证车站施工的安全及施工效率,本着"先迁改后施工"的原则,针对燃气、给水、排水、热力、电力及军用通信等管线应避免跨越施工区域,对其他管线及地面相应设施均进行临迁或永迁。

(2)安定门站

地铁6号线安定门站位于西关正街与环城西路交叉口西侧,东西向布置,为异形结构、地下三层楔形岛式站台车站。此处车流量大、周边环境较为复杂。

安定门站车站主体涉及的管线迁改种类主要有给水管 DN600、给水管 DN400、雨水管 DN1000、排水管 DN400、军缆、中压燃气管、高压、弱电等,如图3.53所示。

2)应对措施

(1)详细阅读、熟悉掌握建(构)筑物和地下管线资料,在工程实施前与各管线产权单位沟通,进一步核实、搜集管线资料,准确详细记录原始状况。对地下管线采用人工挖槽刨验和仪器探测相结合的方法进行核对,做好记录。

(2)与管线和建(构)筑物的产权和管理单位联系,确定建(构)筑物和管线的施工管理标准,对需要改迁与拆除的建(构)筑物和管线进行改迁和拆除,对需要进行预加固的进行预加固,并设置预警范围。

(3)成立建(构)筑物和管线保护小组,施工时把现场建(构)筑物和地下管线的详细情况和保护方案向现场管理人员和作业人员进行层层安全交底,建立“建(构)筑物和管线保护责任制”,明确各级人员的责任。

(4)先核对施工范围内的管线,对既有管线采取保护和迁改施工后,再进行场地围蔽、临时工程等施工。

(5)加强对建(构)筑物和管线的监测,并将监测结果及时进行反馈,指导施工。根据监控量测的结果,必要时可进行二次补充注浆来有效抑制建筑物及管线变形。

(6)严格按照设计要求施作围护结构及钢管内支撑围护结构体系,深刻理解围护结构钢管内支撑的支护体系设计理念。重点注意围护结构的施工质量以及钢管内支撑轴力监测。同时减少地表附加荷载影响,确保支护体系的稳定和整体刚度。

(7)充分利用“时空效应”原理,优化基坑施工参数。基坑专项施工方案对开挖分步、分段尺寸、开挖时限、支撑时限、支撑预应力等各道工序制定定量的作业实施细则。

(8)对管线监测编制专项监测方案,设定合理的警戒值和报警值等预控指标,作为动态设计施工的依据,进行动态信息管理;将建筑物沉降、管线变形和围护桩、钢支撑的位移控制指标分解为各步序分控指标,步步满足预控数值;若有异常,则考虑制定增设支撑、减小分段长度、减小分层厚度、调整支撑预应力及对既有建筑物、市政管线采取注浆保护等措施,达到保证周边建筑物和市政管线正常安全使用的目的。

(9)建立预警机制,做好应急预案。制定详细的盾构施工掘进阶段的建(构)筑物和地下管线保护应急预案,并经常进行预演练,在发生异常情况时,立即启动应急预案,保护建(构)筑物和地下管线的安全。

2. 复杂环境下明挖车站的交通疏解(以地铁5号线边家村站为例)

1)工程概况

如图3.54所示,边家村站位于友谊西路与太白北路交汇处,站位跨路口设置,与7号线(远期)T形换乘,为地下二层岛式站台车站,车站总长222.4 m,标准段宽22.7 m,轨面埋深约15.15 m。车站设4个出入口、1个紧急疏散出入口、2组风亭。车站主体采用半盖挖法施工。

边家村站周边多为居住区,其西北为西安光学精密机械研究所住宅小区北院,西南为西安光学精密机械研究所住宅小区南院,东北为陕八建太白馨苑小区,东南为物探大厦、水文社区。十字路口设有环形过街天桥。友谊西路为双向8车道外加2条非机动车道,道路中间设有约2 m宽的绿化隔离带,规划道路宽60 m。太白北路为双向8车道,道路中间设有约2 m宽的绿化隔离带,规划道路宽50 m,现状道路宽30 m。此路口交通较为拥堵,车流量较大。

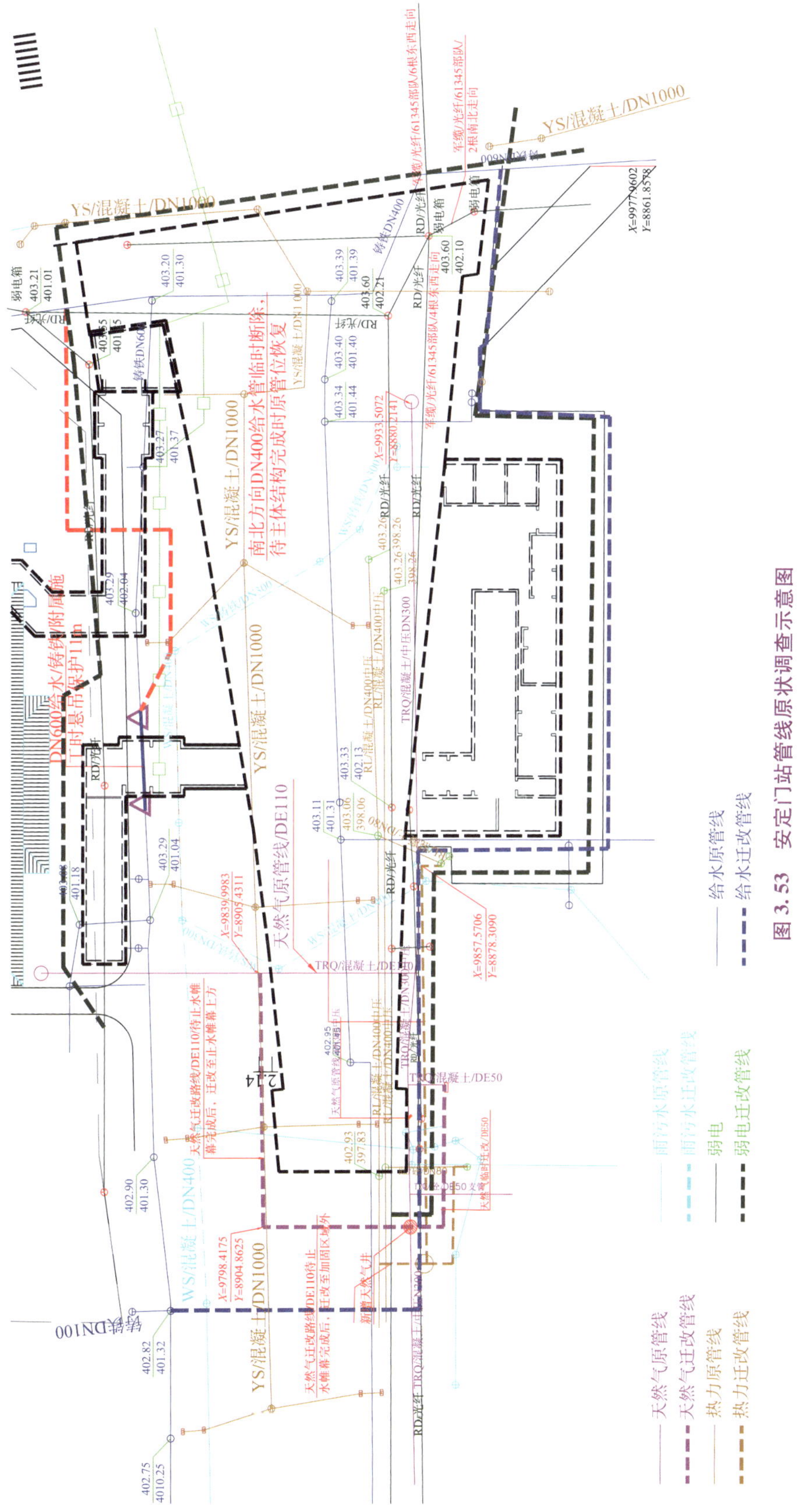

图 3.53　安定门站管线原状调查示意图

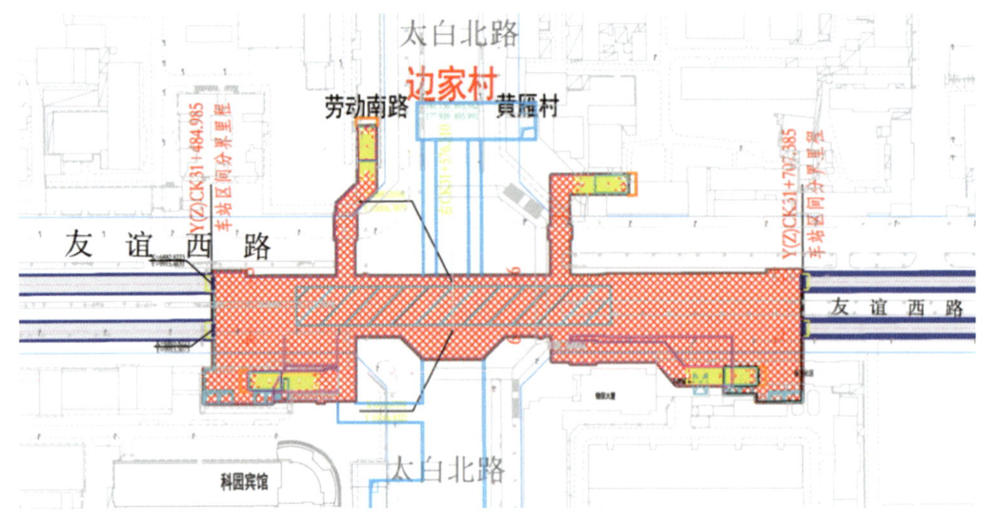

图 3.54　边家村站平面布置图

2)应对措施

(1)制定详尽的交通疏解方案

边家村站位于友谊西路和太白北路交叉口的南侧,车站沿东西向友谊西路的东西方向布置,友谊西路为双向 8 车道,车流量较大。根据车站特点和现状交通组织情况,在施工期间对该节点的交通分 6 个阶段进行疏解。

①一期施工主体与 7 号线换乘节点部分上方临时铺盖部分。围蔽友谊西路和太白北路交叉口部分道路作为施工场地,期间保证南北向太白北路双向 6 车道,对交通有一定的影响。一期围挡面积 803 m^2,围挡时间为 3.5 个月。

②二期施工主体北侧临时铺盖部分。拆除一期围挡后,围蔽友谊西路北侧部分道路作为施工场地,利用围挡南北侧路面以及绿化带作为临改路面,保证道路东西向 8 个机动车道加 2 个非机动车道,对友谊西路交通影响较小。二期围挡面积 5 553 m^2,围挡时间为 7 个月。

③三期施工主体部分。拆除二期围挡后,围蔽友谊西路南侧部分道路和绿化带作为施工场地,利用主体上方铺设的临时路面和施工围挡北侧路面及绿化带作为临改路面,保证道路东西向 8 个机动车道加 2 个非机动车道,对友谊西路交通影响较小。三期围挡面积 5 577 m^2,围挡时间为 19 个月。

④四期拆除主体北侧临时铺盖部分。拆除三期围挡后,围蔽友谊西路北侧部分道路作为施工场地,利用围挡南北侧路面以及绿化带作为临改路面,保证道路东西向 8 个机动车道加 2 个非机动车道,对友谊西路交通影响较小。四期围挡面积 5 553 m^2,围挡时间为 4 个月。

⑤五期拆除换乘节点临时铺盖部分。拆除四期围挡后,围蔽友谊西路和太白北路交叉口部分道路作为施工场地,期间保证南北向太白北路双向 6 车道,对交通有一定的影响。五期围挡面积 803 m^2,围挡时间为 1.5 个月。

⑥六期施工附属部分。拆除五期围挡后,围蔽友谊西路两侧人行道作为施工场地,主体结构上方路面已恢复,期间保证道路东西向 8 个机动车道加 2 个非机动车道,对友谊西路交通影响较小。六期围挡面积 6 163 m^2,围挡时间为 6 个月。

(2)保证实施效果的管理措施

①施工围挡严格按《西安市加强城市道路占道施工围挡管理工作的若干措施》及交管部门的相关要求执行。

②在办理占道行政许可前,必须制定施工交通疏导方案并报交警部门审核。工程进场前,通过电视、广播及报纸等媒体进行宣传,告示施工期间交通疏导方案。

③施工围挡内严禁设置办公场所、宿舍、食堂、停车场等设施,在确保安全的前提下,尽可能缩小围挡

面积,还路于民。

④严格控制加工区面积,在进场前测算材料加工堆积面积,加工区域按照 10 d 工作量计算占地面积;严格控制材料堆放时间,原则上除大型、运输困难的构件,其余施工材料堆放时间不得超过 10 d。

⑤各项前期准备工作必须准备充分,做到人员、材料、机械提前到位。开工后,按施工组织方案排列工序和时间,精心组织施工,尽快完工并及时恢复路面,保证行人、车辆的通行。

⑥在施工过程中,施工区域内各施工段,各交通节点设置交通维护岗位,按需要配置交通协管员,专人协助交警部门疏导及指挥交通,维护交通安全。完善各项配套措施,包括提示牌、施工标志以及夜间安全警示灯,采取科学的施工方式,最大限度地减少施工对交通的影响。

⑦根据交通组织方案在各阶段工程施工前做好临时道路及相关路口的道路区划以及交通标识、标牌和道路划线等工作。

⑧积极主动走访社区、单位和居民,做好解释与说明工作,取得他们对地铁工程建设的理解与支持,缓解社会矛盾,配合工程建设。

⑨科学布置施工场地,合理安排现场施工组织,加快工程施工进度,尽量缩短占道时间,以减少对社会交通的影响。

⑩由施工单位派专人负责现场施工场区门口、路口或主要交通部位的交通疏导以及对外的各种接口的协调工作,切实保证道路畅通。

⑪为保证道路畅通、方便周边居民出行,采用分阶段、分片区进行车站施工组织。边家村站及黄雁村站按分期围挡进行施工组织。

⑫合理安排施工场区内的交通组织,施工用的材料、大型机械设备及车辆的进出尽可能安排在夜间进行,尽量减少对社会交通的影响。

⑬密切配合交通疏解单位和交通管理部门,根据工程进展不断完善下阶段的交通组织方案。

3. 明挖车站水文地质及周边环境的复杂性(以地铁 6 号线钟楼站、交通大学·兴庆宫站为例)

1)工程概况

(1)钟楼站

地铁 6 号线钟楼站位于市中心钟楼盘道东侧,沿东大街东西向敷设,钟楼站主体西侧路口正中为国家重点文物保护单位钟楼,车站的西北象限为西安十大建筑之一,省重点文物保护单位钟楼邮局及省文物保护单位新华书店,东南、东北、西南象限为商业建筑。钟楼环岛下方围设有环形地下过街钟楼盘道,车站中心横跨东大街骡马市人行通道。钟楼站平面布置如图 3.55 所示。

车站地层从上至下依次为杂填土、新黄土、古土壤、老黄土、粉质黏土、中砂,车站基底主要坐落于粉质黏土层,连续墙墙趾进入中砂层。新黄土层土质较均匀,具湿陷性及高压缩性,遇水易软化,强度降低较快,易崩塌。地下水位稳定埋深为 9.30~10.00 m,新黄土被地下水分割为水上硬塑、水下软塑易坍塌两种状态。水下软塑状新黄土使连续墙槽壁坍塌,形成混凝土扰流病害。水上湿陷性新黄土在混凝土灌注过程中,受泥浆侵蚀软化崩塌,形成混凝土夹渣病害。连续墙单块重量大、施工场地小、湿陷性黄土遇水塌陷形成了施工难点。

(2)交通大学·兴庆宫站

地铁 6 号线交通大学·兴庆宫车站位于咸宁西路与兴庆路路口西侧,沿咸宁路东西向靠路北侧敷设,如图 3.56 所示。周边西南象限为西安交通大学教学区,临近西迁文物楼,东南、东北象限为高层老旧住宅,西北象限为兴庆公园,临近兴庆湖。

车站主体地质从上往下依次为杂填土、素填土、新黄土、饱和软黄土、古土壤、老黄土、粉质黏土,地下稳定水位埋深约 2.60~3.60 m,基坑开挖时水位降深约 17 m,且场地内存在 8~12 m 厚的饱和软黄土,属高压缩性土,呈流塑状,失水固结压缩变形较大,基坑降水时容易引起基坑周边地面沉降,基坑开挖时可能引起土体坍塌。

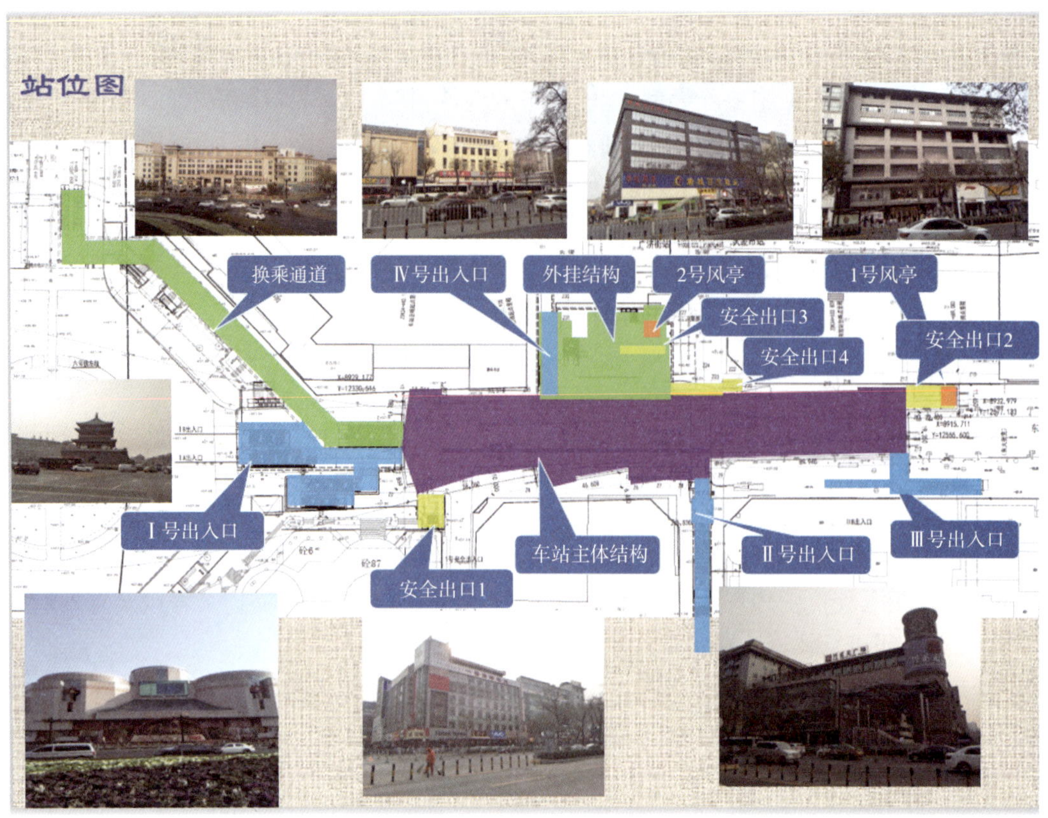

图 3.55　钟楼站平面布置图

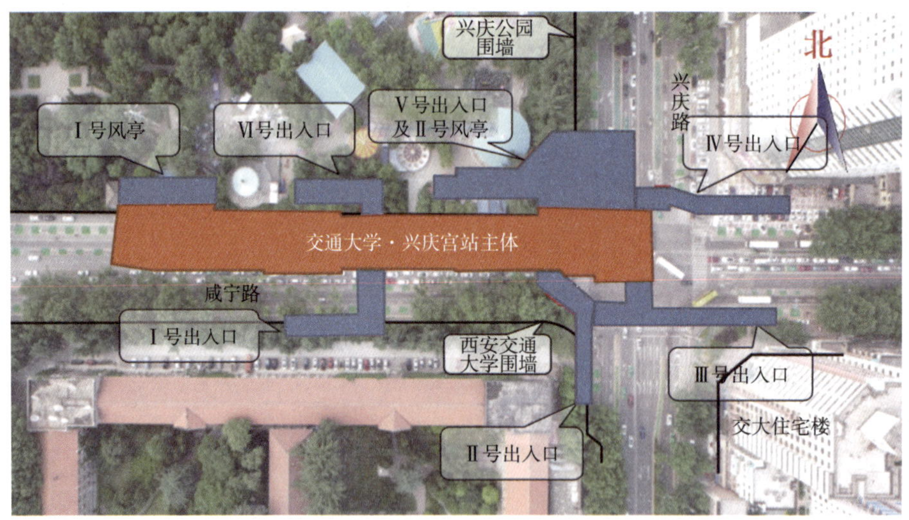

图 3.56　交通大学·兴庆宫站平面布置图

2)应对措施

(1)设计措施

①钟楼站

钟楼站为地铁 2、6 号线换乘车站,车站位于东大街与北大街交汇口处,为地下三层 T 形站台,车站主体全长约为 247.5 m,车站整体形状较为异形,基坑深约为 27.1~30.15 m,宽度约为 27.5~40.3 m。围护结构均采用 1 m 厚连续墙+内支撑,并结合坑内降水的联合支护方案。车站采用半盖挖法施工。

②交通大学·兴庆宫站

交通大学·兴庆宫站地质剖面如图 3.57 所示。车站主体基坑围护采用 ϕ1000 钻孔灌注桩+三道内支撑(第一道为混凝土支撑)+坑外 ϕ850@ 600 三轴搅拌桩止水的支护形式,止水帷幕顶部施作至冠梁顶标高处,底部入土深度控制为 31 m。

基坑降水设计:基坑内布置 39 口降水井,5 口观测井;基坑外布置 11 口观测井。成井深度约 31 m,降深约 19 m。

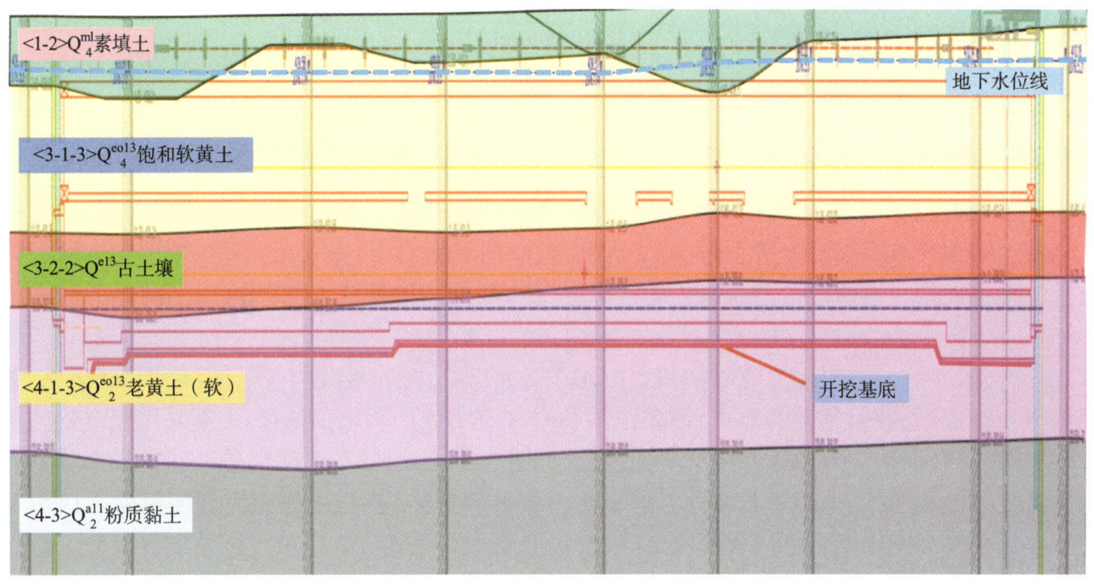

图 3.57　交通大学 · 兴庆宫站地质剖面图

(2)管理措施

基坑开挖及降水项目监测的主要目的是指导施工、确保施工安全,为施工参数的修正提供依据。因此,需要对施工的全程进行常规监测。监测的主要范围:施工结构物两侧各外延一倍基坑深度范围内的地下、地面建筑物、构筑物、管线、地面及道路。各项监测数据相互验证,确保监测结果的可靠性,为合理确定各项施工参数提供依据,达到反馈指导施工的目的,真正做到信息化施工。根据设计文件以及对施工现场进行的实地调研结果,监测主要有下述内容:

基坑降水时,为了保证车站降水施工期间周边建筑物及道路状态良好,不发生倾斜、坍塌等安全事故,项目部成立沉降监测组,由项目总工任组长,测量工程师为组员,严格落实降水设计方案及有关规范要求,在降水影响范围内布设沉降观测点,按照要求频次进行监测监控,重点建筑物加密监测点,加大监测频率。及时掌握降水情况,避免或降低降水引起的建筑物、构筑物等附加沉降,监测过程中及时向有关方提交监测成果资料。

小　　结

地铁明挖法施工技术目前是城市地铁施工技术的主流方式,具有简单、高效、经济的特性。但是随着城市的发展进程,明挖车站也面临着地下管网的影响,交通的复杂性也会造成施工周期的不稳定性。如何提前规划提前迁改,对施工周期的可控性至关重要。工期和投资建设成正比,提前控制管线迁改,科学组织交通导改对地铁投资建设至关重要,本小节通过对部分具有代表性的地铁车站的管线迁改和交通导改进行总结,可为后期复杂条件下的明挖车站建设提供借鉴。

3.10　半铺盖法施工技术

3.10.1　概　　述

随着西安城市轨道交通高强度建设、网络化运营进入新阶段,布设于城市繁华复杂地段的地铁车站越来越多,既满足地铁施工要求又要保证交通通行的矛盾也愈来愈突出,半铺盖法作为解决这一矛盾的手段之一,在西安科技大学站、和平门站、五路口站、边家村站、黄雁村站、南稍门站、太乙路站等车站都有所采用。

半铺盖法是盖挖法中的一种,与全盖挖法、浅埋暗挖法相比其最大优点是造价低、施工速度相对较快;与明挖法相比其最大优点是减少了对周围环境的影响,社会效应明显。半盖挖法的缺点是施工周期较长,施工围挡需分多期施工,管线改迁、回迁阶段多周期长。

3.10.2 铺盖系统的选择

铺盖系统按照敷设材料类型主要分为混凝土铺盖、型钢铺盖。目前地铁车站采用的铺盖系统一般是型钢铺盖,而型钢铺盖中的军便梁铺盖使用最为广泛,其特点是费用相对较低、可循环利用、施工简便进度快。混凝土铺盖相对型钢铺盖费用高、施工进度慢、后期破除困难,一般在局部小范围内或地面荷载有特殊要求情况下使用。地铁车站铺盖系统的选用主要从围护结构形式、工程造价、工期等方面进行综合考虑。

以边家村站为例,该站位于友谊西路和太白北路交叉口处,是5号线与7号线(远期)换乘站,采用现浇钢筋混凝土铺盖+军便梁铺盖的形式,铺盖范围如图3.58所示。车站两端扩大端采用现浇钢筋混凝土铺盖,车站标准段及换乘节点部分采用军便梁铺盖,如图3.59所示。军便梁铺盖因其支承形式不同分为高支点与低支点两种形式,选用时需综合考虑车站顶板及围护结构形式、地表高程等因素。因边家村十字原地表路面中间高四周低,在边家村站标准段选用低支点军便梁(图3.60),换乘节点部分采用高支点军便梁(图3.61);另两端选用混凝土铺盖的原因主要是扩大端的围护结构冠梁内有斜向混凝土支撑,低支点军便梁无法架设,而架设高支点军便梁其地面标高将会与原路面造成较大高差,所以在这两处局部位置采用了现浇钢筋混凝土铺盖。

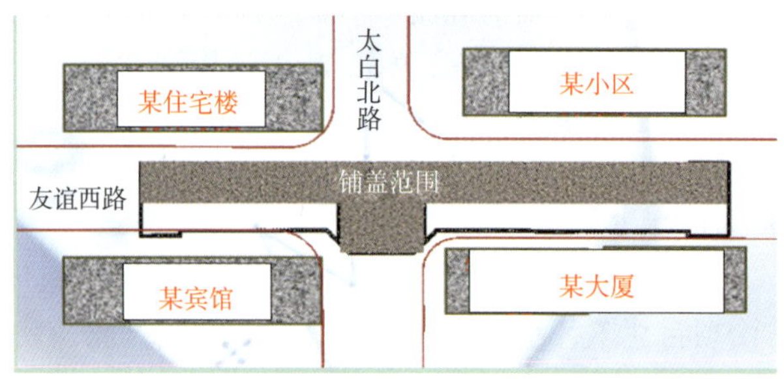

图3.58 边家村站铺盖范围示意图

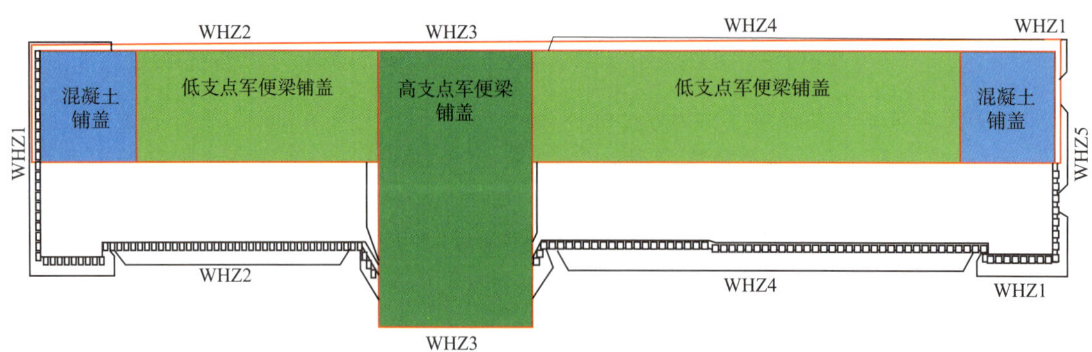

图3.59 边家村车站铺盖结构平面图

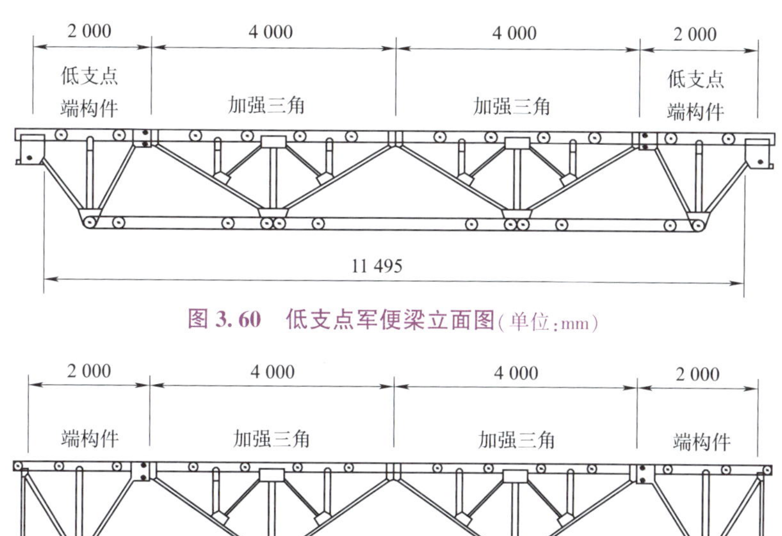

图 3.60 低支点军便梁立面图(单位:mm)

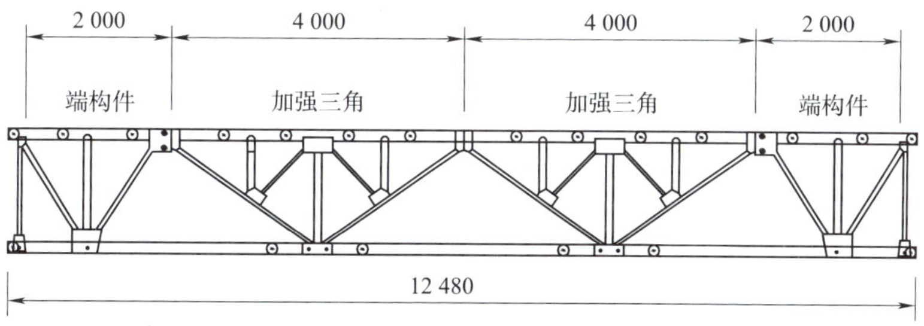

图 3.61 高支点军便梁立面图(单位:mm)

3.10.3 关键技术

1. 铺盖系统标高控制

整个铺盖系统施工过程中为保证周边道路畅通及四个方位的道路交通平直顺接,铺盖系统的标高控制是极其关键的一环,主要从以下两个阶段进行控制:

1)设计阶段控制

初步设计出图前,由第三方测量单位对该区段的地形标高进行准确测量,结合周边的环境现状,设计根据实测场地标高进行铺盖系统的选型及结构标高的设定,确保两者结合平顺对接。

2)施工阶段控制

要确保铺盖系统与周边道路顺接的关键是铺盖系统的标高控制,具体技术控制措施如下:

(1)通过第三方测量给定的标高控制点对整个铺盖范围进行加密,同时对原地面进行高程测量,形成详细的地表高程资料,确定整个铺盖系统成型后的具体标高控制数值。

(2)作为铺盖系统基础部分的是车站围护桩顶冠梁及连接临时立柱的中连梁,同时也是控制铺盖系统高程的关键,冠梁及中连梁施工过程中顶面标高应严格控制,在每一段冠梁及中连梁施工前须复核梁底标高,浇筑完成后立刻复核梁顶面混凝土的施工误差,及时修面整平,确保满足预定标高。

(3)铺盖系统中的军便梁及混凝土盖板铺设完成后,盖板上方的路面系统,就是调节标高的最后一步,在施工路面系统前必须对水稳层和沥青路面厚度进行控制,提前规划好各路面层的标高,过程中严格控制实施,收面整平前再次核对标高,确保顺接效果。

2. 管线改迁统筹规划

半铺盖法施工中,管线改迁是较为困难的一项工作,与明挖法、全盖挖法不同,半盖挖法施工因场地受限,从前期施工到边围挡,再到分幅回填等贯穿施工的全过程,管线无法一次性进行改迁,为了尽量减小管线改迁对施工的影响,须将管线改迁工作纳入施工总体筹划,宜从以下几个方面对管线改迁统筹规划:

(1)管线改迁工作分多期施工,充分考虑永临结合实施管线改迁,明确总体改迁方案,积极配合产权单位进行改迁工作。

(2)树立管线先行的理念,在施工围挡方案中充分考虑每个阶段的管线改迁工作,包括所需的劳动力、设备及场地等,同时考虑围挡转换时管线改迁工作的衔接,预留转换接头处的改迁。

(3)管线改迁工作中对改迁前、改迁后的管线保护、定位工作须严格落实。现场所有管线应做好明显标识,特别是高压线、带压管道等重要管线要特别详细标识,除现场标识外,还必须进行测量定位,绘制实际管线图,对所有施工人员进行安全技术交底。

3. 半铺盖法基坑开挖

半铺盖基坑虽然属于明挖基坑的一种,但受铺盖及场地因素影响,其开挖很难采用全明挖基坑常用的放坡开挖,而半盖挖车站常用的一种开挖形式是台阶法开挖,基坑开挖过程中要着重关注铺盖系统临时立柱和钢支撑中间格构柱的保护。

以边家村站为例,换乘节点铺盖将车站从长度方向一分为二,其两侧基坑长度不满足放坡开挖需求,车站两端兼顾盾构始发及接收工作,放坡开挖无法满足工期需求,采取了从中间向两侧分台阶的开挖方式,采用多台挖机自下而上进行接力,对渣土进行开挖,如图 3.62 所示;另外,基坑开挖过程中钢围檩、钢支撑架设采用人工配合吊车+叉车进行安装,铺盖内支撑端采用叉车进行抬升,明挖端采用吊车配合抬升支撑。

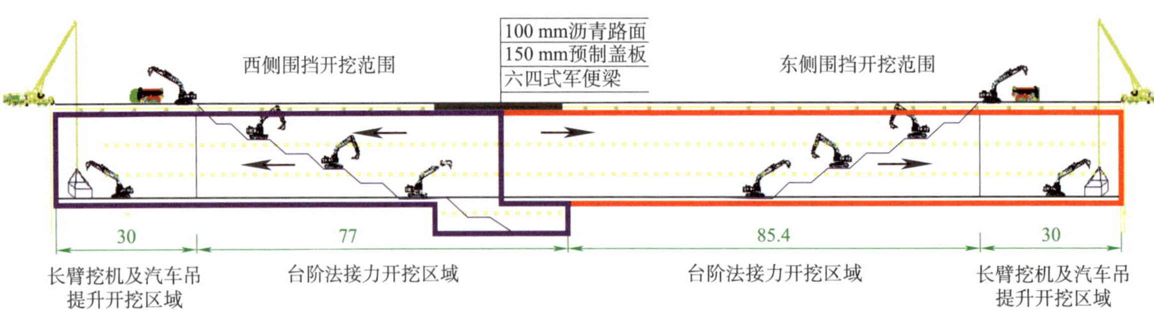

图 3.62 边家村站土方开挖剖面图(单位:m)

基坑开挖步骤如图 3.63 所示,具体如下:

第一步:路面切槽,放坡开挖施作混凝土支撑。

第二步:分层分段开挖至第二道钢支撑中心下 1 m,并架设钢支撑。

第三步:分层分段开挖至第三道钢支撑中心下 50 cm,架设钢支撑并至基坑坑底标高上 30 cm 处。

第四步:分层分段开挖至第四道钢支撑中心下 50 cm,架设钢支撑并至基坑坑底标高上 30 cm 处。

第五步:东、西两侧开挖至端头井,当普通挖掘机无法开挖土方时采用长臂挖机进行开挖。

第六步:当长臂挖机无法开挖时,采用 60 小挖掘机配合吊车出土开挖至基底上 30 cm 后人工开挖至设计标高。

4. 半铺盖法结构混凝土浇筑

半铺盖法施工中,混凝土浇筑环节因受铺盖与结构之间净空影响,施工方法也会随之进行调整,通常需要多种浇筑形式相结合,半盖挖顺作法开挖完成后依次施工结构底板、中板(含侧墙)、顶板(含侧墙)。浇筑的方式:

(1)施工结构底板时直接可采用混凝土泵车进行浇筑。

(2)施工结构中板及侧墙时,混凝土泵车浇筑明挖部分即一半的结构,而另一半铺盖内的结构为保证对称浇筑,采用混凝土地泵安装泵管进行浇筑。

(3)施工结构顶板及侧墙时,因为铺盖内空间特别狭小,除了采用混凝土泵车浇筑外,在局部空间特别狭小的部位,一般在其对应的铺盖上方进行开孔,通过孔道将混凝土灌入铺盖内的顶板结构。

5. 临时立柱施工关键技术

临时立柱是半铺盖法施工中特有的围护结构,用来支撑车站中连梁,是整个铺盖系统的承重基础之一,所以在整个车站施工过程中临时立柱都一直存在,包括主体结构的底板、中板及顶板都必须在临时立柱的位置进行预留后浇。

临时立柱作为支撑半铺盖系统的基础,在主体结构施工完成之前都不能破除,所以结构施工过程必须在车站底板、顶板临时立柱处设置后浇带,也对此处后浇带的防水进行了针对性的设计(图 3.64)。施工过程中的防水措施如下:

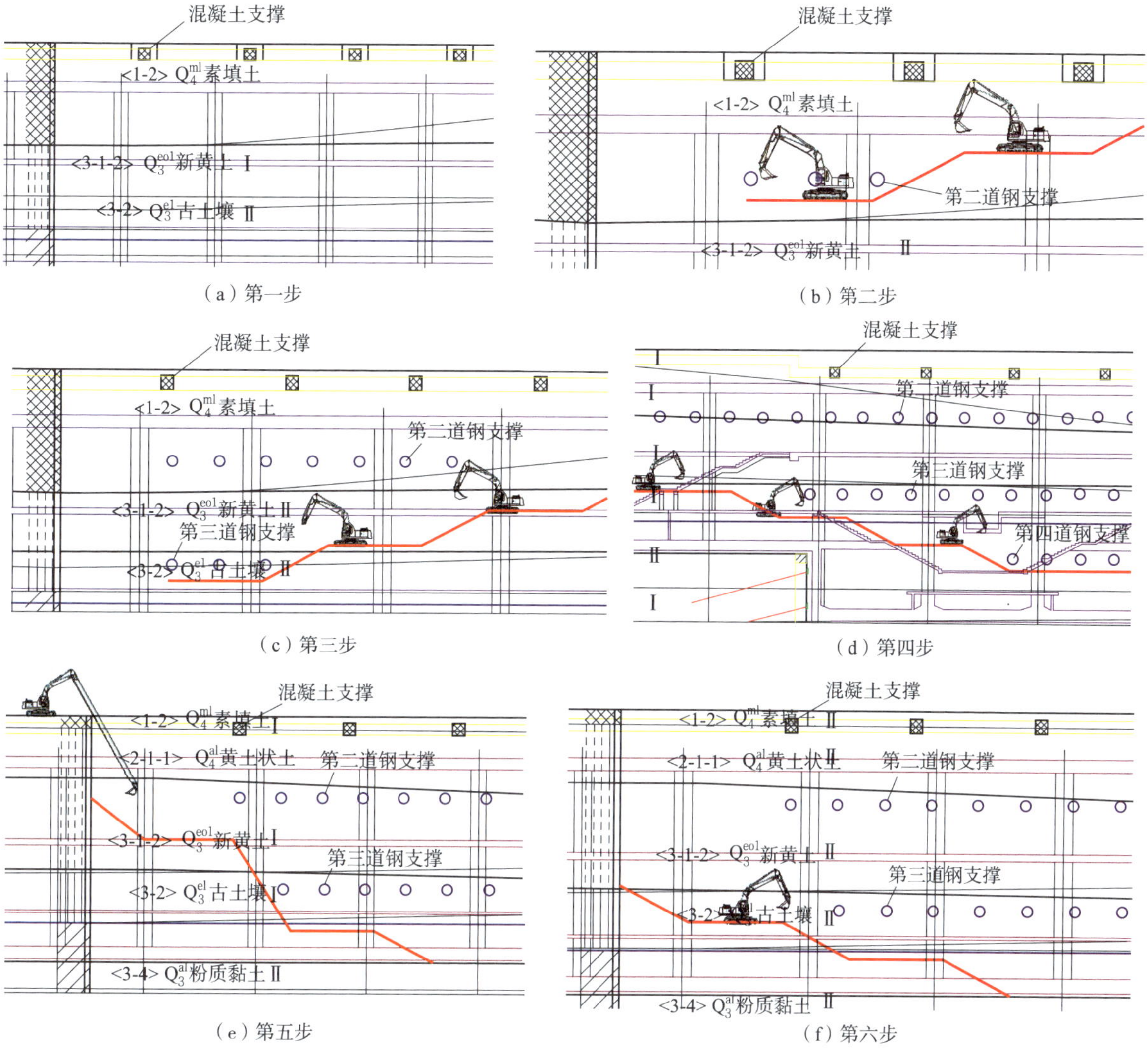

（a）第一步　　（b）第二步

（c）第三步　　（d）第四步

（e）第五步　　（f）第六步

图 3.63　基坑开挖步骤

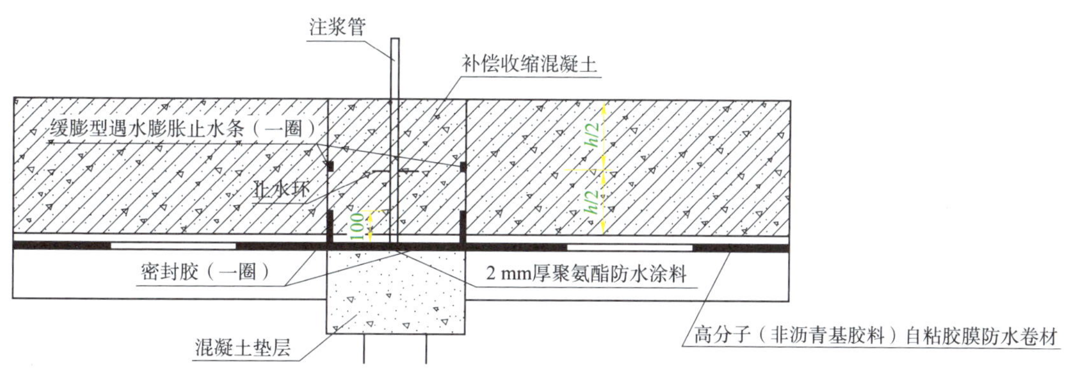

图 3.64　底板后浇孔防水处理(单位:mm)

(1)所有临时立柱处后浇带需在此处的钢筋连接前,环绕预留口中部混凝土一圈埋设缓膨型遇水膨胀止水条,并保证搭接长度不小于 10 cm。

(2)后浇带需采用比结构高一个等级的补偿收缩混凝土进行浇筑,在混凝土浇筑前,均需埋设注浆管,并在注浆管中部设置止水环,混凝土浇筑完成并养护 7 d 后进行注浆填充。

(3)所有后浇部位的注浆管注浆完成后应及时封堵并处理注浆管外露,特别是顶板注浆管应及时切除以免影响顶板防水层的施工。

临时立柱作为半铺盖系统的基础部分,同时是铺盖系统拆除及结构最终封闭的前置条件,但拆除临时立柱是一个难点。按照临时立柱的自重、长度及车站内条件,临时立柱不具备整体吊出的条件,但采用人工破除工效太低;现场可采用绳锯配合小型破碎锤的方式进行破除,凡是涉及与车站结构相交的柱体全部采用绳锯切割,临空部分采用破碎锤破除,最后将残渣运出,可大大提高工效。破除步骤如下:

第一步:从顶部采用绳锯将临时立柱与中连梁进行分离,采用人工先破除顶板厚度范围内的柱体混凝土。

第二步:在中板采用破碎锤由上而下进行破除,破除至中板位置时再采用人工破除中板厚度范围内的柱体混凝土。(使用人工破除的部分是防止机械损坏结构)

第三步:在底板采用破碎锤由上而下进行破除,破除至底板位置时再采用人工破除底板厚度范围内的柱体混凝土。

第四步:过程中将破除的混凝土碎渣及钢筋及时运出车站。

3.10.4 实施效果

半盖挖法技术在地铁车站施工中实践,施工过程中无需中断城市主干道,保障了主干道的交通通行,相比全明挖车站施工周期长6~8个月,工程造价提高,管线改迁困难,半盖挖法施工不宜广泛应用,但在环境要求较为严苛地段具有其独有的优势;同时在切断人行通道、交通主干道转角处施工采用局部临时铺盖系统对整个车站的实施可起到良好的效果。西安轨道交通车站采用半铺盖法的成功实例总结,也可为后续类似工程提供借鉴。

1)半铺盖施工保障了城市主干道的交通通行

在城市交通拥堵地段,在交通导行要求较高的情况下,半盖挖法无疑是最优的选择,其不用中断交通、保障城市主干道通行的优势有效地减小了对交通等环境影响,社会效益显著。

2)铺盖系统与周边环境的顺接

铺盖系统是否成功,最重要的一个因素是成型后的铺盖系统与周边环境的顺接,直接影响交通导行的质量。多个建设实例表明,只要从设计、施工两方面共同控制,能有效地解决这一问题。

3)半铺盖条件下施工方法选用

大多半铺盖车站施工场地都十分狭小,给施工带来了诸多不便,而根据基坑形式、外部环境合理选用施工方法及设备是施工成功的关键之一,例如开挖过程中的台阶法开挖、小型叉车配钢支撑安装等都在有限的环境条件下提高了施工工效。

4)后浇孔洞的施工处理

半铺盖法车站因其施工工法和施工条件的特性,结构施工中会设置一些后浇孔洞,如各层结构板上的临时立柱后浇孔、材料吊装孔、混凝土输送管道后浇孔等,而这些后浇孔洞在后期封堵完成后,也是易造成施工通病的多发部位,在安装装修施工前需针对这些薄弱环节反复注浆处理。

3.11 盾构端头及联络通道加固的施工技术(包括冷冻法)

3.11.1 概　　述

结合西安地区特殊的地质条件,主要从加固方式选取、工艺方法、技术控制要点、质量加强措施等方面进行分析,对盾构端头及联络通道(旁通道、泵房)地层使用旋喷桩、冻结法预加固技术的应用进行总结,做到因地制宜、就地取材、经济适用、确保质量,供类似工程借鉴或参考。

盾构端头(始发、接收)及联络通道(旁通道、泵房)加固方式的选择,应综合考虑以下因素:(1)加固区域工程地质、水文地质条件;(2)加固深度;(3)施工场地条件;(4)盾构类型及外形尺寸;(5)工程自身风险和周边环境风险;(6)经济指标、环保性能和施工工期;(7)西安地区地质、水文和既有工程经验。

盾构端头（始发、接收）及联络通道（旁通道、泵房）加固方式及适用条件见表 3.22。

表 3.22　盾构端头（始发、接收）及联络通道加固方式及适用条件对比表

<table>
<tr><td rowspan="2" colspan="2">加固方式</td><td colspan="3">适　用　条　件</td></tr>
<tr><td>水文地质条件、加固深度、施工场地条件</td><td colspan="2">备　注</td></tr>
<tr><td colspan="2">不加固</td><td>适用于地下水位较低或降水后地层稳定性好，破除洞门后掌子面土体能够保持稳定，且降水对周边环境影响较小、周边无重要建（构）筑物和管线</td><td colspan="2"></td></tr>
<tr><td rowspan="2" colspan="2">素混凝土桩（墙）</td><td rowspan="2">适用于地下水位较低或可降水的场地，地层稳定性较好，但施工场地狭小、建（构）筑物和地下管线较多、地面交通繁忙的区域。当洞门范围有砂层或其他不稳定地层时不适用</td><td>单排</td><td>两层站</td></tr>
<tr><td>单排或双排</td><td>三层站</td></tr>
<tr><td rowspan="4" colspan="2">旋喷桩</td><td rowspan="4">适用于素填土、新黄土、古土壤、老黄土、粉质黏土、砂层等地层，加固施工场地条件较好。当土中含有较多的大粒径块石、大量植物根茎或有较高的有机质时，以及地下水流速过大的工程，应根据现场试验结果确定其适应性。对水泥有严重腐蚀的地层，不宜采用旋喷桩注浆加固法</td><td rowspan="2">双重管</td><td>黄土加固深度≤20 m</td></tr>
<tr><td>砂土加固深度≤15 m</td></tr>
<tr><td rowspan="2">三重管</td><td>黄土加固深度 20～25 m</td></tr>
<tr><td>砂土加固深度 15～20 m</td></tr>
<tr><td rowspan="3" colspan="2">注浆法</td><td rowspan="3">适用于素填土、新黄土、古土壤、老黄土、粉质黏土、砂层等地层，通过填充、压密、劈裂等方式形成增强体。当土中含有较多的大粒径块石、大量植物根茎或有较高的有机质时，以及地下水流速过大和已涌水的工程，应根据现场试验结果确定其适应性。当盾构始发、接收端头位于地面交通繁忙、地下管线密集、周边环境复杂的城市主干道、城市快速路等地面实施条件受限、加固深度大于 25 m 时，采用地面加固效果不易保证</td><td>水泥浆</td><td>无水或可降水</td></tr>
<tr><td>水泥、水玻璃双液浆</td><td>降水困难或降水对周边环境影响较大时</td></tr>
<tr><td>WSS 注浆</td><td>注浆难度大，且降水对周边影响较大</td></tr>
<tr><td colspan="2">搅拌桩</td><td>适用于素填土、软—可塑黏性土、松散—中密粉细砂、稍密—中密粉土、松散—稍密中粗砂和砾砂、新黄土等土层。不适用于含大孤石或障碍物较多且不易清除的杂填土、硬塑及坚硬的黏性土、密实的砂类土以及地下水渗流影响成桩质量的土层</td><td>双轴或三轴搅拌</td><td>临近既有线等旋喷或注浆压力对既有结构影响较大时</td></tr>
<tr><td colspan="2">冻结法</td><td>适用于各类富水砂层、砂砾层，但周边环境不允许降水，或根据西安地区的工程实践经验，常规的盾构始发、接收端头加固方法达不到设计要求时；对于动水层，质量不易保证，且需考虑冻土产生的冻胀和融沉效应对地面沉降和周边建（构）筑物影响</td><td></td><td></td></tr>
<tr><td rowspan="2">辅助措施</td><td>管棚</td><td>如线路穿越浐河、灞河等河流阶地段富水砂卵石地层，砂卵石地层结构松散、无胶结，呈大小不等的颗粒状，稳定性差，特别是盾构刀盘旋转切削时，地层受扰动后非常容易坍塌，进而造成较大的地面沉降，严重时对周边建（构）筑物、地下管线、道路等造成不利影响时宜采用管棚辅助措施</td><td></td><td></td></tr>
<tr><td>玻璃纤维筋</td><td>宜在盾构切削范围的车站、盾构井围护桩及浅埋暗挖法隧道内堵墙内采用</td><td></td><td></td></tr>
</table>

注：1. 参考《城市轨道交通盾构始发、接收端头及联络通道加固技术规范》（DB6101/T 3067—2019）。
2. 端头加固可根据周边环境、工程水文地质条件等选择上述一种或多种加固方式组合的加固形式。
3. 加固方案需考虑临近车站或区间止水加固措施，有条件的优先选用相同方案，并同期实施。

3.11.2　富水砂层盾构端头及联络通道旋喷柱加固施工技术

1. 工程概况

地铁 14 号线尚贤路站—学府路站盾构区间，隧道端头埋深约 10.3 m，主要位于<2-5-3>中砂地层中，水位位于隧道顶以下约 1.2 m 位置，属于富水砂层，设计采用地面 A800@600 双重管旋喷加固，加固平面范围为盾构隧道结构上下两侧各 3 m、沿线路方向 8 m 范围（平面加固范围为 8 m×22 m），旋喷桩深度 19.27 m；区间联络通道设计采用地面三重管旋喷桩加固，加固范围长×宽×高为 14.7 m×9.8 m×11.07 m，旋喷桩深度 23.38 m。

盾构端头加固区地层主要由第四纪人工填土，全新统冲积粉质黏土、中砂，上更新统冲积粉质黏土、中砂组成。加固地层自地面向下依次为：<1-2>素填土（厚度 2.4 m），<2-5-2>中砂（厚度 2.6 m），<2-5-3>中砂（厚度 22.5 m），加固范围主要位于<2-5-3>中砂地层中，如图 3.65 和图 3.66 所示。

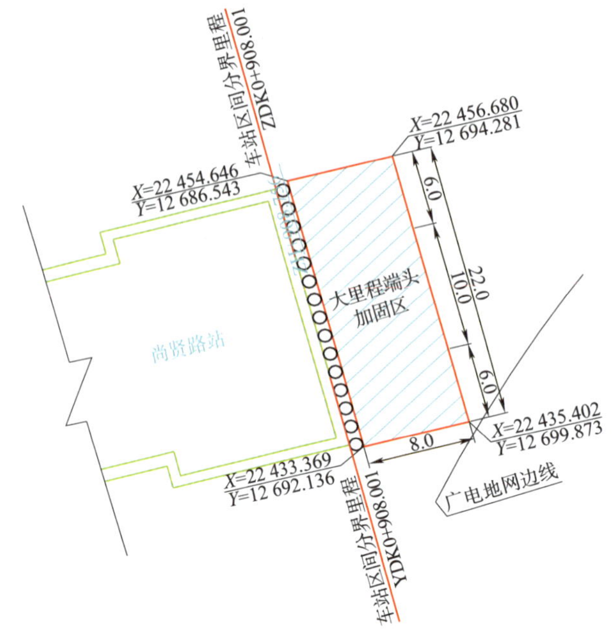

图 3.65　尚贤路站—学府路站区间盾构端头加固平面图（单位：m）

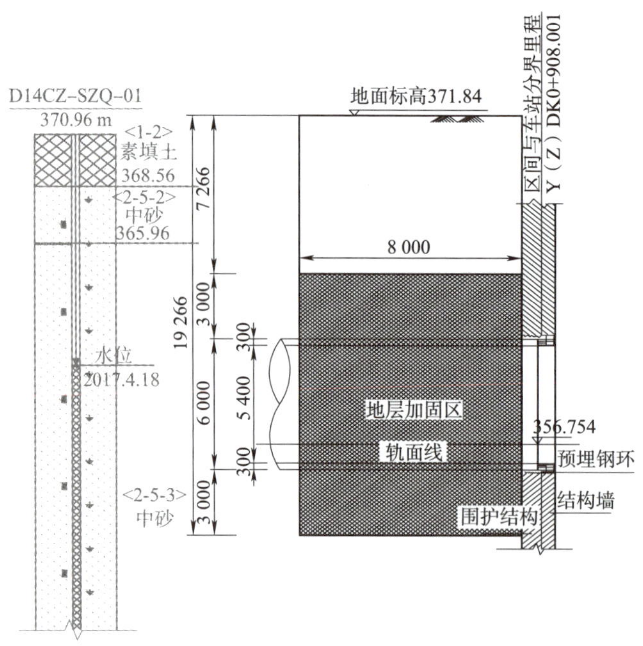

图 3.66　尚贤路站—学府路站区间盾构端头加固剖面图（单位：mm）

联络通道加固地层自地面向下依次为：<1-1>杂填土（厚度 2.4 m），<2-1-2>黄土软土（厚度 2.4 m），<2-4-1-3>粉砂（厚度 1.2 m），<2-5-3>中砂（厚度 24.7 m）。加固范围主要位于<2-5-3>中砂地层中。尚贤路站—学府路站区间 4 号联络通道加固如图 3.67 所示。

2. 水文地质

初勘期间（2017.3～2017.5）场地地下水稳定水位埋深 9.80～10.60 m，地下水位高程 360.15～360.44 m；详勘期间（2017.11）场地地下水稳定水位埋深 12.00～13.50 m，地下水位高程 358.06～359.06 m；区间联络通道地下水位均在隧道顶 0～8.5 m。地下水属第四系松散层孔隙潜水。

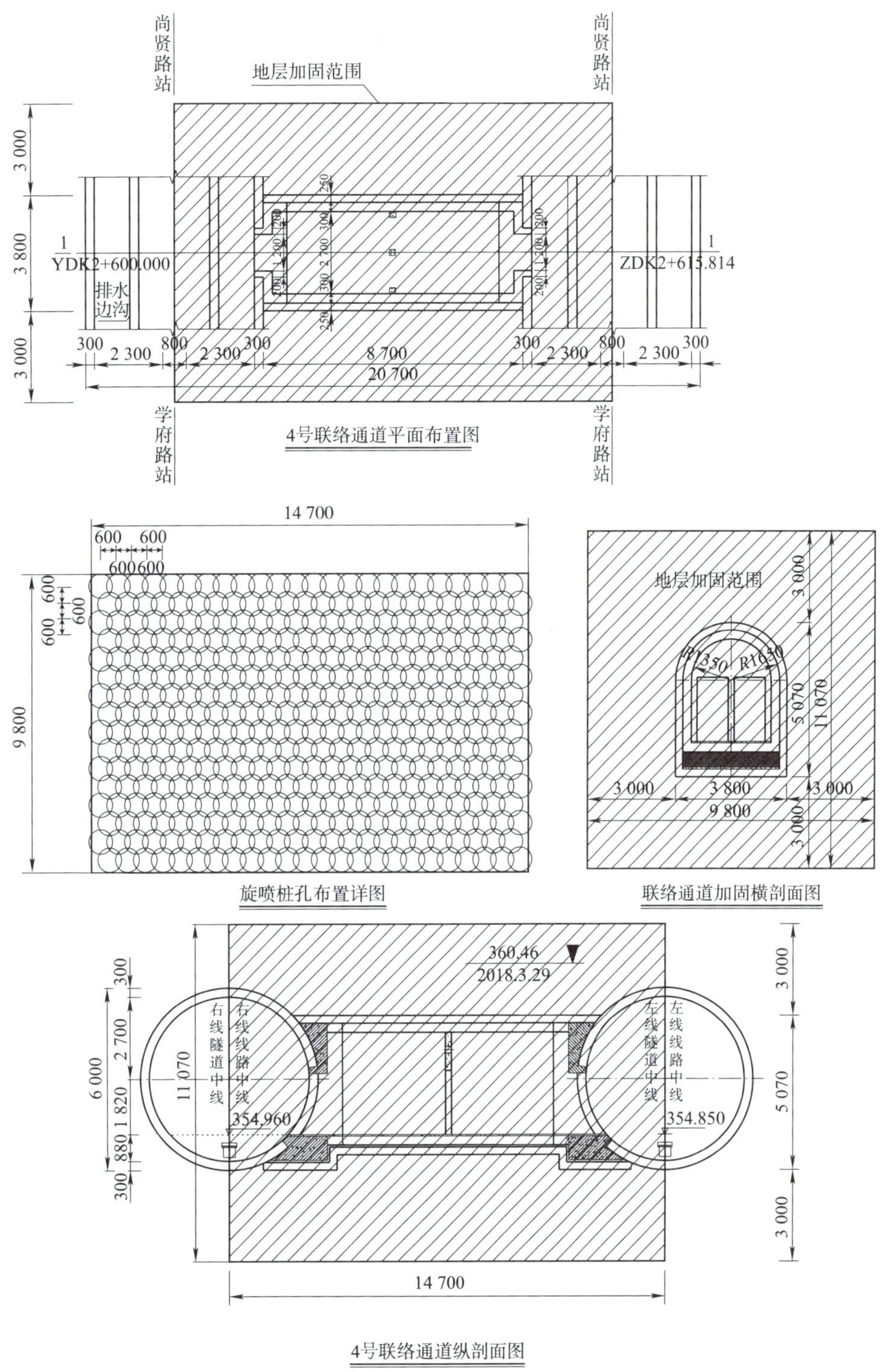

图 3.67　尚贤路站—学府路站区间 4 号联络通道加固图(单位:mm)

3. 关键技术措施

1)旋喷桩关键技术控制要点

(1)富水砂层中水泥用量控制

在喷浆提升过程中,控制水泥用量是关键,水泥用量与喷浆压力、喷嘴直径、提升速度及水灰比等有直接关系,具体控制方法为:在富水砂层中,增加喷浆压力,加大喷嘴直径,减慢提升速度并进行多次旋喷,必要时在水泥中掺加速凝剂,确保桩体能够及时固结,防止水压将水泥浆稀释失效。

(2)冒浆的技术处理

在旋喷过程中,往往有一定数量的土颗粒随着一部分浆液沿着注浆管管壁冒出地面,通过对冒浆的观察,可以及时了解土层状况,判断旋喷的大致效果和断定参数合理性等。根据经验,通常有10%~25%的返浆量,控制冒浆(内有土粒、水及浆液)量小于注浆量的20%为正常现象,超过20%或完全不冒浆时,应查明原因及时采取如下措施:

①流量不变而压力突然下降时,应检查部位的泄漏情况,必要时拔出注浆管,检查其密封性能。

②出现不冒浆或断续冒浆时,或系土质松软则视为正常现象,可适当进行复喷;如系附近有空洞、暗道,则不提升注浆管,继续注浆直至冒浆为止,或拔出注浆管待浆液凝固后,重新注浆直至冒浆为止,必要时采用速凝浆液,便于浆液在注浆管附近一定土层范围内凝固;另外还可在空隙地段增大注浆量,填满空隙后继续正常旋喷。

③减少冒浆的措施

冒浆量过大的主要原因一般是有效喷射范围与注浆不相适应,注浆量大大超过旋喷固结所需的浆量。减少冒浆的措施有提高旋喷压力、适当缩小喷嘴孔径、加快提升旋喷速度三种。

旋喷时,要做好压力、流量、冒浆量的量测工作,钻杆的旋喷和提升必须连续不断。当拆卸钻杆继续旋喷时,要注意保持钻杆有0.5 m的搭接长度,不得使喷射固结体脱节。

2)防止旋喷桩成孔过程串孔措施

(1)在施工过程中,各机组采取跳打的方法。

(2)在高压缩土层适当减小喷浆压力。

(3)加快提升速度和旋转速度。

4. 加强质量的技术措施

高压旋喷注浆加固地层,属隐蔽工程,虽在施工时不能直接观察它的质量,但可通过施工过程中的各工序操作、工艺参数和浆液浓度等因素的实施情况和地层反应(冒浆量大小和冒浆浓度,冒浆的通道位置,土体开裂状态)来控制高压旋喷注浆的质量。其质量检查标准及方法见表3.23。

表3.23 质量检查标准及方法

序号	项目名称	技术标准	检查方法
1	钻孔垂直度允许偏差	±0.5%	实测或经纬仪测钻杆
2	桩体间距	±100 mm	钢尺丈量
3	钻孔位置允许偏差	±20 mm	尺量
4	成桩长度	不小于设计值	尺量或取芯检查
5	桩体直径允许偏差	±20 mm	开挖后尺量
6	无侧限抗压强度(28 d)	≥2.5 MPa	试验检验

1)确保桩位准确性

桩位由专业技术人员进行放样,并经监理人员复验合格;施工时,钻机就位必须在定位员的指挥下准确对准桩位,由质检员复核,监理工程师认可后,钻机方可开钻;施工完毕,及时做好施工记录,并在施工图上做标记。

2)确保桩身垂直度

钻机开钻前必须调平,以机架两边所吊线锤平行机架为准;钻进过程中,若因故钻机下陷倾斜,需及时调整。

3)确保桩顶标高

各桩位点放出后,按施工现场平整度划分若干个区,每个区用水准仪准确测出标高,算出其钻孔深度和空喷深度;每次开钻前,应将深度盘指针对零,确保钻深准确性;钻头离桩端1 m时,提前喷浆,防止桩底部因送浆距离较远不能准确到达而缩短桩长。

4)提高桩顶强度

对桩头进行复喷,自桩顶向上超喷不小于1倍的桩径。

5)确保喷射注浆效果

浆液在喷射前进行二次过滤,成桩过程中因故停止,应将注浆管下沉至停浆点以下0.5 m处,待恢复供浆时再喷浆提升;若停机超过3 h,应拆卸输浆管路,清洗干净,在原桩位旁边补桩。严格控制喷浆提升速度,若喷浆过程中出口压力骤然上升或下降,出现大量冒浆、串浆等异常情况时,应及时提钻出地表排除故障,复喷接桩时应加深0.5 m重复喷射接桩,防止出现断桩。

旋喷注浆后,水分很快向桩体的底部和四周渗透,水泥土浆靠自重作用不断下沉,因此在水泥土浆终凝前要及时补充浆液,直至填满。

5. 双重管与三重管的经济性及适应性比较

1)经济效益比较

经过成本分析,尚贤路站大里程端头采用双重管旋喷加固,相较于三重管加固使用的设备简单且投入少,旋喷桩固结强度满足要求,加固效果好。在洞门破除时减少了洞门掌子面及拱顶土方坍塌,节省了对前方掌子面进行临时喷锚混凝土用量、产生拱顶坍塌的混凝土回填量及拱顶二次注浆加固量。

2)工期、工效比较

尚贤路站大里程端头采用双重管旋喷桩地面加固,地面加固不受车站施工工期影响,可以提前进行地面加固,加固过程中可以和车站的围护桩同时施工,大大缩短了施工工期,较洞内加固方式可以使盾构提前1个月始发。

该施工技术主要用于明挖车站端头盾构始发及接收加固以及区间联络通道加固,该技术管理方便,施工时无振动,污染较小,可在密集的建筑群中施工,而且料源广阔,价格低廉,在工期上有一定的优势,具有很高的经济效益。

3)适应性比较

结合旋喷桩工法在富水砂层中的应用,加固效果和经验表明:双管旋喷成桩直径0.6~0.8 m,适用于中密砂层,水泥用量一般小于300 kg/m,施工速度一般在10~20 cm/min之间;三管旋喷成桩直径1.0~1.2 m,适用于砂层、圆砾地层,水泥用量一般小于400 kg/m,施工速度一般在10~20 cm/min之间;双重管工法加固最优深度小于15 m可采用;三重管工法加固最优深度在20 m以内或富水砂层中可采用;同时富水砂层中双重管试桩效果差时,建议采用三重管加固。

6. 工程实施效果对比分析

该技术用于地铁14号线尚贤路站东端头及尚贤路站—学府路站区间联络通道加固,深度范围为盾构隧道结构上、下各3 m,孔径为800 mm,间距为600 mm。加固地层范围主要位于<2-5-3>富水中砂地层。

1)施工参数

(1)根据西安轨道交通类似地层施工经验,该地层水泥掺量为土体密度的15%~20%,密度为1.98 g/cm^3,每立方米加固体用量约300~400 kg,每米旋喷桩用量150~200 kg,试桩时根据喷浆量进一步验证水泥用量。试桩数量为4根,施工具体参数见表3.24,具体位置结合现场实际情况与监理共同确定,施工过程中做好记录。

表3.24 旋喷桩施工具体参数参考表

桩号	配合比	提升速度(cm/min)	注浆压力(MPa)	旋转速度(r/min)
91号	1∶1	10	30	10
92号	1∶1	10	30	15
131号	1∶1	15	30	10
132号	1∶1	15	30	15

喷浆量计算:以单位时间喷射的浆量及喷射持续时间计算出浆量,计算公式为

$$Q=(H/v)q(1+\beta) \tag{3.2}$$

式中,Q 为喷浆量(m^3);H 为旋喷长度(m);q 为单位时间喷浆量(m^3/min);β 为损失系数,通常 0.1~0.2;v 为提升速度(m/min)。

根据试桩参数计算所需的喷浆量,以确定水泥使用数量。

(2)根据设计和施工经验,采用 P. O42.5 级及以上的普通硅酸盐水泥,外掺剂为改性高效减水剂和早强剂,水泥浆液水灰比为 1.0~1.5,根据地质条件取 $W/C=1:1$,泥浆相对密度为 1.37~1.50,密度为 1.98 g/cm^3,每立方米加固体用量约 300~400 kg,每米旋喷桩水泥用量 150~200 kg。

(3)以往砂层中的成桩效果较差,根据以往施工经验将旋喷压力定为 30 MPa,按注浆机的最大压力进行喷射,以确保成桩效果。

(4)提升速度决定水泥的喷射量和成桩效果,在砂层中应放慢提升速度,经施工过程验证:钻杆的转速控制在 50 r/min 左右,提升速度为 0.10~0.15 m/min,高压泵压力控制在 28~30 MPa(经多次试压,本地层采用 30 MPa),高压泵流量为 80 L/min,旋转速度为 10~15 r/min,成桩 50 m/台班;三重管高压水压力应大于 20 MPa,空气压力大于 0.7 MPa,提升速度为 0.10~0.20 m/min,注浆压力控制在 30 MPa。

2)加固效果检测

旋喷桩质量检验在施工结束 28 d 后进行,检测点数量宜为施工注浆孔数的 1%。加固时需根据实际情况考虑辅以降水,盾构始发、接收端头加固后的土体无侧限抗压强度应达到 0.8 MPa,渗透系数小于 1.0×10^{-6} cm/s。

3)成桩效果检测

旋喷桩成桩 28 d 后抽芯取样进行检测,抽检数为施工注浆孔数的 2%,并不少于 2 根,检测均合格,桩身均完整、桩径均超过设计桩身直径;根据钻探取芯检测结果,28 d 无侧限抗压强度均满足设计要求。加固时辅以降水,盾构始发、接收端头加固后的土体无侧限抗压强度大于 2.5 MPa,渗透系数小于 1.0×10^{-6}cm/s。其中联络通道三重管 28 d 后抽芯取样抗压强度代表值为 1.2 MPa,平均渗透系数为 7.4×10^{-7}cm/s。

该施工技术在 14 号线尚贤路站东端头及区间联络通道砂层中(图 3.68)成功应用,双重管经济性较好,以三重管旋喷桩在富水砂层中成桩效果为佳,为以后的此类工程施工提供了一种可行、经济快速的施工方法,具有较高的推广应用前景。

图 3.68　联络通道开挖面情况

3.11.3　联络通道冻结法施工技术

1. 工程概况

14 号线辛王路站—体育中心站区间采用盾构法施工,线路长约为 2 322 m,下穿灞河,线路埋深约 16.2~36 m。如图 3.69 所示,区间共设 4 座联络通道,其中 3 号联络通道兼泵房与 4 号联络通道位于灞河下方,采用冻结法加固,矿山法开挖。3 号联络通道兼泵房,埋深约 30.39 m,设计长 7.871 m、宽 3.8 m、高 5.07 m,废水泵房设计长 4.9 m、宽 3.8 m、深 2.895 m。

2. 工程地质与水文地质

3 号联络通道兼泵房上覆地层主要为<1-1>杂填土、<2-5-3>中砂、<3-4-1>粉质黏土、<3-6-1-3>粉砂,联络通道范围地层主要为<3-7-3>中砂、<3-6-1-3>粉砂和<3-4-2>粉质黏土,如图 3.70 所示。

区间处在灞河河道下方,河断面呈 U 形,灞河两岸河堤采用毛石砌筑,有防渗处理;灞河水面宽度约 400 m,区间隧道线路段灞河河道呈现以滩地为主的河流湿地状态。地下水属第四系松散层孔隙潜水,地下水与灞河河水存在一定的水力联系。3 号联络通道兼泵房位置处地下水位位于隧道拱顶以上约

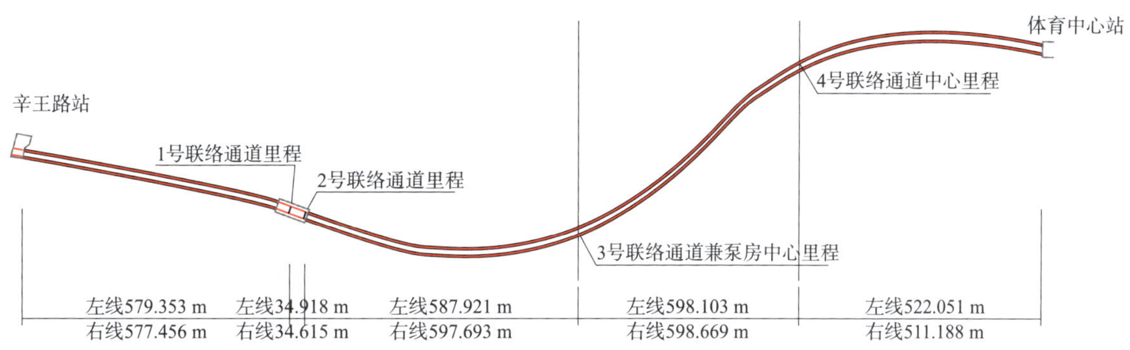

图 3.69　辛王路站—体育中心站区间线路示意图

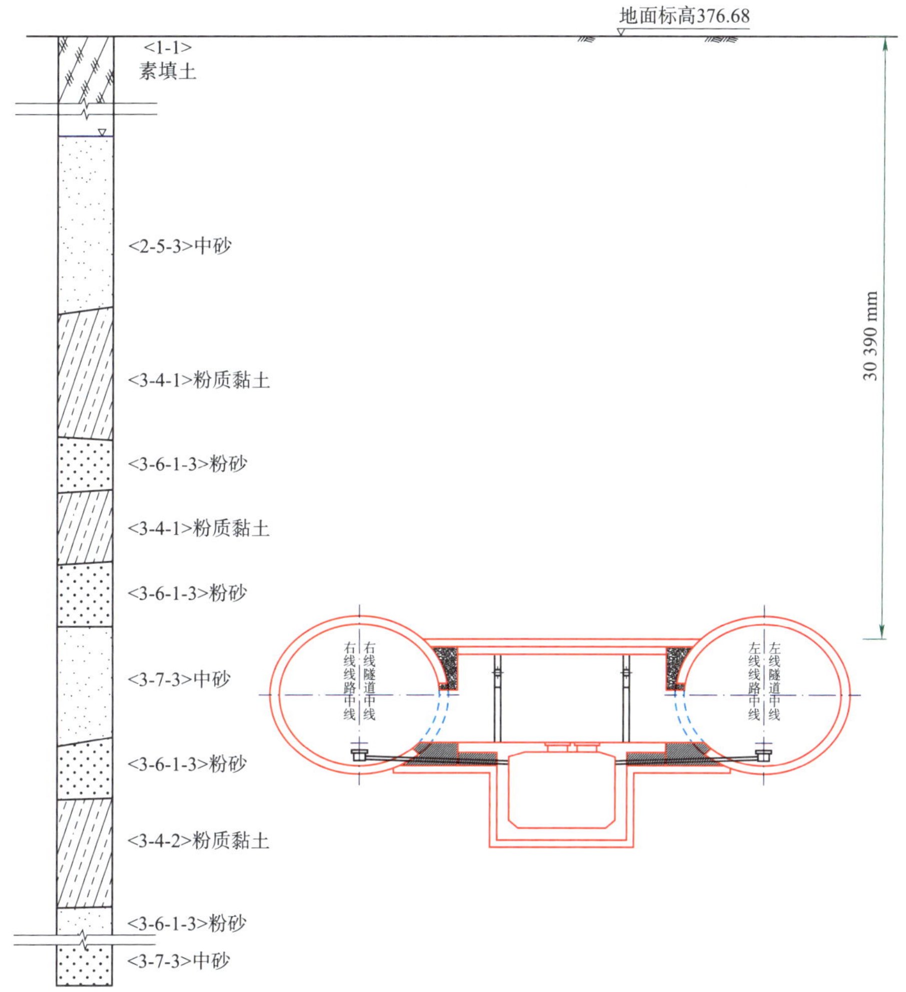

图 3.70　3 号联络通道地质剖面图

19.56 m,地下水平均流速为 0.394 m/d。

3. 冻结设计

1)冻结帷幕设计厚度

3 号联络通道兼泵房设计有效冻土帷幕厚度不小于 2.6 m,相应的冻土强度设计指标(-10 ℃)为:单轴抗压强度不小于 4.0 MPa,抗折强度不小于 1.8 MPa,抗剪强度不小于 1.6 MPa;验收时开挖区外围冻结孔布置圈上冻结壁与隧道管片交界面处平均温度不高于-5 ℃,其他部位设计冻结壁平均温度不高于-10 ℃。冻结帷幕设计如图 3.71 所示。

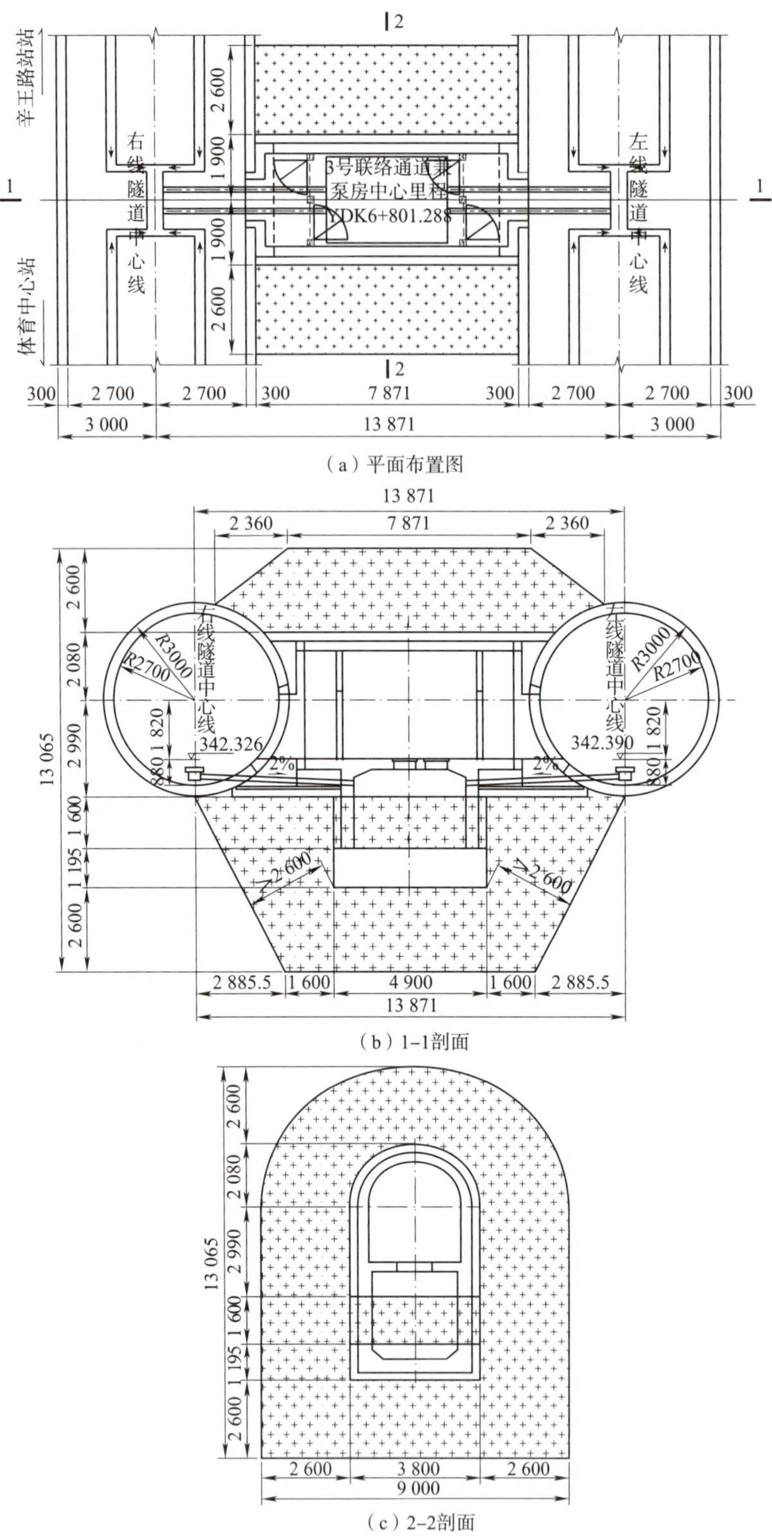

图 3.71　3 号联络通道兼泵房冻结帷幕设计图(单位:mm)

2)冻结孔布置

冻结孔布置采取左右线双面隧道布孔方式:3 号联络通道兼泵房共设冻结孔 95 个,其中左线隧道布置 58 个(含透孔 4 个),右线隧道布置 37 个(含透孔 2 个),钻孔总长度 837.920 m。冻结管采用 ϕ89×8 mm 20 号低碳钢无缝钢管,管壁厚度不小于 8 mm,冻结管耐压不低于 0.8 MPa,并且不低于冻结工作面盐水压力的 1.5 倍。冻结孔、测温孔、泄压孔布置如图 3.72 所示。

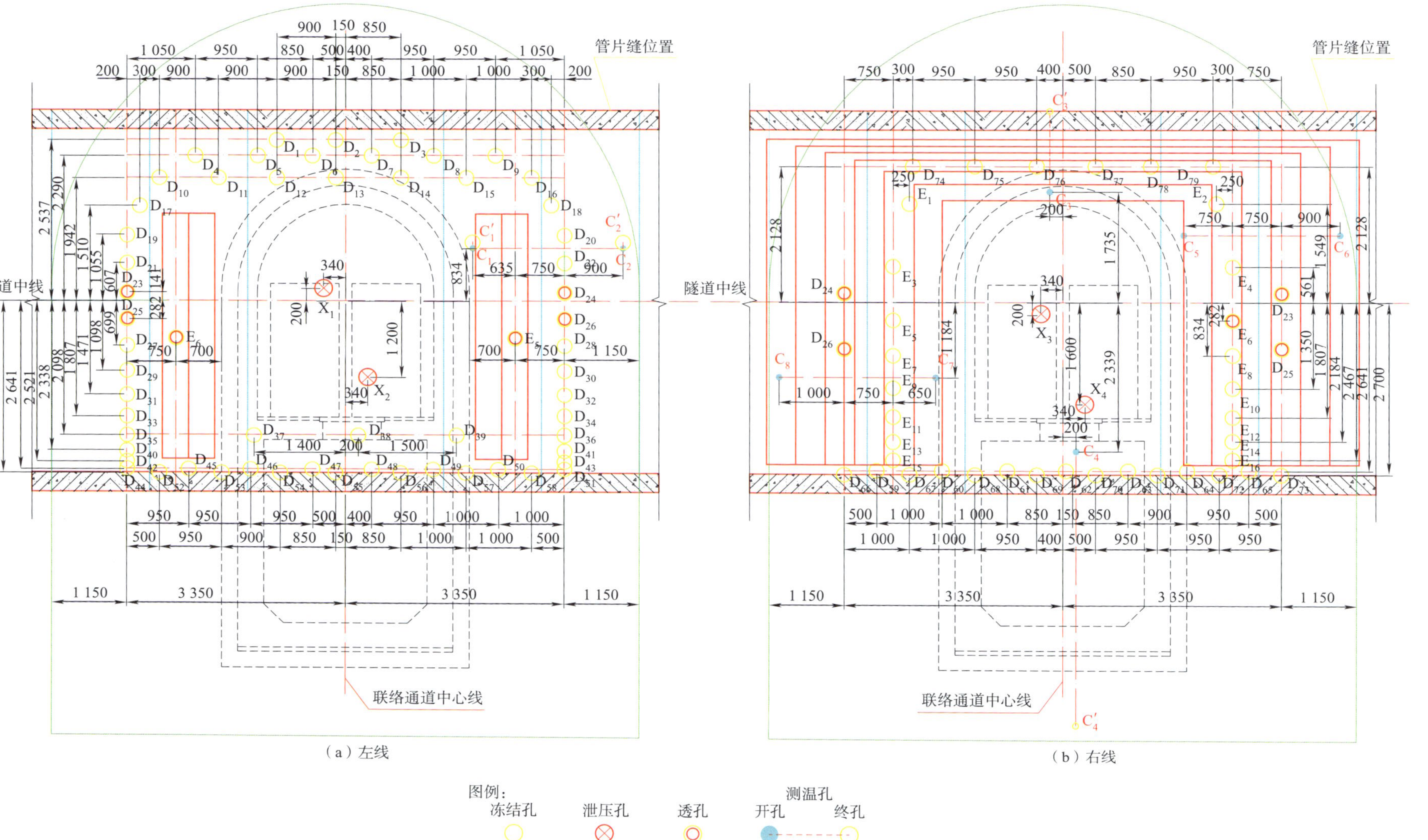

图3.72 3号联络通道兼泵房冻结孔、测温孔、泄压孔布置示意图(单位:mm)

注:竖向标注均为垂高。

3) 积极冻结设计

冻结冷媒剂采用 $CaCl_2$ 盐水溶液,最低盐水温度设计参考值为-28~-30 ℃,积极冻结时间为 3 号联络通道兼泵房 50~55 d,冻结孔单孔流量不小于 5 m^3/h;积极冻结 7 d 后盐水温度宜降至-18 ℃以下;积极冻结 15 d 后盐水温度宜降至-24 ℃以下,开挖前盐水温度应降至-28~-30 ℃;在冻结壁平均温度和厚度达到设计要求且确保冻结壁安全的前提下,可适当提高盐水温度,但不宜高于-25 ℃,开挖时,进、回路盐水温差不高于 2 ℃。

4) 对原冻结设计进行优化和改进

采取冻结法施工,在富水砂层地层中首次在河床下冻结,邀请国内知名院士专家对设计方案进行论证,并按照论证意见进行完善。

依据 3、4 号联络通道所处位置的地面环境、工程及水文地质、埋深、结构形式等因素,综合考虑冻结壁有效厚度、冻结壁温度场,据此优化冻结孔、测温孔、泄压孔布置。

联络通道施工依据冻结壁形成后的监测数据,动态信息化施工,完善了相关应对措施。

对联络通道地层取样和分析,开展了冻土物理力学性能试验,对设计参数进行了改进。

4. 冻结法施工

1) 冻结需冷量及机组配置

冷冻机组的选型主要考虑地层需冷量和管路冷量损失,本工程冷冻站距离 3 号联络通道兼泵房约 600 m,计算需冷量 10.2×10^4 kcal/h,选用功率 136 kW 的 170WDEDD 型螺杆机组,盐水温度-30 ℃,冷却水温度 28 ℃时,单台机组制冷量为 14.6×10^4 kcal/h,满足供冷需求,考虑冷媒损失、故障停机等影响,另配置 1 台备用螺杆机组辅助冻结,盐水泵和清水泵各配置 3 台,型号 IS150-125~315,30 kW/台;冷却塔 2 台,型号 KST-80,10 kW/台,冻结运转期间新鲜冷却水补给量约 15 m^3/h。

2) 盐水温度变化分析

3 号联络通道兼泵房于开机冻结,历时 7 d,盐水温度降至-18 ℃,第 15 天盐水温度降至-25.0 ℃,第 20 天盐水温度下降到-30 ℃。盐水去回路温差缩小且稳定,盐水温度趋于稳定状态,冻结帷幕发展良好,地层中热负荷量减小,盐水温度降温曲线如图 3.73 所示。

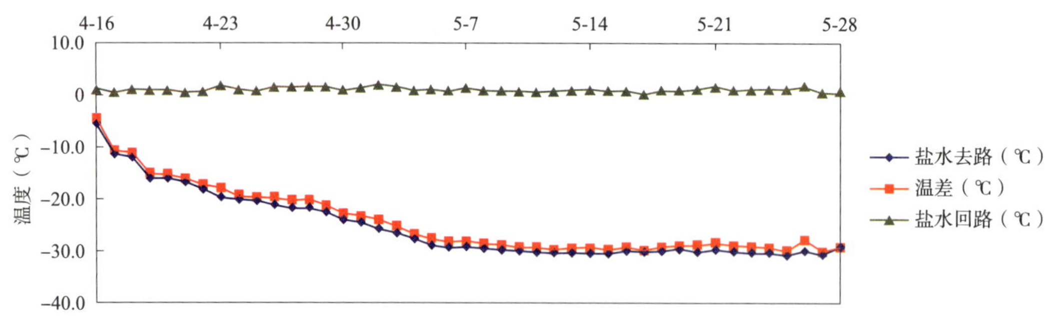

图 3.73　盐水温度随时间变化曲线

3) 冻结帷幕温度分析

为监测不同时期温度场及冻结壁的发展状况,在 3 号联络通道布置 8 个测温孔,冻结站一侧 2 个、对侧 6 个,主要位于冻结壁薄弱位置附近。每个测温孔布置 3~5 个测温点,C_1、C_2、C_5~C_8 均为浅孔,测温点位置为 0.5 m、1.5 m、2.0 m,如图 3.74 所示;C_3 和 C_4 均为深孔,C_3 测温点位置为 0.5 m、1.5 m、3.0 m、4.0 m,C_4 测温点位置为 0.5 m、2.0 m、3.5 m、5.5 m、7.0 m,如图 3.75 和图 3.76 所示。测温管选用浅孔 ϕ32×3 mm(6 根)、深孔 ϕ89×8 mm(2 根),测温管长度每个 2~7 m,测孔布置如图 3.72(b)所示。以 C_4 测温孔为例,冻土温度变化情况如图 3.77 所示。

积极冻结期各测点温度随冻结天数的变化趋势大致相同,可分为三个阶段:第一阶段为正温阶段,第二阶段为正负温转换阶段,第三阶段为负温阶段。以 C_4 测温孔为例,从图 3.77 中可以看出,第一阶段地层温度较高,与盐水温差大,测温孔温度下降快,该阶段持续约 13 d;第二阶段随地层温度下降,与盐水温差逐渐缩小,达到 0 ℃后降温趋势开始减缓,随着冻结的持续,冻结管周围的土体逐渐冻结,形成冻土后并逐渐发展,温度降低趋势再次加快后,冻结壁交圈形成冻结帷幕,该阶段持续约12 d;第三阶段地层温度基本达到设计温度,并趋于稳定,盐水去回路温差保持在 2 ℃内,冻结帷幕发展缓慢,达到设计厚度。

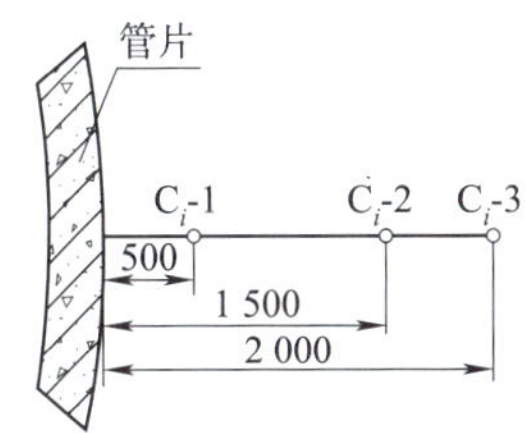

图 3.74 C_1、C_2、C_5 ~ C_8 号测温孔测点布置示意图(单位:mm)

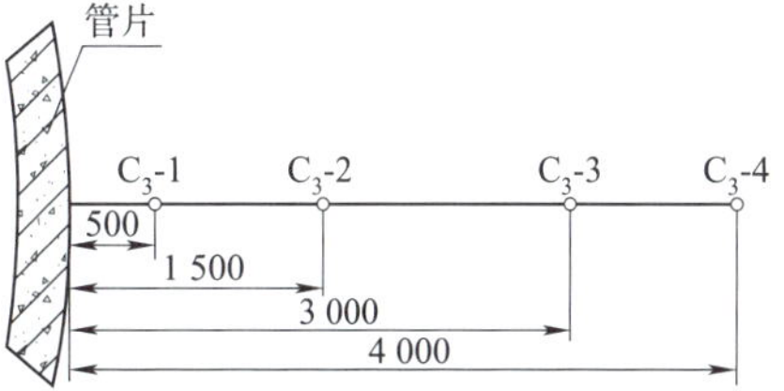

图 3.75 C_3 号测温孔测点布置示意图(单位:mm)

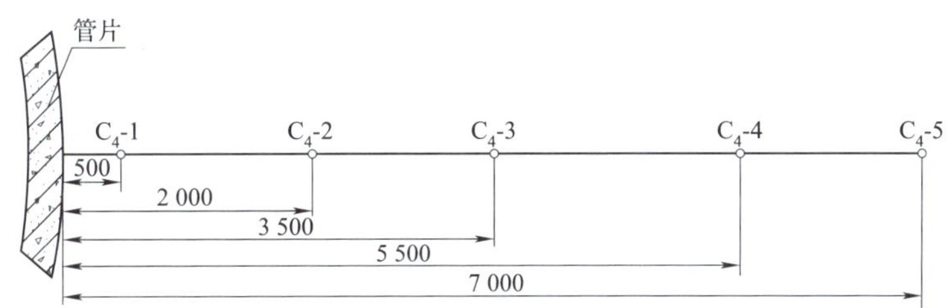

图 3.76 C_4 号测温孔测点布置示意图(单位:mm)

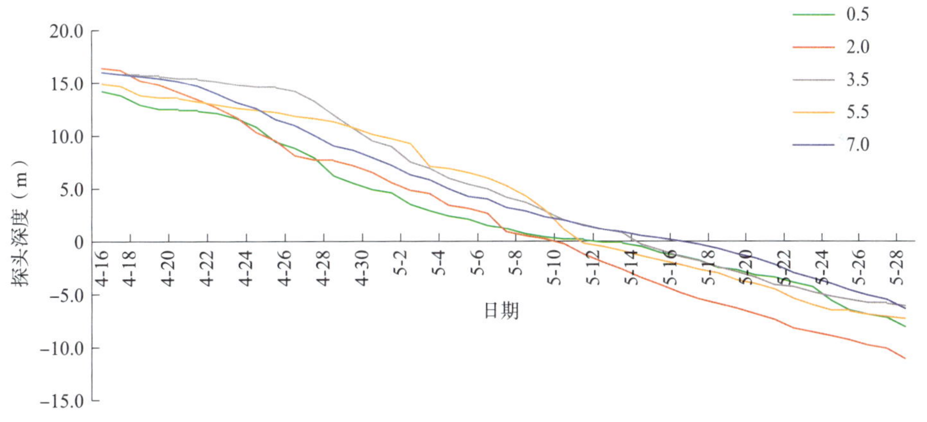

图 3.77 C_4 号测温孔数据变化情况

在冻结 45 d 后,将实际测温数据(表 3.25)与理论计算的温度场数据(图 3.78)进行了对比,得出实际冻结温度场发展与理论的基本吻合,比计算积极冻结期提前了 5 d。

表 3.25　3 号联络通道冻结 50 d 实际测温数据

孔号	1 号测点温度(℃)	2 号测点温度(℃)	3 号测点温度(℃)	4 号测点温度(℃)	5 号测点温度(℃)	平均温度(℃)
C_1	-10.6	-19.7	-23.0			-17.77
C_2	-8	-8.4	-8.8			-8.40
C_3	-8.9	-16.4	-23.6	-28.6		-19.38
C_4	-15.1	-18.6	-18.9	-7.8	-7.7	-13.62
C_5	-8.4	-10.3	-11.4			-10.03
C_6	-6.4	-9.5	-13.3			-9.73
C_7	-14.4	-15.3	-16.7			-15.47
C_8	-7.2	-8.5	-7.6			-7.77
测温孔平均温度						-12.77

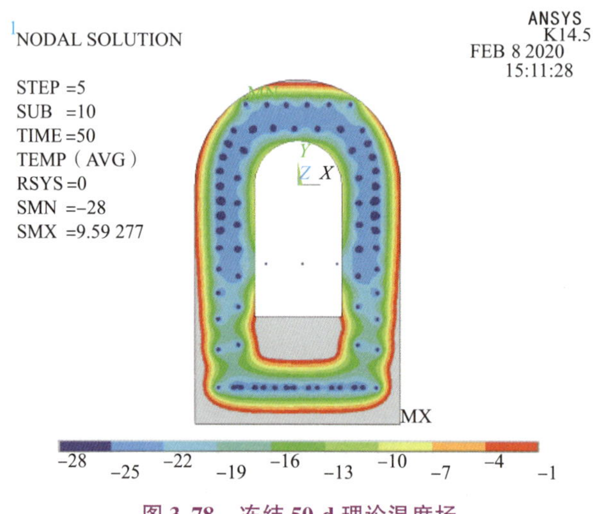

图 3.78　冻结 50 d 理论温度场

4)冻结发展速率

各测温孔分布测点的平均冻结发展速率如图 3.79 所示,其发展速率 v 的计算公式为

$$v = \frac{l}{t} \tag{3.3}$$

式中,v 为测点冻结发展速率;l 为测点至最近冻结孔的距离;t 为测点在工程开机冻结后温度值 0 ℃的天数。

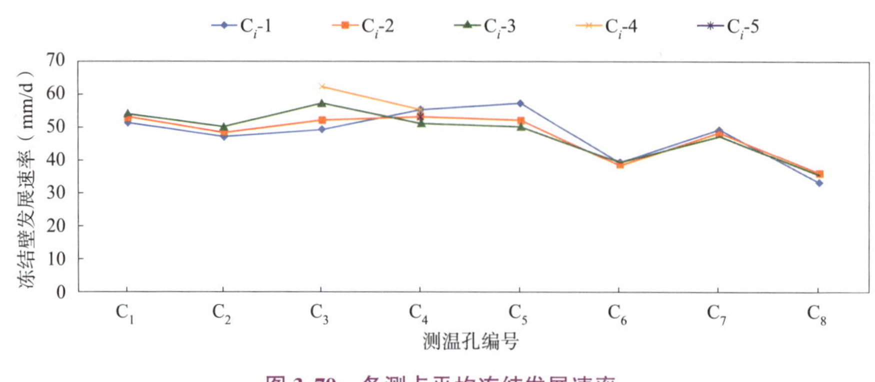

图 3.79　各测点平均冻结发展速率

(注:i 表示测温孔内测温点编号)

5)土体冻胀压力

为判断冻结帷幕发展情况,在冻结帷幕封闭区域内布置 4 个泄压孔,左、右线各 2 个,泄压管选用 ϕ45×3 mm 无缝钢管;泄压管长度每个 2 m,管前端开口,进入土体段管壁上钻若干孔,呈梅花状分布,以确保冻结帷幕内的压力有效传递。由图 3.80 可以看出,泄压孔压力值在前期处于零的状态,因为在冻结孔施工时为了保障在富水砂层中钻孔的安全性,对地层进行了注浆处理;18 d 冻结帷幕交圈,引起土体冻胀迅速增长,泄压孔压力发生骤变;24 d 泄压孔压力达到最大值且趋于平稳,说明冻结帷幕已接近设计厚度,有略微波动证明冻结壁还在缓慢增长;冻结 30 d 左右时泄压孔压力降为 0,说明冻结壁已不再发展,泄压孔范围内再无冻胀压力产生。

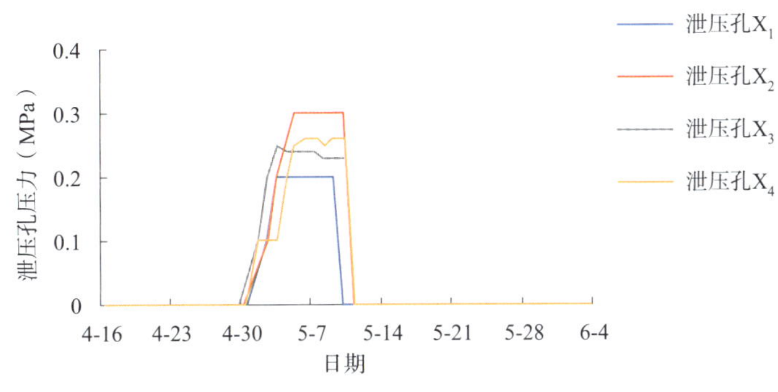

图 3.80 泄压孔压力变化图

6)冷冻壁厚度计算

根据各测温孔达到 0 ℃的时间最近的冻结孔来推算冻结范围内各个位置的发展速度,在积极冻结 45 d 后,按照各个位置的冻结壁发展平均速度,选取了 3 个冻结地层的截面(图 3.81)进行冻结壁厚度计算,并绘制冻结壁成型图(图 3.82),最薄弱位置厚度为 2.605 m,满足设计要求。

7)隧道变形监测

在施工中,开机冻结前在地面和隧道内分别布置了监测点并采取了初始值,对其监测数据进行分析,发现在开机冻结到冻结帷幕交圈前,洞内收敛监测数据存在波动,在冻结壁交圈后开始稳定的向隧道内侧收敛,冻结到 34 d 后收敛趋于稳定,隧道变形趋于水平状态,说明在富水砂层中冻结施工时,隧道内部的管片变形主要集中在冻结帷幕交圈前后,当冻结达到一定时间后隧道变形开始趋于稳定,直到趋于水平状态,如图 3.83 所示。

5. 冻结效果与设计指标比较

通过对盐水温度、冻胀压力、温度场发展、冻结壁发展、隧道变形等因素进行综合分析,在冻结 45 d 后,冻结帷幕提前 5 d 达到设计要求,具备开挖条件。此时,观察管片上结霜情况,结霜范围和轮廓比较均匀,在管片开孔前打设水平探孔和探窗,24 h 内无水流出。在冻结 51 d 后,打开管片进行开挖作业,联络通道整个开挖过程无水渗出,冻土强度高,通道变形监测数据正常,未发生任何异常情况。在冻结 72 d 后,横通道二衬施工完成,开始开挖泵房,此时泵房开挖面已全部冻结,出现"过冻"的问题,开挖难度增加,工效降低明显。泵房开挖面情况如图 3.84 所示。

小　　结

本节通过旋喷桩、冻结法技术在西安轨道交通盾构端头及联络通道加固工程中应用实例分析,特别是冻结法成功应用于河床底部的渭河滩地富水砂层,为此类工法在西安地区特殊的河漫滩及一、二、三级阶地地质环境中应用提供了借鉴。

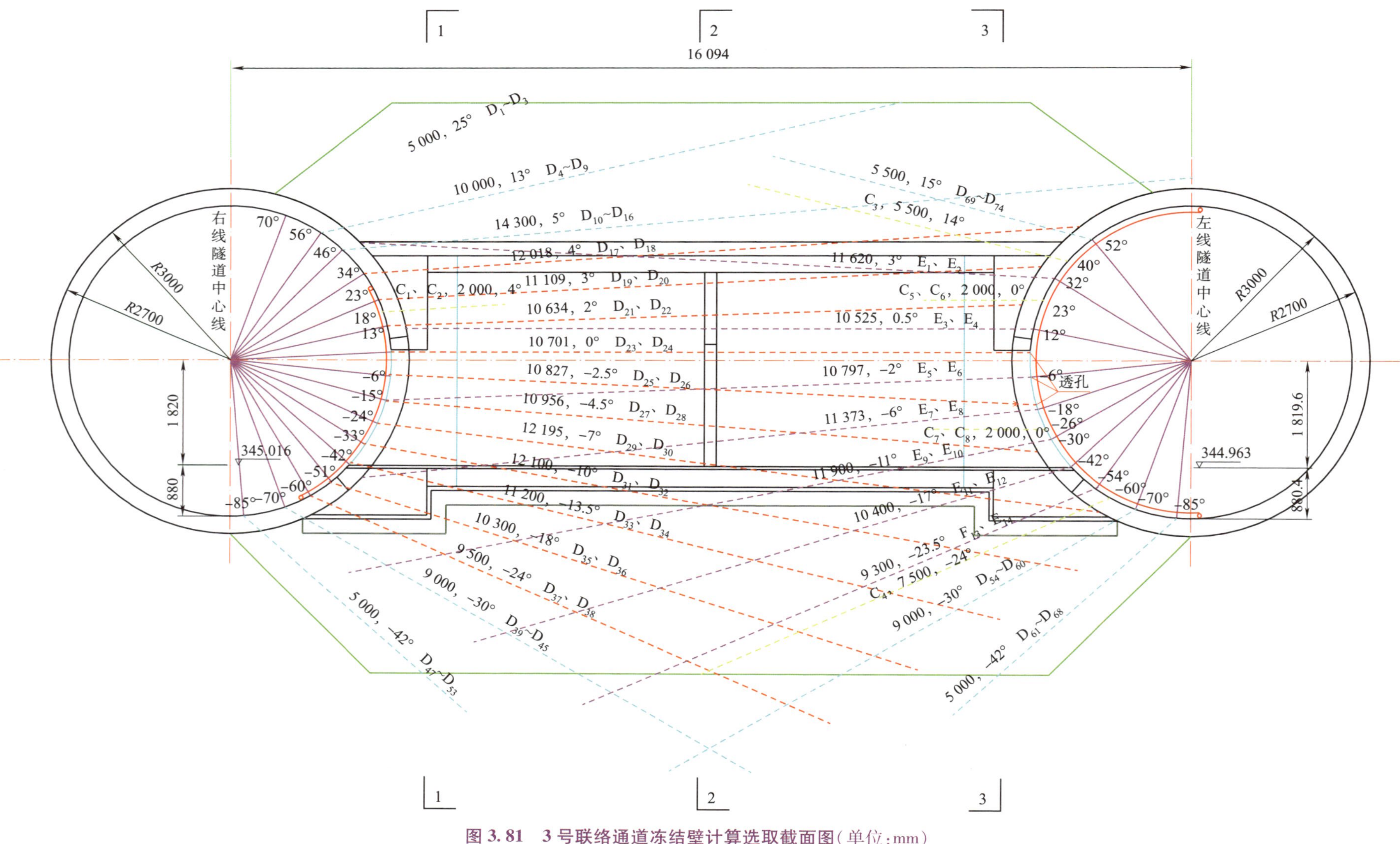

图 3.81　3 号联络通道冻结壁计算选取截面图(单位:mm)

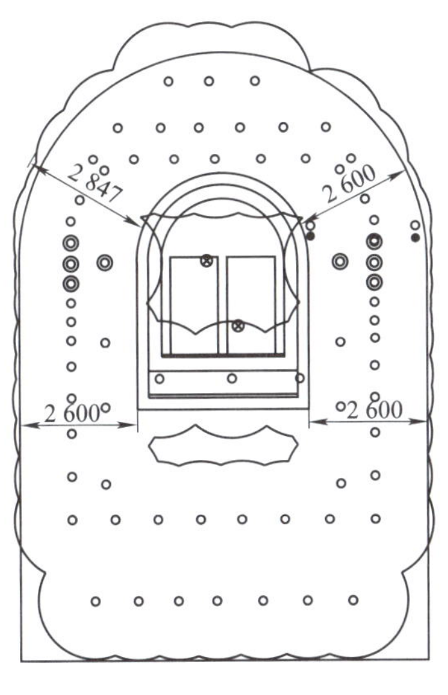

（a）1–1冻结帷幕剖面图

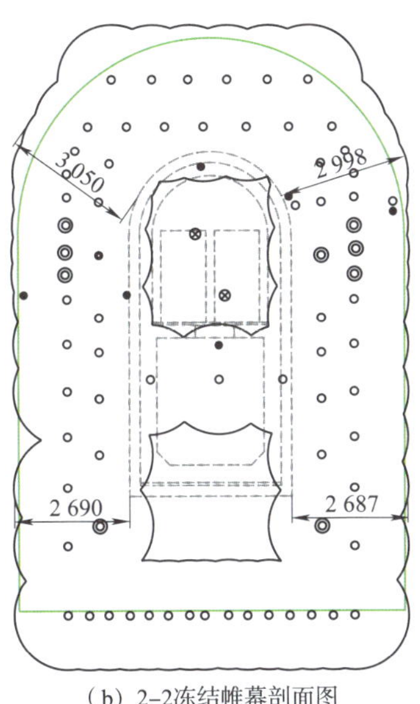

（b）2–2冻结帷幕剖面图

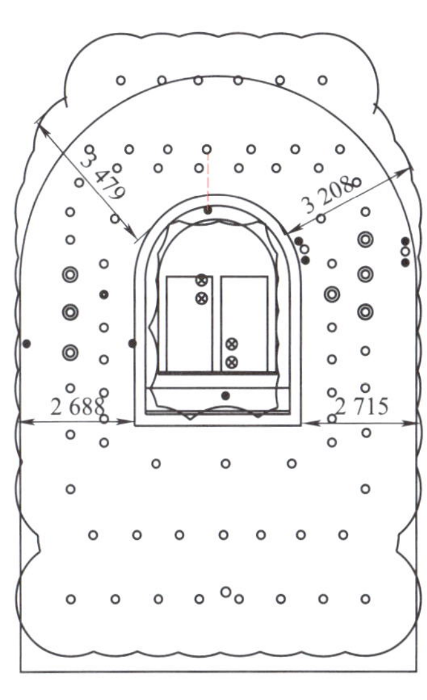

（c）3–3冻结帷幕剖面图

	冻结孔	泄压孔	透孔	测温孔
图例：	○	⊗	◎	●——○ 开孔 终孔

图 3.82　3 号联络通道冻结壁计算交圈图(单位:mm)

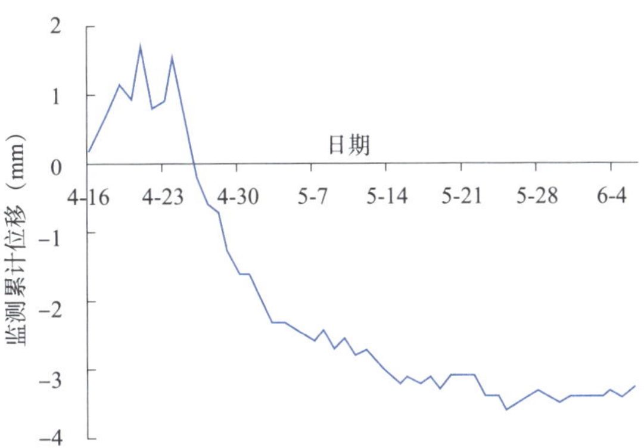

图 3.83　隧道管片变形

图 3.84　泵房开挖面情况

3.12 地铁隧道防水控制要点

3.12.1 概　　述

地下结构因地下水的渗透和侵蚀作用,会使工程产生病害,影响使用效果并存在安全风险。

地铁工程防水系统中,结构自防水、外包防水层、附加防水层承担主要防水功能,接缝加强防水措施承担辅助防水功能。地铁车站及暗挖隧道采用外包防水层+结构自防水+接缝加强的防水模式,盾构区间采用结构自防水层+接缝加强的防水模式。

地铁工程防水重点首先应保证初期支护、主体结构混凝土结构自防水功能,采取有效的施工措施,确保防水混凝土结构的密实性、抗渗性、抗裂性、防腐蚀性和耐久性;其次应在施工中重点控制变形缝、施工缝、穿墙管、预埋件、预留通道、接头、桩头等细部构造的施工,确保这些防水薄弱部位的防水功能。

针对西安轨道交通工程结构特点,及时总结防水设计及施工中的经验,特别是防水控制要点,优化地铁防水措施,在后续施工中采用、借鉴,确保达到良好的工程防水效果。

3.12.2 防水设计

1. 地下工程防水等级

地铁防水设计依据的标准主要是现行国家标准《地下工程防水技术规范》(GB 50108)中的防水等级,《地铁设计规范》(GB 50157)规定地铁车站和机电设备集中地段防水等级为一级,区间隧道及附属通道防水等级为二级。

2. 混凝土自防水

地铁工程防水主要利用结构混凝土的自防水性能,结构混凝土一般采用防水混凝土,衡量混凝土密实度的一个重要指标是防水混凝土抗渗等级,需要根据地下工程埋深确定采用的混凝土抗渗等级。

3. 外包防水

外包柔性防水层是对混凝土结构自防水不足的补充和完善,防水设计一般是在混凝土结构外表面设置防水层以提高结构的防水效果及耐久性,综合考虑结构施工工法、基面要求、地质条件及现场条件等因素选择防水材料。

外包防水按照施工部位及工艺主要分为两种类型:

1)塑料防水板

塑料防水板主要应用于暗挖车站或区间,采用土工布缓冲层+EVA 塑料防水板形式设置,裁剪防水板时考虑搭接,两幅防水板搭接宽度不应小于 100 mm,环向铺设时,先拱后墙,下幅防水板应压住上幅防水板,边铺边与圆垫片热熔焊接。

采用双焊缝热合机将相邻两幅塑料防水板进行热熔焊接,防水板之间的搭接宽度为 100 mm,每条焊缝的有效宽度 15 mm,焊缝间距 20 mm。

2)高分子自粘胶膜防水卷材

高分子自粘胶膜防水卷材主要应用于明挖车站及区间,采用机械固定法固定于桩或垫层表面,固定点距卷材边缘 20 mm 处,钉距不大于 500 mm,钉长不得小于 30 mm,且配合垫片将防水卷材牢固地固定在基层表面,垫片直径不小于 20 mm,避免浇筑混凝土时脱落。

相邻两幅卷材的有效搭接宽度为 100 mm(不包括钉孔),搭接时应将钉孔部位覆盖,要求上幅压下幅进行搭接,搭接缝范围内的隔离膜必须撕掉,卷材的转角处须使用专用胶粘带进行连接密封。

4. 接缝防水

1)明暗挖结构接缝防水

结构接缝包括施工缝、变形缝等部位,此类部位由于施工原因,可能存在施工过程中破坏外包防水层、在结构结合面形成一定缝隙,成为易漏水部位,可采用止水带、止水胶、止水条、涂刷水泥基渗透结晶涂料、预埋注浆管等方式进行防水加强。

2)盾构结构接缝防水

盾构隧道防水效果主要体现在接缝部位,接缝防水目前国内外均采用管片三元乙丙橡胶密封条、管片螺栓孔防水采用遇水膨胀橡胶密封圈、盾构管片手孔(吊装孔)、注浆孔及嵌缝采用防水材料充填等措施。

3.12.3 防水施工控制要点

1. 材料选择

地铁工程所用防水材料应符合以下要求:

1)应有质量证明文件、试验报告以及现场取样复检报告。

2)应具备防水可靠性、耐久性和易操作性。

3)具有良好的防渗、耐酸、耐碱、抗腐蚀等性能,对环境无污染,对施工人员身体无伤害。

4)具有良好的拉伸强度、断裂伸长率,能承受温度变化、结构伸缩及开裂所引起的变形。

5)在同类单位或分项工程中,宜尽量选用同一材质的防水材料,确保防水材料之间的粘结质量。

2. 区间防水施工

1)盾构隧道

(1)盾构管片自防水

盾构管片采用防水混凝土,由于管片为预制结构,其浇筑、振捣、养护条件较好,混凝土强度一般在C50以上,抗渗等级能够超过P10,裂缝控制在0.2 mm以下,结构自防水能得到有效保证。盾构管片预制应严格执行相关规范,加强混凝土振捣,严格管片养护,确保盾构管片质量。

(2)管片接缝

接缝防水采用在密封垫沟槽内设置三元乙丙橡胶密封条,通过被压缩挤密防水。密封垫沟槽的截面积应大于或等于密封垫的截面积,密封垫可完全压入储于密封垫沟槽内。

(3)手孔及吊装孔(注浆孔)

手孔及吊装孔采用遇水膨胀橡胶圈止水。

道床混凝土范围内的手孔均不做填充处理;道床混凝土表面以上、管片中心水平线以下范围内的手孔应填充硫铝酸盐微膨胀水泥C20细石混凝土;其余管片手孔采用塑料保护罩覆盖,保护罩内填充单组分聚氨酯材料。

(4)变形缝

盾构管片段变形缝采用三元乙丙橡胶密封条贴合一层遇水膨胀橡胶止水条。

(5)管片外防水

区间有侵蚀性地质地段,管片外侧需涂刷水泥基渗透结晶型防水涂料或高渗透性改性环氧防腐涂料,无侵蚀性地质地段无需涂刷涂料。

盾构进出洞段防水最薄弱处应加强注浆,管片壁后注浆采用同步注浆及时充填壁后空隙,以达到防水及控制地层沉降的效果。根据管片裂缝、接缝渗漏水的位置,还应利用管片吊装孔(注浆孔)强化二次注浆。

(6)隧道接口防水

盾构隧道与车站、矿山法隧道接口处后浇洞口环梁,在后浇洞口环梁与管片、各结构之间分别设置两道遇水膨胀止水胶条,同步设置一道注浆管,用于有渗漏水时进行注浆堵漏,并在该处设置不锈钢接水槽。

在盾构隧道与联络通道接口处二次衬砌中预埋一圈环向注浆小导管,二次衬砌与管片之间设置两道遇水膨胀止水胶条。

各结构自身的防水材料在接口处应进行自收口处理。

各接口处20环管片范围内加强同步注浆,并应进行二次注浆。

(7)盾构出洞、进洞防水处理

为防止泥砂及水的涌入,需设置橡胶帘布,橡胶帘布由模具分块压制然后连成一整环。

2)浅埋暗挖隧道

(1)结构自防水

地下结构采用防水混凝土,混凝土应控制施工质量,严格执行施工规范,加强混凝土振捣作业,做好混凝土养护,确保防水混凝土自身密实。

(2)防水层铺设

仰拱防水层施工采用空铺法,边墙和拱部防水层施工采用塑料垫片固定。

基层表面应大面平整、洁净,无疏松、空鼓,无裂缝,无毛刺。防水层铺设完毕后,应立即铺设50~70 mm厚细石混凝土保护层,必须待其强度符合规范要求后方可施工下道工序。

边墙和拱部防水层施工时沿环向铺设,并固定在基层上,应注意根据基层的凹凸不平度来确定防水层的松弛度。

要加强对防水层的保护,在绑扎、焊接钢筋时应采取防刺穿、灼伤防水层的措施;混凝土出料口、振捣棒不得直接接触防水层。

(3)施工缝施工

垂直施工缝浇筑混凝土前,应将其表面浮浆清理干净,再涂刷混凝土界面处理剂或水泥基渗透结晶型防水涂料,并及时浇筑混凝土。

水平施工缝浇筑混凝土前,应将其表面浮浆和杂物清除,然后铺设净浆或涂刷混凝土界面处理剂、水泥基渗透结晶型防水涂料等材料,再铺30~50 mm厚的1∶1水泥砂浆,并及时浇筑混凝土。

纵向水平施工缝中部设置一道丁基橡胶钢板腻子止水带,环向施工缝中部设置一道钢边橡胶止水带。

(4)变形缝施工

变形缝处除防水层外,设置三道各自成环的止水线:

①变形缝外侧设置外贴式止水带。

②变形缝中部设置钢边橡胶止水带(中心带气孔型)形成一道封闭的防水线。

③变形缝处拱部及边墙内侧设置不锈钢接水槽,将少量水引入水沟排入车站或区间废水泵房。

(5)背后回填注浆

①初期支护背后注浆

初期支护施工完成后,应对初支背后有空洞、不密实处及时进行背后注浆,注浆顺序为由低到高,由无水处向存水处依次压注,以利充填密实,防止产生渗漏水。

②二次衬砌背后注浆

采用无损检测技术检测二次衬砌背后是否密实、是否有空洞,对不密实、有空洞或有渗漏水处进行背后注浆,注浆顺序为由低到高、由不渗漏水处向渗漏水处依次压注。

3)明挖车站(区间)

(1)结构自防水

应采用防水混凝土,保证施工质量,确保混凝土密实。

(2)防水层铺设

防水卷材应固定于桩或基层表面,相邻两幅卷材要有效搭接,同时采用上幅压下幅的方式搭接。

(3)施工缝

环向施工缝浇筑混凝土前,应将其表面凿毛、清理干净,涂刷混凝土界面处理剂或水泥基渗透结晶型防水涂料,并及时浇筑混凝土。

纵向施工缝浇筑混凝土前,应将其表面浮浆和杂物清除,然后铺设净浆或涂刷混凝土界面处理剂、水泥基渗透结晶型防水涂料等材料,再铺30~50 mm厚的1∶1水泥砂浆,并应及时浇筑混凝土。

遇水膨胀止水胶应与接缝表面密贴。选用的遇水膨胀止水胶应具有缓胀性能。施工缝中部设置一道丁基橡胶钢板腻子止水带(或镀锌钢板止水带)或钢边橡胶止水带并加设遇水膨胀止水胶;施工缝外侧加设600 mm宽双面自粘防水卷材。

与附属结构接口部位施工缝采用涂刷水泥基渗透结晶型防水涂料,两道止水胶+埋设注浆管后期注浆止水。

(4)变形缝

在变形缝处除防水层外再设置三道各自成环的止水线:

①变形缝中部设置钢边橡胶止水带(中心带气孔型),形成一道封闭的防水线。

②变形缝处顶板外侧设一道聚氨酯密封胶;分离式围护结构的侧墙外侧设一道聚氨酯密封胶,密贴式围护结构的侧墙设一道外贴式止水带,底板下侧设一道外贴式止水带,内侧设一道聚氨酯密封胶。

③变形缝处顶板及侧墙内侧设置不锈钢接水槽,将少量渗水有组织地引入侧沟并排入废水泵房。

(5)穿墙管

穿墙管采用直埋固定式防水和套管式防水,套管应设置止水环,采用固定式防水法时在管外设置一道遇水膨胀止水胶。

(6)预留接口部位

车站主体与区间隧道、车站主体与附属结构、换乘站主体结构与主体结构相接处,防水材料铺设前,应先铺设竹胶板、泡沫板或钢板等防护材料,之后再将防水材料固定其上,防止在破除围护桩、冠梁等结构时,造成先前铺设的防水材料损坏,该处辅助防水层应各自进行收口,并采用与其两边相容的辅助材料进行过渡连接。

做好预留通道先施工部位的混凝土、中埋式止水带及与防水相关预埋件等的保护,确保端部表面混凝土和中埋式止水带清洁,预埋件不锈蚀。

3.12.4 渗漏水治理

根据渗漏水情况,精准分析结构渗漏水的原因,采用注浆堵漏和封槽、封面防水、排堵等方式进行渗漏水治理。

在治理渗漏水过程中,不得破坏原结构,尤其不得大面积凿除混凝土、在结构中凿深槽,严禁裸露钢筋。

渗漏水治理方式:先排后堵、大漏变小漏、线漏变点漏、片漏变孔漏,使大面积渗漏水汇集一点或几点,最后集中封堵。

渗漏水治理顺序:先堵小漏、后堵大漏,先高后低,先顶板、再墙身、后底板。

在进行渗漏水治理前,应编制针对性的渗漏水治理方案并经过评审、批准。

1. 盾构隧道

1)盾构隧道渗漏水的主要原因

①管片接缝处理不到位。

②注浆孔未封堵。

③管片裂缝等。

2)措施

针对管片接缝渗漏水处理采取的主要措施:一是二次拧紧螺栓后,清理嵌缝基面,用低模量聚氨酯密封膏进行嵌缝防水;二是加强二次注浆;三是密封、嵌缝施工后若还漏水,则在漏水处注浆封堵;四是在渗漏严重处打孔引排渗漏水,之后插入注浆管压注环氧树脂材料封堵渗漏水,当确认不渗漏水后用快凝水泥对孔洞及注浆管进行封堵。

针对注浆孔漏水处理的主要措施:先清理漏水点基面再进行开孔注浆,注浆方法与管片接缝漏水开孔注浆方法相同。

针对管片裂缝漏水处理采取的主要措施:打孔压注环氧树脂;对裂缝用环氧树脂等材料粘结;管片表

面刷涂一层水泥基渗透结晶型防水涂料;表面处理平整光洁、颜色一致。

2. 浅埋暗挖隧道及明挖车站(区间)

1)浅埋暗挖隧道及明挖车站渗漏水的主要原因

①结构产生裂纹裂缝造成渗漏水。

②施工缝及变形缝施工不到位产生渗漏水。

③混凝土结构不密实导致大面积渗漏水等。

2)措施

对混凝土分散点、裂缝、施工缝及变形缝渗漏水处理的主要措施:施工前必须用清水将结构表面清洗干净,检查漏水位置、裂缝宽度、裂缝长度、漏水点大小等,并做好标志、记录。具体处理施工流程为:清理基层→钻孔→埋设止水针头→注浆→检查封缝→切除注浆嘴→封口→表面处理。

针对大面积渗漏水处理的主要措施:按照注浆封堵的方式进行处理,其施工流程为:钻注浆孔→嵌入注浆管→注浆→封闭注浆管→表面处理。

3. 特殊变形缝(地裂缝)

采用高聚物注浆快速处治技术对特殊变形缝渗漏位置进行处理。

渗漏处治前需将导流板去除,处治后需对导流板进行恢复。

在特殊变形缝两侧错台部位根据现场垂直或斜向钻孔,钻孔钻穿二衬至初衬位置,钻孔应深浅交叉布置。在孔内下注浆管,实施高聚物注浆,根据现场渗漏情况加布注浆孔,直至不再渗漏。

其施工流程为:注浆孔定位标注→钻孔注浆→下注浆管→安装注浆头→注浆→孔口处理及灌缝→表面处理。

小　　结

防水工程对整个地铁工程施工质量起着至关重要的作用,其中防水材料的质量是基础,关键工序的防水施工质量是关键,渗漏水处理是对工程质量的补救。防水材料的选择、铺设及成品保护、混凝土施工等各个环节的质量控制,将直接影响地铁工程的防水效果。在防水工程施工过程中按照技术控制要点进行严格把控,不断优化防水工程施工工艺,总结防水工程施工经验,吸取防水工程失败教训,提高后续地铁工程的防水施工质量,确保地铁工程质量安全,优质服务乘客,并创造良好的社会效益。

3.13　换乘车站改造

3.13.1　概　　述

随着西安轨道交通建设的不断推进,线网规划也做了局部调整,需要将 2 号线南稍门站改造成与 5 号线通道换乘的换乘车站,以下以 2 号线南稍门站改造为例。

1. 背景

依据《关中城市群都市区城市轨道交通线网规划》,并结合对 2 号线二期开通后的客流预测及 5 号线一期的设计客流,南稍门站客流模拟验证结果显示 2 号线站台与站厅设施能力不足,扶梯前拥堵人数超过评价标准,站台人流密度过高,需要对 2 号线南稍门车站的部分结构、设施设备进行扩能改造,增加站台到站厅的楼扶梯数量,优化行人流线,提高出站客流的疏散能力,以满足 2 号线南稍门站客流快速增长的换乘需求。

2. 改造方案

2 号线南稍门站站内有两组楼扶梯(由站厅通向站台),呈八字形设置,对其中一组扶梯进行改移,将原车站公共区楼扶梯组南移,再增设 2 部扶梯,从而形成站厅到站台 3 组楼扶梯布置形式,如图 3.85 所示。

改造分四个阶段:第一阶段在围挡施工之前,将改造区域左侧的闸机、售票机及相关设备(如通信摄像头、安检机、导向标识等)进行移位改造;第二阶段在围挡改造区域内,拆除原自动扶梯、站厅站台地面

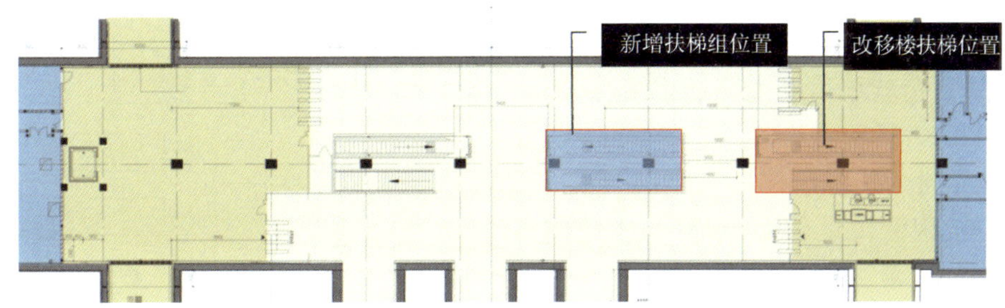

图 3.85 2号线南稍门站公共区改造后楼扶梯布置图

石材,改移消火栓箱、地漏,拆除天花吊顶、站台层空调送风排风(烟)管,破除楼梯、站台板,改移通信终端设备,浇筑中板混凝土,新增梁、步梯,迁改站台板下电缆,砌筑楼梯、扶梯基坑;第三阶段在围挡改造区域内安装扶梯、信号紧急按钮,恢复站台站厅灯具、插座、导向照明及相应配管配线等,安装及调试站厅层新增的风机盘管系统,恢复站厅、站台装修;第四阶段为围挡拆除后,系统调试和验收。

3.13.2 施工准备阶段重点

1. 准备阶段

1)确定施工围挡方案

2号线南稍门车站改造与5号线换乘厅接入同时围挡施工,为了不影响车站正常运营,需要将施工区域与运营区域完全分离,围挡设置范围如图3.86蓝色区域所示,这种围挡方案中围挡留门至非付费区。围挡范围充分考虑施工以及客流、消防要求,采用铁质围挡通高设置,围挡前做好地图标识、指向牌、无障碍电梯指示图等标识标牌进行客流引导。因围挡内施工空间有限,白天运营期间施工人员进出会与非付费区人流交叉。

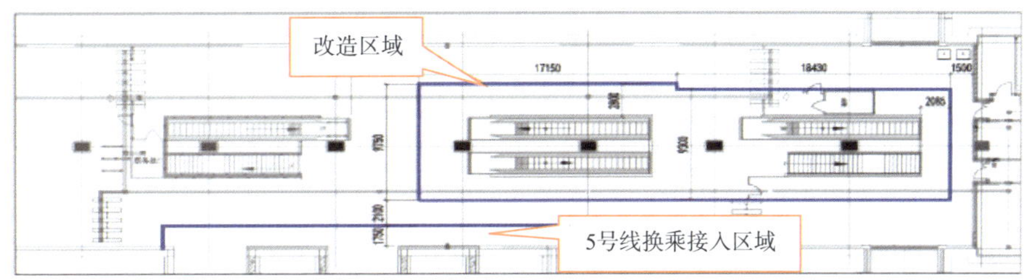

图 3.86 围挡方案示意图

2)各专业设计的施工准备

根据建筑方案确定结构改造内容,包括中板结构开孔和增设孔边梁,其中新旧梁、柱结构连接节点较为复杂,对现场施工标准要求较高,为了确保实施效果,设计工程师要做好对施工人员进行施工工艺和注意事项等的设计交底,要求所有参加施工人员均熟悉现场、图纸、规范及规程。

装修设计结合土建改造图纸划分改造范围,对改造范围内的装修、导向材料和既有终端设备管线进行摸排、归类划分,明确利旧、拆除及新增工程量;对与原施工图纸不一致的部分,装修设计及时修正图纸,并结合其他专业的埋管、设备及管线需求,制定拆除及恢复设计方案。扶梯设计要明确既有扶梯拆除优先采用既有吊钩吊装,当既有吊钩不可用时,电扶梯设计和土建设计需沟通并明确具体的吊装方案,结合施工空间,旧扶梯宜采用分段拆除方式,且站内不存放扶梯,新增扶梯采用分段运输安装。

安装设计对消火栓箱的临时或永久改移、管道对接切割质量、系统调试和施工注意事项等作出说明,并根据围挡方案确定通风空调管线影响范围,明确具体拆除风管位置限界。

低压配电设计配合施工单位详细摸排既有低压配电与照明系统设施设备现况,并与原施工图纸对比,如有不一致,及时采取相应处理措施。

2. 土建施工准备阶段

土建施工单位联合其他参建施工单位进行详细现场踏勘,并负责到运营单位办理进场手续,进场手续办理流程如图3.87所示。

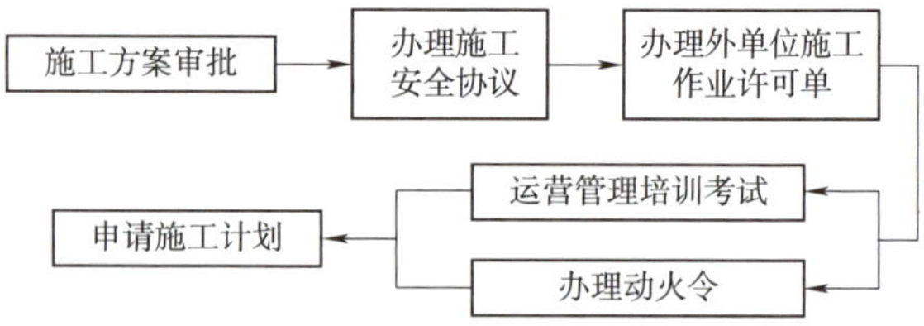

图3.87 运营分公司对既有线施工进场手续办理流程图

1)施工方案审批

施工方案审批因涉及运营多个部门,土建施工单位要安排专人与运营进行对接,及时收集各专业修改意见,宜组织联合集中修改,确保施工方案安全、可行、合理,以便及时审批。

2)提高土建施工效率

土建施工单位尽早进场,与前期设施设备及线缆改移工作交叉进行,结合后续电扶梯安装顺序,合理组织施工,加大人材机投入,尽早为扶梯施工移交工作面;同时与运营沟通延长施工作业时间,以及采用轨道车外运建筑垃圾,例如:对于废渣装袋、钢筋绑扎、架体搭设等低噪声、低扬尘的围挡内作业进行24 h施工,提高土建改造施工效率。

3. 安装装修施工准备阶段

安装装修专业改造内容为车站公共区改造范围内通风空调、消防给排水、动力照明、弱电(FAS、BAS专业)及装饰装修。

改造施工区域空间狭小,各类专业管线交叉多,使用已多年,管线、设备排查梳理难度较大,为了确保系统正常功能,加快拆除和恢复施工进度,安装装修单位选派熟练的技术骨干,并联合熟悉现场的运营维管人员,对拆除范围内各类专业设备、管线及电缆需仔细核准,对拆除作业做好应急预案,落实改造使用新材料与原材料的匹配,并备足到位,对拆除的废料及时清理。

考虑既有线路运营安全,安装装修专业较多,工序转换配合量大,安装装修施工单位需提前完成相关的设备管线及装饰面拆除,为土建结构、电扶梯等专业提供作业面,加大改造工作资源投入,特别是夜间施工增加设备、材料倒运人员;细化各专业交叉施工节点及作业面,并统一调度,减少交叉施工;协调运营部门,采用轨道车以加快建筑垃圾外运等,对于管道加工、风管组装、支架预制以及建筑垃圾清理等低噪声、低扬尘的围挡内作业坚持24 h施工,以提高施工效率。

安装装修作业产生的粉尘、噪声、浓烟和火星等影响车站运营环境,且存在较大火灾隐患,安装装修单位要安装切割加工棚、墙面吸音棉、顶棚防火布等,增加雾炮、吸尘器、焊烟收集器等降尘降噪设备,尽量采用预制材料,例如:扬尘、噪声较大的石材、钢材等现场定测后,在站外或封闭区域进行切割,再转运回现场安装,将扬尘、噪声、烟尘以及火灾隐患降到最低。

4. 系统设备专业施工准备阶段

车站系统设备改造前需拆除周边的部分设施设备,为欲改造的系统设备提供安装空间,改造范围内的系统设备要做好与接口部分相关设备的技术排查,确保系统相互兼容,改造后能够达到设计要求,对影响行车的系统设备(例如:紧急停车按钮)改迁要提前确定实施方案,要注意对影响行车设施设备的保护,确保车站正常运营安全。

3.13.3 实施阶段重点

1. 设计工作重点

1)土建工程中板孔洞改造

结合总体改造方案、原结构梁布置及荷载情况,在改造既有中板孔洞时,土建设计对原楼扶梯孔洞封堵采用化学植筋后浇筑混凝土,新增结构梁采用后锚固法连接于既有结构柱和中纵梁上,满足不同受力点之间连接,后序施工尽可能减少植筋等后锚固做法,在不影响建筑使用功能的前提下,可增设结构柱等承力构件,减少对原结构的破坏。

2）装修改造

装修专业改造包含诸多拆除、利旧、新增项目，在不破坏原有装修的基础上，做好与新增项目的衔接。装修改造设计需考虑相关专业改造内容，结合现场情况及时配合其他专业拆除及恢复既有设备、管线等设施，同时因现场方案调整引起的拆除施工，要及时配合各相关专业做好临时或永久调整，优化装修改造方案，其他专业积极配合解决施工过程中可能遇到的问题。导向标识改造要考虑与新建 5 号线的流线衔接，配合装修设计一次完成。

3）AFC 改造

AFC 改造在进行线槽拆除、线缆敷设以及闸机等设备安装时，AFC 设计要明确装修专业配合公共区切割垫层、地面及栏杆恢复等工作内容，以及安检、通信、导向等专业在 AFC 完成改造后的相应调整，满足正常运营要求。

4）电扶梯

为了提高电扶梯安装效率，电扶梯安装设计一方面考虑土建施工进度，采取按图排产新增扶梯；另一方面要结合车站内外现场实际情况，确定吊装转运路径，减少对正常运营的影响。

5）给排水及消防改造

给排水及消防改造中，给排水设计需结合各种综合管线，首先实施新增消防管路再接入相关接口；优化临时或者永久消火栓箱位置，避免或减少影响其他专业施工；利用非运营时间段进行改造及调试，把对运营线路消防功能的影响降到最低。在土建施工和扶梯改造过程中，给排水设计明确施工作业与消火栓箱的安全保护距离。

6）低压配电与照明

低压配电与照明改造设计要结合其他专业改造内容统筹考虑。

7）通风空调改造

对土建改造引起的风管、风口和风阀等设备设施的拆除部分，通风空调设计要考虑这些设备设施的使用年限、破损变形和系统密闭性能等因素，经评估不满足性能要求的按废弃处理；考虑在风管拆除后，要增设临时排风口以满足车站通风需求，风管拆除前要完成临时风口制作以及接口端头处的钢板封堵，送排风主管拆除后的接口端头处宜用镀锌铁皮封堵。因原排风（烟）系统风机频率不变，2 号线南稍门标准站改造为换乘车站后原有站厅公共区空调负荷偏小，需在站厅公共区新增设 6 台卡式风机盘管，并从 5 号线冷水机房引冷冻水管接入，以提高空调系统负载能力。

8）通信系统改造

LCD 屏光缆拆除及改移要考虑接口方式，避免造成拆除范围外的 LCD 屏信号中断；设计方案中要明确通信施工与通风管道改移同步实施，减少通信桥架对通风管拆除及安装的影响，做好相关专业间的配合。

2. 土建专业施工实施阶段

站内改造施工主要控制点为结构破除施工、中纵梁加固混凝土浇筑。结构破除时受作业空间及排水条件限制，考虑破除物便于人工搬运，选择手持风镐破除工艺，为防止破除施工导致结构局部失稳，以及破除物堆积导致站台板超载破坏，施工前在施工范围内搭设满堂脚手架对结构进行临时支撑，并在脚手架四周悬挂安全网、围挡底部加铺土工布，防止破除及产生废弃物影响运营安全。

对中纵梁进行加固，改造设计方案对新增扶梯孔洞的中纵梁进行截面补强，增加梁底截面高度，施工中宜采用地泵泵送，宜在运营停运后施工，间隔 2 m 设置 1 处浇筑口，浇筑口做加高处理，利用混凝土在模板内外形成的高差，迫使模内混凝土流动，填充加固区域。

优化既有设备管线改移及防护，严控土建施工安全风险。中板破除过程中，废渣容易破坏烟感线缆，引起烟感故障，核准施工范围内的所有烟感线缆，制定合理、安全的迁改方案及应急预案，土建施工前对现场管线设备迁改及防护措施进行确认，确保不影响运营安全后再施工。

1）减少结构破除对运营影响

改造施工期间，结构破除产生噪声、扬尘较大，容易导致站内烟感报警，造成乘客不适或出现投诉事件。一方面在破除作业中要洒水降尘，调整破除施工时间，避开客流高峰期，作业区域搭设防尘布；另一方面对乘客影响较大的工序调整至停运后施工。

2）避免中纵梁加固区局部脱空

若中纵梁拆模后出现加固区域局部与既有结构间脱空现象，应采用高一级灌浆料填充密实，在设计规范允许范围内调整混凝土流动性，增强浇筑口的整体性。

3）提高材料运输效率

材料及废渣清运工作量较大，仅利用运营结束后时间（0:30~4:30）进行人工运输效率很低。为了提高运输效率，一方面要增加人员集中倒运，与运营部门协商，小件材料除运营高峰期（7:00~9:30、17:00~20:00）以外进行 24 h 倒运；另一方面协调运营单位利用轨道车组织废渣集中清运。

4）防止施工用水漫流

施工用水易造成运营区域渗漏水，影响安全运营。施工前对施工区域内的预留孔洞进行排查，做好封堵防水处理。对于换乘暗挖通道侧墙水钻切割引发的轨行区漏水，可在围挡周边砌筑挡水墙，防止施工用水漫流；同时在中板位置施作防水层，增加中板防水能力，并安排专人及时清理积水。

5）避免动火作业引发明火

避免动火作业引发明火，确保运营安全。改造施工期间，为了避免因动火作业引发明火影响运营安全，要在动火点放置足量的消防器材，并派专人盯控动火作业；临近易燃材料作业时，采取隔离措施，防止火花飞溅；选用耐火等级较高的材料，完工后及时清理废料、工器具等。

3. 安装装修改造

对于围挡外因设备拆除而引起的部分吊顶拆除工作，要在次日运营前及时恢复吊顶，既有消防系统处于充水保护状态。在车站停运后短时间内完成系统管网隔离、放水、碰口及充水，确保次日运营前系统恢复正常；为了确保系统各项功能正常，需对照明、导向、疏散指示灯等照明系统换新配电，新增设扶梯电源重新配电；对站台板下 EPS、广告照明、区间检修箱的供电电缆的改迁，应采取电缆接续方式进行局部延长，以缩短工期，确保安全运营。

FAS 专业施工在对原有的探测器、回路线调整及改造时，除与之关联的消火栓按钮、声光报警器、手动报警等设备要调整外，还需要原设备厂家对图元等进行软件修正；同时 BAS 专业传感器对扶梯的监控，也需要原制造厂家对车控室 IBP 盘面及监控平台图元进行相应的软件修正。

装饰装修专业的吊顶、挡烟垂壁、石材需待各专业施工完成后恢复，对过程中损坏而无法利用的材料需重新采购，应对易损件有一定比例采购储量。

避免土建结构施工对安装管线综合排布产生影响。楼梯口结构中板处加固的下翻梁限制机电管线排布，应进行实测比对，受影响最大的管线是 1 250 mm×800 mm 防排烟管道，经通风设计计算排烟量，调整管径优化后完成管线排布；综合管线在后续改造中要深化比对建筑、结构等图纸，重点考虑结构梁、加固梁等对结构标高的制约。

4. 设备系统改造

1）电梯吊装

改造后设置 3 台扶梯，由于原建筑结构无可利用的吊钩且重新设置吊钩难度较大，采用小龙门吊进行吊装，新增扶梯分段从在建出入口运入，并分段在站厅层存放；吊装一段扶梯结束后，利用运营天窗期再运输另一段扶梯。

改造设计充分考量施工现场作业难度，考虑吊钩和预埋件等预留位置，土建施工应提前增加吊钩和预埋件。

2）信号紧停设备防护和列车配合测试验证

结合总体施工进度和信号专业施工内容，信号专业无法一次施工完成，施工围挡期间紧停按钮无法使用，需采取过渡方案，在每次施工完成后进行相应的试验及实车验证，并进行安全防护，确保列车安全运行。因既有紧停按钮安装突出于装修面板，需做好警示标识。

3)对原系统设备的移位及改造

因考虑AFC系统设备专业性强和各制造厂家产品软硬件差异,涉及原系统设备的改移工作由原系统设备制造厂家实施,或到现场配合改造,确保AFC系统、二维码、人脸识别等功能正常,保障运营安全。

小 结

1. 设计

既有车站设备设施复杂、拆改及成品保护难度较大,需提前全面系统地摸清既有设备设施现况,制定安全合理的拆除、利旧、立新以及保护设计方案,最大限度地减少对车站运营的影响;新增扶梯会引起低压配电、通信、综合监控等(与扶梯相关的专业)新增接口,应在既有线改造前设计联络阶段将改造接口统一考虑;既有线AFC改造若一个夜间停运窗口期不能完成,可在次日运营前,在地面改造区域上面做临时围蔽或覆盖板,保证乘客的通行顺利;在改造时设计要考虑其他专业对本专业的影响,强化专业之间设计协调。

2. 施工

施工期间对出入口、站台层及无障碍通道等部分公共区域进行围挡,受作业条件限制,改造时间多为停运后时段,有效施工时间短,组织难度较大,人员设备投入多、成本高,并且所有材料设备、拆除废料等全部由人工转运工效低;施工产生的废水、振动、扬尘等可能引起设备报警、故障,会引起乘客不适甚至投诉,考虑上述问题以及改造工作效率,可研究采用闭站施工的可能性,或施工改造单位在改造设计方案的筹划阶段就提前介入,进行现场摸查,结合各专业特点编制可行的工期计划和施工组织方案。

3. 既有线运营管理

(1)结合运营多部门、专业多和工作职责划分详细的特点,改造工程要明确一个运营总负责人,协调运营各部门、各专业涉及改造工程的相关事宜,精减方案审批及请销点的手续和流程,提高改造工作效率。

(2)运营介入人员要综合统筹考虑各项改造工作现场实际情况,结合运营相关管理制度,优化临时作业点的审批,简化因改造施工中遇到突发问题而修改方案报批的手续,加强沟通,尽可能为改造施工提供便利,确保运营的安全质量。

(3)运营部门牵头负责组织实施既有线旧设备改造后的调试,以及由原设备制造厂家实施的改造内容。

(4)对于改造施工产生的建筑垃圾,需协调轨道车进行集中外运,提高运输效率。

(5)施工期间要提前筹划做好车站告示张贴、客流引导工作。

4. 工期与费用

南稍门车站改造总工期为102 d,因受改造施工条件和工期控制,实体工程量所发生的人、材、机等资源投入比新线高,人工费和措施费占工程造价比例大,实体工程量的改造费用高于新线费用。既有线车站改造的费用,一方面需要套用适合既有线改造的工程定额;另一方面在施工前、中要加强各专业施工之间的协调配合,提前筹划,科学管理,高效施工,节省改造投资。

3.14 带上盖开发场段工程施工技术

3.14.1 概 述

城市轨道交通工程中的车辆段、停车场(俗称场段)是电客车停放、检修、洗刷清扫、定期消毒、调度等重要场所,同时承担所属线路事故救援以及轨道系统、机电系统、供电系统等日常维保任务。大部分单体结构形式与框、排架工业厂房类似,以单层建筑为主,并且咽喉区及出入线有大量分散裸露空地,土地利用率低,总体建筑密度较小,功能较为单一,与周围城市空间和功能缺乏联系,对城市的空间环境、功能结构和交通组织造成了割裂,因此通过技术手段将灰尘、噪声、振动等不良环境影响因素在建筑群体内部消化后，对场段工程裸露占地及大库屋面进行二次开发，不但可以盘活轨道交通沿线存量用地，实现大面积的土地合理集约利用和二次开发的一体化利用，缝合城市伤疤，提升城市形象品质，还能创造更多的经济收益反哺轨道交通，减轻政府财政压力，促进城市轨道交通的可持续发展。目前，对场段工程进行盖上综合开发利用已成为国内外城市轨道交通发展的大趋势。

3.14.2　预留上盖开发场段工程实例

西安市轨道交通已投入运营及在建多条线路都预留了上盖开发条件，鱼化寨停车场等 6 个上盖开发项目正在积极探索和推进盖上二次开发项目落地建设相关工作。据初步统计，西安市轨道交通通过场段工程预留盖上开发条件，已集约利用土地面积约 6 133 亩，积累了一定的预留盖上开发经验，如图 3.88 和图 3.89 所示。

（a）上盖物业开发前效果图

（b）上盖物业开发后效果图

图 3.88　阿房宫车辆段上盖物业开发前后效果图

图 3.89　侧坡车辆段上盖前后效果图对比（左下角为不上盖效果）

3.14.3　工程特点

带上盖开发的场段工程是将运用库、检修库、综合楼、咽喉区、出入线、试车线等众多单体、功能区及室外站场区域采用钢筋混凝土结构板连成一体，建设大屋面平台，然后在大屋面平台上进行二次综合开发项目建设。二次开发项目与场段工程主体共用基础，部分基础及盖下场段工程柱、梁承重构件根据空间转换和结构受力要求，多采用高强度劲性混凝土钢结构形式，解决了结构抗弯承载力、刚度及抗剪承载力问题。

1. 工程规模大，涉及专业多

与常规场段工程项目比，带上盖开发场段工程规模和体量大幅增加。常规车辆段建筑面积一般为 3 万~6 万 m^2，停车场一般为 2 万~3 万 m^2，而带上盖开发车辆段建筑面积均在 10 万 m^2 以上，甚至超过

20 万 m^2,停车场均在 5 万 m^2 以上。例如,5 号线阿房宫车辆段总建筑面积 17.02 万 m^2,各类型桩基近 7 800 根,主体混凝土用量约 45 万 m^3,钢筋用量约 6.4 万 t,型钢用量约 1.2 万 t;6 号线侧坡车辆段总建筑面积 19.58 万 m^2,各类型桩基近 9 400 根,主体混凝土用量约 46.2 万 m^3(上盖开发前设计混凝土用量 2.91 万 m^3),钢筋约 7 万 t,型钢约 1.2 万 t,用钢量相当于 11 座埃菲尔铁塔、12 座水立方。

除站台门、AFC 专业外,正线其他专业场段工程均涉及,由于其功能的特殊性,场段工程还有其独有的站场专业(路基、护坡、道路、围墙)、室外综合管线(含管廊、桥涵)、工艺设备集成、污水处理系统、安防系统、场区景观绿化与照明等,如周边采暖、雨污水等市政设施不完善,还需建设锅炉供热系统及临时雨污水排放系统,相比正线,场段工程涉及专业更多更杂。

2. 交叉作业多,协调难度大

由于场段工程涉及专业较多,土建、装饰装修与机电设备、系统设备、工艺设备以及各功能区之间接口复杂,在设计阶段的联络对接(尤其设备完成招标后)和施工阶段的交叉作业协调难度较大。而且增加上盖后,还需要进行总平面布置、外立面、上盖预留接口(消防及疏散、结构、管网等)技术方案的对接协调,以及盖下与盖上施工界面、费用分担协调。

此外,带上盖开发场段工程因结构形式变化、工程规模大幅增加,材料、设备及劳动力投入也急剧增加,且大量原本露天作业的项目变为盖下有限空间交叉施工,例如路基、咽喉区及试车线和出入线铺轨、咽喉区及试车线和出入线接触网、单体外地下管网和轨旁设备设施等,不但设计方案更复杂,盖下交叉作业和施工组织和协调难度更大。据统计,已投入运营的地铁 6 号线一期侧坡车辆段、5 号线阿房宫车辆段由于工期紧张,在高峰时段,同一时间有超过 3 000 名工人、近百台各类设备同场地施工,增加了施工组织、交叉作业协调以及安全质量、文明施工管理难度。

3. 工期紧张,影响因素多

1)征地拆迁

由于场段工程占地面积大,涉及拆迁范围广,难以一次性交付用地,对勘察设计、施工组织带来较大影响,是影响场段工程工期的首要因素。

2)盖上开发方案

由于盖上二次开发方案受场段所在片区整体规划、土地招拍挂、开发项目立项审批、项目经济分析等诸多因素影响,开发方案不能及时最终确定,而盖下段场段总平面布置、外立面方案、结构轴网、荷载计算、盖上结构预留等均与盖上方案密切关联,因此盖上开发方案对盖下设计方案的影响非常大。此外增加上盖后,场段盖下方案规划审批阶段的消防、环境卫生、交通、人防等专项审查程序更多、更严格、更耗时,对工期也会造成一定影响。

3)文物发掘

西安因历史、文化的特殊性,地下文物、古迹、遗址分布广,文物勘探、发掘工作对地铁建设的工期影响较大,而场段工程因占地面积大,所征收地块多处于郊区或城乡接合部未曾大规模建设的区域,发现文物、遗址的几率更大,用地面积大,文物勘探及发掘工作量也成倍增加,用时更长,一旦探查发现文物、遗迹、遗址,少则半年时间,多则一年以上时间才能完成发掘工作,例如地铁 6 号线侧坡车辆段、5 号线雁鸣湖停车场等,文物发掘时间不但超过一年,还因文物遗址需对场段及上盖开发方案进行大幅调整,因此文物勘探和发掘工作对场段工程工期的影响不可忽略,甚至可能超过征地拆迁、上盖开发方案带来的影响。

4)管线迁改

大多场段地块内有高压、军缆、大管径自来水或燃气等重要管线,由于影响范围大、审批程序复杂等造成迁改不及时,进而对局部工期甚至整体工期造成影响。

5)市政接驳

由于用地和规划,场段工程多处于远郊或城乡接合部,周边道路、市政管网等配套设施滞后于片区规划,往往场段工程建成后市政配套设施还未完成,甚至存在开通几年后还无法提供 2 个独立出入口正常地进行雨污水排放及车站供热等现象,建设过程中不得不采取临时过渡措施来满足运营基本功能需求,极端情况下还需要对供热、排水等设计方案进行调整，对场段工程的正常工期造成一定影响。

带上盖开发场段工程因工程规模大、专业和接口多、施工组织和协调难度大等特点，工期控制较难，加之如上各种因素影响，易造成工期紧迫，如地铁6号线一期侧坡车辆段，原计划2016年11月开工建设，受征地拆迁、军缆及110 kV高压拆迁、文物发掘影响，2019年4月才开始试桩和局部场平工作，2019年10月才全面展开施工，2020年6月完成关键区域文物发掘后组织小咽喉区、出入段线U形槽口施工，后续雨污水、热力管网因市政接驳均无条件，通过自建锅炉房和临时过渡措施解决侧坡车辆段功能需求，对工期造成极大的影响，因此后续建设过程中要充分考虑上述因素对工期的影响，提前做好工程筹划，复杂情况下需采取特殊工期保障措施。

3.14.4 合理工期分析

根据西安轨道交通已投入运营线路和国内场段工程经验，并考虑工期影响因素，场段工程工期可分阶段按如下筹划考虑：场坪、临建、试桩等前期准备工作2个月；文勘及发掘1~6个月，上盖开发方案、管线迁改、市政接驳等对工期影响暂按3~6个月考虑；基础施工4个月；主体结构8~12个月；二次结构、装饰装修、轨道、机电及系统设备安装、调试12个月以上，站场路基、道路、绿化景观及室外综合管线等与装饰装修及设备安装、调试同步穿插施工，考虑工序搭接、其他影响因素等，常规场段工程规模，合理工期一般为18~24个月，带上盖开发场段工程盖下工程工期28~36个月较为合理。

3.14.5 劲性混凝土钢结构施工技术

近20年来，劲性混凝土钢结构在我国发展很快，主要应用于超高层建筑和桥梁工程中，带上盖开发场段工程因首层为地铁生产、运营功能区，层高多在9~15 m之间，而盖上开发项目层高较低，为解决竖向抗侧力构件不连续、体型收进、楼板不连续、刚度突变、盖下功能区空间限制等一系列问题，也大量采用劲性混凝土结构设计方案。如5号线阿房宫车辆段、6号线侧坡车辆段均采用C60、C50高强劲性混凝土钢结构方案，因此劲性混凝土钢结构施工质量既关系盖下地铁功能区质量，也关系后续盖上二次开发项目的质量，是带上盖开发场段工程土建阶段的质量控制重点。

1. 劲性混凝土钢结构构造及特点

劲性混凝土钢结构是把型钢埋入钢筋混凝土中的一种结构形式(图3.90)，并在型钢外表面设置栓钉，增强与混凝土的握裹力，型钢、钢筋、混凝土三位一体，与传统的钢筋混凝土结构相比，具有承载力大、刚度大、抗震性能好的优点，与钢结构相比，具有防火性能好、结构局部和整体稳定性好、节省钢材的优点，可明显降低工程造价，对环境污染较小，符合我国建筑结构发展的方向。

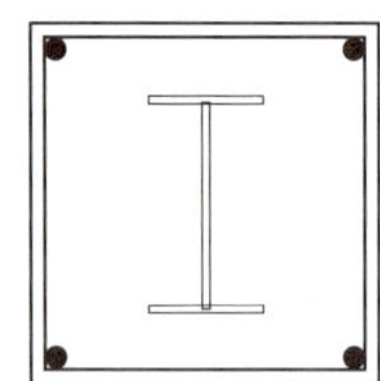
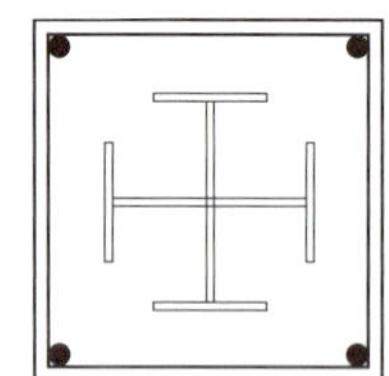
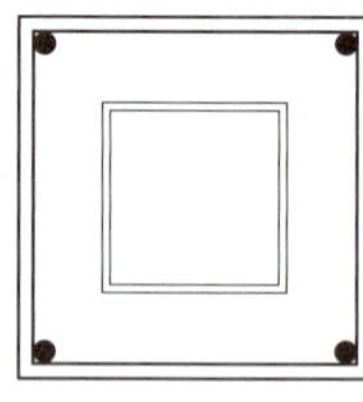
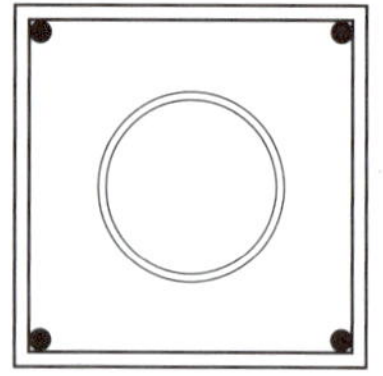

图3.90 劲性混凝土钢结构常用截面形式

2. 劲性混凝土钢结构类别

建筑工程材料中，劲性混凝土钢结构就是由钢骨架外包钢筋混凝土而形成的一种新型组合结构，按照型钢形式不同分为H形、十字形、圆形、矩形劲性混凝土钢结构，在带上盖开发场段工程中，柱采用H形、十字形劲性混凝土钢结构较多，咽喉区柱如为圆形则采用圆形劲性混凝土钢结构，而梁基本都采用H形劲性混凝土钢结构，如图3.91所示。

3. 劲性混凝土钢结构质量控制要点

1)型钢构件的深化设计

常规钢结构需对节点、杆件、小构件、焊接或螺栓等连接方式进行二次深化设计，而劲性混凝土钢结

图 3.91 地铁场段劲性混凝土钢结构实景图

构尚有密集的主筋、箍筋、构造钢筋等与型钢相连或交叉，需开展更为细致的深化设计工作（图 3.92），尤其基础、梁柱节点及预留上盖结构接口处，深化设计过程中，需要考虑运输、吊装的便捷，设置支点、吊点位置和构件，还需要考虑为安装过程提供临时固定节点和构件；此外还需对基础、柱、梁钢筋穿型钢构件进行仔细排布，开孔位置必须避开翼缘板、组合焊缝等关键部位，穿孔孔径应适当考虑带肋钢筋安装时的实际操作需求，一般大于钢筋直径 6~8 mm 为宜。

图 3.92 深化设计应注意的细节构造实景图

2）型钢构件加工制作

劲性混凝土钢结构型钢构件所用材料的规格、尺寸比较特殊，多采用 Q345B 钢材，腹板厚度至少 30 mm，翼缘板厚度多为 50 mm 以上，质量要求比较高，一般需要提前从钢厂订制。构件精度要求也很高，焊缝等级均为一级，材料切割、刨边和铣平、焊接收缩量控制都很关键，故加工制作需要委托有资质的专业钢构件加工厂，并保障加工质量。型钢构件加工制作实景如图 3.93 所示。

3）型钢构件安装

型钢构件安装是劲性混凝土钢结构质量控制的关键环节，单节型钢梁柱重量一般超过 10 t，安装作业属危大工程，除编制专项方案组织专家论证外，宜委托专业厂家负责安装作业，以保证作业安全质量。

图 3.93　型钢构件加工制作实景图

安装前准备工作：一是型钢构件出厂前，监理单位必须组织设计、施工总包、专业分包单位预先对构件进行严格检查验收，并逐一编号，到场后按顺序安装；二是做好安装筹划，结合现场实际制定科学的分区分段安装顺序及方向；三是对基座线位、标高、预埋螺栓等进行核查，确保误差满足精度要求；四是对进入现场通道、作业面吊装条件进行核查；五是安装前确保基层、基座混凝土强度满足设计要求，一般需达到设计混凝土强度的 75% 以上。

安装控制要点：一是根据专项方案确定的顺序按编号组织吊装；二是必须按照深化设计图设置的点位固定吊钩，并按照专项方案确定的角度、构件姿态起吊；三是构件就位后对标高、线位、垂直度进行复核、矫正；四是构件矫正到位后及时采取临时措施固定牢靠，并及时浇筑基础或筏板混凝土，确保永久稳固。

型钢柱、梁钢筋绑扎关键控制点：一是柱、梁接头连接处，梁钢筋需穿过钢骨柱与另一跨梁相连，筋需焊在翼板的加强板上，以免影响钢构件质量；二是钢筋穿型钢构件时，必须从预留穿孔位置穿过，不得私自开孔；三是柱、梁钢筋接头与钢骨架接头位置应错开。

构件定位及梁柱节点部位质量控制如图 3.94 所示。

图 3.94　构件定位及梁柱节点部位质量控制

4）钢骨柱模板的安装

因层高较高、柱截面尺寸较大，钢骨柱模板优先考虑钢模，模板厚度及相关构配件依据荷载计算确定。劲性混凝土钢骨柱柱芯为十字或 H 形钢板，传统对拉穿心螺栓固定模板的方法不易实现，需采取特殊措施。在经设计单位核算后，一般可采用在钢骨柱栓钉上横向间隔焊接 ϕ20 短钢筋，然后再延伸焊接 ϕ18 以上纵向钢筋，用于柱模板加固。

5）型钢柱混凝土浇筑与养护

混凝土浇筑前应测量钢柱与钢梁的垂直度和水平度，以确保钢骨架未倾斜；劲性混凝土型钢柱混凝土宜采用泵送浇筑法，以便进行单层浇筑量和浇筑高度控制，下料自由高度宜 $H \leqslant 2$ m，分层厚度应小于等于1 m;混凝土浇筑密实度是质量控制的关键,除采用振动棒振捣外,还需配合人工敲打模板外壁,或使用附着式高频振捣器具,确保混凝土浇筑密实;混凝土养护宜采用湿润棉毡包裹柱四壁,然后外裹塑料薄膜,每天从柱定插管对棉毡补水,保证混凝土龄期内柱身始终处于湿润环境。

3.14.6 室外综合管线与其他专业同场地交叉作业协调

室外综合管线是场段工程区别于正线的作业项目,存在大量交叉作业和工序顺接,作业过程中要根据现场实际情况,合理安排施工顺序,确保施工顺利进行,减少相互干扰和返工现象。主要从以下几个方面做好协调和工序安排:

(1)室外综合管线施工要提前做好筹划,与单体工程施工组织协同考虑,一般分区域、分段进行,尽量不大面积开挖,避免造成场区内交通中断而影响整体进度。

(2)土建专业应优先完成运用库、检修库前与线路垂直的箱涵作业,为后续路基工程、室外给排水、采暖及弱电专业提供条件。

(3)综合管线作业有过轨过路预埋管道的,在路基工程施工前先行预埋,避免遗漏。

(4)同一区域的各专业管线按照由深到浅的原则逐步施工,避免重复开挖互相破坏、互相干扰。

(5)从以下几个方面加强室外综合管线施工质量控制、成品保护:

①土建专业负责各专业沟槽、管井、预埋件的预留,其他专业应提前或在过程中及时核对,保证各种设备、管道的安装条件,避免返工。

②各专业管线的线位、标高要提前与土建专业核对,存在冲突的由管综设计进行统一调整,以免返工。

③各专业必须确保管线回填质量,以保证路基、道路等后续工序质量,后续工序施工时注意对各专业检查井、地下构筑物及其他设施的保护,必要时进行防护,避免成品破坏。

3.14.7 工艺设备安装及调试

地铁场、段工艺设备主要包括洗车机、吹扫设备、架车机、天车、不落轮旋床、轮对及受电弓动态检测系统等,专业性强,部分设备精密度较高,对土建提供的安装作业时机及场地条件要求较高,需从以下几个方面强化施工技术管理,保证设备安装质量:

(1)出图前组织设计、厂商做好充分技术对接,厂家提资及设计反馈均需相关各方书面确认,确保土建、风、水、电等专业预留接口、预埋件、预制构件等准确无误。

(2)完成设备招标后组织设计、厂商、土建及相关施工和监理单位对图纸、用户需求书、设备说明书、相关协议进行详细交底和逐一核对,明确各自界面,并对预留接口、预埋件、预制构件、线位、标高等再次确认。

(3)组织各工艺设备安装单位、供货单位提前制定各自生产和供货计划、施工计划、安装方案,建立设备安装组织和协调机制。设备生产过程中可安排专人到厂家对设备生产进度、质量进行监督,设备进场前对设备的型号、数量、配件进行开箱验收,避免设备零件缺少或损坏造成无法使用和返厂,耽误安装时间。

(4)供货前组织各方对设备基础预留、预埋、孔洞、线位、标高、尺寸等进行检查验收、确认并移交,并对设备进场运输通道、安装场地进行检查确认,需通过轨行区运输的设备做好计划报批工作。

(5)设备安装前对作业人员进行安全和技术交底。

(6)设备安装过程中,及时组织每道工序的检查验收,确保安装质量,提高调试效率。

3.15 测量、监控量测管理及新技术应用

西安轨道交通参照广州、南京等一线城市测量监测的管理模式,根据工程实际需要,于2007年制定发布了《西安市城市快速轨道交通工程施工测量管理办法》,办法明确规定西安轨道交通测量监测实行四级分级管理,即施工测量单位、监理测量监测单位、测量监测单位、业主主管工程师四级,各个层次的人员和仪器必须有保证并相对稳定。根据1、2号线土建施工管理情况,为使西安轨道交通工程严格按设计

要求施工,确保全线准确贯通,主体结构、车站装修及设备安装空间位置准确,更好地协调各有关单位在轨道交通工程测量、监测工作中的合作关系,根据西安轨道交通工程施工监理管理有关规定,于 2011 年制定《西安地铁工程测量、监测管理办法(暂行)》(市地铁司发〔2011〕94 号)。在 3、4 号线完成的基础上,为确保西安轨道交通工程施工线位按设计准确贯通及建(构)筑物、轨道按设计准确就位,规范和加强轨道交通工程施工过程中的测量管理,防止因施工测量造成工程质量问题,于 2019 年制定下发《西安轨道交通工程施工测量实施细则》。为确保西安轨道交通工程在初期运营前及时建立全线的变形监测体系,为运营阶段的变形监测提供基础资料,保持监测工作的连续性,于 2020 年制定补充文件《西安轨道交通工程初期运营前结构变形监测管理办法》(市轨道交通发〔2020〕26 号),完善对初期运营前结构变形监测的管理。同时,主编陕西省工程建设标准《西安城市轨道交通工程监测技术规范》(DBJ 61-98—2015),于 2015 年 7 月 1 日实施,主编西安市地方标准《城市轨道交通下穿铁路监测技术设计规范》(DB6101/T 3100—2021),于 2021 年 4 月 16 日实施。

3.15.1 测量检测管理

1. 交接桩制度

在开工前建设单位组织由测量检测单位、首级网建立单位、总体总包参加的现场交接桩,然后建设单位组织测量检测单位向施工、监理单位交桩,各方履行交接桩手续,并签署交接桩记录及"涉密基础测绘成果安全保密责任书"。施工单位接桩后,必须对接到桩点进行复测和保护。工程后期,施工单位须向建设单位移交经测量检测单位检测合格的测量控制点;铺轨单位须向建设单位移交经测量检测单位检测合格的铺轨控制基标。

2. 施工测量多级复核

参与建设的施工、监理、测量检测及其他相关单位承包商必须建立健全的内部多级复核制度,按照管理办法及合同履行责任和义务。控制测量须经施工单位上级部门精测队或其委托的具备相应资质的测量单位(由总监理工程师审核批准)复核,细部放样测量工作必须施行双检制度,监理工程师对施工单位的控制测量须旁站监理并独立计算,施工过程中的测量放样及其他测量工作须按有关要求进行测量抽检。测量检测单位对施工单位报审的测量资料以及控制网复测资料经监理审批确认后对资料进行审查。

3. 培训、交底及例会制度

工程开工前及分项工程开工前,施工单位项目部须针对分项工程特点对测量技术人员进行技术培训和现场交底,测量检测单位对施工单位、监理单位进行技术培训和交底。建设单位每月组织召开由施工单位、监理单位、测量检测单位参加的测量例会。

4. 施工测量检测

施工过程中施工单位每 3 个月组织一次本标段内控制点的复测工作。测量检测单位每年定期对 GNSS 控制网、精密导线网和精密水准网进行复测,对于存在地裂缝和沉降漏斗的部分,地铁线路的控制网复测频率应有所提高。

明挖车站:测量检测单位须复核围护结构第一根桩设计中心线或第一幅连续墙设计中心线两端点,以及整个车站围护结构两端的设计中心的四个角点。车站主体完工后须保留至少 6 个平面控制点(左、右线各至少 3 个)及至少 3 个高程控制点。

浅埋暗挖法区间:暗挖竖井锁口圈梁放样、暗挖隧道洞门放样须经测量检测单位测量检测合格。在隧道开挖至 50 m 处、100~150 m 处和距离贯通面 100~150 m 处分别进行一次包括联系测量、地下导线及水准在内的检测,隧道掘进 700 m 后(含 700 m),每 500 m 采用钻孔投点或陀螺定向法校核方位。浅埋暗挖法施工区间开挖到 50 m 检测一次隧道线路中线、初支断面(每 5 m 检测一个断面),以后隧道每开挖 200 m 检测一次隧道线路中线、初支断面(每 10 m 检测一个断面)。

盾构法区间:盾构始发或接收竖井锁口圈梁放样、盾构洞门钢环放样、盾构始发基线测量、始发姿态测量等须经测量检测单位测量检测合格。在隧道掘进至100 m处、300 m处和距离贯通面150~200 m处分别进行一次包括联系测量、地下导线及水准在内的检测,隧道掘进800 m后(含800 m)每500 m采用陀螺定向法校核方位。盾构法区间施工过程中易出现盾构掘进姿态的偏差,规定掘进过程中施工单位须实测每一环的隧道中线,每天向监理测量工程师申报一次管片姿态测量成果,定期人工测量盾构机姿态报测量监理工程师,施工区间进洞掘进10环后检测一次隧道中线、断面(10环全检),以后隧道每掘进300 m检测一次隧道中线、断面(每10 m检测一个断面)。同时要求施工单位每天测量盾构管片姿态并报监理备份,建设单位宜组织每周召开盾构施工专题会。

高架桥梁区间:施工中的第一根桩设计中心、其余地段(含缓和曲线段)承台(含桥台)中心按20%比例由测量检测单位进行抽检。

5. 初期运营前结构变形监测

初期运营前结构变形监测的主要内容应包括线路隧道、车站、高架桥梁、路基和轨道结构的竖向位移监测,以及线路隧道结构的净空收敛监测。设计单位根据线路结构形式、地质和环境条件向测量检测单位提供具体的监测技术要求,包括监测项目、监测点位布置要求等;测量检测单位应结合轨行区安全管理办法及设计单位提供的监测技术要求编制监测方案, 监测方案由建设单位组织专家进行评审,评审通过后方可实施。

初期运营前结构变形监测点的布设:在直线地段宜每100 m布设1个监测断面;在曲线地段宜50 m布设1个监测断面;道岔宜在道岔理论中心、道岔前端、道岔后端等结构部位各布设1个监测断面;车站与区间衔接处、隧道、高架桥与路基之间的过渡段应有监测点或监测断面控制,高架桥梁的每一桥墩均应布设竖向位移监测点。

初期运营前结构变形监测从轨道铺设开始至初期运营前止,频率宜每3个月监测1次,当线路结构变形较大时,应加大监测频次。监测工作完成后,由建设单位组织测量检测单位向运营单位移交足够数量的合格监测基准点及监测点,建设阶段的《第三方监测总结报告》及《初期运营前结构变形监测总结报告》由建设单位归档并向运营单位移交。

3.15.2 监控量测管理

为了确保西安轨道交通建设工程安全有序生产,响应国家“风险”“隐患”双预控的号召,西安市引入第三方监测机制,实施四级管理模式,旨在规范和协调各相关单位在工程监测中的工作准则和关系,达到为业主及有关参建单位对可能发生的安全隐患或事故进行及时、准确地预报,动态指导施工,为结构优化设计提供可靠的数据依据之目的。

1. 树立管理目标

对城市轨道交通建设工程的监测进行如下科学管理:

(1)督促各类监测工作达到规范化和标准化。

(2)统一施工监测与第三方监测的标准和要求。

(3)促进监测方法和手段先进、可靠。

(4)通过分析监测结果,判断风险点变化趋势,实现预测和预报功能。

(5)信息反馈及时、准确。

2. 管理的依据

严格按照国家相关法律、法规,通过招标选择具有相应资质等级的第三方监测、监理、施工监测单位等,建立轨道交通建设工程的监测管理体系,管理主要依据如下:

(1)有关合同文件。

(2)有关法律、法规、规范、规程。

(3)轨道交通建设公司及所属部门管理办法等。

(4)岩土工程详细勘察报告。

(5)围护、支护结构设计文件及设计变更、补充通知等书面文件。

(6)施工组织设计及专项方案以及变更、补充通知等书面文件。

(7)安全风险评估报告。

(8)沿线环境调查报告(含工程周边地形图和周边环境平面图)。

(9)相关专家意见、建议。

3. 明确管理内容

监测主要由监理、第三方监测、施工监测单位三个层次组成,各单位的人员和仪器相对独立、稳定,各司其职,其中第三方监测单位在监测实施过程中居核心地位,管理重点如下:

(1)编制第三方监测管理的办法和细则。

(2)审查和优化施工监测方案,监测中侧重于环境安全,监测项目以保障安全为基础进行统筹安排,兼顾施工安全。

(3)监督校验施工方监测数据是否真实可靠,对施工方案、仪器、人员和数据处理分析进行审查并进行技术指导。

(4)对监测过程中存在的问题和发现的异常现象进行分析和鉴别。

(5)进一步分析和整理第三方监测的数据,提供客观、公正的监测数据,及时进行信息的反馈,预测和预报安全风险的趋势。

4. 管理实施总结

第三方监测、监理、施工监测与土建施工同步进行,监测数据才能及时反映建(构)筑物及施工场地的实际变形程度或变形趋势,为安全管理人员分析在施工工程及其周边环境发生安全事故的风险和趋势提供可靠的依据,并根据风险分析结果及时拟定、采取防范措施,才能有效避免安全事故的发生。西安轨道交通多年监测工作经验总结如下:

1)顶层设计是基本面

地铁工程监测项目应与工程设计、施工方案相匹配,结合相应的地质条件及周边环境,针对监测对象的关键部位,做到重点监测、项目配套,形成有效、完整的监测系统,应重视图纸会审,发现监测问题及时沟通。

2)测点布设、标识保护标准化

由施工单位进行全部监测点布设,做到类型、编号、标识统一,推动现场测点布设、标识保护标准化。

3)监理监控,三方抽检

监测点的布设是监测工作的一项重要工作。施工单位布设监测点,监理单位把控监测点埋设过程及质量,完成后由第三方监测单位、监理单位、施工单位一起对点位进行联合验收并采集初始值。

4)优化测项,突出重点

监测项目要有针对性,做到“有的放矢”。由监理单位组织施工单位及第三方监测单位根据监测项目的不同特点,分门别类,辨析重点风险点,确定重点监测项目和辅助性监测项目,对于重点监测项目应高度重视,加强监测,关键部位加密布置监测点,对于辅助性监测项目则可以适当地降低监测布设密度和频率。

5)常规受限,自动手段

常规的监测方法由于受监测精度、监测方法、区域限制(如城市交通要塞、军事禁区、铁路沿线等)等影响,监测效果不理想或无法监测。在环境复杂、常规监测难以实现的区域实施自动化监测。

6)人工巡视,提高认识

仪器的监测很难覆盖整个工程,其范围有限,对于问题的判定也是机械的,其监测还存在着很多的不足,而人工的现场巡视可以有效地对工程的整体及细节部分进行一定的把控,有效地弥补了仪器监测的不足。

7)落实管理,有奖有罚

监测点占压、破坏是目前在建地铁监测存在的最普遍问题,特别是一些预埋点(如桩体水平位移测点)一旦破坏,恢复难度大、成本高。此类情况,多次联系催促仍不改正的情况时有发生,管理办法中补充了针对此类问题的处罚措施。

8)加强培训,持续提高

对监测方面的相关技术人员与现场施工人员以及管理人员的规范化培训,也是非常必要的。第三方监测单位开工前对施工、监理进行技术交底。施工单位定期对各分部的相关工作人员进行专业培训,以提高参建单位的监测技术知识。通过培训学习,培养具有相应技术的人才,持证上岗,为工程的监测质量提供了保障。

3.15.3 新技术应用

1. 三维激光扫描技术

三维激光扫描技术是近年来发展起来的一项新技术,它是继国外 GPS 技术之后引进的一种高效、稳定、自动化的监测技术,具有非接触测量、获取大量点云数据、扫描范围宽等特点,已经在许多领域得到了应用。三维激光扫描技术的原理是利用激光光学测距法,即激光发射器将激光束发射到待测物体表面,通过棱镜扫描待测物体,计算激光脉冲到被测物体后返回仪器所需时间的距离,并结合水平角度和垂直角度,利用三角函数公式计算各点云的三维坐标值,并根据需要建立被测物体的真实三维模型,对被测物体进行相应的分析。

利用三维激光扫描技术扫描成型隧道,利用软件生成云数据,可以计算成型隧道的椭圆度、水平收敛、环间错台、渗漏水等情况,同时也可以对隧道的病害进行调查治理。测量精度能够得到保证且在数据采集完成后能够实时根据点云数据对隧道及车站断面进行加密而无须外业重复作业,完全能够满足调线调坡断面测量的需求。随着城市轨道交通在不同地区的快速发展,加上测绘技术手段的日新月异,三维激光扫描技术必将在地铁中得到广泛应用。地铁 5、6、14 号线已经通过三维激光扫描技术对成型隧道的椭圆度、水平收敛、环间错台等进行了计算。通过对运营前线路的成型隧道三维激光扫描,可以得到运营前隧道成型的原始状态的椭圆度、水平直径、管片错台、渗漏水等情况,可以有针对性地对区间进行病害分析研究,制定每环的处理措施,为后期运营提供真实的数据。

2. CPⅢ测量技术

CPⅢ控制网是沿线路布设的三维控制网,一般在隧道贯通或桥梁线下工程施工完工后进行测设,为轨道铺设、轨道精调提供统一的控制基准。CPⅢ控制点位一般成对布设于线路两侧,点间距根据线路具体情况一般布设为 30~60 m;CPⅢ控制网主要是铺轨控制点起闭于地铁地下或高架导线控制网和高程控制网,按照自由设站后方交会的原理进行施测;利用马达驱动的自动照准全站仪采用自由设站、边角交会网的测量方法进行观测,改变了传统控制网测量需要提供起始边的作业模式。CPⅢ控制网测量通过相邻测站重叠观测多个 CPⅢ点,获得测站和 CPⅢ点间的强相关性,在每个测站点进行多目标多测回测量,以减小观测误差,从而实现 CPⅢ控制点间较高的相对精度,同时联测 CPⅡ控制点(在地下和高架贯通控制点基础上引测的控制点)或 CPⅠ控制点(即地下和高架贯通控制点)。2015 年地铁 3 号线局部率先利用 CPⅢ技术进行铺设轨道,后续地铁 4、5、6、14 号线都采用了 CPⅢ技术铺轨,CPⅢ技术在西安轨道交通工程得到全面应用。

3. 测量机器人自动化监测

随着国家构建国内国际双循环的新发展格局,深化供给侧结构性改革,充分发挥超大规模市场优势和内需潜力,国家基建工程的大力建设,城市轨道交通工程、市政工程、铁路工程及相关改扩建等一系列工程的开工建设,影响既有运营线路或保护区范围内的项目势必会越来越多,为了及时掌握工程自身及周边环境、建(构)筑物的受力变形特征,确保工程自身及运营线路的安全,常规的人工监测无法满足现场工程的需要,而自动化监测技术能够高频率实时监测,并且能够保证监测数据实时传输、实时整理分析,及时指导施工;同时,随着人工智能、大数据、物联网、5G 技术的大力发展,自动化监测技术将逐步替代常规的人工监测。

地铁4号线火车站站及南竖井施工影响国铁西安火车站，采用28台全自动测量机器人进行自动化监测，4号线元朔路站—北客站盾构区间下穿西宝、西成客专涵洞，采用22台全自动测量机器人进行自动化监测，确保了工程自身及运营铁路的安全，保证了地铁4号线的顺利贯通及运营，极大地提高了自动化监测的技术水平，并且以此项目为背景编制了西安市地方标准《城市轨道交通下穿铁路监测技术设计规范》(DB6101/T 3100—2021)。

4. 光纤传感与监测技术

光纤传感器(Fiber Optical Sensor)是20世纪70年代中期发展起来的一种基于光导纤维的新型传感器。它是光纤和光通信技术迅速发展的产物，它与以电为基础的传感器有着本质区别。光纤传感器用光作为敏感信息的载体，用光纤作为传递敏感信息的媒质，因此它同时具有光纤及光学测量的特点。光纤传感技术具有（准）分布式、长距离、实时性、耐腐蚀、抗电磁、轻便灵巧等优点，特别是光纤光栅传感技术和分布式光纤传感技术自20世纪90年代被发展和应用以后，美国、加拿大、日本、德国及英国等发达国家纷纷将光纤检测技术应用于大坝、桥梁、电站、隧道及高层建筑物等大型民用基础设施的安全检测中，取得了令人鼓舞的进展，展示了光明的前景。光纤传感与监测技术在国内的各个工程领域已经得到了大量应用。

依据工程需要，采用拉线式光纤光栅位移传感器组成地铁运营线路地裂缝段自动化变形监测系统，在f_6、f_6'、f_{11}地裂缝带实施点式—组网的精确位移自动监测，在变形缝上每个选定的位置，布设一组3只光纤光栅位移传感器，对地铁隧道裂缝带实施点式—组网的精确位移自动监测。当光纤光栅位移传感系统启动后，可以对隧道内各个变形缝上选定位置处的位移变化状况实施全天24 h的实时、自动监测。通过位移变化记录的对比，可以获得列车通过裂缝带时对变形缝上位移变化的影响。在每日、每周、每月乃至每年累计的数据基础上，解调仪—计算机绘制出各观测点的垂向位移、水平拉张和水平扭动的演变曲线。当单次位移变化测量值或某周、某月的位移积累值超出事先的设定值时，解调仪—计算机会给出警示或报警信号。监测数据显示，列车行进中带来的结构振动和大的气流，造成了光纤光栅位移传感器检测位移量的微小变化；在列车通过后，这些位移传感器的位移检测值回归正常。这种现象，可以显示出光纤光栅位移传感系统进行监测的灵敏程度。无车通过时和有车通过时光纤传感系统监测值的差异，也可帮助我们了解列车通过裂缝带对裂缝位移自动监测的影响大小。

3.16 桥梁施工技术

3.16.1 概　　述

随着西安轨道交通建设的快速发展，城市骨架进一步拉大，连接主城区至城市外围组团、新城、城市副中心等高架线路将越来越多。对于跨越既有铁路线路，高速公路等不间断通行限制的高架桥梁转体施工技术以及跨越高速公路、市政快速路、重要河流等无法搭设支架的现浇梁悬浇法施工应用越来越广泛，相关施工控制技术越来越重要，同时桥梁支座在设计及施工中未引起足够重视，在运营过程中往往出现支座钢板变形、支座方向安装错误、支座转角超限、支座及位移超限等病害，对后期运营造成安全隐患。本节重点对现浇梁悬浇法、桥梁转体施工关键技术以及桥梁支座病害及防治进行介绍。

3.16.2 现浇梁悬浇法施工

1. 概述

现浇梁悬浇法用于跨越河流或既有道路的桥梁上部施工，利用已浇筑的墩顶0号段安装挂篮，利用挂篮对箱梁进行悬臂现浇施工(图3.95)。在挂篮上进行节段的模板、钢筋、管道安装和混凝土浇筑及预应力张拉、管道压浆等作业。

2. 施工方法

悬臂现浇梁施工挂篮一般采用三角形挂篮。三角形挂篮主要由主桁系统、底篮系统、行走及锚固系

图 3.95 现浇梁悬臂浇筑

统、模板及调整系统和附属结构组成。其作业原理是钢筋、混凝土、模板荷载通过吊带和吊杆吊挂在已浇段梁部及主桁前端上横梁上。主桁支承于已浇梁的顶面,并通过竖向筋锚住不平衡力矩。挂篮走行时,主桁通过后勾板倒扣于走道梁上,走道梁通过与梁顶板的锚固提供反力及不平衡弯矩。模板通过吊环吊挂在内外导梁上滚动,内外导梁通过倒链提供反力向前走行。

3. 施工控制要点

1)挂篮预压试验

挂篮预压主要检验主桁架受力性能、销座及销子、吊带受力以及确保挂篮正常工作,挂篮加载荷载为箱梁自重的 1.2 倍,按预压荷载的 60%、100%、120% 三级进行,预压荷载分布与施工荷载基本一致,加载重量偏差应控制在同级荷载的±5% 以内。加载过程中如发生异常情况立即停止加载,经查明原因并采取措施保证挂篮安全后方可继续加载。

2)节段悬浇施工挠度控制

节段悬浇施工挠度是控制成桥线形最主要的依据,应在施工过程中进行挠度监测,每节段施工后,整理出挠度曲线进行分析,及时准确地控制和调整施工中发生的偏差值,保证箱梁悬臂端的合龙精度和桥面线形。合龙前将合龙段两侧的最后 2~3 个节段在立模时进行联测,以保证合龙精度。

3.16.3 桥梁转体施工

1. 概述

桥梁转体常用于跨越铁路既有线施工,在铁路一侧完成梁体浇筑后,利用墩底或墩顶的转体装置在铁路运营的“窗口期”完成跨越铁路的施工,优点是对铁路既有线影响较小。

2. 施工方法

1)转体结构概况

转体结构由下转盘、球铰、上转盘、转体牵引系统组成。球铰系统主要由上球铰、下球铰及下球铰骨架、固定上下球铰的钢销轴、撑脚、滑道等部件组成,如图 3.96 所示。在下承台顶面设置环形滑道、助推反力支座、牵引反力支座等设施,在上下承台之间布设有销轴的转动盘(球铰),上下球面板设置圆柱形滑块,上球面板顶面与托盘相连,托盘上设置转盘,采用钢管混凝土作支撑,对称预埋钢绞线作为牵引束,在转盘上浇筑上承台。

2)球铰系统

球铰安装时需考虑重心位置,球铰结构尺寸布置仍按绕轴心转动后几何中心布置,施工过程中亦按绕轴心转动几何中心控制。重心位置偏差最终经称重试验确定后配重解决。球铰定位如图 3.97 所示。

3. 施工控制要点

转体结构旋转前要做好人员分工,根据各个关键部位、施工环节,对现场人员做好周密部署,各司其

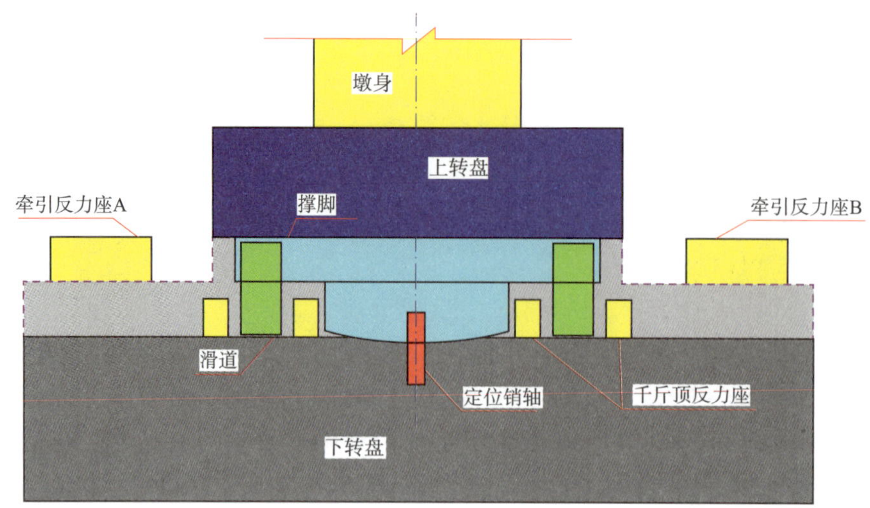

图 3.96　转体结构示意图

图 3.97　球铰定位图

职,分工协作,由现场总指挥统一安排。

(1)转体过程需采用连续测量,及时提供测量信息。

(2)通过试转,分析采集的各项数据,整理出控制转体的详细数据。

(3)转体转动过程中,保证要连续,使要点前、要点过程和要点后连续起来,达到一次到位,中间尽量不停止。

(4)结构转体就位后,测量人员测量转体过程中箱梁标高变化,利用转盘底设置的千斤顶精确地调整梁体端部标高,结构精确就位后,对结构进行约束固定。

3.16.4 桥梁支座病害及防治

1. 概述

桥梁支座是连接桥梁上部结构及下部结构的重要部件，它能将桥梁上部结构的反力和变形（位移和转角）可靠地传递给下部结构，从而使结构的实际受力情况与计算的理论图式相符合。在现场施工中往往因施工不够精细、设计意图理解不清、未按验收程序认真把关等造成安装好的支座未达到设计要求，对后期运营造成隐患。

2. 常见病害

（1）支座方向安装错误、纵向支座垂直线路安装，如图 3.98 所示。产生的原因：施工单位技术交底不清晰，过程管控和工序验收缺失，施工人员责任心不强。

（2）桥墩固定支座下底板角钢板变形形成“三条腿” 造成受力不均匀，如图 3.99 所示。产生的原因：墩顶垫石浇筑平整度不满足桥梁支座安装要求；采用支座灌浆料固定支座时，未对支座平整度进行精调。

图 3.98　支座方向安装错误

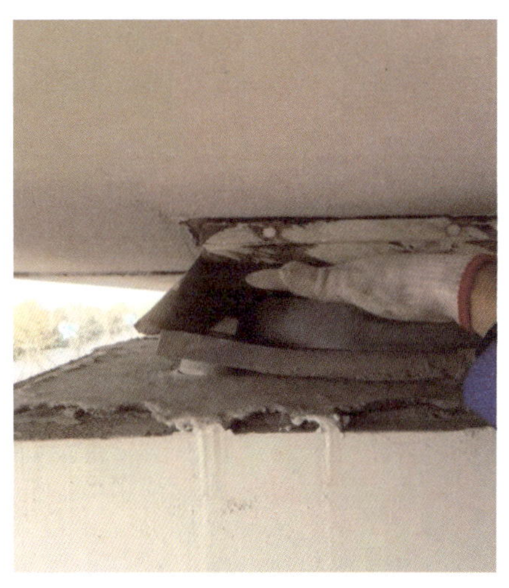

图 3.99　下支座板变形严重

（3）固定支座与纵向支座上支座板与下支座板四角存在高差，造成支座转角超限（设计转角为 0.02 rad，四角高差为 2 mm），上支座板螺栓拧入深度不足，如图 3.100 和图 3.101 所示。产生的原因：支座安装精度不达标造成偏压，上支座板锚栓安装时未拧紧。

图 3.100　支座转角超限

图 3.101　锚栓拧入深度不足

(4)固定支座与纵向支座上支座板与梁体底部预埋材料不符合要求,造成支座与梁体底部存在较大空隙,如图 3.102 所示。产生的原因:现浇梁底与上支座板间混凝土楔形块未按设计要求施工,浇筑混凝土振捣不密实,造成压裂或者空鼓。

(5)下支座板与墩顶垫石间存在灌浆料强度不足(图 3.103)、厚度不足的情况。产生的原因:自流平支座灌浆料浇筑后未达龄期产生负重或者违规使用不合格灌浆料。

图 3.102　支座与梁底缝隙

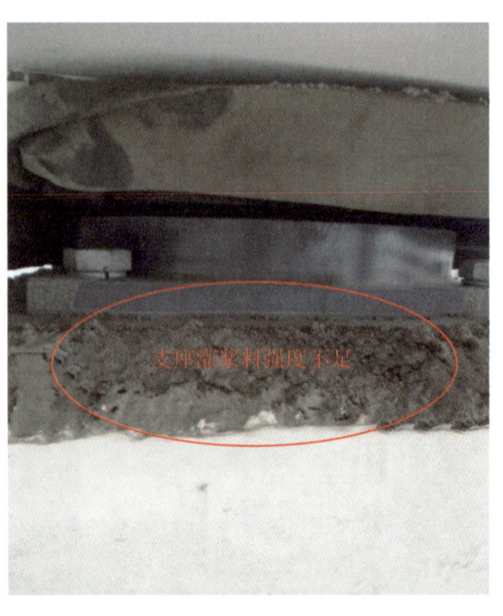

图 3.103　灌浆料强度不足

(6)支座螺栓孔深度未达到设计要求、螺栓未按设计数量安装,如图 3.104 和图 3.105 所示。产生原因:施工单位技术交底不清晰,过程管控和工序验收缺失,施工人员责任心不强。

图 3.104　锚栓孔深度不足

图 3.105　上支座板锚栓未安装

(7)设计为一端两个固定支座和另一端两个纵向活动支座,现场安装为四个固定支座或四个纵向支座。产生的原因:施工单位技术交底不清晰,过程管控和工序验收缺失,施工人员责任心不强。

(8)支座或墩顶垫石未按设计及规范施工,支座位移超限后破坏两侧限位块,失去纵向支座限制功能。产生的原因:采购的支座质量不合格,支座进场验收不严。

3. 支座安装病害防治

(1)安装前充分理解设计意图,严格按照设计施工,安装前做好技术交底,严格过程质量管控和工序质量验收。

(2)支座上各个部件纵、横向必须对中。当安装温度与设计温度不同时,纵向支座各部件错开的距离必须由计算确定。支座上下板螺栓的螺帽应安装齐全,并涂上黄油,无松动现象。

(3)要精确找平垫石顶面,准确定出下支座螺栓位置,并检查其孔径大小和深度,用高等级灌浆料锚固螺栓。

(4)桥梁支座锚栓的规格、质量、埋置深度和外露长度必须符合设计要求和相关标准的规定。

(5)锚栓固结应在支座及锚栓位置调整准确后及时进行,锚栓孔填料种类及质量应符合设计要求。支座与梁底、支座与支承垫石之间应密贴无缝隙,各支座应均匀受力。

(6)如果风力较大,在灌浆料灌注完毕,应及时采用蓄水和覆盖土工布对支座灌浆料保湿养护不少于3 d,同时在四周设置棉布围挡,防止水分蒸发过快出现开裂现象。

3.17 大直径雨污水管道水下截流导改技术

3.17.1 概 述

随着城市轨道交通建设的不断发展,地下管线的迁改已成为工程建设中至关重要的一项工作,直接影响轨道交通实体工程的实施。5、6号线等线路在建设期间,以及8号线的多处车站及区间工程涉及各类管线迁改,数量众多,迁改工作量大、难度高,其中5号线建设过程中西窑头车站污水管道改迁尤为复杂。

3.17.2 5号线西窑头车站管线迁改概述

如图3.106所示,5号线西窑头站位于昆明路西段,沿昆明路主干道东西方向布置于道路下方,车站形式为地下三层岛式车站,共设4个出入口、2个紧急疏散口和2组风亭,车站总长155.2 m,标准段宽19.9 m,顶板覆土3.5 m左右,底板埋深23.96 m。站位南侧为创业水务公司,北侧为西郊区域主要排洪通道——大环河排洪明渠,周边环境复杂,管线众多,施工难度较大。

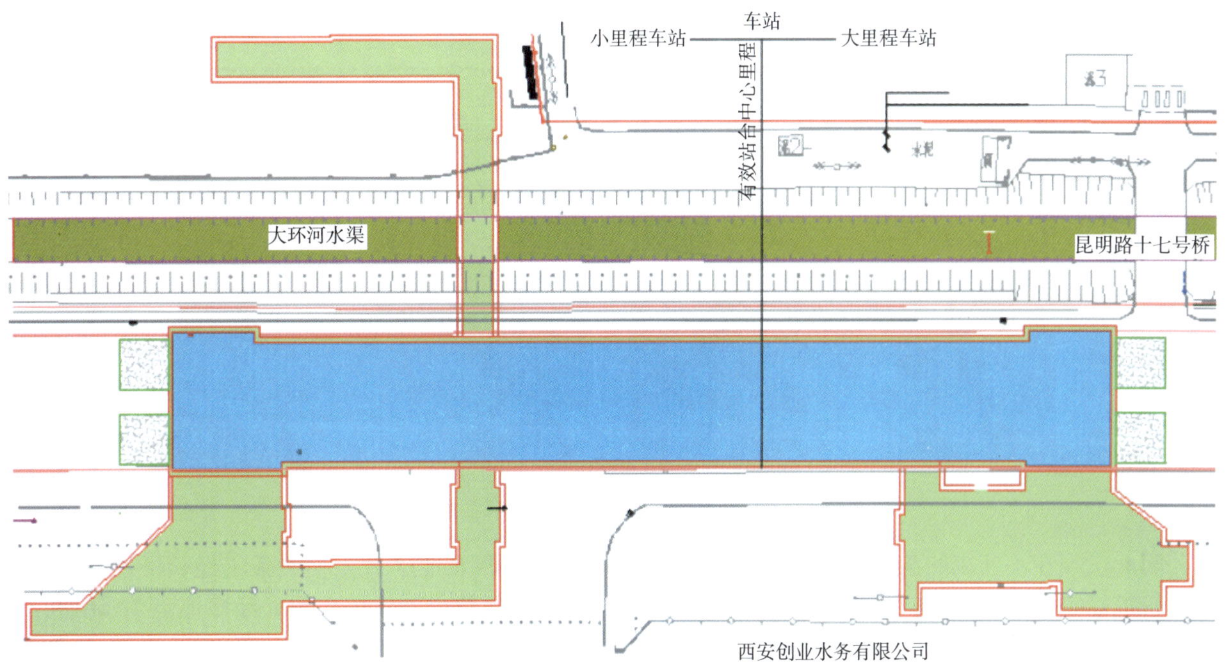

图3.106 西窑头站平面布置示意图

车站主体施工前须进行多次交通疏导,并对车站范围的给水、热力、天然气、雨水、污水、弱电等多种管线进行迁改。其中直径 2 400 mm 和 1 800 mm 的两条污水管道位于车站主体基坑南侧,沿车站纵向埋设,主体施工前须进行迁改。该管道为西郊区域排污干管,从车站南侧接入西安创业水务有限公司进行污水处理,改迁范围位于管道末端,管道内水位较高且水压较大。经与管道产权单位西安城投投资发展有限公司、维护单位西安市市政建设(集团)有限公司、污水处理单位西安创业水务有限公司多次对接,须在保证管道正常运行及污水正常处理的前提下进行迁改,有别于传统重力流管道使用的高压气囊封堵截流方式,此次在不断流的条件下对大直径管道进行截流尚属首次,暂无相关施工经验可借鉴。

3.17.3 管道截流施工新技术引进

1. 截流方案及新技术概述

D1800 及 D2400 两条污水管道位于西窑头车站主体基坑南侧,综合车站交通导改、周边环境、地下管线分布、后期附属结构施工、保证该两管道使用功能等因素,最终确定为将两条污水管道合并为一条 D2400 管道,迁改至车站Ⅰ、Ⅱ号出入口及风亭结构南侧,如图 3.107 所示。新管道采用顶管法施工,共设 6 处工作井(图 3.108),1 号和 6 号工作井作为新旧管道碰口接驳井,在此处进行管道切割、截流和封堵,内设隔墙,并安装隔板。由于污水管上方恰有一道 DN500 次高压燃气管道,增加了污水管道切割、吊装难度及风险,施工前进行了安全方案专项评估。

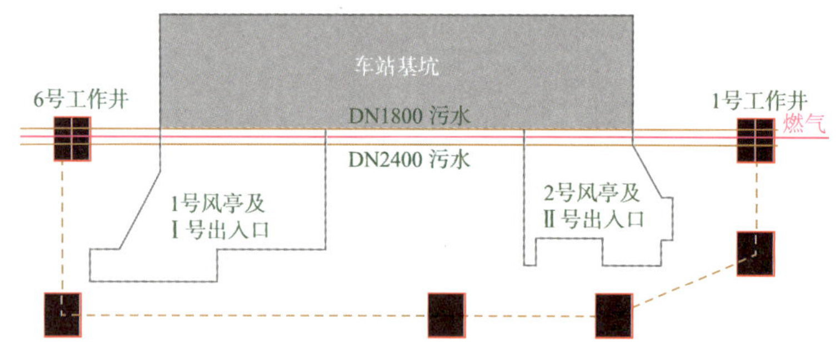

图 3.107 西窑头站污水管道改迁示意图

图 3.108 工作井

因此次须在不断流的条件下对大直径管道进行截流封堵,西安地区暂无相关施工经验可以借鉴,为破解管道切割,阀板水下安装、封堵等难题,业主组织主体施工单位中铁上海工程局经多地走访、调研,结合南方沿海城市污水箱涵施工经验,最终确定采用潜水员(俗称蛙人)水下配合作业技术,安全、高效地完成了管道切割、截流工作。

2. 管道切割、截流施工准备

1、6 号两处工作井为新旧管道的接驳井,承担管道切割、截流、封堵等工作。施工准备阶段安排专人分时段对管道上下游水位进行观测，尽可能选择管道内水位较低时间段进行水下切割、吊装、封堵作业。根据观测，管道最高水位出现在 10:00 至次日 3:00，距地面最小距离为 1.23 m，如图 3.109 所示；最低水位出现在 3:00 至次日 10:00，距地面最小距离为 3.2 m，如图 3.110 所示。

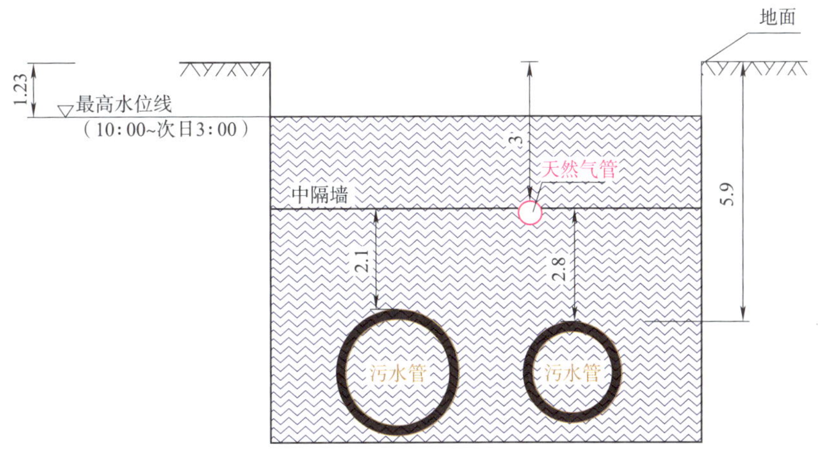

图 3.109　最高位水位示意图（单位：m）

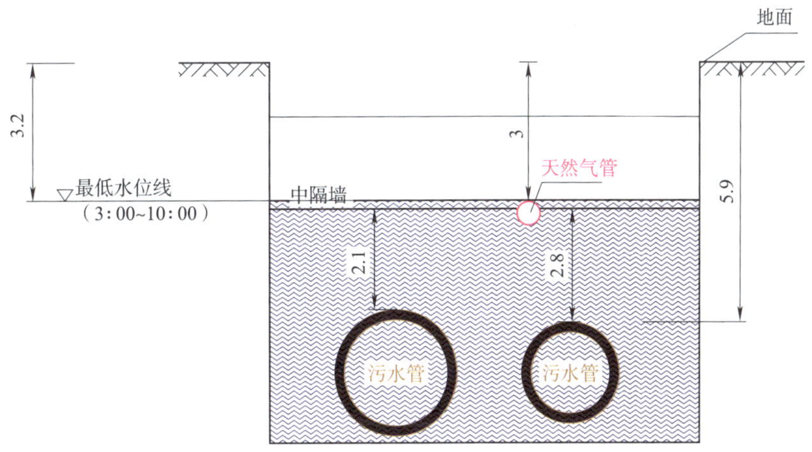

图 3.110　最低水位示意图（单位：m）

主要物资及设备包括：截污闸板、预埋轨道及配套设备共 4 套，液压绳锯设备 2 套，高压疏通车 1 台，加长臂挖掘机 2 台，50 t 和 100 t 吊车各 1 台，潜水专业设备 3 套。

3. 管道切割、截流施工方案

D1800 及 D2400 两条污水管道切割、截流位于同一井室内，整体施工步序为：管道切割→管道吊装→闸板安装→井室盖板安装→防水施工→工作井回填。

1）管道切割

施工流程：操作平台安装→液压绳锯机、绳锯安装→吊车吊装准备（潜水员配合）→管道切割（潜水员配合）→操作平台吊离→管道吊出（潜水员配合）。

说明：1 号工作井和 6 号工作井同步进行管道切割，管道切割工序组织时遵循“先粗后细”原则，同时须降低碰触天然气管道等风险因素，先进行 D2400 管道切割、吊运，后切割 D1800 管道。D2400 污水管道切割过程中，污水将流入工作井室，井室水位将迅速升高，绳锯若出现断裂，一般人员将无法完成操作，需要潜水员潜入井室内更换绳锯，同时配合后续管道吊装等工序。

管道切割位置示意如图 3.111 所示，管道切割如图 3.112 所示，潜水员配合管道吊出如图 3.113 所示。

图 3.111　管道切割位置示意图

图 3.112　管道切割

图 3.113　潜水员配合管道吊出

2)截流施工

施工流程:安装闸板轨道、闸板槽(潜水员配合)→闸板槽清理(潜水员配合)→闸门吊装(潜水员配合)→水下闸门安装(潜水员配合)→水下支设模板(潜水员配合)→混凝土浇筑(潜水员配合)→检查渗漏及封堵(潜水员配合)。

截流施工均位于水下,一般人员无法操作,潜水员需根据切割前定位的闸板轨道、闸板槽引导闸板吊装及水下安装,并配合完成管道混凝土封堵等工作。闸板安装示意如图 3.114 所示。

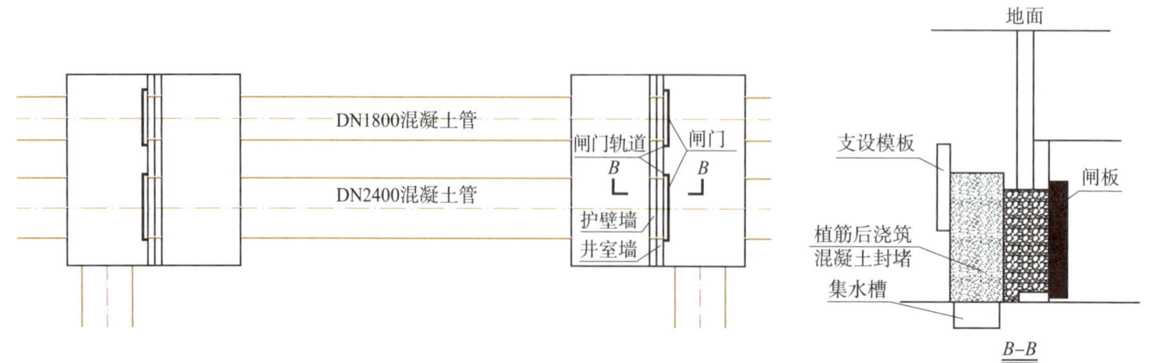

图 3.114　闸板安装示意图

3.17.4 潜水员配合工作

1. 施工准备阶段

(1)绳锯安装准备:用膨胀螺栓在管道切割位置处做标记,并在切割位置管道下半圆固定一条塑料软管,管中穿两根铁丝,其中一根铁丝将塑料软管固定在管壁上,另一根铁丝牵引至地面,方便穿绳锯链条。

(2)凿除中隔墙与管道壁之间混凝土,以保证管道从隔墙顺利抽出。

(3)在工作井壁上植筋,并焊接固定钢环,用于管道切割完成后固定钢筋防护栅栏。

(4)管道切割前及切割、吊装过程中安装固定爬梯,爬梯入水 1 m。

2. 管道切割施工

原则上管道切割过程中无需潜水员下水,若切割过程中发生链条断裂、卡锯等情况则需潜水员入水重新安装绳锯链条及校准链条位置。

(1)将锯条从管道与井壁之间空隙垂放至井底(必要可在锯条端头增加配重,保证锯条垂放位置准确)。

(2)潜水员从管道另一侧入水,利用铁钩将锯条拉过管道下方。

(3)潜水员将锯条拉出水面与绳锯设备连接。

(4)潜水员利用管道上标记定位锯条位置,配合锯条安装。

3. 管道截流施工

(1)潜水员潜入井室清理闸板槽内杂物及垃圾。

(2)吊车将闸板垂直起吊,通过管道切割前在闸板轨道上方焊接的导向条,吊装至闸板安装位置,缓慢下放,直到闸板落至轨道底,潜水员水下控制闸板下落至闸板槽内,卸掉钢丝绳,穿销固定闸板。

(3)潜水员水下检查闸板缝隙,确保闸板安装到位,两侧无漏水,若有渗漏,潜水员对缝隙进行填塞处理。

(4)水下支设模板,配合混凝土浇筑封堵。

小　　结

西安轨道交通5号线西窑头站历时7个昼夜,最终安全、高效地完成了两条污水管道的截流、封堵工作。同时潜水员配合管道切割、截流的技术在5号线汉城南路站、6号线一期丈八六路站、8号线土门站等项目前期管线迁改中得到了广泛应用,为重力流管线在不断流情况下实施改迁打开了一条新思路,同时推动了西安市政单位管线截流施工技术的革新,取得了良好的社会和经济效益。

3.18 外部电源接入工程

3.18.1 概　　述

轨道交通外部电源系统,是指从国家电网获取电能,经由自建或国网供电线路,将电能传输至轨道交通 110 kV 主变电所,由该所主变压器降至 35 kV 中压交流电源,并通过 35 kV 集中供电系统网络将电源分配至轨道交通各终端降压变电所,再向各种用电设备源源不断地供给能量。轨道交通外部电源按期接入是实现"电通"节点的前提,是轨道交通能否按期开通的重要保障,所以外部电源系统的质量、可靠性、稳定性是轨道交通安全运营的基础和保障。

轨道交通外部电源接入工程主要工作内容包括:外部电源规划接入方案,初步设计,高压走廊规划审批,电网接入侧 110 kV 间隔扩建,地铁主变电所,高压廊道,110 kV 供电线路(电缆线路、架空线路),远动通信联络工程建设。

外部电源接入设计方案批复受制于城市电网现状及中长期规划,接入现有电网 330 kV、110 kV 变电所往往需要扩建间隔,接入中长期规划电网变电所,因建设周期较长难以满足轨道交通建设进度要求,需要制定可行、可靠过渡方案；又因主变电所的选址、布局靠近运营正线，轨道交通 110 kV 供电线路走廊常常穿越主城区，由于城区地表建(构)筑物、地下各种管线纵横复杂，加之获取城区各类规划并统筹各种因素，审批难度较大、时间较长。城市轨道交通外部电源系统工程建设能否顺利进行体现在两个方面：一是按照现行《地铁设计规范》《供配电系统设计规范》等标准要求，外部电源应满足“一级负荷必须双电源双回路线路供电”，且主变电所的“两个电源可以来源于上级不同变电所，也可以来源于同一上级变电所不同母线”，接入方案要遵循可行性、可实施性、经济性等原则；二是对内除了工程施工本身难度大以外，对外协调城市规划、供电、产权等部门取得相关许可、审批时序较长。

3.18.2 外部电源系统规划接入方案

1. 西安地区电网特点

西北地区采用的 750 kV、330 kV 输电电压等级，以 110 kV、35 kV 为高压配电电压等级，以 20 kV、10 kV 为中压配电电压等级，以 0.4 kV 为低压配电电压等级。目前西安地区电网仅建成 14 座 330 kV 变电所且分布不均。根据西安市城市电网现状，西安地区中压环网资源不丰富，可靠性较低，电源取自中压配电网存在非常大的困难，不具有工程可实施性。为确保西安城市轨道交通的供电可靠性，全部线路采用建设主变电所的集中供电方式，进线采用 110 kV 电压等级。随着西安城市规模及用电负荷不断扩大，作为城市轨道交通外部电源的西安电网具有以下特点：

(1)110 kV 负载较重。

(2)区域发展不平衡，主城区和老城区负载率偏重。

(3)主城区新建变电所选址困难。

(4)局部欠缺高压廊道，线路送出受阻严重。

2. 接入方案编审

西安轨道交通建设以来，外部电源的接入方案一直是工程建设的难点之一，接入方案不理想，已开通线路有多处外电源接入无法按批复意见实施而采取过渡方案。

编制建设规划中的外部电源系统规划，在系统规划中就明确了每条线路设置主变电所的数量和位置，编制过程中应及时与供电局沟通，达成一致意见后上报省级电力公司组织评审。

线路主变电所外部电源接入方案在编制和审查时，本着“资源共享、合理利用”的原则，坚持积极与供电局的发展、营销、调度、保护、运检、客服等部门对接，对外部电源的接入方案和路径形成基本意见，由供电局将审查的初步意见上报省电力公司，并由省电力公司组织召开专家评审会，编制单位根据审查意见修改完善后形成最终接入方案。

最后的接入方案批复由用户向属地供电局递交用电申请，供电局根据省电力公司下发的审查会议纪要完成“高压供电方案答复单”。

3. 接入方案编审难点及应对措施

(1)电网着眼于远期规划的考量，多数可行性研究方案均为电网的近中远期建设规划，与轨道交通线网建设规划不同步，无法满足轨道交通的建设需求，加之电网规划部门对正在运行的电站现状缺乏足够的准确信息，批复的方案较难落地(如 5 号线主变电站接入方案)，最终采取过渡方案接入。

应对措施：与属地供电公司建立有效的沟通机制。由于 330 kV、110 kV 变电所归属地供电公司管理、运行，其对电网结构及辖区的每座变电所的现状、存在的优缺点等有更准确的了解，应对接入方案进行二次评估，优化接入方案；对新规划地铁线路，将线网外部电源系统规划与西安地区电网规划相结合，电网规划时统筹布局，提前预留轨道交通新线外部电源接入点条件；对因建设时序或廊道暂时无法贯通需编制过渡方案的接入路径，应尽量考虑与批复方案路径一致，避免投资浪费；对已开通轨道交通线路采取过渡方案接入外电源，后期改为正式接入时，尽可能采取就近原则，避免高压廊道建设困难。

(2)省电力公司批复意见直接从电网 330 kV 变电所的 110 kV 母线接入，以增强对轨道交通供电的可靠性，但高压廊道路径过长，经济性差，若从方案批复到工程实施，其路径因外部环境条件发生变化时，方案难以实施,若遇到与新增地面建(构)筑物、热力、燃气、给排水等管线位置相冲突,或规划区内线位容量不足等变化,需反复踏勘,另选路径,重新报批。

应对措施:深入踏勘调查,研究多种接入方案并进行优选。考虑城市轨道交通负荷的重要性,且主变电所扩建困难,宜从长远考虑,结合西安电网特点,按照国家电力监管委员会制定的《关于加强重要电力用户供电电源及自备应急电源配置监督管理的意见》(电监安全〔2008〕43 号),城市轨道交通供电电源宜从 330 kV 变电所的 110 kV 母线引入,主变的两路 110 kV 电源宜来自不同的 330 kV 变电所的 110 kV 母线,经充分调研编制设计方案时,考虑上述等诸多原因,很难按其方案落地,按现行《地铁设计规范》《供配电系统设计规范》等标准要求, 以下 5 种接入方案可选:

①两回电源分别从不同的 330 kV 变电所的 110 kV 侧母线接入。优点是对地铁供电可靠;缺点是可选 330 kV 变电所少、路径长、投资大、高压管廊实施难度加大、间隔改造停电困难。

②两回电源从同一个 330 kV 变电所的 110 kV 母线接入。优点是对地铁供电可靠;缺点是可选 330 kV 变电所少、电力线路可能共管廊、间隔改造停电困难。

③一回电源从一个 330 kV 变电所的 110 kV 母线接入,另一回从另一座地铁主变电所接入。优点是相对减少了一个从电网的接入点;缺点是设计至少两条地铁线路高压供电,应急及检修作业倒闸调度复杂。

④一回电源从一个 330 kV 变电所的 110 kV 母线接入,另一回从其他 330 kV 供电区的 110 kV 变电所接入。优点是接入点多,可就近接入,线路工程易实施;缺点是相对直接从 330 kV 变电所的 110 kV 母线接入,供电可靠性降低。

⑤两回电源从两个 330 kV 供电区的 110 kV 变电所接入。优点是接入点多,可就近接入,线路工程易实施;缺点是相对第④种接入方式,供电可靠性降低。

西安轨道交通外电源接入方案在综合考虑工程造价及实施难易度等情况后综合优选。工程实施过程中,因新建线路廊道不能及时取得规划部门批准、征拆困难、共享电缆廊道条件变化、拟新建接入变电所不能按期投运等原因,而导致不能按批复方案实施,为满足地铁开通运营需求,困难情况下,过渡方案还包含从电网 110 kV 网架线上 T 接,待条件满足后再按批复方案实施。

(3)因各种原因西安电力廊道建设欠账较多,供电公司希望借助轨道交通建设弥补电网架构不足,打通部分供电廊道,易造成地铁外电源廊道舍近求远,增加新建廊道建设难度。

应对措施:对新建电力廊道线位,应按照现场地形、地貌、地表建(构)筑物确定方案,必要时可以采取迂回方式解决电力通道问题;电力廊道贯通应结合市政道路管线建设情况进行规划设计,本着共享原则与相关产权部门沟通,尽量减少新建。目前西安市已实施综合管廊建设管理模式,持续跟进市政府中远期综合管廊规划,将轨道交通外电源线路纳入综合管廊。

(4)方案编制人员对电网拟接入点变电所主接线运行现状调研不足、或对电网建设规划了解不够,方案的可实施性欠缺,个别情况下无法实施(如 5 号线和平村主变电所两路电源接入国网阿房 110 kV 变电所)。

应对措施:方案编制应根据电网变电所的分布、负荷及地铁线路主变电所布置情况,充分进行现场实地踏勘,多和产权单位进行调查研究,选择最优可行接入方案。

3.18.3　初步设计

轨道交通线路外部电源系统规划接入方案与初步设计之间存在时间差,因编制单位不同,易出现初步设计方案难以或无法实施的问题。初步设计单位依据批复的外部电源接入方案及地铁主变电所的选址,按照 110 kV 供电线路设计的规范,开展电力廊道、供电线路、电网侧 110 kV 间隔改造、保护装置、通信联络等工程内容的设计;又因初步设计单位未参与规划阶段接入方案的踏勘、编制、审查等,在规划和初设阶段环境条件改变时,按照工作程序只能以批复的方案进行电力廊道、供电线路等设计,易出现电力廊道无法贯通等问题,须重新调查编制新的接入方案,有时需要反复多次,编制的方案才能通过评审(如

5号线和平村站的第一路电源接入方案反复修改评审了三次)。

应对措施:将规划接入方案与初步设计合二为一,编制单位为一家单位。初步设计依据批复的接入方案,编制单位可持续对各种方案的可行性、可实施性、经济性进行细致、系统的研究分析,多与属地规划部门沟通,便于随时掌握国网侧变电所接入条件、电力廊道沿线规划、环境等变化,同时详细了解线路途经地区的地形地貌现状,提出可行的初步设计方案,如发现不可实施疑难点,应尽早启动新的接入方案编审流程,以满足轨道交通线路建设工期需要。

3.18.4 外部电源接入工程实施

1. 工程设计、施工招标

由于设计、施工周期较长,现场地形、地貌变化导致实施困难,并引起实际工程量变化。一是部分工程可研设计完成后较长时间未启动建设计划,工程所在地外界环境发生较大变化,导致原系统规划接入方案难以实施,再者工程规模可能超出设计概算;二是地勘资料获取周期较长,地下管线复杂密集,勘测前需取得市政勘测院的管线图后,在排水、给水、热力、电力、燃气、路灯、通信、广电网络、中水、轨道交通、信号灯、交警、市容城管、绿化等产权部门办理相关审批手续,时间较长,间接性压缩了后续工程建设时间。

2. 高压廊道的建设

高压廊道建设是外部电源接入的控制性子单位工程,直接决定国网侧电源能否按时送达轨道交通的110 kV主变电所,常因审批、迁改及赔偿等问题实施较为困难。

(1)廊道建设过程中可能经过市区、农田、河流、铁路、高速公路、军事设施等,协调工作复杂多变,市政、铁路、高速公路审批手续办理周期较长,制约工程进展;经过农田时青苗赔偿谈判较困难,时间较长。

(2)因地形地貌时有变化,市政规划稍有滞后,经常需修改线路路径,局部调整路径的规划手续办理时间延长。

(3)若穿越老旧城区,一些管线图准确度较低,廊道线位常与给排水、热力、电力设施、燃气管道、各种通信设施、绿化等交叉重叠,需大量迁移,影响工程建设进度。

3. 电网侧110 kV间隔扩建

根据省电力公司的评审意见,属地供电局发出用电答复单确定的电源接入点,依据设计文件,由施工单位进行间隔扩建;因大多处于国网结构节点及负担重要用户停电困难,造成电网侧110 kV接入间隔改扩建工程进度时有严重滞后。

1)330 kV站110 kV间隔扩建

由于330 kV国网变电所110 kV母线所带负荷均为非常重要用户,西安区330 kV变电所的数量、分布、结构、电能来源较为复杂(西安地区仅仅建成14座330 kV变电所),停电非常困难,特别在迎峰度夏期间(如5号线荣家寨主变从上苑330 kV变电所引接、14号线学府主变从玄武330 kV变电所引接,办理停电申请协调周期3~6个月)。

2)110 kV变电所间隔扩建

虽然国网西安地区110 kV变电所数量充足,约有140多座,分布在城区及市郊,但每座110 kV变电所在国网网架中承担功能各不相同,初期采用不同的设计架构形式,或者由于负载的重要用户多、辐射面积广阔,造成停电改造困难(如5号线接入侧阿房110 kV变电所停电扩建困难,导致临时调整接入方案)。

4. 应对措施及建议

自西安轨道交通建设伊始,外部电源接入工程实施,在跌宕起伏中前进,克服诸多困难,线路每处外部电源接入均充满挑战,基于以上的难点分析,应对措施如下:

(1)接入点变电所间隔改造及廊道建设是否能顺利进行,首先应从接入方案的可实施性入手;其次与属地供电公司建立有效的沟通机制,电网330 kV、110 kV变电所归属地供电公司管理、运营,本地供电公司对电网的结构及辖区的每座变电所现状、存在的优缺点有清楚的了解,应定期对接入方案进行评估,探寻最优接入方案。

(2)各条轨道交通线路应根据工筹,将外部电源接入(包含设计、施工、设备招标等)提前启动。相对地铁线路工程,外部电源接入土建工程量虽不大,但涉及与规划部门、产权单位协调难度大,各种审批流程时间跨度长,设计、施工要提前介入接入方案研发并与相关部门对接,尽早取得地勘及城市规划新管线资料,摸清各类管线布设,规划电力管廊线位,宜确定共享电力管廊;勘察过程一旦发现方案落地困难不能满足工期要求,及时与属地供电公司沟通编制过渡实施方案。

(3)控制外部电源接入概算。首先接入方案是控制概算的关键,在满足规范及可实施性的前提下,接入点应尽量靠近地铁主变电所,电力廊道线位应尽量避开迁改量大的外部环境,充分考虑与市政电力管廊共享,电缆负荷线径余量不宜过大;其次过渡方案应通过技术手段综合比较以加强成本控制,过渡方案的路径应尽量考虑后期正式运营的有效利用。

(4)新线开通运营后,运营可及时接管主变电所,以利于设备在投入使用后早期专业维护,减少维护不到位引起的相关问题,及时核查其他质量缺陷,发现问题应及时有效解决。初期地铁主变电所,地铁开通运营很长一段时间,甚至超过24个月后,运营才接管,期间由原施工单位代理维护,易造成设备维护的专业性不足,影响设备的使用寿命;而运营接管后,常因维护不到位而发生故障,质量责任界定较难,造成整改不顺畅,增加相应代理维护费用。

小　　结

外部电源接入是整个轨道交通建设中的一项控制性工程,能否按时将电能引入,直接影响站后电通、综合联调、试运行等一系列轨道交通建设关键工程时序。因西安地区电网的特殊性,导致每一条线路外电源的接入都十分困难,为满足工期要求,从规划工可研方案编制到方案实施时都应引起工程建设者的足够重视。

第 4 章　轨道施工技术

轨道交通线路是由各种不同材料的部件所组成的，具有规定的强度和稳定性，能保证列车以规定的速度平稳、安全、正点和不间断地运行的整体工程结构。在我国轨道交通系统中，广义的线路是指由路基、桥隧建筑物和轨道组成的一个整体的工程结构；狭义的线路就是轨道，它是由钢轨、轨枕、道岔、道床、联结零件和轨道加强设备等组成的一个整体性工程结构。轨道线路是城市轨道交通列车运行的基础，是城市轨道交通运营的重要设备之一。

随着我国城市轨道交通运营规模的迅速扩大，整个行业对于保障运营安全、提高服务质量及降低运营成本，开始显现出巨大的刚性需求。庞大的运营规模、装备体系和复杂的运行环境，对轨道设施设备的可靠性、可用性、可维性和安全性提出了更高的要求，也给轨道线路的运维管理带来了巨大压力。在这种环境下，轨道交通智能运维和创新产业应运而生。结合西安地铁实际，轨道施工技术主要集中应用在以下几个方面：轨道工程测量技术，轨道施工组织、工期影响因素及质量控制，减振降噪施工技术，轨道检查验收创新技术。

4.1　轨道工程测量技术

地铁轨道结构大多选用混凝土整体道床，轨道一次定位，再次调整的余量非常有限，精确的测量是轨道高精度施工的基础，因此在建设期轨道工程的测量控制显得尤为重要。目前，铺轨施工采用的测量方式有铺轨基标和任意设站控制网两种。铺轨基标是传统测量作业主要采用的方式，任意设站控制网是从高铁引入地铁铺轨施工的一种铺轨测量控制方式。

4.1.1　铺轨基标

铺轨基标是具有精确平面坐标和高程的标志，也是铺轨的平面和高程依据，是地铁轨道施工采用的传统测量方法。铺轨基标一般根据道床形式设在轨道中心（一般在短轨枕道床结构）或轨道外侧距轨道中心一定距离的位置。铺轨基标按精度等级分为控制基标和加密基标。基标测设时先测设控制基标，再利用控制基标测设加密基标。

1. 控制基标的测设

控制基标在直线线路上每隔 120 m 设置一个，曲线线路上除曲线要素点设置控制基标外，曲线要素点间距较大时还应每隔 60 m 设置一个。

控制基标应等距等高（方便调轨使用并减少二次误差，每个基标点均与轨道设计中线的间距相等，每个基标点均与同里程的基标所在一侧轨面设计高程相等）设置。控标等高等距是根据道床形式埋设在道床一侧的水沟中心底部，埋设原则是左线左侧，右线右侧，后期方便永久保留。

2. 加密基标的布设

加密基标根据相邻控制基标采用截距法和水准测量逐一测定，加密基标在曲线段每隔 5 m 或直线段每隔 6 m 埋设一个基标点，加密基标一般按照等距不等高原则设置。在道岔区铺轨基标一般设置在直线和曲股两侧，且在岔前、岔后、岔心均要设置。

3. 采用铺轨基标进行轨道精调

铺轨施工时依据基标的成果，需要提供每个基标点测量计算的起道量和拨道量等成果资料，成果资料中包括基标里程、相应里程处的设计轨面高程、基标高程、基标与设计轨面高程的高差。精调时采用 L

尺放置在加密基标上，将相应的股道调整到设计位置，然后采用道尺将另一股道调整到设计位置，完成轨道铺设。

4.1.2 任意设站控制网

任意设站控制网是从高铁引入地铁铺轨施工的一种铺轨测量控制方式，是铺轨前沿线路布设的平面和高程控制网，主要用于铺设无砟轨道，也为运营维护提供控制基准。

平面起闭于线路平面控制网，高程起闭于线路水准点，测量时采用高精度全自动型全站仪通过相邻测站重叠观测多个控制点，获得测站和控制点间的强相关性，对每个控制点进行多目标多测回测量，以减小观测偶然误差，从而实现控制点间较高的相对精度。

1. 任意设站控制点的布设

任意设站控制点布设在轨道两侧高于疏散平台平面 30 cm 的隧道壁上、站台板檐侧面、高架桥两侧的防撞墙上避开电缆架的位置，根据曲线半径及通视情况，一般每隔 30~60 m 埋设一对控制点。

2. 采用任意设站控制网进行轨道精调

采用任意设站控制网进行铺轨施工时，为了提高作业效率，依据任意设站控制网放样加密基标，根据加密基标的成果完成走行轨安装、轨排架设、轨排粗调等工作，粗调精度控制在与设计值相比不大于 1 cm 范围内。

采用任意设站控制网进行轨道精调时，利用高精度测量机器人进行自动观测，对成果整理并进行平差处理。再将任意设站控制网的成果和轨道线路平面、纵断面设计参数和曲线超高与断链等数据全部输入轨道几何状态测量仪（轨检小车）的计算机中，利用全站仪和轨道几何状态测量仪进行实测，进行轨道道床混凝土浇筑前的轨道精调与检测，确保轨道状态符合设计要求。

4.1.3 两种方法的优劣势比较

1. 铺轨基标测量方式的优点

1）控制方法容易掌握，对轨道调整人员技术及施工环境要求低。

2）施工速度较快，在特殊情况下可以增加人员，分组进行流水化施工。

2. 铺轨基标测量的不足

1）铺轨基标设置过程复杂

测设点多，作业程序复杂，环环相扣，对测量作业的每一个环节以及测量过程中使用的仪器、作业方法和流程都需严格控制。

2）铺轨基标测量误差大

利用不同的点位放样时误差较大，测站设站不灵活，只能架设仪器在控制点上，同时带来对中误差，且受交叉施工的影响较大。如中间有控制基标破坏，则相邻调整段落之间的衔接性较差。

3）铺轨精度偏差大

依据重新布设铺轨基标进行长轨精调时，对轨道线形重新进行正矢计算，据此辅以道尺、弦线等工具进行轨道线形与几何尺寸的调校，精调后的轨道与设计的绝对坐标偏差相对较大，精度偏低，后期运营维护频率更高。

4）铺轨基标成品保护比较困难，点位变动不易发现

铺轨基标设置在隧道底部整体道床范围内，在施工过程中容易被破坏，同时整体道床混凝土浇筑过程中易被覆盖而无法保留，轨道施工完工后需重新布设。铺轨基标布置在轨道外侧水沟附近时，容易受到侵蚀，运营维护使用不便。

3. 任意设站控制网的优点

1）提高轨道测量精度

任意设站控制网由高精度自动测量全站仪对任意设站控制点进行边角交会法测量，自动观测，减少

人工操作,从而降低人工误差,提高了测量精度。

2)任意设站控制仪器类便于操作,测量作业工艺简单

高精度自动测量全站仪对任意设站控制点进行观测,按自由设站的方法确定仪器中心的三维坐标,避免了传统控制基标测量时的仪器对中和棱镜对中误差。

3)测量作业的效率高,缩短作业循环时间

实时自动地测量轨道几何状态检测仪的位置,根据轨道的设计参数,确定轨道与设计中线的偏差,测量效率大幅提高。

4)任意设站控制网布设于墙壁两侧,布设影响因素少

任意设站控制网布设在隧道壁上,不易破坏,不易遮挡,施工使用结束后仍可交于运营后期使用。即便有线缆等施工破坏,但由于点位较多,且相对精度较高,补桩较为方便容易。

布设任意设站控制网不受调坡调线影响,可以提前完成。

5)提高轨道铺设精度

轨道铺设时,高精度自动测量全站仪通过任意设站控制网自由设站,通过“无线通信猫”与轨检小车无线连接,进而进行轨道精调,消除人工调轨操作误差,极大提高轨道铺设绝对精度以及线路平顺性与稳定性。

4. 任意设站控制网的不足

任意设站控制网使用时对人员、施工环境要求高,需要专业人员来操作仪器设备。

小　　结

在铺轨施工中,铺轨基标和任意设站控制网是轨道测量控制的两种方式。其中任意设站控制网在我国城市轨道领域得到了广泛应用,是铺设无砟轨道和运营维护提供平面和高程控制的重要基准,是我国城市轨道建设向信息化、智能化方向发展的具体体现。

任意设站控制网测量技术有助于提高城市轨道的铺轨精度,保证轨道平顺性和列车运行的稳定性,任意设站控制网测量技术在城市地铁测量领域代替传统的控制基标,具有操作简单、精度高、高平顺性等特点。

任意设站控制网为基准的轨道精密检测能够快速、精确地测量轨道几何状态,能提供最优的线路平纵断面成果、贯通里程系统和平顺性调整方案,为线路养护提供完整的轨道几何形位基础数据,快捷有效地解决在较短天窗点的轨道设备维护问题。

4.2　轨道施工组织、工期影响因素及质量控制

近年来,城市轨道建设规模增加,建设步伐加快,加之受城市治理、有限施工空间影响,城市轨道交通建设工期非常紧。特别是土建工程,外部不可控因素影响多,工期难以保证。轨道工程是土建施工结束后的第一项施工,通过合理地组织轨道施工,可提前实现“轨通”,为后续设备安装、系统调试提供必要条件,这将是通车目标顺利实现的最大保障。

4.2.1　铺轨施工制约因素

轨道工程作为一项线性工程,铺轨作业需保证施工的连续性,总体筹划时按机铺法考虑。土建主体施工完成后,结构堵漏、联络通道施工、人防门施工、站内附属结构施工等工作是影响轨道施工的主要因素。为早日实现全线“轨通”,需要根据现场实际情况,通过工序调整、组织优化,实现总体目标最大化。

1. 结构堵漏

土建施工单位在实现“洞通”重大节点后,受隧道清理等工作影响,堵漏工作难度大、进展缓慢。

地铁建设中,轨道施工与土建施工衔接紧密,土建工程渗漏水治理时间紧迫,渗漏水处理不彻底,特

别是道床底部、道岔转折基坑周边的渗漏水,会造成道床同结构底板剥离及转折基坑积水。前者给运营线路行车带来重大安全隐患,后者会造成信号设备损坏,影响地铁线路安全运营。

因此,施工单位需高度重视土建施工堵漏工作,尽可能在施工过程中完成这项工作。

2. 人防门施工

从总体施工组织统筹考虑,人防门、防淹门等施工应安排在轨道施工前完成。

当人防门、防淹门等施工与轨道施工冲突时,应先保轨道施工连续,待"短轨通"后,可以分左、右线集中安排人防门施工。通过工序调整,既能保证轨道运输通畅,也能给人防门施工提供条件。

3. 联络通道施工

联络通道一般埋深较大,施工安全风险高,难度大,工期不可控;联络通道施工时,在隧道内需采用钢结构对管片加固,防止管片变形;联络通道施工时,还需在区间内运输材料。这些因素都将导致轨行区不能按计划移交,导致轨道施工不能按计划推进。

联络通道不能在铺轨施工前完成时,先保证一条线路正常铺轨,另一条线路保证联络通道单向施工。可以采用临时轨道过渡联络通道的影响范围,利用渡线再增加铺轨作业面,缩短铺轨施工的绝对工期。

4. 站内附属结构

站内附属结构提前安排,应在铺轨施工前完成。

当站内附属结构施工与铺轨冲突时,先保证铺轨施工,车站铺轨完成后,轨顶风道可以采用门式支架施工,站台板可以分批浇筑,优化模板支架,在保证线路运输的情况下施工。

4.2.2 施工组织

在土建实施阶段,受不可预见的外部因素影响,不能按统筹工期推进,这些因素势必会影响铺轨连续性,也影响整体铺轨进展。除此之外,土建工程完工、移交较集中时,轨道工程也不能全面铺轨,这会拉长地铁建设的总体工期。鉴于以上两种比较常见的情况,铺轨开始施工前,需根据全线土建进度考虑增设临时铺轨基地。临时铺轨基地分为地下机铺基地和地面散铺基地两种。

1. 地下机铺基地

一般设置于临近车站的大断面结构处(与正线并行的存车线岔区内),结构宽度需满足双向两股道使用。地下基地需布设存车线、材料储存区、钢筋加工区、轨排加工区等。

地下铺轨基地所需轨道材料均需通过车站预留盾构井或者其他预留口转运至地下铺轨基地,加之地下铺轨基地处空间狭小,致使地下铺轨基地不能完全达到地面铺轨基地的工效,但较人工散铺增加了材料存储、轨排加工场、混凝土下料口,解决了人工散铺大距离、高频次的倒运材料工装所造成的人员、机具、设备的浪费,降低了人工散铺时利用盾构井口(或竖井)采用汽车吊、叉车、车载泵等设备的使用频次,节约了设备机具成本,同时减少了与其他专业施工的交叉干扰。

2. 地面散铺基地

地面散铺基地一般情况下布设在盾构井或区间预留井口处,下料口预留尺寸约12 m×7.5 m,能够满足钢轨、道岔、轨道车等设备的下料条件。

在土建单位区间移交不连续的情况下,可提前考虑利用盾构井或预留井口将轨道材料提前倒运至铺轨作业面,人工配合机械将钢轨分布在区间结构底板两侧,再按照图纸要求提前散布轨枕、扣件,待轨排组装架设完成后利用泵送方式对道床进行浇筑。当道床浇筑长度超过车载泵设定距离时,可利用轨道车运输混凝土至作业面,在轨道平板车上设置地泵和混凝土罐车对道床进行浇筑。

这种铺轨方式可有效解决因土建作业面移交不连续,正常机铺基地作业面受阻不能满足铺轨工期的问题,但人工散铺工效低、难度大、材料倒运频繁、施工质量不高等问题,也对铺轨单位的施工组织、技术管理、成本控制等方面有着很大考验。

4.2.3 质量控制

城市地铁轨道铺设施工工艺复杂,质量控制要点较多,目前地铁地下线整体道床轨道铺设普遍采用

“轨排法”施工,“轨排法”需要完整的地面铺轨基地。采用“轨排法”施工有助于轨道质量控制,相较而下,“散铺法”施工带来质量问题与“轨排法”施工质量问题相似,但是质量问题数量较多,质量病害也相对严重。综合施工工艺,对地铁铺轨施工中容易出现的质量通病进行分析,提出行之有效的预防措施,在施工过程中解决易出现的质量通病,以减少、杜绝质量通病的发生。

1. 钢筋制作绑扎

1)质量问题

(1)未严格按照技术交底或施工规范加工制作,钢筋间距、尺寸不符合规范要求。

(2)钢筋焊接出现漏焊、脱焊或电流过大灼伤钢筋。

2)预防控制措施

(1)严格按照施工图纸和技术交底要求下料制作,过程中加强监督检查,按要求布置钢筋。

(2)加强对焊工的培训和交底,过程中加强检查。

2. 轨排拼装

1)容易出现的问题

(1)直线段轨枕不垂直于线路中线,曲线段轨枕不垂直于线路中线的切线方向,道岔辙岔部分的短轨枕不垂直于辙岔角的平分线,转辙器及连接部分不垂直于道岔直股方向。

(2)轨枕间距安装偏差超出允许值。

(3)扣配件容易用错,扣配件安装不规范。

(4)锚固螺栓扭力未达到设计要求。

2)预防控制措施

(1)按要求严格拼装轨排,加强轨排加工质量控制。

(2)混凝土浇筑前需按要求再检查轨排质量,调整轨枕位置满足相关要求。

(3)轨排组装后核对轨枕根数、间距大小等。

(4)检查核验,选择扣配件,严格按扣件组装图进行安装,核验橡胶垫、弹条及铁垫板是否放正,扣件是否密贴。

(5)锚固螺栓先涂油再按设计要求拧紧,满足力矩要求。

3. 轨道几何尺寸的调整

1)质量问题

(1)未严格控制调整精度,导致检查时发现点位超标。

(2)测量桩位被破坏或用错桩位,导致轨排无法精调到位。

(3)轨排现场铺设后钢轨接头存在错牙,支撑架设置不够牢固可靠。

(4)轨底坡的设置不合规范要求。

2)预防控制措施

(1)加强技术交底和培训工作,提高整道施工人员的业务能力,线路的几何尺寸必须满足验收规范的要求,检查中发现轨道几何尺寸不满足规范要求时,应及时调整。

(2)加强复查和复核,发现桩位丢失或松动,应及时通知工程技术人员进行复核,经复核无误后才能继续使用,应用桩位时仔细核对资料和现场的情况。

(3)现场轨排对位时加强检查,发现错牙时,现场及时消除,必要时轨排支撑架进行加密布置确保轨排支撑牢固、稳定。

(4)轨底坡采用经检验合格后的轨底坡板控制,起道支架上严格按要求放置轨底坡板,轨道线路调整完成后采用轨底坡仪加强线路轨底坡的检查和调整控制。

4. 整体道床模板、混凝土施工

1)质量问题

(1)伸缩缝歪斜、不贯通。

(2)水沟流水不畅、线形差。

(3)道床边侧缺角掉块。

(4)扁钢或预埋件安装位置偏差大、外露高度不符合要求。

(5)道床表面粗糙,抹面不均匀,造成道床表面坡度成型效果不良。

(6)混凝土乱丢弃、接茬处理不符合要求。

(7)混凝土欠捣固、漏捣固,造成道床蜂窝麻面或枕下空鼓。

2)预防控制措施

(1)针对伸缩缝歪斜、不贯通现象,混凝土放料前必须保证伸缩缝模板安放平直,放料时加强控制,尽量采取对称布料。

(2)针对水沟流水不畅、线形差,要加强水沟流水面标高控制,水沟模板清理干净,安装平直,接缝平整。

(3)道床边侧缺角掉块的原因是拆模时间过早,浇筑出来的混凝土要加强养护和注意保护,拆模时避免混凝土出现掉角、掉块等硬伤现象,出现掉角、掉块等硬伤现象应及时修补。

(4)扁钢或预埋件安装位置偏差大、外露高度不符合要求,可根据扁钢或预埋件与钢轨的关系进行固定。

(5)道床表面粗糙,抹面不均匀,造成道床表面坡度成型效果不良:加强技术培训,增派人员,加大施工现场监督力度。

(6)混凝土乱丢弃、接茬不符合要求:需加强现场余料的管理。

(7)混凝土欠捣固、漏捣固,造成道床蜂窝麻面或枕下空鼓:可加强枕下捣固,全断面捣固,同时模板必须及时清理干净,并涂刷脱模剂。

5. 钢弹簧浮置板施工

1)质量问题

(1)基底混凝土标高控制不好,容易出现隔振桶偏低偏高现象。

(2)基底水沟出现排水不畅情况。

(3)浮置板顶面标高控制不好,容易造成轨下净空不足和套筒周边积水现象。

2)预防控制措施

(1)加强基底混凝土浇筑过程中监控监管,控制好基底浇筑表面标高,标高偏差控制在0~5 mm。

(2)认真检查基底水沟模板的安装情况,要求模板安装符合要求,浇筑混凝土时注意水沟沟底标高控制。

(3)道床混凝土浇筑时加强布料控制,及时与钢轨底和套筒顶面的标高作为参照进行布料。

6. 整体道床道岔施工

1)存在的质量通病

(1)道岔滑床板不平整,造成转辙器工作时滑动阻力不均匀,扳动不灵活,尖轨与基本轨不密贴,间隙超标。

(2)转辙器基坑设备拉杆槽偏差较大和出现跑模情况,转辙器基坑积水。

(3)扣件与轨枕布置间距偏大,歪斜度超标,混凝土浇筑后扣配件污染严重。

2)预防处理措施

(1)道岔拼铺好起道精调时,严格加强对转辙器滑床板的水平控制,混凝土浇筑前做好对滑床板处的轨枕支撑加固,浇筑时做到勤检查,发现问题及时调整。

(2)转辙器基坑及设备拉杆槽采用钢模板施工,设备拉杆槽精确定位后,处理好转辙器基坑与道床排水沟的关系,防止水沟内积水流入转辙器基坑。

(3)现场加强轨枕方正和间距的检查与及时纠偏控制,道床混凝土浇筑过程中注意对扣配件和轨枕的覆盖保护,完成浇筑后及时清理遗留的混凝土残渣。

7. 无缝线路施工

1)质量问题

(1)接头外观尺寸超标(高低接头、弯接头)、超打磨,伤及母材。

(2)接头正火时未采取保护措施,导致杂物掉进套管孔,影响锚固螺栓紧固。

(3)探伤不合格。

(4)锁定时轨下胶垫、轨距块、扣件等不按要求安装,造成轨道几何尺寸超标。

2)预防措施

(1)接头外观尺寸超标(高低接头、弯接头)、超打磨,伤及母材:加强钢轨接头打磨时的尺寸控制,边打磨边量测,避免超标或伤及母材,高低接头要及时采取正火处理,确保接头外形尺寸满足要求。

(2)接头正火时未采取保护措施,导致杂物掉进套管孔,影响锚固螺栓紧固:正火时可在石棉板遮盖套管孔。

(3)探伤不合格:加强探伤检查,当班焊接当班检查,以免漏探,发现不合格焊头,及时锯掉重焊。

(4)锁定时轨下胶垫、轨距块、扣件等不按要求安装,造成轨道几何尺寸超标:无缝线路钢轨锁定时加强现场监管,确保轨下胶垫、轨距块、扣件等按要求安装。

小　　结

(1)结构堵漏、联络通道施工、站内附属施工、人防门施工是影响轨道施工的重要因素,可以通过工序调整,交叉施工,保证总体工期的实现。

(2)通过增加散铺基地、机械设备投入等措施能加快轨道施工,但是作业面增多,安全管理难度加大,质量问题明显增加。

4.3 减振降噪施工技术

在城市轨道交通建设中,常用的振动控制措施主要为轨道减振措施,轨道减振措施根据减振等级分为中等减振措施、高等减振措施和特殊减振措施,按照弹性部件使用位置分为轨下减振、枕下减振和道床下减振三大类。

4.3.1 中等减振

减振扣件是现阶段普遍采用的中等减振措施,也是轨下减振措施。扣件是钢轨振动向下传递的部件,可通过增加扣件弹性来降低轨道结构的振动。城市轨道常用的减振扣件包括:Ⅲ型轨道减振器扣件、压缩型减振扣件等。压缩型减振扣件采用分离式结构,由轨下弹性垫板、上铁垫板、中间弹性垫板、下铁垫板和自锁机构等组成,利用两层弹性垫板的压缩变形实现减振,弹性垫板与铁件分离,可实现单独更换,减振效果可达 5~8 dB。

1. 施工工艺

中等减振道床施工工艺为:在铺轨基地组装轨排,当铺轨门吊走行轨安装、基底处理及底层钢筋绑扎完毕后,由轨道车及铺轨小车将轨排运至施工现场,再进行轨排铺设,铺设完成后进行上层钢筋绑扎及模板安装,再用轨检小车进行精调,精调完成后浇筑道床混凝土,混凝土强度达到要求后拆除支撑架及模板,进行道床养护,进入下一施工循环。

2. 工期

综合考虑,中等减振道床施工进度一般为 75 m/d。

3. 施工质量控制重难点

结构特征及施工工艺流程与普通整体道床一致,无特殊重难点工序。

4.3.2 高等减振

城市轨道高等减振结构主要有三种形式，分别为减振垫道床、梯形轨枕道床、浮轨式扣件，其中，减振垫道床和梯形轨枕道床为道床下减振结构，浮轨式扣件为轨下减振结构。浮轨式扣件一般在既有项目拆除改造段落应用较多，新建项目一般不建议采用。

减振垫道床结构工作原理：通过弹性体把轨道结构上部建筑与基础完全隔离，利用整个道床在弹性体上的惯性运动来隔离和衰减列车运行产生的振动。根据道床下弹性体的不同，目前主要有橡胶、聚氨酯、岩棉三种减振垫道床，减振效果均可达到 10 dB。减振垫道床根据施工工艺不同分为减振垫现浇整体道床和减振垫预制板式整体道床。

梯形轨枕（纵梁式轨枕）道床由高弹支垫、两根预应力混凝土纵梁及其联结杆件、横纵向限位件组成独特的“预应力混凝土纵梁+横向联结杆件”框架结构，形似梯子。梯形轨枕（纵梁式轨枕）以一定间隔的弹性支墩支撑在钢筋混凝土底座上，弹性支墩采用隔振材料，提供良好的弹性，减振效果可达到 8 dB，适用于高度减振地段。

1. 现浇减振垫整体道床施工工艺、工期及重难点

现浇减振垫整体道床主要由钢轨、扣件、减振垫、道床板及基底组成。

1）施工工艺

根据现场实际，减振垫现浇整体道床采用“轨排架轨法”施工，施工工序为：基标测设→基底处理→基底垫层及挡墙浇筑→铺设减振垫→轨排拼装及运输→轨排架设→道床钢筋笼绑扎→立模→精调线路→隐蔽工程检查→混凝土浇筑及养生→聚氨酯填缝胶填塞→成品检查。

2）工期

现浇减振垫道床施工进度一般为 25 m/d。

3）重难点

（1）基底标高、平整度控制

基底标高允许误差为 0～−5 mm，平整度为 5 mm/m^2。基底标高控制不好将导致道床结构高度降低，减少道床配重，影响减振垫道床减振效果；基底平整度控制不好会降低减振垫铺设平整度，混凝土浇筑及振捣过程中可能造成减振垫挫挤，存在弹性支承不均匀隐患，进而影响减振垫道床减振效果。

（2）动火作业

减振垫铺设后，动火作业易对减振垫造成伤损。钢筋焊接时，应在焊点下方铺垫湿石棉布等防火材料，避免焊渣掉落烧坏减振垫，防止对减振垫造成损伤。

（3）减振垫铺设（密封、搭接）

铺设减振垫之前，必须保证基础面清扫干净。减振垫切割时需保证边角平直，以保证铺设后整体美观。减振垫间搭接的缝隙宽度不大于 10 mm。

（4）检查孔标高控制

为后期检查水沟排水状况，基底设置有中心排水沟地段，在道床板内设置检查孔（300 mm×300 mm），检查孔上部需设置盖板，盖板应采取可靠的固定方式，安装后的盖板不得高于道床顶面，避免影响工作人员行走及道心疏散。

2. 减振垫预制板式整体道床施工工艺、工期及重难点

减振垫预制板式整体道床主要由钢轨、扣件、预制板、减振垫、自密实混凝土、基底等组成；减振垫与预制板在工厂完成预制减振轨道板复核工作，道床质量及减振效果保障率较高。

1）施工工艺

减振垫预制板式整体道床主要施工工艺为：测设轨道控制网→基底施作→绑扎自密实混凝土层钢筋→铺设预制板→调整轨道板→灌注轨道板下部自密实混凝土→连接钢轨及扣件→整理轨道。

2）工期

减振垫预制板式整体道床施工进度一般为 50 m/d。

3）重难点

（1）绑扎自密实混凝土层钢筋

绑扎隧道内自密实混凝土层钢筋前，需注意将手孔内垃圾、淤泥及积水等清理干净，绑扎钢筋应严格按照设计图纸进行，并留足保护层厚度。

（2）铺设预制板

预制板运输至铺设地段时，采用铺轨门吊进行预制板的粗铺，通过 CPⅢ反馈数据，利用调轨设备（或全自动精调设备）对轨道板的标高、中线及超高进行定位调整。

（3）灌注自密实混凝土

预制板下部混凝土采用自密实混凝土材料，灌注自密实混凝土前应检查减振垫和预制板复核情况及减振垫四周密封状况，达到设计要求后方可灌注自密实混凝土。

3. 梯形道床施工工艺、工期及重难点

梯形轨枕（纵梁式轨枕）道床由钢轨、扣件、梯形轨枕（纵梁式轨枕）、基底组成。

1）施工工艺

梯形轨枕（纵梁式轨枕）道床施工工序：测设轨道控制网→基底处理→基础钢筋铺设→梯形轨枕（纵梁式轨枕）轨排组装→轨排吊装、泡沫隔离层粘贴及铺设→轨道状态调整、检查→模板工程→混凝土浇筑及养护→拆除模板及钢轨支撑架→中心水沟浇筑→去除泡沫隔离层。

2）工期

梯形道床施工进度一般为 50 m/d。

3）重难点

（1）梯形轨枕为预应力框架式轨道板，体积大、轨排较重，轨枕吊装时需将吊装带固定牢固，平稳吊装，轨枕起吊后尽量保持平衡，防止摆动过大造成磕碰，落地前调整梯形轨枕的摆放角度，避免错位码放。

（2）地下施工范围狭窄，洞内作业不方便调整。要求曲线位置梯形轨枕轨排在基底轨排拼装时按照轨节表拼装成曲线，正矢及超高调整均在轨排基地拼装时完成。

4.3.3 特殊减振

目前，城市轨道特殊减振结构有两种形式，分别为钢弹簧浮置板道床和橡胶弹簧浮置板道床，均属于道床下减振结构。

钢弹簧浮置板道床由浮置道床板、钢弹簧隔振器、剪力铰、密封条、水平限位装置、钢轨与扣件及基底等组成。它将具有一定质量和刚度的混凝土道床板置于钢弹簧隔振器上，构成质量-弹簧隔振系统。经过钢弹簧浮置板道床的隔离，列车产生的强大振动只有极少量会传递到下部结构，对下部结构和周围环境起到很好的保护作用。钢弹簧浮置板系统主要应用于减振要求高、对振动比较敏感的建筑物等地段，其减振效果可达 15 dB 以上，在国内城市轨道交通项目已有大量应用经验，实践证明：该系统具有隔振效果好、弹簧隔振器寿命长、水平方向位移小、施工简单、检查或更换弹簧方便、基础沉降造成的高度变化可以方便快速调整等特点。

橡胶弹簧浮置板道床是近年内涌现的新型高性能减振轨道结构，除兼具钢弹簧浮置板道床特征外，橡胶弹簧的使用能够很好地实现点支撑结构的弹性和阻尼效果，工程造价更加合理，且能够更好地匹配轨道结构高度不足地段高性能减振措施需求，目前在国内多个城市的地铁建设中均有应用，工程应用表现良好，其减振效果可达到 12~15 dB。西安市轨道交通 5 号线建设中，为解决轨道结构高度不足问题，首次采用了这种道床结构。

1. 现浇钢弹簧浮置板道床施工工艺、工期及重难点

1）施工工艺

现浇钢弹簧浮置板道床施工按基地拼装钢筋笼轨排、现场基础施工（找平层）、轨道板浇筑、道床顶

升等工序进行流水作业。浮置板道床钢筋在铺轨基地内拼装钢筋笼，与轨排组成钢筋笼轨排（包括隔振筒安装）吊运至作业面进行铺设，由于浮置板道床钢筋笼宽度超出铺轨龙门吊作业空间，少量钢筋无法在基地内进行绑扎，可先将龙门吊工作空间内的浮置板道床钢筋在铺轨基地内进行绑扎，预拼装成钢筋笼，两端超出的少量钢筋在钢筋笼就位以后再进行二次绑扎。在铺设钢筋笼轨排前，根据线路要求（即曲线地段基底斜面与相应里程的线路超高保持一致）进行基础施工。轨道板浇筑前，进行隔离层铺设、钢筋笼轨排架设、精调、支模等工序。当混凝土达到设计强度，再顶升浮置板。

2）工期

现浇钢弹簧浮置板道床施工综合进度一般为 25 m/d。

3）重难点

（1）基底平整度

钢弹簧浮置板道床基底是整个浮置板道床系统的重要组成部分，施工高程误差要求为 0～-5 mm，表面平整度要求为±2 mm/m^2。基底隔振筒位置的标高采用 CPⅢ控制点测量，人员全程进行标高监控，对高程高于设计高程的基底进行打磨，低于设计高程的采用高强灌浆料进行高程补偿。钢弹簧浮置板道床超高设置需通过在基底上实现，基底施工质量的好坏直接影响整体道床的质量。

（2）浮置板道床顶升

钢弹簧浮置板道床的顶升作业直接影响钢弹簧浮置板道床系统的质量和运营状态，是浮置板道床施工的关键环节。浮置板道床混凝土达到设计强度后（道床完成浇筑 28 d 后）方可实行顶升，顶升是通过对弹簧施加初始力使浮置板与基底混凝土面分离，顶升过程需分 3～4 轮进行，顶升量为 30 mm。

（3）现浇道床隔振筒定位

钢弹簧浮置板道床处于工作状态时，列车的动载和板的自重等荷载都将由隔振器传递到基底上，隔振器的设计位置是根据受力需要确定的，定位安装偏差要求±3 mm。

隔振筒位置控制方式：一是在轨排基地钢筋笼轨排绑扎时严格按照施工图摆放和绑扎，可对该部分钢筋采用临时点焊的方式固定；二是在钢筋笼轨排架设过程中，核验隔振筒位置并及时进行调整，严禁隔振筒进入钢轨内侧，以免在顶升作业中造成极大的困难。

2. 预制板钢弹簧浮置板道床施工工艺、工期及重难点

1）施工工艺

钢弹簧预制板结构主要由基底、预制板、隔振器、剪力铰、钢轨及其扣件等组成。为适应不同的曲线半径，一般设计有 3.6 m 和 4.8 m 两种规格板长，每种板长分为标准板和过渡板两种板型。施工：按基底找平层施工、预制板铺设、钢轨及构配件安装、道床顶升等工序进行流水作业。

2）工期

预制板钢弹簧浮置板道床施工进度一般为 50 m/d。

3）重难点

（1）浇筑基础混凝土

严格按照设备安装技术要求控制基础混凝土的浇筑及收抹（表面平整度要求±2 mm/m^2，垂直方向高程公差要求 0～-5 mm）。

（2）预制板铺设前测量

为了满足后续轨道板的就位、调整及轨道几何尺寸的实现需求，要求按板长设置轨道中心控制基标，弹出就位轨道板的 4 条边线及轨道中心线（端线同板缝线，轨道中心线同板中心线）。

（3）预制板

预制板较重，轨枕吊装时需固定牢固，平稳吊装，防止摆动过大造成磕碰，落地前调整摆放角度、位置。

（4）精确就位预制板

根据基础弹出的轨道板边线，利用铺轨门吊初步定位轨道板后，按照型号摆放隔振器等配件，安装专

用顶升设备，通过 CPⅢ反馈数据，调整轨道板至设计位置，安装隔振器(橡胶弹簧)及调高、锁紧垫片，拆除顶升设备。

3. 现浇橡胶弹簧浮置板道床施工工艺、工期及重难点

1)施工工艺

现浇橡胶弹簧浮置板道床施工按基地拼装钢筋笼轨排、现场基础施工(找平层)、轨道板浇筑、道床顶升等工序进行流水作业。浮置板道床钢筋在铺轨基地内拼装钢筋笼，与轨排组成钢筋笼轨排(包括橡胶弹簧安装)吊运至作业面进行铺设，由于浮置板道床钢筋笼宽度超出铺轨龙门吊作业空间，少量钢筋无法在基地内进行绑扎，可先将龙门吊工作空间内的浮置板道床钢筋在铺轨基地内进行绑扎，预拼装成钢筋笼，两端超出的少量钢筋在钢筋笼就位以后再进行二次绑扎。在铺设钢筋笼轨排前，根据线路要求(即曲线地段基底斜面与相应里程的线路超高保持一致)进行基础施工。轨道板浇筑前，进行隔离层铺设、钢筋笼轨排架设、精调、支模等工序，在监理确认合格后浇筑混凝土。当混凝土达到设计强度，用隔振器生产厂家提供的专用千斤顶顶升浮置板。

2)工期

现浇橡胶弹簧浮置板道床施工进度一般为 25 m/d。

3)重难点

内容与“现浇钢弹簧浮置板道床”的重难点一致。

4. 预制板橡胶弹簧浮置板道床施工工艺、工期及重难点

1)施工工艺

橡胶弹簧预制板结构主要由基底、预制板、隔振器、剪力铰、钢轨及其扣配件等组成。预制板一般设计板长 3.6~4.8 m，板宽 2.6~2.7 m，板厚 320 mm。预制板橡胶弹簧浮置板道床施工按现场基础施工(找平层)、预制板铺设、钢轨及构配件安装、道床顶升等工序进行流水作业。

2)工期

预制板橡胶弹簧浮置板道床施工进度一般为 50 m/d。

3)重难点

内容与“预制板钢弹簧浮置板道床”的重难点一致。

4.3.4 减振类型及效果分析

综上所述，中等减振、高等减振、特殊减振分别适用于不同减振要求地段，各有利弊。扣件类减振措施施工工艺、特殊作业需求简单，减振效果有限；道床类减振措施基底标高及平整度要求高、减振垫或隔振器安装精度要求高、施工工序多、铺设进度慢、现场调整工作量较大、质量控制环节多，但减振效果较好。减振综合效果分析见表 4.1。

表 4.1　减振综合效果分析

减振类型		减振效果(dB)	工　艺	进度(m/d)	备　注
中等减振	Ⅲ型轨道减振器扣件	5~8	相对简单	75	
	压缩型减振扣件	5~8	相对简单	75	
高等减振	减振垫道床	10~12	相对复杂	50	
	梯形轨枕道床	10	相对复杂	50	
特殊减振	钢弹簧浮置板整体道床	15	复杂	现浇:25 预制:50	
	橡胶弹簧浮置板道床	12~15	复杂	现浇:25 预制:50	

小　　结

随着城市的发展和轨道交通路网的加密，轨道线路走向或埋深设计愈加难以绕避环境振动敏感点，

轨道工程减振措施的需求将进一步提高，而不同种类轨道减振措施的交替大量使用，在造成物资采购及投资不均匀性特征风险增加的同时，也会不同程度带来轨道平顺性不良、养护维修工作量大等问题，建议后续项目建设通过合理的轨道结构形式选择及统一化的减振措施配置来进一步实现城市轨道交通项目的品质化服役。另外，减少或控制城市轨道交通环境振动的负面影响是一个综合性的工程，需要在振源、传播路径及敏感目标等多个层面综合筹划展开，现阶段工程建设中过度依赖轨道减振，而忽略了车辆、构筑物本身及传播路径综合减振措施的研选，建议深入开展综合减振措施研究及适当的试验，以便进一步优化城市轨道交通建设必要减振措施，以期采用更加有效的综合减振措施，实现运营期振动控制，达到品质服役目标。

4.4 轨道检查验收创新技术应用

随着城市轨道交通系统智能化的大力发展，坚持以新兴信息技术与轨道交通深度融合为主线，大力推进轨道交通轨道工程信息化、智能化的发展，逐步实现西安地铁轨道交通由高速度发展向高质量发展的跨越表现得尤为迫切。

4.4.1 60N钢轨应用

1. 概述

60 kg/m 钢轨是我国地铁和国铁广泛采用的轨型之一。经过多年的使用，发现一些需要改进的问题，如轮轨接触光带偏向钢轨内侧、小半径曲线地段钢轨磨耗速度快等。2008 年以来，中国铁路总公司组织铁科院等单位对国铁车轮与 60 kg/m 钢轨的轮轨廓形匹配进行了大量研究，研发了适应高速铁路并兼顾既有铁路的 60N 新廓形钢轨，2017 年 60N 钢轨纳入铁标。

60N 钢轨是在 60 轨基础上研发的，与 60 轨相对比，钢轨仍为沿垂直中心线对称结构，但轨顶面的圆弧进行了优化，60N 和 60 kg/m 钢轨廓形对比如图 4.1 所示。60N 钢轨廓形相对于 60 轨做了“瘦身”，轮轨接触光带更靠近钢轨中心线，改善了钢轨的受力性能。

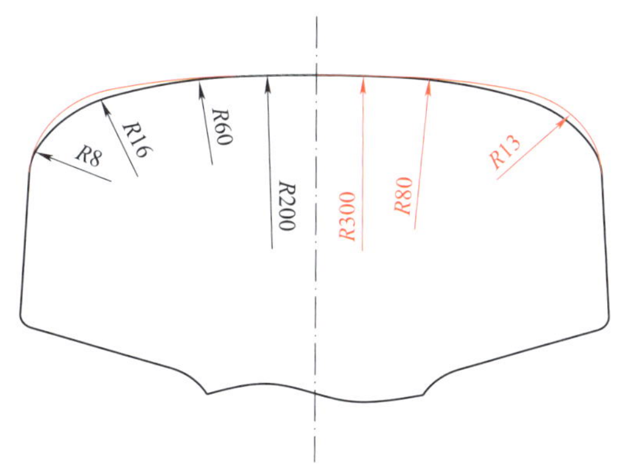

图 4.1 60 kg/m（红色）和 60N 廓形（黑色）对比图

2. 国铁应用情况

60N 钢轨最早于 2011 年 11 月京石客专进行试铺，并在杭黄、西成、济青等高铁，成昆、陇海、沪昆等既有线路全面供轨。

根据《钢轨使用规范》（Q/CR 583—2017）第 3.3 节“正线铁路（道岔除外）宜采用 60N、75N 廓形钢轨”，国铁新建线路钢轨均采用 60N 廓形钢轨。

3. 地铁应用情况

轮轨几何型面匹配关系是影响轮轨系统相互作用的关键因素之一，我国地铁车辆车轮踏面大部分采用 LM 型面，采用 60N 廓形钢轨与 LM 型车轮接触时的接触点基本在轨头踏面中心区域，轮轨接触应力降低，车轮等效锥度在一定轮对横移量范围内减小，从而提高了车辆运行的稳定性，大幅度减少了钢轨预打磨工作量，显著降低了线路维护工程量。

通过调研国内地铁线路，新建线路60N廓形钢轨应用越来越广泛。

重庆地铁于2019年在$R=250$ m曲线地段试用了60N U71MnH(热处理)钢轨，铺设长度435.3 m，运营至今效果良好。

广州地铁三期规划线路12号线、18号线、22号线等线路，正线钢轨均采用60N廓形钢轨。

成都地铁四期规划线路13号线、17号线等8条线路，正线钢轨均采用60N廓形钢轨。

厦门地铁新建线路9号线正线钢轨采用60N廓形钢轨。

4. 轮轨仿真及效果

对地铁车辆车轮LM型踏面进行60N与60轨的轮轨仿真应力计算，结果如图4.2所示。由图4.2可知，在接触状态、接触应力等方面，60N均优于60轨。具体如下：

(1)60N有效降低接触应力和Mises应力，分别最多降低12%~16%和8%~12%。

(2)60N轮轨接触状态更优，钢轨轮轨接触移向踏面中心、曲线上形成共形接触。

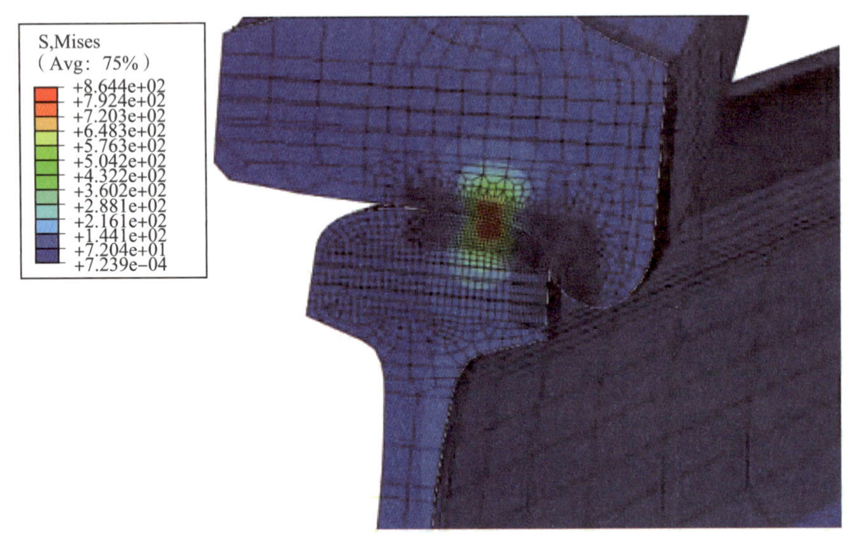

图4.2　60N与LM车轮仿真接触云图

5. 60N钢轨优点

(1)60N钢轨运行后，产生的轮轨接触光带基本居中，宽度在25~30 mm范围内，列车运行平稳。在直线上运行可避免出现轨距角肥边和剥离掉块；在曲线上运行可有效避免或抑制轨距角剥离掉块及疲劳伤损，延长钢轨使用寿命。

(2)采用60N廓形钢轨可大幅减少钢轨打磨工作量和打磨难度，节约钢轨打磨费用。

小　　结

60N钢轨与LM型踏面匹配时，其在接触状态、接触应力等方面均优于60轨，改善了轮轨接触几何关系。轮轨接触点在钢轨上位于钢轨中心位置附近，降低了钢轨病害，减少了运行后钢轨打磨工作量和打磨难度。

建议进一步考察60N钢轨在地铁建设、运营中的优缺点，经研究后决定是否在后续地铁线路建设中应用。

4.4.2　预制板式无砟轨道

预制板式无砟轨道具有机械化程度高、施工进度快，铺轨场地要求低、现场适应性强，养护维修便捷、便于更换,厂内预制轨道板、便于质量控制等技术特点,已经在国铁项目上大面积运用且形成了比较完善的体系,尤其是具有完全自主知识产权的 CRTS Ⅲ型板式无砟轨道在高速铁路的广泛应用,形成了结构简单、接口稳定的技术方案,并配套了完善的建设管理平台、通用参考图、技术标准、施工工艺流程与设备、运维作业流程及机具等,同时在智能高铁方面也从建设管理、设计、施工及运维等方面形成了系列成果。

截至目前,北京、上海、广州、深圳等城市在地铁建设中已相继采用了预制板式无砟轨道结构,尤其是上海、深圳等地已明确新建项目应全面采用预制板式无砟轨道。

1. 高速铁路预制板式无砟轨道

预制板式无砟轨道在国铁已经大量使用,已具有丰富的设计研究和工程实践经验。通过多年的不断优化和完善,我国引进消化吸收了日本新干线的板式轨道以及德国高速铁路上铺设的博格板式无砟轨道技术方法,并在此基础上形成了国内的 CRTS Ⅰ型板式、CRIS Ⅱ型板式无砟轨道技术体系。为了实现高铁"走出去"的战略目标,我国研制了具有自主知识产权的 CRTS Ⅲ型板式无砟轨道成套技术体系。

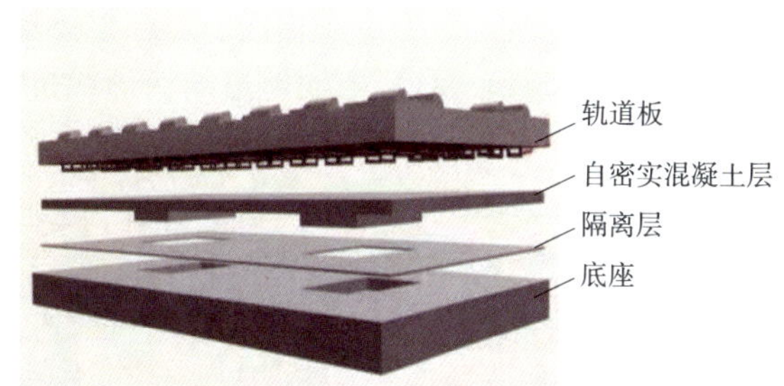

图 4.3 CRTS Ⅲ型板式无砟轨道

CRTS Ⅲ型板式无砟轨道由钢轨、扣件、轨道板、自密实混凝土、混凝土底座等结构组成,如图 4.3 所示。

2. 城市轨道交通预制板式无砟轨道

近年来,随着我国经济发展和社会进步,城市轨道交通的设计运营速度越来越高,越来越多的城市地铁秉承科学发展理念,在城市轨道交通建设中采用了预制板式无砟轨道结构。上海地铁、深圳地铁、成都地铁等预制板式结构均是在国铁Ⅲ型板式轨道结构基础上进行了优化设计,每个城市轨道板结构略有不同。

预制板轨道结构主要由钢轨、扣件、预制轨道板、自密实混凝土、限位结构、中间隔离层、底座等部分组成。

3. 预制轨道板式整体道床与现浇道床优缺点分析

城市轨道交通采用的预制轨道板式整体道床是在高速铁路板式轨道的基础上,研发适用于城市轨道交通的,满足列车运营安全性、平顺性和稳定性、美观性要求的新型轨道结构形式,可以极大提高城市轨道交通工程轨道的铺设质量。

与现浇整体道床相比较,预制轨道板式整体道床的突出优点如下:

1)机械化程度高

预制轨道板施工分为底座板施工和轨道板铺设两大部分,两大工序可流水平行施工。底座板施工可根据现场场地情况提前绑扎钢筋笼完成浇筑,底座养护完成后,轨道板铺设紧跟进行。轨道板铺设机械化程度高,铺设进度快,对于工期要求紧的项目,具有明显的优势。

2)铺轨场地要求低,现场适应性强

普通现浇道床板施工前,需在铺轨基地组装 25 m 长轨排,轨排通过尺寸约为 30 m×5 m 的下料口吊至隧道内,通过轨道平板车运至浇筑现场,绑扎道床钢筋,调整轨排,浇筑混凝土完成施工。因需要提前预留轨排下料口,铺轨顺序只能是从铺轨基地向两端进行,如通道受阻将无法进行轨排运输。

预制轨道板道床施工无需组装轨排,轨道板长度 3.5~6 m,在没有预留下料口的情况下,可利用车站盾构井调出口(11.5 m×7.5 m)及下料口吊装轨道板,展开多工作面平行施工。

3)养护维修便捷,便于更换

现浇整体道床一旦完成浇筑,现场很难实现维修更换。预制轨道板为厂内预制结构,轨道板与底座间通过结构调整层隔离,如现场出现道床结构破坏,利用小型吊装设备可在一个夜间天窗点时间实现 1~2 块板的更换。因此,预制轨道板在养护维修方面较现浇结构具有明显优势。

4)厂内预制轨道板,便于质量控制

现浇整体道床质量受现场施工工艺影响大。目前,从国内城市轨道项目施工情况来看,存在混凝土振捣不到位、轨枕空吊、长轨枕穿筋孔内混凝土无法填塞密实、道床抹面不平整、混凝土浇筑污染扣配件、混凝土养护工序繁琐等施工质量问题。

预制轨道板采用工厂标准化生产线,粗细骨料质量、混凝土浇筑质量、钢筋保护层厚度严格控制,轨道板表面整洁美观。轨道板养护一般为高温蒸汽养护,并需经过各种试验检测方可投入使用,质量有保障。

预制轨道板式整体道床相比于现浇整体道床缺点为:工程投资较高、对土建工程施工精度要求较高、联络通道/人防门/泵房/不同轨道结构形式过渡点等地段需特殊设计等。

综合上述各类型道床的特点,其技术、经济特性总结见表 4.2。

表 4.2 不同类型整体道床技术、经济特性比较表

道床类型	现浇整体道床	预制轨道板式整体道床
结构组成	钢轨、扣件、轨枕、钢筋混凝土道床	钢轨、扣件、预制轨道板、自密实混凝土、限位结构、隔离层、底座
结构特点	轨枕工厂预制,安装位置精确,道床整体性良好、刚度大,有利于减轻隧道仰拱的变形	轨道板工厂预制,铺设精度高、施工进度快、施工简单、便于养护维修、质量控制保障高、现场美观
适应性能	适用于各种区段	可适用于各种区段
可施工性	轨排架法施工,施工速度快,精度易保证	机械化程度高、施工进度快、对铺轨轨排组织场地要求低、施工简单
实践性	北京、上海、广州、成都、西安、武汉、苏州、南宁地铁等	高铁,上海、广州、深圳、天津地铁等
铺轨基地规模(m^2)	约 5 000	≤3 000
现浇混凝土量(m^3/km)	1 340	670
施工进度(m/d)	55~75	50(提升空间较大)
可维修性	差	好
经济性(万元/km)	360	550

4. 建议

结合西安轨道交通在建及第四期建设规划项目建设需求,为能够将预制轨道结构更好地应用于城市轨道交通项目建设中去,建议结合上海地铁、深圳地铁、成都地铁等地技术经验,开展西安地铁预制板式轨道结构设计及铺设。

4.4.3 铺轨门吊新技术与新设备

目前在地铁铺轨施工中,轮轨式铺轨机作为地铁轨道施工领域核心设备,因其本身结构特点,施工时需提前铺设专用走行轨道。走行轨道采用 24 kg/m 钢轨,通过钢支墩安装在盾构壁上。24 kg/m 钢轨架空安装,长时间使用容易磨损和变形,甚至出现断轨现象,存在安全隐患。钢支墩安装需要在盾构壁上钻孔,对盾构管片造成一定程度的损坏。

为解决钢支墩安装对盾构管片损坏的问题,相关单位展开了专题研究,提出了很多解决方案,目前应用在工程施工中的主要有两种方案:一种是新型轮轨式铺轨机走行支架;另一种是采用无轨式铺轨机(轮胎式铺轨机)。

1. 新型轮轨式铺轨机走行支架

传统地铁施工铺轨机走行轨斜支架通过在隧道管片上打孔插入膨胀螺栓固定。为了避免在管片上钻孔损坏管片质量,设计了一种铺轨机走行轨斜支架(图 4.4),斜支架安装在管片预留手孔上,管片不打孔,既不破坏管片质量,又能满足铺轨机跨距要求,确保铺轨车走行安全。

铺轨机走行轨斜支架包括底座和支柱，底座底部固定有两个卡盒，并倾斜地固定连接在支柱下端，支柱上端固定安装走行轨平台，走行轨平台上安装P24走行钢轨，两个卡盒固定连接在与其形状相一致的管片手孔中。

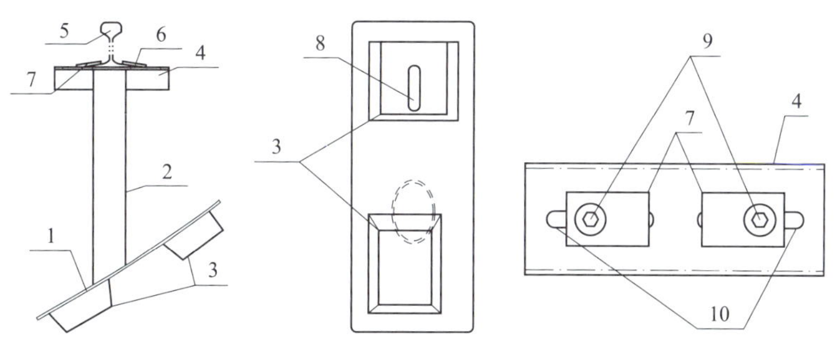

图4.4 新型轮轨式铺轨机走行支架示意图

1—底座；2—支柱；3—卡盒；4—走行轨平台；5—钢轨；6,7—固定夹；8,10—条形孔；9—螺栓

两个卡盒上下焊接在底座上，上部卡盒底部设置有条形孔，条形孔插入L形螺栓与管片手孔内螺栓孔连接。

走行轨平台通过固定夹固定连接P24走行钢轨，固定夹包括对称的两夹持片，两夹持片采用螺栓固定在走行轨平台上。

与现有技术相比，通过卡盒固定连接在管片手孔内增加了铺轨机走行安全，增加了铺轨施工的安全性，采用此走行斜支架，避免了人工操作安全性差，操作安全性更高，并且安装时手孔距离标准不用考虑净距影响，不用钻孔使用螺栓固定，直接人工安装，减少了对管片钻孔损伤，结构简单、操作使用方便快捷。

新型轮轨式铺轨机走行支架是铺轨施工单位根据上海地铁施工条件研发的专利设计，根据资料显示，其既能满足施工的要求，也能保护盾构管片。西安地铁盾构管片形式、拼装形式均与上海地铁存在差异，因此西安地铁建设中，可根据管片形式研究更适用西安地铁的轮轨式铺轨机走行支架。

2. 轮胎式铺轨机

轮胎式地铁铺轨机是一种可以在地铁施工中实现平地及地铁管壁上行走的轮胎式换铺设备。该设备采用液压驱动，具备运行平稳、结构紧凑、自重轻的优点。行走装置采用回转+双绞支轮组结构，适应不同管壁半径曲面、斜面及平面施工，可根据不同的隧道进行自行变跨，能直接在管壁上行走，减小施工管壁的压强，提高了施工的安全性，减少地铁铺轨的铺设临时轨工序，减少成本投入。同时能够满足小曲线、车站站台和人防门等特殊条件的限制要求。主要用于地铁铺轨施工中的轨排运输、混凝土长距离运输和浇筑作业。

轮胎式地铁铺轨机可以分段作业，多点同时施工，可以跨道床穿插施工，对于减振道床分布广、分布散的区间，可以提前进行基地预铺与道床铺设。轨通后可有轨、无轨双向输送物料施工作业，提高施工速度，缩短建设周期。

轮胎式地铁铺轨设备在地铁铺轨施工中工序工法多样，较传统轮轨式地铁铺轨设备施工效率提高，人工成本投入减少。设备克服了传统轮轨式铺轨设备走行固定的弊端，不需再安装临时用走行轨，减少了资源投入，保护了盾构管片，缩短了道床铺轨工期。由于轮胎式铺轨设备不受运行条件的限制，减少对运行环境的依赖，有利于铺轨智能化和无人化施工的实现。

小　　结

新型轮轨式铺轨机走行支架是铺轨施工单位根据上海地铁施工条件研发的专利设计，根据资料显示，其既能满足施工的要求，也能保护盾构管片。西安地铁盾构管片形式、拼装形式均与上海地铁存在差异，因此西安地铁建设中，可根据管片形式研究更适用西安地铁的轮轨式铺轨机走行支架。

轮胎式门吊能减少工作量，在组织单一作业面施工时能发挥较好的作用，但因跨区间施工难度大，在车站内施工无法采用。

传统轮轨式设备施工工艺成熟可靠，适用于任何盾构区间管片设计，各种道床设计，成本投入较少，设备故障应急处置较及时，但区间运行劳动力、设备投入较多，轨行区管理压力较大；新型轮胎式设备投入较少，轨行区管理压力较小。

新型无轨化施工工艺一定程度上是一种发展趋势，但同时带来的诸如管片损伤、过度沉降等潜在影响尚需要详实的理论计算、有限元分析和实践证明。

4.4.4 双轨探伤检查系统

双轨式综合探伤检查系统适用于对现有普通铁路、高速铁路、城市地铁或轻轨所使用钢轨进行检测，该产品具有优秀的缺陷检出能力，车子行驶稳定，操控性好，易于拆装，检测轨型范围覆盖 43~75 kg/m 钢轨。

在综合探伤仪的车体上安装超声波检测系统，既可以组装成双轨式超声波探伤仪，也可以安装电磁检测系统组装成双轨式电磁探伤仪，综合探伤仪强化了对钢轨表面和内部的探伤精度，这显著区别于普通的超声波探伤技术。为符合探伤发展的需求，综合探伤仪设计预留了 GPS 定位、摄像、数据网络同步传输、云传输等功能，并在未来可升级为多种检测方法、多种检测技术综合应用的探伤仪，努力实现基于复合电磁效应、超声波、激光、图像融合的钢轨巡检及实时分析技术，实现病害特征识别与缺陷重构，并且搭乘智能机器人、机械臂辅助完成多位置多角度的检测。双轨式超声波探伤仪和双轨式电磁探伤仪分别如图 4.5、图 4.6 所示。

图 4.5　双轨式超声波探伤仪

图 4.6　双轨式电磁探伤仪

4.4.5 形变、伤损动态检测

基于视觉成像、雷达和激光图像融合识别技术，集成惯性导航系统，以车轮编码、激光扫描、高清照相结合隧道内现有的 CPⅢ控制系统实现高精定位，实现目标识别、实时跟踪、精确测量，对隧道（收敛、错台）、轨道、接触网等一体化快速检测。基于电磁、超声、激光图像多物理融合的钢轨缺陷巡检技术，对复杂的现场和空间利用激光快速扫描加高清测拍，实现对隧道结构及线路设备的全断面检测，如图 4.7 所示。

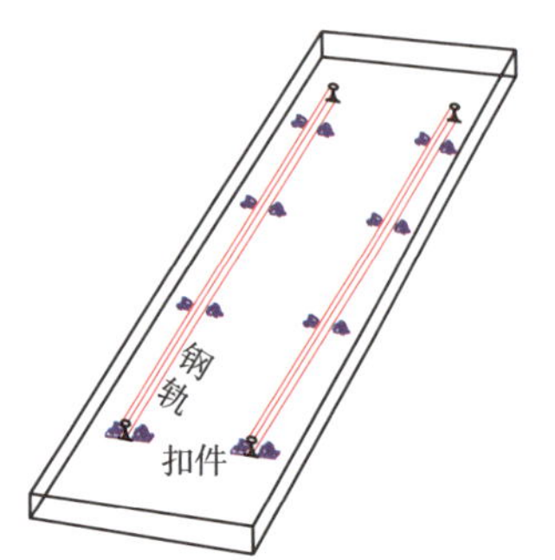

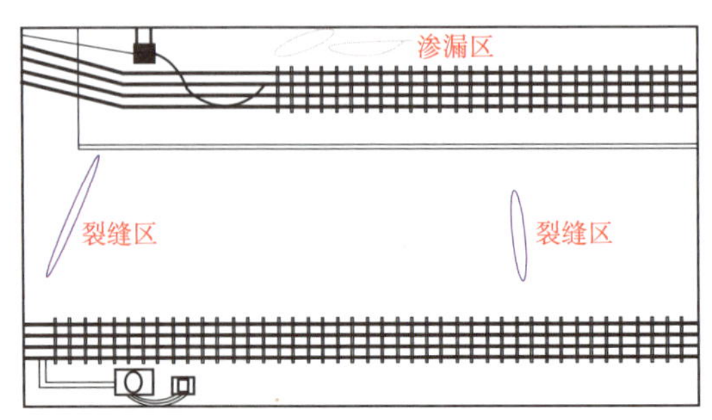

图 4.7　形变、伤损动态检测及扫描

4.4.6 自主高精度巡检机器人应用

在现有的轨道平台上，采用移动平台搭载柔性多功能机械臂的架构，在机械臂上集成视觉和力传感器，通过力/位控制，实现机械臂辅助的巡检作业，最终实现智能控制、遥控远程操作、无线传输，实现机械人自主运行，对于隧道的大裂缝、渗漏水、沉降变形等健康状态进行有效的监测并获取其长期的演化规律。解决精准自主作业难题，实现隧道、轨道、接触网、综合管线等基础病害的自主动静态一体化巡检，有效减少人力成本和漏检误判，全面构建智能化线路运行维护保障体系。高精度巡检机器人应用如图4.8所示。

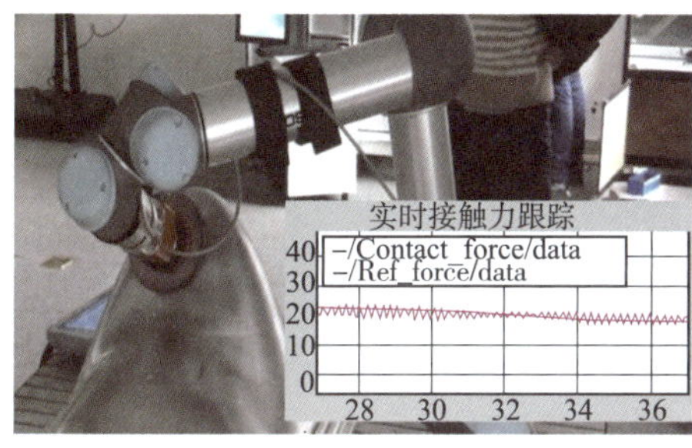

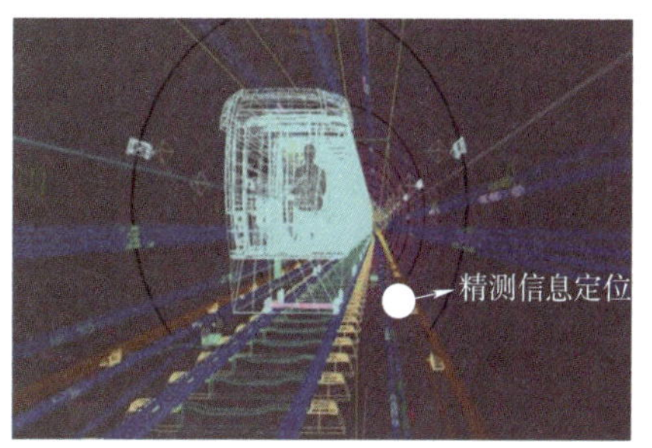

图4.8 高精度巡检机器人应用

4.4.7 钢轨润滑技术

轮轨关系是直接影响列车运行安全、列车时速和能耗的重要因素之一。良好的列车轮轨摩擦关系，可有效减少列车运行阻力和节约能耗，延长钢轨的使用寿命；并具有提高列车曲线通过能力，延缓轨道波磨和控制轮轨蠕变而产生的噪声等优点。而改善列车轮轨之间摩擦关系，除了常用的打磨、撒沙、曲线轨侧涂油之外，2020年在传统曲线涂油的基础上，通过实践证明轨顶摩擦涂敷装置在延缓轨顶波磨、降低轮轨蠕变而产生的尖锐噪声方面具有良好的效果，尤其是在曲线线路上。轨顶摩擦涂敷装置在直线处的安装原理示意如图4.9所示，现场安装如图4.10所示。

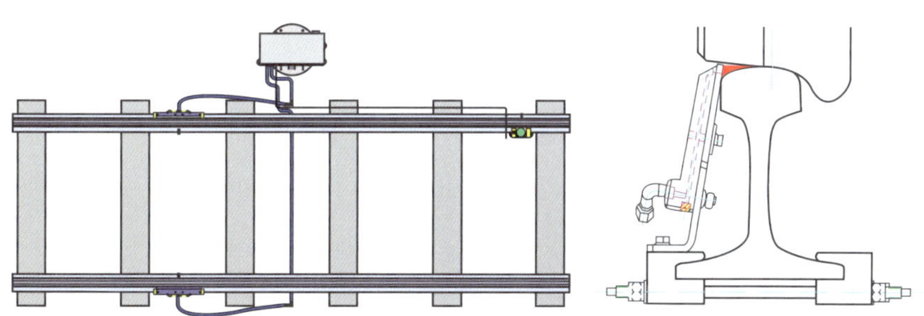

图4.9 轨顶摩擦涂敷装置在直线处的安装原理示意图

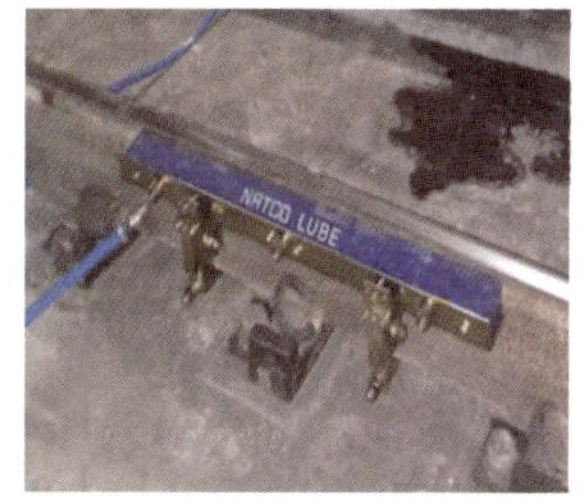

图4.10 轨顶摩擦涂敷装置现场安装

轨顶摩擦涂敷装置操作最大的优点是通过手机 APP 和 PC,24 h 展现在维护人员面前,并实现人机交换和调控,从而达到在线远程操控、远程交互、安全预警、现场远程展示、数据远程下载、故障统计分析、寿命期管理分析、减少巡检频率、降低巡查难度等目的。轨顶摩擦涂覆装置智能运维系统设备日志管理界面如图 4.11 所示。

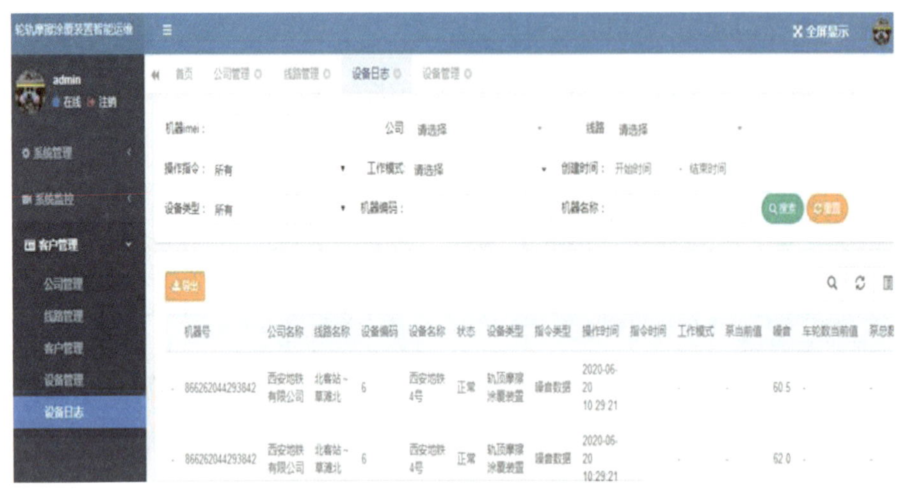

图 4.11　轨顶摩擦涂覆装置智能运维系统设备日志管理界面

总之,基于上述轨道工程自身的现状及行业发展趋势,在线监测、动态巡检、智能决策技术是支撑城市轨道工程创新发展的技术方向,适时将其应用到新线建设和后期的运营服务过程中,真正实现多能合一,全面助力西安地铁高质量创新大发展,为大力构建综合、绿色、安全、智能的立体化现代化城市交通系统作出积极的努力。

第 5 章　车站装饰装修工程及公共艺术设计施工

5.1　地铁车站装修施工范围

地铁车站装修工程主要分为公共区装修和设备区装修,其中公共区装修范围主要为站厅公共区、站台公共区及乘客通道等乘客到达区域;设备区装修范围主要为设备管理用房区、轨行区、安全疏散通道、风道等非乘客到达区域。另外,地铁车站的出入口、风亭等地面构筑物,也涉及一定的装饰装修工程。地铁建设为城市建设的重点工程,装修使用材料要求满足防火、防潮、防蚀、耐久、无毒、无异味、易清洁等要求。

5.1.1　设备区装修

地铁车站设备区装修由“天、地、墙”三部分组成。其中,“天”主要包括设备房间顶棚与吊顶的装饰装修、悬挂设施的布置等工程;“地”主要包括地砖与防静电地板的铺贴、装饰性细石混凝土的浇筑、设备基础、排水地沟等工程;“墙”主要包括现浇墙体与砌筑墙体的抹灰及踢脚线、离壁墙等工程。

1. 二次结构施工

二次结构主要包括站内砌筑墙体、站台板(含轨底风道)、夹层板、轨顶风道、楼梯等非主体结构墙、板、梁、柱的工程。

1)大型设备运输通道预留及墙体砌筑孔洞预留

在开始设备区墙体砌筑之前,首先应根据安装专业制定的设备运输通道进行设备通道预留,要求用彩色油漆或其他表示方法在地面上与正常砌筑墙体进行区分,以防工人误操作。在大面墙体砌筑时应根据安装专业汇编的“孔洞预留汇总图纸”进行精确留洞,要求留置位置精确、尺寸无误、无漏留,以满足安装施工要求,防止不必要的返工。

2)钢筋工程

钢筋工程中植筋时,在植筋位置用电锤(按照钢筋直径 d+4 mm)垂直于钻孔面进行钻孔,钻孔深度为 15d。构造柱钢筋绑扎时要求搭接位置的钢筋搭接率不得大于 50%,即采用对角受力筋在同一搭接面上(俗称对向两长两短)的搭接形式,且错开搭接的接头中到中距离不得小于 1.3 倍的搭接距离,搭接长度不得小于 1.4×35d(抗震要求)。箍筋应与受力钢筋保持垂直;箍筋弯钩叠合处,应沿受力钢筋方向对角错开放置,箍筋弯锚长度应满足 10d 与 75 mm 取大值的基本要求。其中构造柱钢筋要求在柱顶、柱脚设箍筋加密区,加密范围在构造柱上下两端 600 mm 范围,箍筋间距为 100 mm。圈梁受力钢筋应在伸进构造柱一端做 90°弯锚,弯锚平直段长度不得小于 35d。

3)构造柱马牙槎砌筑工艺

针对砌体墙而言,采用先退后进的方式,每次高度为 300 mm,槎宽为 60 mm,并在马牙槎两侧沿高度方向每 500~600 mm(构造柱上半部分模板拉节点距离为 600 mm,下半部分为 500 mm)留置一穿墙螺栓孔以利于模板的支设。墙体砌至接近梁、板底时,应留有 8~200 mm。砌体墙现场实景如图 5.1 所示。

4)带水房间底部构造做法

带水房间(茶水间、卫生间、泵房)在砌筑前,应按图纸用 C20 的钢筋混凝土浇筑挡水坎,上翻高度不小于 200 mm,宽度同墙宽,挡水坎浇筑完毕后方可进行墙体砌筑工序。带水房间底部构造如图 5.2 所示。

图 5.1　砌体墙现场实景

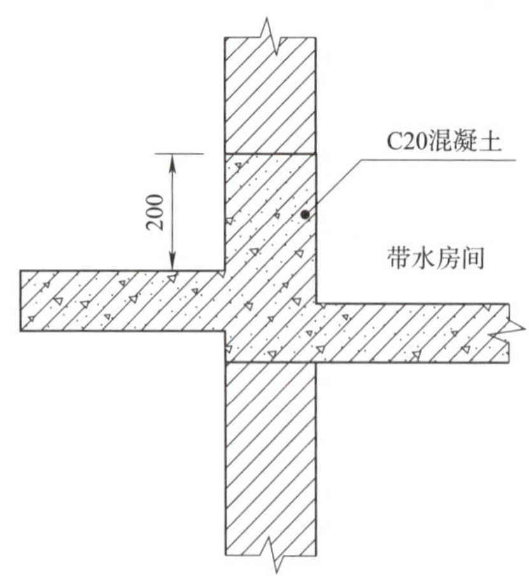

图 5.2　带水房间底部构造(单位:mm)

5)砌筑墙体与混凝土结构交界处理

应在砌筑前用界面剂在混凝土结构面上甩浆形成毛面,砌筑时与混凝土结构面留置正常灰缝宽度(8~12 mm)用水泥砂浆塞实。大面抹灰前,在砌体与混凝土结构接触处用聚合物水泥砂浆抹直角边为10~15 mm 的斜角,大面抹灰后随即用抹子在接缝处拉 3~5 mm 深缝隙,在批刮腻子前用弹性腻子进行填塞,且表面用白乳胶贴宽度 200 mm 的无纺布两层后方可进行腻子批刮作业。

2. 墙面装修

1)离壁墙施工

离壁墙施工时,首先应确认墙面暗埋管线设备已经安装完成,施工前按现场安装设备管线位置尺寸结合设计图纸,进行龙骨排布与截面计算的深化,以避免设备安装时与墙面龙骨冲突或龙骨悬挂物体荷载过大造成龙骨变形断裂。龙骨方案深化阶段,要求龙骨间距和安装方式必须满足图纸要求,在确定好龙骨位置后,根据轴线网进行龙骨定位放线,依次安装角码、竖龙骨及横向龙骨等辅助受力构件。

在纤维水泥板安装前,应在板材背面刷两道硝基漆防霉。待硝基漆完全干透后用自攻螺钉将板材固定到龙骨上,板边钉距不应大于 200 mm,板中间钉距不应大于 300 mm,自攻螺丝距板边 10~15 mm 为宜,距切断边 15~20 mm 为宜。沿板边螺丝间距 200 mm 为宜,板中螺丝间距 300 mm 为宜,自攻螺钉紧固板材时,板材必须与龙骨贴平贴紧。安装板材时,应从板的中部向长边及短边固定,钉头稍埋入板内,自攻螺丝应陷入板表面 0.5~1 mm 深度为宜,将嵌缝膏填入板间缝隙,压抹严实,厚度以不高出板面为宜,后可进行墙面漆装饰。当壁墙表面装修采用瓷砖,则离壁墙应采用瓷力水泥纤维板,施工方式同上。

2)石材或瓷砖墙面铺贴

石材或瓷砖墙面在铺贴前,应对分割尺寸、分隔缝位置进行排版,原则上尽量使用标准块,以避免过多切割造成材料浪费;同时,应注意按标准块顺铺至最后一块砖后,若尺寸小于标准块 1/2 时,应对首个标准块进行切割并重新均匀顺推整个铺贴面,以避免出现“碎块”“条块”而影响美观程度。另外,排版过程中还应充分考虑墙地面上的安装物(开关面板、地漏、检修口、小便斗等),使其居于板块中或沿一边骑缝,以确保美观。

墙面瓷砖镶贴前应首先完成地面砖铺贴,为确保墙地对缝,墙面砖应压地砖 3~5 mm,且墙面砖应从地面最低点开始镶贴,在镶贴前应实测地面最高点和最低点的高差,以确定最低点处墙砖需要裁切的尺寸。镶贴墙面时不得转圈镶贴一面压一面,应先将对向两面墙镶贴完成后方可开始两侧墙面施工。瓷砖墙面的阳角拼缝不宜使用 45°拼角的方式进行施工(因其易损坏且容易伤人),应采用阳角装饰条或拼海棠角的方式进行施工。

3. 顶面装修

1)铝合金方块冲孔板安装

铝合金冲孔板与墙面铺贴同理,在施工安装前也应进行设计排版,避免出现“碎块”“条块”,并应注意筒灯、烟感、温感、多联机、风孔等小型设备居于单元块中心位置;多组灯管应均匀、规律的布置在顶棚下方。同时还应确认顶面设备安装是否完成,在确认顶面设备安装完成后方可进行施工。当吊顶上安装设备需要日常检查维护时,应在设备附近位置增设检修口,以方便检修。

2)吊顶转换层及反向支撑

当吊顶完成面距结构顶板的距离大于 2. 5 m 时,需设置转换层保证吊顶的稳固及可靠。当吊顶中所用吊杆长度超过 1. 5 m 时,需要设置反向支撑,以保证顶面整体刚度。反向支撑应按梅花形分布,以保证顶面整体受力的均匀。在地铁施工中,因顶面安装设备管线较多,当遇到大风或密集管线设备时,也需设置转换层。

4. 地面装修

1)防静电架空地板施工

防静电架空地板安装时,在确认地面内设备管线安装完成后,对作业地面进行找平层作业,要求找平层整体施工误差在±5 mm 之内且表面应平整、光洁、不起尘不反沙,含水率不大于 8%。安装前应认真清擦干净。确保地面清洁后,开始涂刷防静电绝缘漆,漆面要求完整无漏刷,漆浆饱满,刷漆高度应同地板架起高度。同时应对地面进行实测实量,然后利用 BIM 软件或 CAD 软件对现场实测尺寸进行预排版,在确定排版后方可进行施工。防静电地板地面为满足灭火气体通渗要求,尚应保证其孔洞率不小于房间总面积的 20%,在排版中应综合考虑,具体排版应讲究对称分布,确保整体美观。

2)聚合物水泥砂浆地面

聚合物水泥砂浆的整体施工工艺同普通水泥地面一样,在地面开始施工前应将基层上的黏结物、灰尘、油污彻底处理干净,并认真进行清洗湿润,然后在大面洒素水泥浆确保基层的黏结力。聚合物水泥砂浆在使用过程中应严格按照厂家说明书的配比进行拌和,以免影响砂浆强度。由于聚合物水泥砂浆整体黏结力强,在使用时应一次收面成形,严禁反复抹压以免带动砂浆面进入空气造成空鼓。

3)瓷砖地面施工

瓷砖地面的铺贴与墙面铺贴同理,在施工安装前也应进行设计排版,避免出现“碎块”“条块”。如卫生间或茶水间等全瓷墙地面应对房间进行墙、顶、地的整体排版,保证整体对缝,开关面板、卫生洁具以及地漏、清扫口等应错落有致居于板块正中或沿一边骑缝,地漏处找坡应提前开始,坡度需符合图纸要求,图纸无要求时坡度宜为 1%。地漏与瓷砖的拼缝处应采用四边切方式铺贴、对角线切割铺贴、“十”字形铺贴等方式,如图 5. 3 所示。

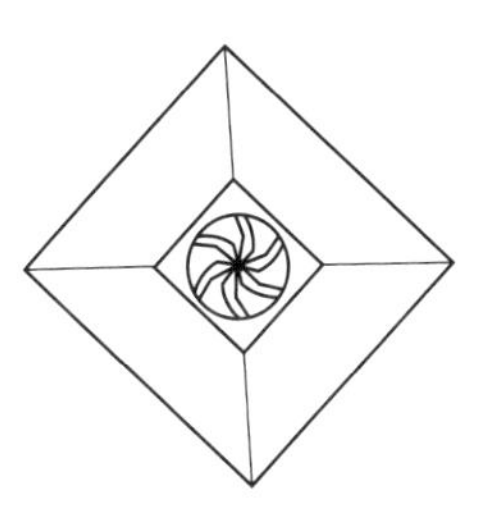

(a)对角线切割铺贴

(b)四边切方式铺贴

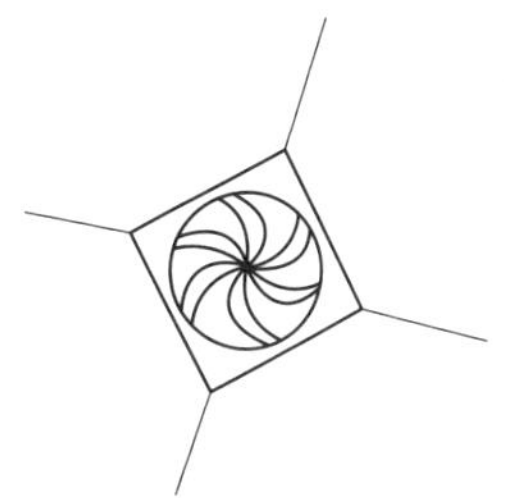

(c)“十”字形铺贴

图 5. 3 地漏与瓷砖拼缝方式

5. 其他装修注意事项

1)涂膜防水

聚氨酯涂膜施工顺序:基层处理→涂刷底层涂料→(增强涂抹或增补涂料)→涂布第一道涂抹防水层→(增强涂抹或增补涂料)→涂布第二道涂膜防水层→涂布第三道涂膜防水层→检查验收。

涂布顺序:应先垂直面后水平面,先阴角处及细部后大面。每层涂抹方向应相互垂直。

在墙根、设备基础、管道等水泥砂浆抹出的腋角上以及地漏套管上应先涂刷一层防水涂膜,涂膜宽度不小于 150 mm。墙根和柱脚应再次涂刷 250 mm 高的涂膜防水材料后方可进行大面涂刷。涂布第一道聚氨酯涂膜防水材料,可用橡皮板刷均匀涂刷,力求厚薄一致,平面或坡面施工后,在防水层未固化前不宜上人踩踏,涂抹施工过程中应留出退路,可以分区分片采用后退法涂刷施工。第一道涂膜固化后即可在其上均匀涂刷第二道涂膜,其施工方法与第一道相同,但涂刷方向应与第一道的涂刷方向垂直。涂布每一道涂膜与上一道相隔的时间以上一道涂膜的固化程度确定,一般不小于 4 h(以手感不粘)。第三道涂膜同第二道一样。

2)吊装孔封堵

吊装孔一般会位于设备区上下层不同的防火分区间,因此应当采用轻集料制混凝土盖板进行封堵;孔洞四周尚应施作 100 mm×100 mm 的挡水坎,在挡水坎外沿施作 1.1 m 不锈钢防护栏杆。

3)站台层端部栏杆

站台层端部栏杆毗邻轨行区,地铁车辆在运行过程中因静电传导极有可能导致站台端部栏杆带电,未避免此类问题出现,站台层端部栏杆在施工完成后应选用绝缘涂层进行绝缘处理,同时应做接地处理。

4)区间防火门安装

安装门框前应首先根据图纸明确门的开启方向。门框应安装在洞口的安装线上,调整侧面垂直度、水平度和对角线,合格后用对拔楔临时固定,木楔应贴在边框、横框受力部位,以防变形。门框安装时将门框连接铁件焊牢于预埋件上或用化学锚栓固定于墙上。门框内必须进行混凝土灌浆,使门框与结构墙无缝连接,灌浆结束后需养护 24 h 后方可继续作业,下门槛需埋入地面垫层内。

为避免门框与结构墙体连接不牢固,应在结构墙体采用化学锚栓固定预埋件后再与门框满焊连接。

5)防火观察窗安装

防火观察窗窗洞在施工前,应与设计进行位置核实确认,以避免出现窗洞与后期 IBP 盘相互冲突的问题。防火观察窗安装完成后窗框与墙体之间的缝隙应用 C20 细石混凝土填补密实,且防火玻璃与防火窗框之间应用防火胶进行填缝处理。

6)防鼠板安装

一般电气设备机房、通信信号设备机房、强弱电电缆间等都设有不锈钢材质的挡鼠板,以防止老鼠对机房内的电气设备造成损坏。挡鼠板的安装应在地面装修完成后、踢脚线镶贴前进行,挡鼠板的滑槽应与墙面贴死,中间不得有空隙。挡鼠板的安装应与门的开启方向相反。

7)防火封堵

防火封堵为地铁车站施工中的一个重要环节,直接牵扯到车站的消防安全,是保护人员设备的重要环节,并且是消防验收必查、重点检查项。

防火封堵常用方法:将金属管壁与洞内壁表面清理干净,无浮土、干燥、无霜冻,然后在金属管壁穿越段周边涂 2~3 mm 防火胶,将防火泥与水充分均匀混合,比例为 10~12 L 水混合 20 kg 防火泥,可封堵 0.036 m^3 洞口,在墙体一侧或楼板下侧临时固定干净模板(可为铁板、木板或防火板),将混合好的防火泥填入洞口中至所需厚度,楼板 105 mm,墙体 90 mm,选用适合规格的阻火圈套在墙体两侧或楼板下侧,在管道与防火接缝处用防火胶封边,并包裹阻火圈。

5.1.2 公共区装修

站厅层、站台层公共区的装修主要有吊顶、墙面、柱面、地面(含站台层两侧沿屏蔽门方向 2 m 宽的绝缘层的施工)、楼梯踏步、分隔栏、墙地面导视牌(含疏散指示牌)、照明灯具的安装等部分。公共区装修材料要求防火、防潮、防腐、放射性指标满足国家环保要求,采用经济、耐久、美观、便于清洗的材料。地面及楼梯采用防滑、耐磨、耐腐蚀的装饰材料。按功能的需要,在设备、管理及公共部位采用吸声、防潮的装饰材料。

施工流程：轴线控制网编放→现场结构实测实量→装修图纸深化→墙面装修→顶面装修→地面装修→栏杆扶手及疏散指示安装。

1. 墙面施工

1）消火栓及其他配电箱隐形门安装

消火栓的隐形门施工是公共区墙面施工中的重要环节，要求开启角度大于等于120°，隐形门的开启方向应该同消防手报盒和消火栓的栓口相反，保证"开门见栓"，隐形门开启应顺畅无附加阻力，锁固状态稳定。隐形门应与四周墙面保持横平竖直。

2）石材门套安装与墙面拼缝处理

西安地铁车站通常在出入口进站方向的端头设置石材门套，以将站厅公共区同出入口通道进行分割，石材门套与墙面的拼缝要求过渡自然，线条顺直。

3）人防伪装门施工

地铁站内的人防区门，作为地铁防护单元的重要设备，无论在设计过程还是在施工过程中都是重中之重的环节。人防门的安装主要由有人防安装资质的专业系统承包商完成，装饰装修中主要针对的是人防门外立面，将人防门隐藏起来，以满足车站内墙装修的统一和完整。人防伪装门的安装施工要求在不破坏、不侵害人防设备的情况下进行，人防伪装门的受力骨架不得在人防门及其相关设备上进行附着受力点的施工，要求安拆方便、快速，外立面与墙面整体装修统一。

2. 顶面装修

1）楼扶梯斜面吊顶施工

地铁车站装修中除平面吊顶外，在楼扶梯处由于结构限制通常为斜面吊顶，斜面吊顶中不得使用丝杆进行顶面装饰板的挂吊，应采用角钢制作转换层，以防止斜向受力导致顶面变形，消防疏散要求斜面吊顶的完成面距电扶梯的踏步外沿斜切线的距离不得小于2.3 m。

2）天花与屏蔽门拼接施工

为保证站台层屏蔽门及其相关设备的正常运行，避免因静电导致屏蔽门开启时出现短路的静电电弧发生安全隐患的现象，要求屏蔽门盖板：纵向范围内沿屏蔽门盖板上沿200 mm范围内不得有非屏蔽门设备的其他铁件，横向范围内沿屏蔽门盖板50 mm范围内不得有非屏蔽门设备的其他铁件。

3）吊顶与防火防盗卷帘拼接施工

防火卷帘为防火分区的分割设备，在公共区内常有设置及使用。为保证车站的装饰完整性，在安装防火卷帘后位置还需进行装修的细部调整，调整原则为不影响防火卷帘门的正常开启和使用，满足防火卷帘的防火需求，不损坏防火卷帘使用功能的前提下做到整体美观，卷帘暗藏。防火卷帘一般采用特级防火卷帘，并应具备手动和自动收放功能，应注意卷帘应与FAS进行联动。

3. 地面装修

1）地面石材与绝缘带地面拼接施工

为减小静电干扰，保证屏蔽门及其相关设备的正常运转，通常在屏蔽门外侧的站台板装修层与结构基层之间设置900 mm宽的绝缘层，绝缘层上方铺贴石材地面砖，以满足工艺、安全及美观的要求。

2）站台地面盲道砖铺贴施工

站台层屏蔽门除常开的对向滑道门外，还设有平开的消防应急门，消防应急门的开启范围为屏蔽门外1.25 m的范围，由于在此范围内的站台层地面设置有盲人导向砖，在进行地面铺贴时应进行现场屏蔽门底口的实测实量，确定盲道砖上突出条纹的完成面。正常地面石材标高由此再向下反推，以确保地面装修完成后屏蔽门的消防应急门可自如开启。

3）地面孔、槽的装修

车站公共区地面预留管线及检修坑洞较多，在地砖铺贴前，应结合现场设施进行综合排版设计，排版过程中应充分考虑地面孔、槽的位置，尽可能确保盖板位置合理美观，避免拼缝上压孔、槽范围。地面装修时对其检修位置进行醒目的标识,防止工人误操作导致漏留或留错,在完成地面铺贴后对检修坑洞进行装饰盖板安装,要求留置尺寸精确、留置位置正确、留置数量准确。

4)地面石材与扶梯接口施工

地面石材铺贴前,应着重对扶梯与装修完成面接口处的高差进行校核,保证扶梯面与装修完成面的平顺,当校核高差较大时,应对地面装修进行整体找坡处理,坡度不大于 1%;同时,为避免扶梯运行时产生的振动与地面石材产生接触异响现象,石材铺贴在进行到扶梯盖板外框时,应留出 8 mm 的缝隙进行弹性胶的填塞,或者直接将柔性胶条嵌装在地面石材与扶梯盖板外框之间。

5)地面伸缩缝与沉降缝施工

大面积的板块铺贴为避免热胀冷缩产生收缩造成板块松动翘起等现象,在地面石材铺贴时,应设置收缩胶条以满足热胀冷缩的需要,伸缩缝胶条的设置原则为 4~5 m 设置一道;伸缩缝处的饰面板块以下的找坡层、结合层也应断开处理,伸缩缝嵌入材料也应选用柔性材料,不得使用嵌缝胶条。沉降缝作为结构水平尺寸过大或不同结构体系之间,防止结构不均匀沉降造成拉裂现象的措施,具体位置取决于结构设置位置,要求同地面伸缩缝一样,要具有一定的装饰性,还应有纵向伸缩量和止水带。

6)地面疏散指示排布与石材拼缝施工

车站地面蓄发光疏散标,间距不大于 1 m,安装时需对地面石材进行预先开槽处理,然后进行嵌入粘贴,蓄发光疏散标表面与石材表面应尽量平顺,高差不应大于 2 mm,并应位于石材单元块的中心位置。同时,在施工期间应注意蓄发光疏散标的指引方向,应与墙面疏散指示灯的指引方向保持一致,不可产生异向或歧义引导。

7)人防伪装门底梁不锈钢盖板与地面的拼接施工

在通道人防门处,除设置人防伪装门外,还在人防门门槛表面设有不锈钢盖板,并保证不在人防门门槛上进行附着受力;此盖板尚需注意,盲道穿过盖板时,为保证盲道的连续性,应在盖板上设置与盖板同材质的盲道行进条。

4. 其他装修重难点施工

1)挡烟垂壁安装施工

车站公共区除设置有防火卷帘外,还设有挡烟垂壁,以满足车站防烟分区及火灾工况下的阻烟疏散要求。车站内的挡烟垂壁一般设在公共区楼扶梯、电梯的开孔四周,下吊突出吊顶完成面 500 mm,采用 A 级不燃材料,挡烟垂壁与结构墙体顶板之间的缝隙应用防火胶泥填补密实。

2)扶手栏杆安装施工

车站公共区装修中的栏杆安装,完全遵循公共建筑扶手护栏的安装要求,高度不得低于 1.05 m,并应在栏杆上下端头设置盲文标识,方便视觉障碍人士使用;同时还要求栏杆位于设备中轴线时,栏杆端头距离闸机端盖尺寸不小于 80 mm;出站侧闸机,面向非付费区,最右边一台右侧预留 500 mm(付费区侧)维修空间,空间困难时应不小于 300 mm,毗邻电扶梯一侧的栏杆与电扶梯之间的缝隙不大于 100 mm,如果因限制因素大于 100 mm 时,还应在缝隙中部加设立柱。

3)防火卷帘门安装

西安地铁车站内的防火卷帘一般为双帘双轨的无机纤维复合布防火卷帘。防火卷帘门在安装前应首先明确安装方式为中装还是侧装,在明确安装方式后,根据现场实测实量进行下料加工,在安装好滑轨后,应用等级不低于 C20 的细石混凝土将滑轨与结构墙柱面间的缝隙填补密实。防火卷帘的防火包箱应进行双面封包,封包防火板与结构墙柱、顶面间的缝隙应采用防火胶泥填补密实。

5.1.3 施工新技术、工艺优化等

1. 公共区增加吊顶标高控制网架

西安地铁 6 号线为“一线一景”设计原则,公共区为弧形吊顶,由于公共区顶部管线繁杂交错,上部空间紧张,管线施工过程中宜造成差错漏碰等问题。通过核对管线标高情况并确定吊顶最小安装需求空

间，现场增加弧形吊顶标高控制网架，以设备管线底标高为准，设置在公共区弧形吊顶区域两端，确保管线施工过程中不影响公共区吊顶标高。

2. 公共区设计节点优化

公共区装修施工前，通过样板段施工，提前体现装修效果、提前暴露存在的问题。样板段实施完成后，通过与设计、建设单位沟通，形成了以下优化意见，并将优化意见落实在设计施工蓝图中，减少深化过程，提高施工效率：

(1)如图 5.4 所示，原设计吊顶横向弧形圆通与圆通端头竖向方通为对接方式，整体调平难度大；通过深化设计，优化为圆通搭接在方通上方，搭设长度为 30~50 mm，规避了施工现场难以避免的误差缺陷问题。

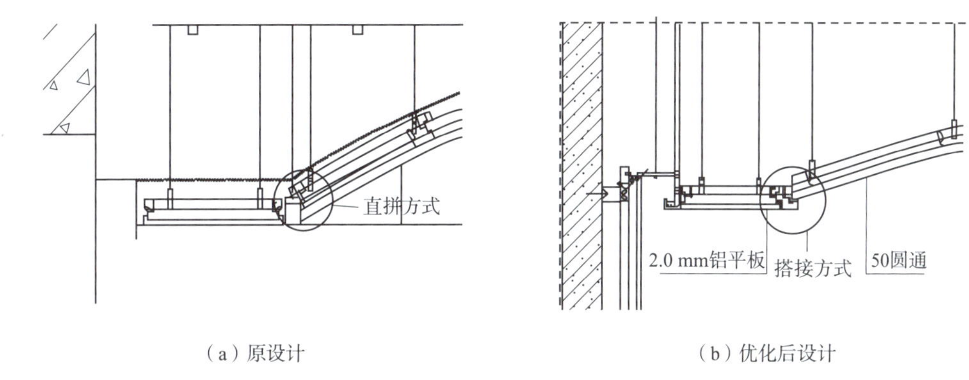

(a)原设计　　(b)优化后设计

图 5.4　吊顶横向弧形圆通与圆通端头竖向方通优化设计图

(2)车站公共区墙面烤瓷铝板为干挂形式，采用专用角码挂装，烤瓷铝板背部无衬板，因美观度要求，铝板单块版面尺寸为 1 200 mm×1 800 mm，属较大型材，安装过程中平整度、垂直度以及接缝较难控制，经与设计沟通优化，取消了原设计烤瓷铝板侧边专用挂码，采用在烤瓷铝板本身开挂槽，使板材整体强度更高，便于安装。

3. 设备区二次结构优化

设备区装修图纸要求，临土建结构柱、结构墙处均需设置二次结构构造柱，因该要求非施工规范与设计规范强制条文，且边侧构造柱施工难度较大、模板不易支撑，施工过程需经过植筋、构造柱钢筋制作安装、模板安装及混凝土浇筑等繁多过程，通过取消此范围构造柱，改为砌筑墙体直接与结构柱或结构墙植筋拉结，不仅节约了施工周期，还减少了施工成本。

4. 气灭房间吊顶优化

设有吊顶的气灭保护房间，当泄压装置位于吊顶上方时，在泄压装置周围的吊顶需上凹(长×宽= 1 200 mm×600 mm)，由于部分位置吊顶空间无法满足上凹要求且美观度受影响，因此将此区域的小范围吊顶单元块更改为百叶式，以确保泄压装置在正常使用的前提下，解决现场施工困难和美观性问题。

5. 出入口钢结构拼装技术

车站出入口钢结构施工，采用预拼装整体吊装施工方法，在工期方面，可提前完成钢结构主体骨架及铝板骨架焊接、屋面板及外包装饰铝板安装，节约工期；在经济效果方面，可避免钢结构出入口内满堂脚手架搭设，钢结构出入口外侧脚手架搭设高度可整体减少 2 m，节约用工及临时周转材料；在安全方面，预拼装在地面直接作业，基本避免了高处作业，拼装完总重量约 12 t，未给整体吊装增加难度。

6. 离壁沟排水

离壁沟的排水处理对车站防水、地面石材防护尤为重要，排水任何一个环节的疏漏和缺失，都将导致排水系统的失效。车站伸缩缝处是车站出现结构渗漏水的重点部位，通过在出入口伸缩缝处设置接水槽，并将其导入周边离壁沟，相应离壁沟内增加排水系统分支，有效确保了出入口结构渗漏水的及时疏导，解决了长期积水导致地面石材渗水泛黑问题。出入口伸缩缝接水槽示意如图 5.5～图 5.7 所示。

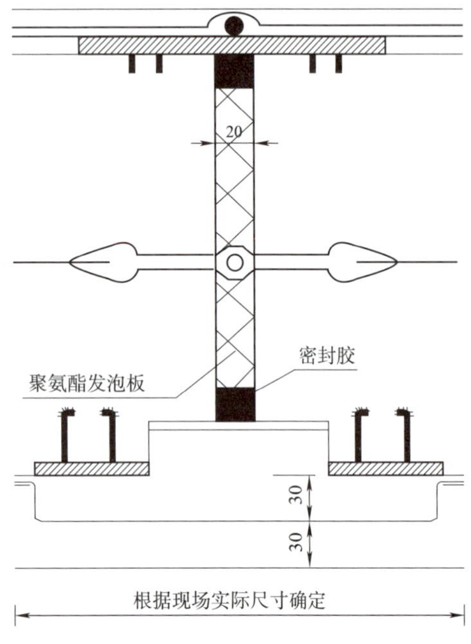

图 5.5　顶板变形缝接水槽构造图(单位:mm)

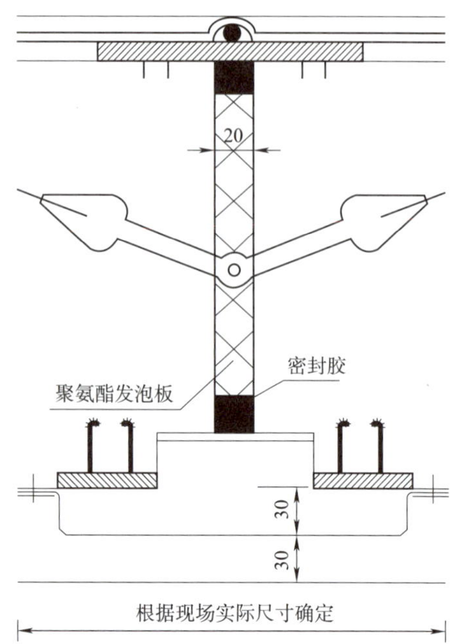

图 5.6　侧墙变形缝接水槽构造图(单位:mm)

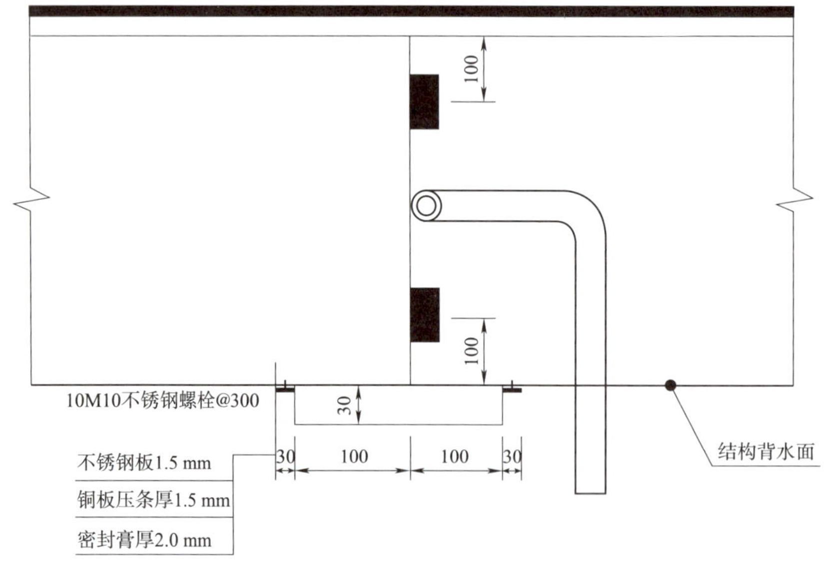

图 5.7　特殊部位伸缩缝接水槽构造图(单位:mm)

7. 卫生间、无障碍设施

卫生间提升改造，对隔板材料升级更换为蜂窝不锈钢板，并增加烘地机、烘手机、除臭机、灭蝇灯、喷香机设备；无障碍卫生间增加母婴台、儿童小便斗、儿童洗手台、儿童座椅等；无障碍卫生间门在新线中更换为电动门；新线部分有条件站点，增加单独母婴室，母婴室装修设计单独考虑装修色彩，营造温馨氛围，设计提升母婴乘坐体验。

5.2 车站装饰装修工程

5.2.1 车站公共区装修风格

地铁站内的室内设计不单是空间形式美的问题,同时又要对空间感受的诸多信息进行整合。乘客对于空间的感受是动态的、全方位的,整体印象的构成不仅局限于车站的候车过程中所获得的信息,也包括行车过程中所获得的感受,还包括理解、联想所感知的抽象性潜在的内涵性精神文化层面的信息。地铁空间环境布局是把抽象的环境艺术设计概念落实到具象的城市地铁空间系统中来,是一个复杂的“系统的设计系统”。该系统从功能空间层面上关注空间序列的组织、空间氛围的营造及空间界面的塑造;从感官视觉层面上关注传达导引的明晰、灯光照明的适度、材质色彩的和谐等;从空间界面上划分,城市地铁站空间分为顶界面、壁界面和地界面三种界面环境。

1. 设计原则

西安车站整体设计原则基于西安轨道交通线网规划,提出“线网整体装修概念”的思路,以线路作为装修基本单位,提炼城市、线网与线路的特点,要体现线路在线网中的识别性,结合车站建筑形式、地理位置、周边环境、人文景观进行设计:

(1)线路设计与时俱进,因线制宜,保持全线各站装饰风格的整体性和系统协调性。

(2)车站设计通过天、地、墙等共性区域的整体设计,统一线路的装修风格,降低装修成本,控制工程投资;通过特定个性区域的细节变化,强化车站间的识别性。

(3)统筹考虑地铁车站内各专业、系统的设备整合,运用简单、易实施、方便维护的手法处理与装饰界面的接口设计。

(4)装饰材料满足经济、环保以及地铁车站防灾设计的基本要求,标准化、模块化、全线统一,便于设备安装、检修、更换,降低建造与运营成本。

(5)结合车站客流、地理位置及地域文化、人文特征、换乘关系,划分为标准站与重点站两个类型。重点站“强调车站个性、识别性,与周边环境、地域文化协调统一,体现线路所经区域的文化特征”。标准站“强调车站共性,全线风格统一,局部变化,突出线路的可识别性”。

2. 各线路的空间环境设计

西安已运营线路的空间环境设计充分考虑使用者与地铁空间环境的关系,使二者和谐互生,契合“以人为本,乘客至上”的方针,体现生态美的设计理念。最终将地铁空间环境打造成风格明快,个性鲜明,集功能性、审美性、文化底蕴为一体的空间环境设计。

(1)地铁1号线

车站装修设计借鉴了中国传统的符号“斗拱”,融汇古今文化,力求在追求整体统一的风格中体现文化内涵,构造出精致、古朴、典雅氛围,用现代简洁的手法装饰空间,塑造宽敞明亮、大气宏伟的车站空间。玉祥门站实景如图5.8所示。

(2)地铁2号线

车站装修设计借鉴九宫格,来源于西安城市规划,符合模块化、标准化的设计原则。车站装修设计借鉴了中国传统的符号并将其应用到装修设计中,塑造宽敞明亮、大气宏伟的车站空间。钟楼站实景如图5.9所示。

(3)地铁3号线

标准站设计借鉴了中国传统的符号并汲取“水系曲线”的概念应用于设计,与3号线带型发展走向吻合,表现“动态感、韵律感、曲线美、现代的、灵动的、特色的”特点,凸显3号线的动态与活力。重点站强调车站个性、识别性,与周边环境、地域文化协调统一。大雁塔站实景如图5.10所示。

(4)地铁4号线

车站装修设计创作来源为西安历史上是丝绸之路起点。响应国家“一路一带”倡议,体现西安的国际化大都市定位，体现品质西安、时尚西安的设计理念。大唐芙蓉园站实景如图5.11所示。

图5.8　玉祥门站

图5.9　钟楼站

图5.10　大雁塔站

图5.11　大唐芙蓉园站

(5)地铁5号线一期

车站装修设计创作来源为大唐盛景，即在历史元素的基础上注重对现实意义的挖掘，古今文化在这条线路中交相辉映、相辅相成、各具特色。根据站点周边人文环境特点提取表达元素，通过立体化展示手法将车站局部空间点缀为车站特色区域。阿房宫南站实景如图5.12所示。

(6)地铁6号线

车站装修设计创作来源为中国传统建筑形式屋脊的结构，通过梁柱结构构造，还原建筑空间本质，充分体现古都西安的特色，凸显老城区的厚重古朴，展现古今长安的文化底蕴。省体育馆站实景如图5.13所示。

图5.12　阿房宫南站

图5.13　省体育馆站

（7）地铁9号线

标准站点用极简的装饰手法分段表现出古韵文字，重点站运用大气恢宏的表达方式，浓墨重彩地呈现西安的秦韵唐风，营造出古今强烈的对比，给人以深刻难忘的印象。华清池站实景如图5.14所示。

（8）地铁14号线

以形寓意，刚柔并济，体现国际化的体育精神，体现全民运动的核心凝聚力，体现西安十三朝古都的深厚文化底蕴和西安城市的蓬勃朝气，体现时代进步和对未来的美好展望。奥体中心站实景如图5.15所示。

图5.14　华清池站

图5.15　奥体中心站

5.2.2　设计亮点

（1）合理利用建筑空间及建筑语言进行方案设计，设计中坚持尽可能保留建筑设计的尺度感、空间感，最大限度地扩大车站装修后的空间尺度。综合各专业管线、标高，预留装修吊顶空间，合理考虑局部提高吊顶标高、增加空间高度，提升舒适的体验。

（2）建筑空间相对较大的站，针对建筑主体大小不一、轴间距不统一的问题，使用模块化、规格化的设计手法，力求简洁明快、美观大方而又实用，既便于安装和维修，又与车站建筑装修风格相适宜。

（3）方案深化设计在满足艺术概念的同时，增加吊顶透空率，做到间隙合理、疏密有致，减少空间压抑感。

（4）在车站基本功能及人性化设计的基础上，融入地方文化，对各系统设施进行接口设计，同装饰空间协调统一。

（5）通过装饰材料和细节处理解决各设备系统专业的接口，将共性元素、公共艺术、商业系统、导向系统及其他相关专业与装饰空间整合与完善，将地铁空间中可能出现的视觉因素协调控制在一个风格主线下，达到最佳的视觉效果。

（6）地铁站内商铺、灯箱、广告牌等设计均做到了与装修风格相融合。

5.2.3　地面附属设计

1. 地面附属设计原则

（1）满足功能，体量轻巧。

（2）造型新颖，易于识别。

（3）具有一定的文化特色。

（4）运营维护便捷。

2. 已运营线路出入口暴露出来的问题

（1）造型和色彩形式多样，未完全统一且造型分布规律不被大众熟知。

（2）1~3号线弧面造型清洗困难，玻璃顶盖积灰影响美观。

（3）部分狭窄地段设置的出入口体量偏大。

3. 地面附属设计改进

(1)地铁车站出入口及风亭应在满足功能的前提下,造型力求简洁,尽量减小建筑体量,与周边建筑物及环境融合。

(2)地铁车站出入口、风亭设计应与城市风貌分区相协调,与城市整体景观相适应,体现古城风貌和地域文化特色。地铁车站出入口造型设计尽量考虑标准化、装配化。地铁车站出入口的设计,应保证易识别性。应对地铁车站出入口方案的材质进行比选,满足使用功能、便于运营维护。地铁风亭的设计应结合站点位置进行优化。根据车站站位情况,尽可能考虑地铁车站出入口、风亭等城市设施的一体化设计。独立无障碍电梯间、风亭、冷却塔等,结合各站周边环境进行弱化、美化处理,力求与城市景观协调。

5.2.4 存在主要问题及其解决措施

(1)吊顶龙骨与屏蔽门盖板接触,造成打火现象,吊顶龙骨与屏蔽门盖板间净距不满足大于 5 cm 的要求,易造成接触打火问题,存在设备、行车安全隐患。

解决措施:对龙骨位置进行调整,如不具备调整空间则对超出部分龙骨进行切割,保证净距要求。

(2)地面标识指向方向错误,未指向乘客疏散方向,不满足规范要求,或部分地标指向障碍物,影响人员安全疏散。疏散造成误导影响,不利于安全疏散。

解决措施:地面标识应按照疏散路径方向进行指向设置,即付费区指向非付费区,站内指向站外方向,且应确保指向的疏散方向前方无障碍物。

(3)消火栓隐形门开启角度不足 120°,不满足消防规范要求。消火栓隐形门开启角度不满足消防要求,影响消防验收。(此项为消防验收、开通评审的强制、必检项目)

解决措施:施工时充分考虑龙骨支架、墙面板材、吊顶、梁柱之间的相互干扰,确保安装后消火栓隐形门开启角度满足不小于 120°的消防规范要求。

(4)车站出入口楼梯、扶梯与吊顶之间净空不满足国标要求的 2.3 m 消防净空要求。

解决措施:出入口楼梯、扶梯与吊顶之间净空不小于 2.3 m,吊顶安装前装修应提前测算是否满足要求,如无法满足须提前设计研究方案。

(5)人防门处人字纹抗滑钢板空鼓、起翘。盖板隆起易造成乘客绊倒摔伤安全隐患。

解决措施:相应部位应采用钢制铆钉或内胀螺丝连接处理。

(6)地面石材防护不到位大面积泛水,石材污染,影响美观。

解决措施:石材六面防水严格把控,如现场铺设需切割时,切割面需重新涂刷做好防水。如石材污染,需及时更换,并对水沟防水重新涂刷。

5.3 公共艺术设计

5.3.1 公共艺术设计施工关键技术

城市发展的演进带来了城市空间格局的更新。西安城市轨道交通自 2011 年西安地铁 2 号线开通起,轨道交通公共艺术就成为体现城市文化艺术的平台,对于展现一座城市的历史文化、地域魅力,宣传城市精神和新时代价值取向,有着重要的意义。

1. 艺术作品的整体规划

西安城市轨道交通将公共艺术品的规划、设计与实施作为整体分析,梳理公共艺术与城市轨道交通规划的层级地位与相互关系,从城市轨道交通线网整体规划的角度,系统有效地控制公共艺术建设的规模、布局与数量,并在此基础上充分利用公共艺术品的艺术特性,保证公共艺术设计与实施的整体质量,使公共艺术建设有计划、有次序、有步骤的得以实施。

2. 实现空间的统筹兼顾

公共艺术通常设置于特定的公共空间环境中,与建筑的尺度和比例关系、建筑的风格和文化内涵体戚相关，设计时需考虑环境的整体性与协调性，增加乘客对城市文化意象的感知。设计内容主要从以下几个层面来考虑：一是城市轨道交通规划层面；二是城市轨道交通文化层面；三是城市轨道交通室内环境层面。在设计时充分考虑建筑环境空间、装修设计风格的整体性，做到风格协调、凸显特色，避免出现过度设计，导致公共艺术品与空间设计冲突。

3. 可持续发展的创作理念

西安城市轨道交通借助地铁车站建筑等有效空间进行公共艺术装饰，为乘客营造具有文化内涵和艺术气息的地下空间环境。而且在利用生态理念与环保材料进行创作与设计的同时，在满足艺术效果的大前提之下，一体化地提升城市轨道交通公共空间的环境品质。利用有效的技术和控制手段可以避免出现资源浪费。使公共艺术不仅推动艺术创作的可持续发展，更能增强公众生态意识的提升与环境价值观的认知。

4. 施工管理的关键技术

西安城市轨道交通在施工阶段，将工作重心落实在工程质量、施工管理、确保工期三项工程之上，以三项工作来组织指导施工具体安排。轨道交通工程建设作为城市公共性大型项目，最重要的方面是保障工程质量，因此工程质量是项目建设中的重点环节。城市轨道交通的搭建、施工以及开通具有严格的时间节点，因此，要在时间安排上确保为公共艺术品的加工、运输以及安装预留出足够时间，确保按时完成。

公共艺术品制作阶段，作品的内容、色彩、材质、肌理、设计方案应与设计效果图内容相符。遵照施工图的详细要求，结合轨道交通空间环境进行安装。其制作工艺应符合方案设计材质材料表现。城市轨道交通公共艺术品不能对材料的品种规格进行任何形式的改变，以确保空间形式的高度统一。在制作时重要的节点应经原创艺术家与设计师确认，确保安装完成后公共艺术品与城市轨道交通空间环境协调一致。公共艺术品统一化、材料的选择与做法的标准化，能在有利于运营维护与管理的前提下减少备品率。

安装阶段的主要工作是对材料加工的进一步深入以及作品的精细化打磨。安装期间以施工人员、设计人员以及车站管理部门组成安装小组进行巡视，遇到问题现场及时协商解决，确保公共艺术品安全准时的安装。安装完成后进行调试工作，确保没有松动、剥落等质量问题。

维护保养阶段，应在线路通车后专门成立维修保养部门，配齐各类工种，负责对公共艺术品进行保养与维修。

5.3.2 公共艺术设计施工创新

西安轨道交通独具特色的艺术风貌在线网中赋予了站点文化主题，点缀在其间的几百块壁画已经成为西安文化的新形象。立足西安历史文明，以最具文化特色、最有文化内涵的城市历史作为城市轨道交通文化的创作蓝本。西安轨道交通不断探索从题材、色彩到材料、空间相呼应的一体化设计，以创新的设计理念引领新时代的城市轨道交通文化建设。

1. 古今文化融合

公共艺术品的规划设计综合考虑城市轨道交通的规划布局、线路关系和站点层次，在整体性设计的基础之上，按照层级划分，认识公共艺术与人、公共艺术与轨道交通规划、公共艺术与地域文化、公共艺术与地域景观、公共艺术与地域色彩等目标的从属关系，认识公共艺术与所处背景环境的整体与层次关系，明确公共艺术在城市轨道交通空间中所提供丰富多元的艺术与审美的人文空间。

只有符合城市轨道交通规划的长期发展，突出轨道交通线网与区域环境人文特征，加强线路主题与公共艺术品之间的协调关系，才能规划符合整体性设计的优秀公共艺术品。西安城市轨道交通建设在提升城市现代化的基础上，注重城市精神的艺术表达，将不同线路站点与区位文化内涵相融合，通过挖掘不同线路、站点历史文化，强调在当代艺术表达、城市色彩统一标准等方面深入研究，以此打造创新型轨道交通公共艺术空间。

2. 彰显人文关怀

城市轨道交通公共艺术空间在设计时需要凝结国家民族的审美理念、审美心理、审美习惯和价值观。尊重场所精神、历史文脉、公众感受等各个方面的因素，为社会公众服务，考虑公众的审美需求。城市轨道交通空间设计的合理性，是从建筑的规划布局、建筑形式、空间尺度、基础功能等方面体现车站的文化氛围。城市轨道交通公共艺术空间环境与乘客的日常生活密切相关，对特殊地下空间中人流导向、乘车体验、空间舒适、行为多样和心理认知等多方面不断地优化，在规划与设计上要把握人的尺度，在形式上力求简洁而具有亲和力，适当融合功能性与娱乐性的要求，实现彰显人文关怀的空间多元化设计。

通过城市轨道交通中公共艺术设计对空间进行艺术化再造，弥补轨道交通空间的建筑劣势和空间压抑感的不足。公共空间区域以室内空间体验感为主导，注重人文关怀，提高公众在地下空间活动的主动性、舒适性与愉悦性。让乘客在休闲与娱乐的同时，领悟城市历史与文化的魅力，注入城市地域文化的人文代表性元素，增强乘客对所处环境的认同感与归属感。

3. 空间一体化设计

在城市轨道交通空间一体化设计过程中，引入创新机制和创新设计，有效利用城市轨道交通建设资金与资源，加强城市轨道交通公共空间建设项目工程的分工与合作，从而保障城市轨道交通公共空间建设项目的整体设计与建设效果，提高整个工程项目的艺术质量。

城市轨道交通空间一体化设计，是实现轨道交通整体性效果的一种设计模式，避免各个专业分离而出现衔接问题。在城市轨道交通设计标准化的指导下，从整体到局部展开规划，将车站建筑、车站装修和公共设施三个层面的设计要素进行整合，实现建筑空间、装修设计、管线综合、公共艺术品、导向标识、机电系统等各专业融合和工作协调，促进城市轨道交通发展由功能性向人文性转变。

4. 创新材料运用

城市轨道交通公共艺术的材料使用，除天然材料与人工合成材料外，在科技进步和低碳生态的发展倡导下，更创新增加新型材料的运用。新材料是相对于传统材料而言的材料创新形式，如发光水泥、3D 打印、玻璃钢、机械装置、纤维材料等，充分结合现代科技等多媒体技术，利用多种综合材料和设计手段创造新的材料形态，使材料的色彩、质感得到极大丰富，在艺术表现、文化呈现、空间展示等多维度提供新体验。

新型材料的运用将会不断拓展公共艺术品的表现力度。在以画面内容展现主题的同时，把握主题所展现的材质特点，依靠不同新型材料独特的艺术特性，突出其自身色彩、质感、肌理，增添新的公共艺术审美价值。轨道交通作为百年工程，公共艺术在设计时应当注意尽量选择耐久性的材料，作为人流量大的地下交通空间，材料选择与运营维护要满足安全性的需求。公共艺术品材料应从环保、消防（阻燃、耐火）、实用性能（防锈、防潮、耐久、耐磨、防侵蚀、防滑、易清洁、隔音、抗冲击、耐老化等方面）、经济性、装饰效果、大众认可度、施工便捷和可维护性等方面进行综合比较分析。

西安城市轨道交通在轨道交通站点与线路设计中，注重文化呈现、艺术表现、空间展示、公共审美等多维度研究，提供新的设计应用管理范畴的经验规律；得出轨道交通空间环境设计施工运营维护方面，向多接口、一体化、标准化、生态化方向发展的主流趋势；西安城市轨道交通的公共艺术成功塑造了西安的精神气质，成为一种城市映象，展示对标国际化大都市的全面发展成果，并且成为西安人民喜爱并引以为豪的公共文化空间。部分站点的公共艺术实景如图 5.16～图 5.21 所示。

图 5.16　公共艺术“变迁”实景（2 号线北苑站）

图 5.17　公共艺术“丝绸之路”实景(3 号线)

图 5.18　公共艺术“丝路遗韵”实景(4 号线大差市站)

图 5.19　公共艺术“丝路华文”实景(3 号线吉祥村站)

图 5.20　公共艺术“云门宾至”实景(4 号线大明宫站)

图 5.21 公共艺术“惊鸿游龙”实景(5 号线一期马腾空站)

5.4 导向标识系统

5.4.1 设置原则

导向标识点位规划布置应满足乘客不同交通行为的选择需求。应确保标识的可识别性及连贯性。

导向标识应明确指示进出站的路线,引导乘客顺利进站,迅速出站,同时需兼顾引导乘客使用车站内的公共服务设施。在客流交叉点、分流处、转向处,应设置相应的导向标识。在地面出入口、站厅出入口、闸机口、售票处、无障碍电梯、卫生间、警务室等客流动线需停留处,应设置相应的定位标识。

大型交通枢纽站在车站空间允许的情况下,换乘大厅中间区域应设置导向标识,满足乘客的信息识别需求,提供换乘车站及其他交通工具的详细信息。地铁车站与其他交通工具接驳或合建区域的导向标识,原则上应双方共同协商确定导向标识设计方案。

车站周边商业区内,应设置相应的地铁车站引导标识,宜与商业区内标识结合设置。

5.4.2 标识分类

西安轨道交通线路车站导向标识分站外导向和站内导向。站外导向包括站外 500 m 路引和出入口标识柱、出入口门匾、出入口站名标识和地铁标识灯箱字;站内导向包括吊挂式进出站人流、卫生间、无障碍电梯等公共设施的指引导向,贴附式公共设施定位导向,嵌入式周边信息综合资讯类导向,以及蓄光型标识。

5.4.3 施工技术控制要点

1. 常用导向材料及安装技术要求

西安轨道交通车站导向标识采用安全、环保、耐用、不褪色、防眩光的材料进行制作,不宜使用遇水变形、变质或易燃的材料,有触电危险的场所均使用绝缘材料。

站外导向材料具备较强的耐用性、耐候性,同时考虑材料的经济价值,主要选用金属材料和工程塑料。

站内导向材料燃烧性能满足国家 B1 级标准,放射性指标和有害物质限量及胶黏剂中总挥发性有机化合物和游离甲醛的含量均符合国家和西安市的有关规定,质轻、耐用、安全。金属件做防锈、防腐处理;内部照明的标识满足 IP65 的防护要求;标识的外观采用氟碳喷涂或烤漆工艺;外露的零构件如螺丝、锁等采用非标产品。

2. 安装要求

1)站外导向

(1)站外 500 m 路引和出入口标识柱

站外 500 m 路引和出入口标识柱应依照布置图中确定的位置放置,放置时需结合车站情况和标识信息内容,注意放置的方向;标识牌安装无歪斜,保证与水平面垂直摆放或与地面连接牢固,需满足防撞要求;安装后,需对标识周边地面进行修复处理。

(2)出入口门匾

制作时需结合装修后各出入口门头的实际情况,预留好对应的安装连接点。安装时需结合车站门楣的装修情况,保证安装牢固,安装后标识平直,且不易被盗和被破坏。

(3)出入口站名标识和地铁标识灯箱字

安装接点牢固,安装应横向保持水平,竖向保持垂直,水平无歪斜、扭曲现象。

2)站内导向

(1)吊挂式指引导向

依据吊挂式标识布置图及安装结构图和车站预埋方向及牌面信息所指方向进行安装。吊挂式标识应吊装在装修吊顶预留的缝隙中间;各通道口、楼梯口吊挂式标识牌的安装位置需与相应出入口对应居中设置,在不影响其他标识牌的前提下,允许前后微量调整,调整范围不得超过 500 mm;并列布置的标识牌,应保持在同一直线互不干扰(标识牌间距至少 500 mm);同一通道上的各吊挂式标识牌应保持左右平直,并保证通道上的行人能直接看到标识牌;吊挂式标识牌底部距离装修完成面原则为 2 500 mm,特殊情况不能低于 2 100 mm。吊挂式导向与其他设备(PIS、监控)冲突时,应按导向避让监控、PIS 避让导向的原则进行安装。

(2)贴附式公共设施定位导向

贴附式标识安装高度应与装修墙面板底边平齐;若贴附式标识布置位置位于两广告灯箱之间且靠近两广告灯箱之间居中位置时,贴附式标识则左右居中布置;当两块贴附式标识并列设置时,标识牌的间距为 200 mm;贴附式标识安装在柱面上时,须依柱面居中设置,标识底部距地高度与站域街区图、广告灯箱底部距装修地面高度保持一致。

(3)嵌入式周边信息综合资讯类导向

嵌入式标识嵌入装修离壁墙内,外框面与装修墙面平齐,应与装修墙面模数协调;安装应平整,不倾斜。安装时需结合现场装修实际情况,依据相关图纸制作安装。

(4)蓄光标识

蓄光标识分为三部分:屏蔽门门界石部分、地面部分、步梯部分。屏蔽门门界石部分蓄光标识设置在屏蔽门门界石上,最外两标识指向乘车方向,中间两标识指向下车出站方向,以此为组分别设置在各屏蔽门门界石上;地面部分蓄光标识每块标识之间间隔不小于 1 200 mm、不大于 1 800 mm,疏散逃生带设置在出站人流动线上,以就近导出为原则设置;步梯部分蓄光标识设置在步梯每一级台阶踢步面,构成步梯疏散逃生指示带。

小　　结

(1)站外 500 m 导引考虑交叉线路、站间距小于 1 000 m 的交叉情况,需要在设计阶段对既有线路图纸进行核对,现场实际安装过程中进行现场调查,避免重复安装或者导引错乱。

(2)规划阶段考虑站外 500 m 导引设置情况,避免施工时因无规划而无法安装问题。

(3)出入口导向设置要充分结合出入口建筑造型和周边环境因素,对导向牌进行调整和优化,4 号线出入口不同于既有线出入口,出地面建筑体量小,色彩偏暗,既有线的出入口立柱与出地面建筑反差较小,导致不易识别,因此在大唐芙蓉园、大雁塔、西安科技大学、建筑科技大学·李家村、和平门、大差市、五路口站作为试点,采用优化后的立柱,实现新旧方案的过渡,便于后期线路的应用。优化方案造型简洁,高度提高、识别度高、信息明确,与出入口雨棚造型相得益彰,体量比例良好。

(4)导向设置充分采纳市民建议和意见,出入口增加西安地铁 logo 发光灯箱,结合出入口的造型,在出入口两侧增加西安地铁 logo 发光灯箱,尾部设置“西安地铁”发光灯箱字,使乘客无论在出入口的任何方位均可识别到地铁出入口。

(5)总结1、2、3号线的经验,在出入口玻璃上增加站名及出口编号标识,提升出入口的识别度,提高地铁出入口不易识别的需求。

(6)建筑客流组织与运营后期客流组织的不一致性。后期运营提出变更客流组织形式,与施工图相悖,导致施工阶段产生大量的变更。后续线路运营需在设计出图前明确客流组织形式,避免后期的大量修改和变更。

(7)在车站中合理设置电子导向。西安地铁1~3号线运营时均未设置电子导向,直到2016年开始在3号线部分车站增设电子导向。在电子导向设置原则方面,对全国电子导向使用情况进行了调研,经过分析对比得出,吸取全国普遍电子导向的使用优点,在换乘站的重要客流节点处或大型交通枢纽客流复杂的关键节点处进行设置,良好地实现电子导向应对变化及时、便于日常运营的优点。

(8)火车站、高铁站及换乘站导向设置应结合具体情况进行统一考虑。4号线北客站(北广场)为侧岛三线换乘站,站型复杂、高铁北广场情况不稳定等情况导致本站客流组织多达4种方式,导向设计根据近期开通的客流组织方式进行设计,在施工接近尾声时,因高铁北广场的提前开通使用,导致大量的整改。在后续线路中,对于换乘站、枢纽站等此类环境复杂的车站,运营公司应提前介入并提供客流组织方案,以保证导向设计与运营客流组织一致,避免后期因客流组织不同而导致大量的整改。

(9)车站导向牌与PIS、摄像机的位置冲突。设计阶段,专业之间衔接不够,导向与通信两个专业的点位设置未配合到位,会签过程不够严谨、细致,导致现场冲突严重。加强提资及会签制度管理。

(10)站台三角区、柱面书法站名。已实施的线路站台三角区、柱面书法站名均有20 mm厚度,极易损坏,后期不易维护。在参考国内其他城市的做法后,后续线路优化书法站名的厚度,采用喷涂丝印等方式实现,优化后的站名不易损坏,后期维护量减小。

西安地铁建设加速成网的基础上尽快制定西安轨道交通线网层面的导向标识系统设计导则及实施细则。站在线网层面约束线与线、站与站的统一性与标准化,同时评判标准也一致并统一,可有效提高工作效率和工作质量。

为了更好地建设、经营、运营地铁,通过对西安既有线空间环境设计的总结,分别得出影响其设计的因素,最终归纳统一,得出城市地铁空间环境设计向标准化设计发展的趋势。地铁车站装饰设计应从建设初期开始介入,依据交通建筑的功能要求,针对城市的地域特点、人文特色、客流情况,考虑线网设计,打造规模适当、以人为本的地铁新线路车站。随着时间推移,不同的建设时期可随材料、技术、潮流、审美观念的变化而产生不同的设计理念,装修应从材料方面考虑,控制建设与运营成本。装修设计应考虑站在使用者与运营者的不同角度对地铁车站进行全方位的综合设计。

第6章　系统设备关键技术

6.1　设备系统概述

6.1.1　设备系统分类

地铁设备系统按专业分类主要包括13个系统，分别为车辆及车辆检修工艺设备、供电系统、信号系统、通信系统、自动售检票系统（AFC）、站台门（PSD）系统及人防门系统、电梯及自动扶梯系统、综合监控系统（ISCS）、环境与设备监控系统（BAS）、给排水系统、通风空调系统、火灾自动报警系统（FAS）、气体灭火系统，各机电系统中又包含若干子系统。每个系统在充分吸取国内外地铁建设经验和教训的基础上，固本立新、拓宽思路、运用发展成熟的新技术，努力实现系统最优化，贯彻国产化策略，选配安全可靠、技术先进、经济实用、便于维护检修、易于扩展升级的系统设备。

设备系统按供货形式可分为甲供设备、甲供集成设备、乙供设备。按安装类型可分为无安装型、供货安装分开型、供货带安装型。

6.1.2　各设备系统概述

车辆及车辆检修工艺设备相对较为独立，基本无安装工程量，在此不再赘述。下面对其他系统分别进行概述。

供电系统低压配电与照明系统主要由外部电源、主变电站、牵引供电系统、变电所、接触网、电力监控系统、杂散电流防护系统、防雷及接地系统、车站及区间动力照明配电、防雷接地及过电压保护等部分组成。

信号列车自动控制（ATC）系统由列车自动保护（ATP）子系统、列车自动监控（ATS）子系统、列车自动驾驶（ATO）子系统以及计算机联锁系统组成。正线信号系统采用基于无线通信技术的列车自动控制系统（CBTC），车辆段/停车场采用独立的计算机联锁系统，并配置了试车线设备、培训设备、信号维修子系统等。

信号系统工程范围包括正线车站、车辆段、停车场、车载设备、试车线、车辆段综合维护中心、运营中心以及车辆段培训中心等。

通信系统由专用通信系统、民用通信系统、公安通信系统组成，其中专用通信系统主要由传输系统、无线通信系统、公务电话系统、专用电话系统、闭路电视监视系统、乘客信息系统（PIS）、广播系统、时钟系统、集中告警系统、计算机网络系统、通信电源及接地系统和车辆段/停车场安防及通信线路等子系统组成。民用通信系统主要包括传输系统、移动电话引入系统、集中监控系统、通信电源及接地系统等。公安通信系统主要由公安传输系统、公安视频监视系统、公安无线通信系统、公安计算机网络及设备、公安电话系统、电源及接地等子系统组成。

乘客信息系统（PIS）设备包含全线PIS系统设备，地下各车站站台、站厅显示屏及查询机，轨行区天线点等。

通风空调系统、给排水系统、综合监控系统、环境与设备监控系统、自动售检票系统、站台门系统、自动扶梯和电梯等设备为乘客营造了安全、舒适的乘车环境；消防系统、火灾自动报警系统为乘客提供了安全保障；为合理利用地下空间，做好平战结合，地铁同时作为人防工程，按人防工程要求设置有人防门系统。

自动售检票（AFC）系统采用计程计时、封闭式AFC管理系统。系统采用中央和车站两级管理模式及中央、车站和就地三级控制方式。系统采用三级结构:中央计算机系统、车站计算机系统及就地车站售检票设备。

站台门(PSD)系统:站台门系统包括所有地下车站及地上车站,各站均为两侧站台门的标准配置。系统主要由门体、门机、电源和监控系统、绝缘地板组成。

人防系统包括所有地下车站,采用一站一区间作为一个防护单元的防护形式,按照防护位置(分为出入口、风亭、区间)划分防护区和非防护区,以整条线作为一个人防工程来考虑。

电梯及自动扶梯系统是各个车站集散乘客的主要运送工具。自动扶梯采用重载荷公共交通型扶梯,以满足每天连续运行 20 h、运送客流大的要求。

车站的电梯选用无机房电梯,都是具有残疾人服务功能的客梯。它是各车站无障碍通道设计的组成部分。电梯分为通透式电梯和普通电梯两种,通透式电梯采用钢井架作支撑结构,玻璃井道,具有四面通透功能;普通电梯采用土建结构井道,但轿厢门和层门是透明的。

综合监控系统由中央综合监控系统、车站综合监控系统(包括车辆段、停车场综合监控系统)以及将它们连接的综合监控骨干网组成。

综合监控系统集成和互联了电力监控系统(PSCADA)、环境与设备监控系统(BAS)、火灾自动报警系统(FAS)、站台门系统(PSD)、门禁系统(ACS)、信号系统(SIG)、自动售检票系统(AFC)、广播系统(PA)、闭路电视监视系统(CCTV)、乘客信息显示系统(PIS)、综合网络管理系统(TNMS)、时钟系统(CLK)等。

给排水系统主要包括车站、地下区间隧道和地面建筑(车辆基地、控制中心、主变电站等)的给水系统、中水系统、排水系统。当车站存在市政供水水压不足时,可在生产、生活给水系统增设无负压供水设备。当市政给水管网水量不能满足车站消防用水量,或者周边城市自来水管网为枝状管网时,应设消防水池和消防泵房。当市政给水管网水量满足车站消防用水量,但水压不满足车站消防压力要求时,车站应设消防泵房。有条件的车站可利用市政中水系统,无条件时,室外预留中水水表井及中水管道接口。车站污废水排放采用分流制,污水必须接入市政污水系统,废水及雨水排入市政雨水系统,当市政接驳条件受限时,部分废水可以接入污水系统进行外排。地下区间隧道消防用水由相邻车站提供,区间废水尽量就近排入市政雨水管道。出入段线洞口需考虑雨水排放,设置有雨水泵站。除设置基本给排水系统外,车辆基地给排水系统还包括生活热水给水系统、自动喷淋系统等。控制中心的控制大厅设置有自动跟踪定位射流灭火系统和预作用系统,或者高压细水雾系统。

通风空调及供暖系统主要包括车站、地下区间隧道和地面建筑(车辆基地、控制中心、主变电站等)的通风空调及供暖系统。车站通风空调及供暖系统包括站厅、站台公共区通风空调及供暖系统(简称大系统),设备管理用房通风空调及供暖系统(简称小系统),车站空调水系统(简称水系统)。地下区间隧道通风系统包括车站轨道排热系统和区间隧道活塞/机械通风系统。地面建筑通风空调及供暖系统包括车辆段(停车场)内的供暖热源及供暖室外热网系统;各生产(生活)办公房屋或库(厂)房等单体建筑的通风空调及供暖系统;控制中心的通风空调及供暖系统、供暖热源及供暖室外热网系统;主变电站的通风空调及供暖系统。结合西安地区气候特点、地层土壤温度,经过技术、经济、安全、节能、舒适等多方面综合因素专题研究分析比选,西安轨道交通地下车站站台边缘设置全高封闭站台门,通风空调及供暖系统按此进行系统设计。

火灾自动报警系统(含气体灭火控制系统)由中央级系统、车站级(包括各车站、车辆基地)系统、现场控制级系统、维修管理系统、培训测试平台等组成,在各车站、车辆基地的消防控制室(车站控制室)配备火灾报警控制盘。火灾报警控制盘通过网关提供的以太网接口与 ISCS 的交换机相连,集成于 ISCS 中。系统按中央、车站两级调度管理,中央、车站、就地三级监控的方式设置,对地铁全线及各相关建筑进行火灾探测、报警,与综合监控系统、环境与设备监控系统配合或独立实现消防设备联动控制。系统设置 FAS 专用工作站作为维修工作站,利用 ISCS 网络设备的 VLAN 功能划分逻辑上相对独立的虚拟网络通道,组建 FAS 全线维修网络。

地下车站、车辆基地、控制中心、主变电等重要电气设备用房设计有气体灭火系统。气体灭火系统采用混合气体 IG541 灭火系统。气体灭火防护区主要为通信设备用房、信号设备用房、变电所的控制室、站台门控制室、AFC 设备室、环控电控室、蓄电池间等重要电气设备用房。IG541 气体灭火系统由管网系统和报警控制系统组成,一般采用全淹没组合分配系统对气灭保护区进行保护。

6.2 系统对土建、装饰装修工程的接口

6.2.1 概　　述

本节主要描述各系统设备安装单位与土建单位、安装装修单位各专业以及各系统专业设备相互之间的施工接口,用于梳理相互对应的接口关系,明晰各自界面划分和工作内容。

6.2.2 各系统与土建的接口

1. 各系统与土建的总接口

(1)车站控制点:土建单位向安装装修等单位进行书面移交,安装装修单位应根据车站控制点对车站轴线、层高进行测量和复核、对一米标高线进行测量放线,为系统及车站通用机电设备安装做好准备。

(2)孔洞、套管预留:土建单位预留孔洞、套管预留数量、定位、规格尺寸应满足设计和规范要求,后续进场施工的单位应进行复核检查。

(3)预埋吊钩:预埋吊钩的安全可靠性对后期设备安装非常重要,土建单位预埋吊钩时,监理应做好旁站,确保预埋件的位置、数量、材质、加工方式、固定方式满足设计要求;预埋吊钩应进行拉拔试验,并向后期设备安装专业提供拉拔试验报告。

(4)防水止水:土建单位要做好防水堵水工作,对出入口、公共区、关键设备用房、信号转辙机等关键部位应做好止水、引流措施。

(5)离壁沟:土建单位应按照设计要求浇筑离壁沟,并做好与穿中板套管的预留结合工作,离壁沟的宽度、深度、坡度应满足设计要求,离壁沟完成后应进行通水试验。

(6)综合接地网:土建单位须在车站主体施工过程中做好车站主体接地网的敷设工作,监理应做好隐蔽验收工作,确保接地隐蔽施工满足设计要求。

2. 供电系统与土建的接口

(1)供电系统施工单位进场后应对照设计图纸对变压器房间地基承载力进行复核,土建单位应保证房间地基承载能力满足设计和安装要求。

(2)供电系统施工单位应复核电缆井及夹层的检修人孔,人孔内及电缆井应按照标准图集规定设置检修爬梯,并于人孔处设置检修盖板。

(3)轨顶风道施工时,土建单位应严格按照设计要求,保证轨顶风道底板高度、平整度、厚度和强度满足接触网支架安装要求。

(4)土建单位在区间人防门预埋的环网电缆过墙套管,应严格按照图纸要求对环网电缆预埋管进行切缝,缝宽 3 mm;所有预埋管两端伸出混凝土表面 150 mm;环网电缆套管每根间距 150 mm。

(5)供电系统与轨行区铺轨的接口

①铺轨单位在铺轨完成时,需对轨行区路基及轨面上材料、垃圾进行清理,在短轨铺通后具备条件时,应及时向接续施工的轨行区管理单位移交轨行区管理权,以便设备运输及安装。

②铺轨单位在区间需提供临时照明及施工用电电源,二级配电箱间距不超过 80 m。

③小型或重量轻的设备需要提供设备吊装孔,大型设备需提供轨行车辆(含梯车)运输作业通道。

3. 通信、信号、综合监控系统与土建的接口

1)在车辆段、停车场的接口

(1)土建单位应保证场地平整,标高明确,道路、绿化、围墙的规划方案已确定,天然气、给排水管道

敷设完毕或位置标识明确，具备通信、信号预埋管道或线缆敷设的施工条件。

(2)建筑主体完工，施工单位双方已对设计图纸预留通信、信号引入套管、管沟、建筑外场地标高进行过核对。

(3)场内轨道、道路中心标桩、道路宽度已确定，施工单位各方对预埋过轨、过路钢管位置、数量、标高达成一致。

(4)土建单位配合确定楼顶天线杆位，并按照设计要求做好天线安装基础预留、预制、预埋和楼顶防水工作。

(5)土建单位在场、段围墙施工时，须与通信专业配合进行周界安防系统实施。

(6)铺轨单位场、段内进行轨道铺轨施工时须有信号专业施工单位配合确认。

2)轨行区的接口

(1)为了避开干扰，保证线缆安全，通信管线应采取轨面以下或整体道床预埋钢槽过轨方式。

(2)通信的过轨热镀锌钢管或钢槽由铺轨专业负责提供并埋设。

(3)区间人防门门框预留通信、信号钢管数量、规格、位置与设计相符。

4. 通风空调系统与土建的接口

(1)土建单位浇筑室外冷却塔基础时应与通风空调专业进行沟通，确保满足设计要求。

(2)安装装修单位应复核通风空调专业在出入口、风井结构预留孔洞、套管大小和位置，所有土建单位预留基础标高、位置，确保满足设计和设备安装的实际需求。

(3)安装装修单位在进行墙体砌筑和基础浇筑时应充分考虑，并预留大型设备运输通道。

5. 给水排水系统与土建的接口

(1)安装装修单位应复核给排水专业在出入口、风井、区间泵房的位置、大小，所有结构预留孔洞、套管的大小、位置，基础标高，确保满足设计和设备安装的实际需求。

(2)安装装修单位应对土建单位预留排水管道坡度、畅通情况、区间排水沟沉砂池进行调查摸底和汇总，发现问题及时反映，确保满足设计要求。

(3)土建单位对化粪池、消防水池的施工浇筑和预埋及其接管应满足工艺和规范要求；水泵等设备的安装预埋件应符合设计工艺要求；集水坑设置(大小、深度、位置)应符合工艺及安装要求；区间消防管线过轨预埋应满足设计及轨道要求；区间泵房排水管线套管及检查井设置应符合设计及工艺要求。

6. 气体灭火系统与土建的接口

(1)安装装修单位应复核气灭系统所有房间位置、大小，所有结构预留孔洞大小、位置，确保满足设计和设备安装的实际需求。

(2)气瓶间的楼板承重应符合设计要求，各层楼板(中板及设备层顶板)应满足气灭钢瓶的安装要求。

7. 动力、照明低压配电系统与土建的接口

(1)安装装修单位进场后就车站总接地网敷设与土建单位进行移交确认，确保满足设计要求。

(2)安装装修单位应复核在各层楼板(中板及设备层顶板)上的孔洞预留(位置、大小、套管)满足动力、照明低压配电系统的安装要求。

8. 电扶梯、直梯与土建的接口

(1)土建井道施工前，土建施工单位应核对电扶梯倾角和提升高度，以及中间支撑立柱和预埋件位置，确保浇筑完成后满足设计要求，施工完毕后应及时清理井道内垃圾、积水，以确保设备生产前的井道测量工作顺利开展；电梯厂家应将测量结果书面反馈给土建的施工和监理单位，土建施工单位对井道施工误差进行整改，确保设备顺利进场安装。

(2)吊钩预埋前，土建施工单位须核对吊钩的材质、直径、数量、预埋位置、突出长度是否满足设计要求，以避免因吊钩设置不当而产生的安全隐患。

(3)当混凝土浇筑中需要预埋扶梯的支撑钢板时，土建施工单位浇筑前应根据图纸核对需要预埋的

钢板尺寸、规格型号、预埋位置、标高、水平度，预埋的钢板应与主筋焊接，保证预埋质量。

（4）扶梯井道提升高度的施工偏差范围应控制在$^{+3}_{-3}$ cm，土建施工单位应严格按照设计尺寸预留自动扶梯的唇口部位，上下唇口位置预埋钢板应比结构面低5 cm，监理应进行现场监督，防止浇筑后因唇口尺寸偏差较大造成土建大量整改，降低结构强度的问题发生，以确保扶梯安全可靠安装工作，以及满足地面的装修收口达到设计效果。

（5）扶梯底坑施工时，土建施工单位应加强模板加固措施，防止出现跑模现象，造成底坑下方尺寸不够，出现自动扶梯无法吊装就位的情况。

（6）梯坑浇筑前，土建施工单位应认真复核梯坑内预留排水套管的标高和坡度方向，同时应采取措施保证预埋管畅通，防止扶梯基坑出现积水无法排放现象，造成吊装工作无法正常开展。

（7）电梯井道要求密封，不得有与电梯无关的电缆、水电管道穿越，但应预留防灾、通风、维修等功能性的开孔。

9. 站台门系统与土建的接口

（1）第三方测量单位统一控制基标点（有效站台中心里程的轨面设计标高、各站台区域每侧提供3个轨道控制基标，其中必须包括站台中心线的基标），并移交土建和站台门施工单位。

（2）预埋件、预留孔洞依据施工图和技术交底的要求进行验收和移交。

（3）站台板和下挂梁土建施工单位应严格按照图纸控制尺寸，顶部预埋件位置应与站台预留孔相对应。

10. 自动售检票系统（AFC）与土建的接口

AFC专业进场前应就AFC专用线槽及管线敷设的位置标高进行复核，对不满足要求的地方应及时提出并由土建单位进行整改。

11. 人防门及防淹门与土建的接口

（1）区间人防隔断门、防淹门门框预埋由土建单位施工，门框预埋施工直接影响设备整体的安装进度，须在短轨通前完成门框预埋，合理考虑施工时机，并保证门扇的安装时间；门框的钢筋绑扎位置按照轨道中心线、轨顶标高尺寸确定，其偏差将影响门框调整；土建单位应绑扎好门框底梁和侧墙钢筋，并预留好排水沟洞口；区间防淹门应在区间接触网施工前完成规定的试验工作；门框预埋由土建监理负责进场验收和隐蔽验收。

（2）人防门门框安装时，需土建单位提供相关安装标高、中心线等数据，进行现场书面交接并划线；门框安装完毕后，土建单位需通知人防质监站检查、核验，通过认可后方能进行封模工作；在模板加固完成后，应通知人防质量检测人员对现场人防门框安装质量进行复测，确认无误后，方可进行混凝土浇筑；由土建施工监理负责进场验收和隐蔽验收。

（3）支模浇筑时如出现跑模，影响门框垂直度，不能满足人防要求时，土建单位应按照规范要求进行整改；安装时需由土建单位提供轨道中心线、两轨高差、里程等测量数据，由第三方检测复核后，以书面提交人防单位，并在安装位置划线，以便人防门、防淹门门框按照此数据进行调整。

（4）人防门安装在隧道内进行，防淹门在活塞风道内，因预埋吊环后期无法整改且对人防门、防淹门安装非常关键，土建单位须严格按照图纸要求设置预埋吊环。

（5）土建单位和安装装修单位在出入口人防门处的标高应一致。

（6）安装装修单位进场后应及时施作完成风亭的地面，以保证人防门封堵板进场堆放，避免多次搬运。

（7）安装缓冲定位装置时，缓冲定位装置底板应在土建施作垫层前进行预埋。

6.2.3 系统与安装装修的接口

1. 系统与安装装修的总接口

（1）车站控制点：安装装修单位应根据车站控制点对车站一米标高线、轴线、车站层高进行测量和复核放线,为后续设备安装提供测量基础。

(2)孔洞及暗装箱、槽预留:安装装修的预留孔洞及暗装箱槽预留数量、定位、规格尺寸应满足设计和规范要求。

(3)系统施工单位进场后,应与安装装修单位明确需要移交的供电设备房间数量、位置、面积。

(4)系统设备房间砌筑前,系统施工单位与安装装修单位的设计、施工、监理应对系统设备运输通道的路径、宽度、高度、设备重量进行交底和沟通,明确设计运输方案和运输计划;同时对预留孔洞、预埋件规格尺寸、基础标高、垫层浇筑高度、地砖铺贴高度、接地排扁铁安装高度及位置、配管配线、照明等影响后续施工的内容进行沟通。

(5)中板上有风管、桥架等穿越孔洞部位应砌筑完成高度不低于200 mm的挡水凸台,并做好防水处理措施。

(6)综合接地网:安装装修施工单位按照设计要求负责车站综合接地网的敷设,并负责向其他有接地需求的专业书面移交接地测试报告,其他专业施工单位应对接地情况进行复测,确保接地满足设计要求。

(7)综合支吊架:综合支吊架为多专业共享,各站点(包括场、段、车站等)安装装修施工单位进场后,安装装修单位应积极组织相关系统施工、监理、设计各方对综合支吊架各层管线进行细化,认真对接,明确各专业施工计划、施工顺序等,避免发生冲突;应减少管线上下翻越、互相交叉、空间截面缩小、影响施工的现象发生。

(8)安装装修单位在进行通风空调管道、多联机室内机、气灭管道安装时,空调送风口、多联机、冷媒管、冷凝水管、气灭喷头不得位于用电设备上方,并保持足够的安全距离。

(9)系统施工进场后,业主代表应组织系统和安装装修设计、监理、施工单位对场地移交内容、移交条件进行书面确认,对于存在问题提出解决方案,对责任人和整改时间予以明确。

(10)关于水管穿越:各种专用强、弱电设备房严禁各种水管穿越,离壁墙内也应尽量避免排水立管穿越,实在无法避免时,应采用承压管道。

(11)在进行车站、轨行区喷涂黑漆作业时,喷涂施工前应与相关专业进行沟通,明确可以喷涂及不可以喷涂的管线和设备。

(12)各系统电线和电缆敷设施工完成后,应排查不同回路配电电缆、电线的N线与PE线不能混接,以及照明线缆和电力线缆不能共槽,避免因混接造成电气火灾监控系统报警。

2. 供电系统与安装装修的接口

(1)安装装修单位应配合变电设备安装单位做好基础预埋及预设等工作,接地端子位置预留准确,接地电阻满足设计需求,低压配电满足用电需求,配电箱柜位置和箱门的正常开启不受影响。

(2)应预留好电缆井及夹层的检修人孔,人孔内及电缆井应按照标准图集规定设置检修爬梯,并于人孔处设置检修盖板。

3. 通信、信号、综合监控等系统与安装装修的接口

(1)系统施工单位应与安装装修单位明确工序衔接顺序,垫层浇筑前通信、信号应完成预埋、预留钢管的敷设工作,敷设前应就标高、位置、数量、大小、宽度等问题与安装装修单位进行沟通。

(2)施工双方应对房间绝缘漆喷涂、防静电地板完成高度、防静电地板在设备机柜基础四周是否需要焊接支撑角钢进行沟通。系统设备房防静电地板完成标高应与设备机柜基础标高平齐,以保证设备柜门的正常开启,防静电地板下空间高度不低于250 mm。

(3)系统施工前已对正式配电箱位置,接地母排安装位置、高度,照明开关、配管配线、照明灯具安装位置,气灭喷放指示,火灾报警位置等影响后续施工的内容进行沟通,明确其是否符合双方设计要求。

(4)系统施工前气灭泄压阀已安装,所有配管配线、正式配电箱已安装完成,有符合标准的接地排且接地电阻符合设计要求。墙面已粉刷完成,地面垫层已经浇筑并已压光抹平,第一道绝缘漆已经喷涂完毕,房间防火门、照明灯具已安装完成,风口、吊顶、气灭喷头已安装完成且符合安全要求。

(5)正线车站各通信机房应保证电通后至少提供一路稳定的电源,以便进行设备调试。

(6)车站站台层广告灯箱、排水立管安装位置及高度已确定,且与通信信号支架无冲突。

(7)公用电缆支架电缆敷设时,各专业必须按设计要求分层敷设在公用电缆支架上,不得随意布放。

4. 通风空调系统与安装装修的接口

(1)通风空调专业所有设备生产前,按照甲供或乙供分类,分别由建设方或安装装修单位就设备的参数、控制方式、接口等组织设计、设备供货商进行对接,签署接口协议,确保设备的设计、生产、供货满足设计要求。

(2)安装装修单位应根据设计图纸和施工计划制定详细的设备运输计划和到货、安装施工方案,确保车站设备生产、运输不影响车站整体施工进度。

(3)安装装修单位应在认真查看图纸的基础上,以通风空调专业为主体组织相关专业对车站公共区、走廊、空调机房通风空调系统综合管线图进行优化,确保车站各系统施工顺利开展,并留有检修维护空间;同时优化冷水机房、空调机房、隧道通风机房、排热风机房等部位的施工方案。

(4)安装装修单位应与通风空调专业提前明确风口位置及安装方式。

5. 给水排水系统与安装装修的接口

(1)给排水专业所有设备生产前按照甲供或乙供分类,分别由建设方或安装装修单位就设备的参数、控制方式、接口等组织设计、设备供货商进行对接,签署接口协议,确保设备的设计、生产、供货满足设计要求。

(2)安装装修单位应在认真查看设计图纸的基础上,优化施工方案,特别是污水泵房、消防泵房、无负压给水机房、真空提升装置等房间,确保设备及管线安装、配电、调试、检修工作顺利开展。

6. 气体灭火系统与安装装修的接口

(1)气灭专业按照甲供或乙供分类,分别由建设方或安装装修单位就设备的参数、控制方式、接口等组织设计、设备供货商进行对接,签署接口协议,确保设备的设计、生产、供货满足设计要求。

(2)气瓶间房间内满足钢瓶布设及安装要求,各防护区的承压应满足工艺要求,各气灭保护房间泄压口附近房间吊顶设置应满足泄压口使用要求。

7. 动力、照明低压配电系统与安装装修的接口

(1)安装装修单位进场后就车站动力照明系统的400 V低压柜、通风空调电控柜、各专业配电箱(柜)、所有设备配电箱、设备控制箱、设备操作箱、接地网敷设、接地母排安装位置、开/关插座位置、灯具位置、户外设备防雷、桥架敷设、设备配管配线、孔洞、线盒预留、综合管线布设等与设计、厂家及相关专业技术交底进行沟通明确。

(2)车站动力、照明配电系统设备生产前按照甲供或乙供分类,分别由建设方或安装装修单位就设备的参数、控制方式、接口等组织设计、设备供货商进行对接,签署接口协议,确保设备的设计、生产、供货满足设计要求。

(3)安装装修单位应在墙体砌筑时做好车站动力、照明配电系统的孔洞预留、基础制作、配管配线工作,同时保证配电、控制箱安装,符合设计和规范要求。

(4)安装装修单位应在车站垫层浇筑前做好接地网的铺设工作、接地母排端子预留、各类设施接地端子焊接、设备接地扁铁预留工作,并按照规范进行母排接地测试和移交。

8. 火灾报警控制系统(FAS)与安装装修的接口

(1)安装装修单位进场后就火灾报警控制系统(FAS)的配电、主机机柜基础安装、防静电地板高度、模块箱、气灭控制盘、报警按钮、烟感探头、温感探头、接地、其他设备配管配线、孔洞、线盒预留、综合管线布设、房间吊顶形式、公共区吊顶形式等与设计、厂家及相关专业技术交底进行沟通明确。

(2)安装装修单位应在墙体砌筑时做好火灾报警控制系统的模块箱、气灭报警控制盘箱的孔洞预留、配管配线工作。

9. 电扶梯、直梯与安装装修的接口

(1)电扶梯、直梯进场前应与安装装修单位进行沟通,确保电扶梯、直梯配电箱实际承载功率、配电

箱位置、安装高度符合设计要求。

(2)扶梯进场前需预留进场及运输通道,扶梯吊钩附近的管线不得影响扶梯吊装,安装装修单位应注意施工顺序,待扶梯吊装就位后,再进行其他管线的安装;扶梯吊钩附近的装修吊顶及出入口雨棚需待扶梯吊装就位后再进行施工。同时应严格控制扶梯梯级水平段吊顶高度,确保梯级水平段处吊顶净空高度必须满足国标“不小于 2.3 m”的要求。

(3)安装装修单位在挂侧板、石材前需与扶梯、直梯安装单位进行详细沟通,扶梯侧墙挂板、石材安装须满足国家规范要求,即扶梯扶手带外轮廓线至侧板、石材必须大于 80 mm。侧板、侧墙石材完成面不能影响扶梯上下梯端头处检修盖板的打开。

10. 站台门系统与安装装修的接口

(1)站台门进场前应与安装装修单位对站台门控制室配电箱有效荷载功率、安装位置、管线敷设以及站台门控制柜安装位置、尺寸、安装基础等进行对接,确保满足设计需求。

(2)站台门进场前应与安装装修单位对站台门限界和站台装修与站台门顶箱盖板最小间隙进行沟通,确保距顶箱前盖板预留 50 mm 空间,端门处墙面也需离开站台门 50 mm,端门处预留槽内不能有管线,吊顶高度应满足站台门安装要求。

(3)安装装修单位应认真对接站台装修完成标高,确保站台门安装标高与站台地砖铺贴高度误差满足规范要求,站台铺设地砖时不能影响站台门应急门的正常开启。

(4)安装装修单位作为地盘管理者,应对站台门设备的成品保护负责,电焊施工时应采取有效措施,防止焊渣溅到门体玻璃上对站台门玻璃造成损害;货物搬运过程中应防止撞到门体,禁止其他管线或物品倚靠站台门,以免对站台门造成损坏。

(5)施工期间应在站台门处设置警示标志,不得将站台门的设备作为轨行区安全屏障,站台门的端门应充分考虑成品保护,可放于施工后期收尾时安装。

(6)绝缘地板施工时应严格控制站台区域水源,不得流入绝缘地板铺设区域。

(7)对于侧式站台的地下车站,因电缆过轨需要在靠近站台门设备房附近的轨顶风道内侧预埋钢管,管道不得出现弯折,内部应畅通无堵塞。

(8)在站台层站台门两端的端门上方需做 300 mm(宽)结构梁,厚度根据结构要求确定,梁底距站台板装修面 3 000 mm 高,结构上部由土建封堵;站台门端门安装处设备房外墙中要做 300 mm 宽的构造柱,构造柱的中心与结构梁中心在同一垂直面上;站台板及顶板预埋的连接件安装牢固、无松脱,可有效承载负荷。

11. 自动售检票系统(AFC)与安装装修的接口

(1)AFC 专业进场前应就 AFC 专用配电箱安装位置,配电箱有效荷载功率,接地母排敷设位置,接地扁铁安装高度,线槽及管线敷设,闸机、查询机、售票机安装位置,施工计划,设备材料运输通道,成品保护与安装装修单位进行沟通,确保满足设计要求。

(2)站厅层铺设大理石面时应在 AFC 线槽出线口、检修口位置处预留相应开孔尺寸。

(3)用于付费区、非付费区分隔的护栏安装应在 AFC 设备安装完成后进行,且立柱不可落在 AFC 金属线槽上,栏杆位置需考虑 AFC 设备安装、使用、维护等因素,预留有相应空间;栏杆位置在设备中轴线时,栏杆端头距离闸机端盖尺寸不小于 80 mm;出站侧闸机面向非付费区,最右边闸机右侧预留 500 mm(付费区侧)维修空间,空间困难车站应不小于 300 mm。

6.2.4 各系统与机电设备的接口

设备机房及设备区走廊是主要管线集中部位,由于管线众多容易发生各种管线之间的碰撞,致使管线无法通过,造成返工。在施工过程中,对管线标高和位置应进行合理的排布,管线排布一般遵循先大后小、先有压后无压的原则,同时结合实际情况严格对图纸进行核查,确保施工的合理性,施工时对现场进行准确测量,制定详细施工方案,确保施工的质量和进度。

1. 供电系统

(1)对各系统管线安装高度的要求:在变电所设备用房及设备运输通道上,所有管线安装完毕后,需留出足够的空间,满足人身和电气安全距离要求,以免影响变电所设备的运输。管线布置还应避开设备吊装孔布置,满足运营期间设备检修、更换运输要求。

(2)对给水排水的要求:变电所设备用房中不应设有污水、消防水及生活用水等给排水管,防止滴、漏、跑水引发电气事故;变电所电缆夹层中不应设置集水坑、污水或废水泵房等设施;变电所设备用房不应设在厕所、浴室、厨房或其他经常积水场所的正下方,且不宜与上述场所贴邻。

2. 通信、信号与综合监控系统

(1)对低压配电的要求:车站控制室及相应设备房设一般照明和应急照明,配备相应的弱电接地端子箱、电源插座箱及通用电源插座。

(2)对通风空调的要求:

①设备房环境要求:综合监控系统各设备房间均需全天候空调,满足相应设计要求,空调系统设计时需考虑其他专业放置在房间内的设备散热。

②车站控制室 24 h 有人值班,日常作为车站行车指挥室,火灾时兼作消防控制室,因此在火灾发生时,应保证车站控制室为正压。

(3)场、段要求与以上车站要求类同。

3. 人防门及防淹门

人防门门框上预留的架空地线穿墙管,其内径不小于 80 mm,预留高度及位置具体按人防门专业提供各断面人防大样图确定。

6.2.5 各系统之间的接口

(1)强电系统的管线与其他专业之间的管线的距离应满足规范要求,弱电管线应根据其采用的电缆的抗干扰能力满足相应的规范。其他各专业之间管线的距离基本原则是方便管线的安装,并保证必要的维护空间。尤其在各种管线交叉点处,很难分开空间距离,应采用隔板等隔离措施。强、弱电电缆不允许在同一槽盒内敷设,单芯电线、电缆不允许单根穿金属线管进行敷设。

(2)在施工过程中其他专业与低压配电专业接口应注意问题:

①低压配电专业设备采购和施工前应明确低压设计是否满足其他专业用电设备的用电需求。

②低压配电专业应在灯具安装前明确灯具安装位置及照度是否满足其他专业需求。

③各专业在施工前均应与房间内相关专业进行沟通,明确施工顺序和管线及设备位置,确保专业间互不影响。

6.3 供电系统设备安装

6.3.1 变电所工程

1. 变电设备安装技术控制要点

1)变压器安装

(1)设备运达现场应进行检查,变压器的型号、规格应符合设计要求,环氧树脂外壳器身无损伤无异常,器身漆层完整无锈蚀;附件及配件数量齐全,与装箱单相符;铭牌齐全,各部螺栓紧固;高低压套管的瓷套表面光滑,无裂纹。

(2)变压器母线相间及对地的安全净距:35 kV 不小于 340 mm;1 180 V 侧母线相间不小于 150 mm,对地的安全净距不小于 100 mm。

(3)变压器及其附件外壳和其他非带电金属部分,均应有可靠的接地,配电变压器中性点应单独与接地母线相连,必须符合规范规定。

(4)所有母线搭接面的连接螺栓用力矩扳手紧固,其紧固力矩值应符合表 6.1 的规定。

表 6.1 钢制螺栓紧固力矩

螺栓规格	力矩值(N·m)	螺栓规格	力矩值(N·m)
M8	8.8~10.8	M16	78.5~98.1
M10	17.7~22.6	M18	98.0~127.4
M12	31.4~39.2	M20	156.9~196.2
M14	51.0~60.8	M24	274.6~343.2

2)35 kV 高压开关柜安装

(1)35 kV 高压开关柜内断路器及操作机构、电压互感器、电流互感器、避雷器、带电显示装置各项参数均应符合产品技术要求,操作灵活,动作正确可靠,联锁功能符合要求。

(2)35 kV 高压开关柜的金属框架必须可靠接地,可开启的门与框架的接地端子间应用裸编织铜线连接。

(3)35 kV 高压开关柜安装要求:机械闭锁、电气闭锁动作应准确、可靠,动触头与静触头的中心线应一致,触头接触紧密,柜体间的二次回路连接插件应接触良好,二次回路辅助开关的切换接点应动作准确、接触可靠。

(4)35 kV 高压开关柜的安装允许误差应符合表 6.2 的规定。

表 6.2 35 kV 高压开关柜安装允许误差

序号	项目		允许偏差(mm)	检验频率		检验方法
				范围	点数	
1	垂直高度		<1.5	每面开关柜	2	吊线测量
2	水平偏差	相邻盘、柜顶	<2		2	直尺测量
3		成列盘、柜顶	<5		2	拉线测量
4	盘面偏差	相邻盘、柜面	<1		2	直尺测量
5		成列盘、柜面	<5		2	拉线测量
6	盘、柜间接缝		<2		2	直尺测量

3)DC 1 500 V 开关柜绝缘安装

(1)绝缘板安装

绝缘板安装在基础槽钢和柜体之间,根据设备的底座尺寸测出绝缘板的安装位置,用棉布将绝缘板和槽钢的表面擦拭干净。绝缘板安装时根据设备绝缘板固定孔位置,核对预埋件的孔是否对应,如果有偏差,用扩孔器在绝缘板上开孔,开孔时注意周边环境,避免有铁屑卷入。绝缘板接口处的间隙用中性绝缘胶填充,待绝缘胶凝固后用砂纸打平。

(2)直流设备安装

设备放在绝缘板上,绝缘板要求露出设备底座内、外沿各 10 mm。位置确定后定出设备安装孔位置,在槽钢上打孔攻丝,用连接螺栓穿上绝缘套、垫上绝缘垫,将设备固定牢固,螺栓拧紧后扣上绝缘帽。连接柜与柜之间螺栓,调整设备的水平度、垂直度,应满足规范要求。避免设备底部、绝缘板、基础槽钢三者没有紧密贴合导致灰尘及异物进入影响绝缘。绝缘安装如图 6.1 所示。

(3)绝缘测试

每台设备安装完成后,应及时用 1 000 V 兆欧表进行绝缘测量,绝缘电阻不低于 5 MΩ,整列设备绝缘电阻不低于 2 MΩ。

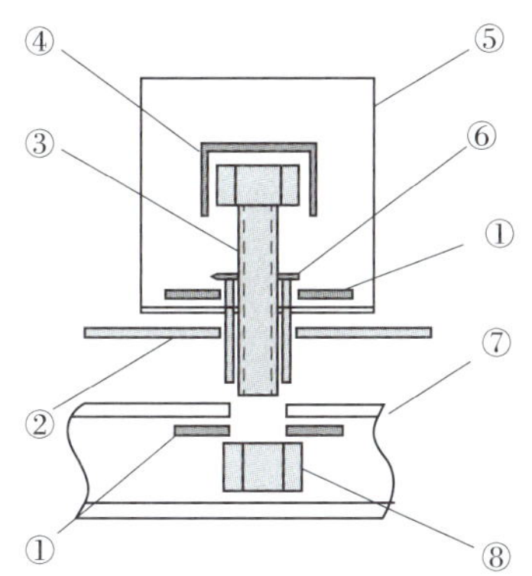

图 6.1 绝缘安装图

①—绝缘垫片；②—绝缘板；③—连接螺栓；
④—绝缘帽；⑤—柜体；⑥—绝缘套；⑦—槽钢；⑧—连接螺母

4）设备基础槽钢预埋安装

（1）基础槽钢制作

为保证基础槽钢的安装精度，在安装前先根据设计图纸进行核对，并将槽钢调正、调直；控制屏、35 kV 高压开关柜、DC 1 500 V 开关柜、负极柜、整流器柜等设备的预埋件需根据加工图现场焊接为整体框架。整流变压器、配电变压器的基础采用2组10号槽钢立放，2组槽钢并列焊接在一起，槽钢安装保持水平整齐，槽钢顶面上焊接一块钢板，钢板高出装修面10 mm，必须保证预埋件槽钢的平直度全长误差不大于2 mm，焊接必须牢固，所有外露部分和焊接部分打磨后须进行防腐处理，先刷一层防锈漆，再刷两层富锌漆，满足焊接工艺要求。

（2）定位测量

清理基础槽钢安装处的结构层地面，按照施工图的要求，全面复测结构层的标高，核对标高是否满足槽钢安装的要求，依据施工图纸和现场预留孔洞放样出基础槽钢安装基准线。

（3）基础槽钢安装

在设备房的每个基础槽钢顶面选取不少于3个点，用水准仪测量其标高并记录测量值，找到最高点，取最高点作为槽钢安装基准标高，若最高点低于地坪标高则取地坪标高为槽钢安装基准标高。

基础槽钢固定方式多为固定角钢利用金属锚栓与地面结构层固定，固定角钢的间距不大于1 200 mm，基础槽钢首末段固定点距槽钢端头为100 mm，调平后固定角钢与基础槽钢焊接。

依据确定的基准标高对槽钢调平，核对无误后，用电焊固定。

开关柜设备基础槽钢上表面须与地面保持在一个水平面，允许不大于+5 mm的误差，不得有负误差，基础槽钢平行度、平直度、水平度允许偏差为1 mm/m，全长不得超过2 mm；变压器基础钢板表面超出装修面10 mm。

接地体（线）的焊接、设备接地槽钢与基础槽钢焊接应圆滑满焊，无虚焊、假焊现象。

处于通道两旁（设备对开门）的两排设备面板之间的距离，依据施工图纸在保证设备满足距墙的要求后按图施工，如不能满足设备距墙800 mm距离可适当调整。基础预埋件安装时如下方与地面悬空，可采用垫铁进行垫实并焊接。

（4）预埋件接地线连接

接地线采用50 mm×5 mm镀锌扁钢，将基础预埋件两端与接地干线焊接，支线扁钢应沿结构层平躺敷设至预埋件并焊接牢靠，要求焊接搭接长度不少于扁钢宽度的2倍，且不少于三面焊接，焊接饱满，不应有裂缝、气孔及脱焊，无虚焊、假焊等情况。

（5）防锈刷漆

基础预埋件安装完成后，焊缝位置须敲净焊渣，打磨平整。打磨后进行防腐处理，先刷一层防锈漆，再刷两层富锌漆。

5)设备吊装、运输

(1)前期调查,根据设备房的进度,合理编排设备到场计划,勘察分析吊装场所及吊装环境,积极与管理单位联系,取得其组织措施和技术措施的支持,为吊装作业提供充裕的作业时间和场地。

(2)编制详细的吊装、运输作业计划,制定详细可靠的安全技术保证措施,准确确定被吊装物的外形尺寸、质量等技术参数,根据技术参数计算确定起吊吊车的吊装半径、吊车的型号、吊车的停放位置、支腿的伸展长度、主臂与副臂的伸缩长度、吊臂的仰角、吊车的旋转角度、钢丝绳等技术参数,绘制详细的吊装平面布置图,确保起吊安全。

(3)变压器在装卸、运输、吊装过程中,不应有严重冲击和振动。运输及吊装前后,变压器外观应无损伤、连接无松动。牵引变压器时,两台手扳葫芦和千斤顶的操作速度要平衡一致,动作要协调,牵引速度应不超过 0.2 km/h。

(4)起吊设备时,要先进行试吊,观察设备受力及平衡情况,确认安全可靠后方可正式起吊。设备下落速度要平缓,上下部作业人员要在指挥人员的统一指挥下,相互配合,上下呼应,设备即将落地前,要进行扶持调整,保证设备的落点、方向正确无误。在牵拉变压器过程中手扳葫芦用力要均匀一致,并有防止其自由溜放的制动措施。滑轨安装要平行、稳固,轨间距离应保证变压器滑行的稳定。顶升变压器时必须设专人指挥,专人监护,严禁在变压器长轴一侧的两端同时顶升变压器。

2. 变电关键技术

1)设备房内地坪高差控制技术

供电设备房内,设备基础制作的标高和装修完成面标高测量控制点不一致,导致装修完成面标高发生变化,与供电设备 DC 1 500 V 开关柜小车的高差产生冲突,甚至影响 DC 1 500 V 开关柜的拉出和推入操作。设备基础制作时,应与装修单位进行工序交接,统一基准测量点。设计在装修图纸中明确装修完成面的施工标准。

2)配电变压器与 0.4 kV 低压开关柜Ⅰ段、Ⅱ段位置不对应

供电和低压所属为两个专业,供电设计负责配电变压器的设计,低压配电设计负责 0.4 kV 低压开关柜的设计,出图前供电设计与低压配电设计认真核对图纸,对接口部分重点盯控;施工单位图纸会审时,要与现场实际核对,提前发现问题,以便设计尽早出具整改方案;避免配电变压器与 0.4 kV 低压开关柜Ⅰ段、Ⅱ段位置接反的问题出现。

6.3.2 环网工程

1. 环网电缆施工技术控制要点

1)电缆敷设技术控制要点

(1)35 kV 环网电缆在电缆支架上按照设计要求进行固定,固定材料应使用非铁磁性材料,在转弯处的固定应适当加密。

(2)电缆在敷设完成后应进行防火封堵,封堵材料应具备防火、阻燃特性。防火材料必须经过技术或产品鉴定,不应对电缆造成腐蚀。

(3)35 kV 高压电缆敷设前应使用 2 500 V 兆欧表测量电缆绝缘电阻,合格后方可敷设电缆。

(4)电缆附件规格型号与电缆规格型号应匹配。

(5)每个回路的高压电缆中间接头及终端头制作完成后,应进行耐压及泄露电流试验。

(6)电缆在支架或桥架上排列方式符合设计要求,排列整齐,不应交叉,绑扎牢固。

(7)垂直敷设或超过 45°倾斜敷设的电缆,在每个支架、桥架上每隔 2 m 处应加以固定;在终端、接头与电缆连接部位,宜设置伸缩节。

(8)每条电缆的终端头、电缆接头处、拐弯处、电缆穿墙板处、夹层内、隧道及竖井的两端、人井内的显著部位均应挂标识牌。电缆两端和转弯处应挂标识牌。标识牌上应注明电缆型号、规格及起讫点、电

缆长度、安装日期，并联使用的电缆应有顺序号。标识牌的字迹应清晰不易脱落。标识牌规格宜统一，标识牌应能防腐，挂装牢固。

2）电缆预留控制要点

（1）电缆敷设后应在终端、中间头附近预留适量余量，预留长度为3~5 m，以便发生故障重新做头时电缆长度能够满足设计要求。电缆预留如图6.2所示。

（a）站台板下电缆预留

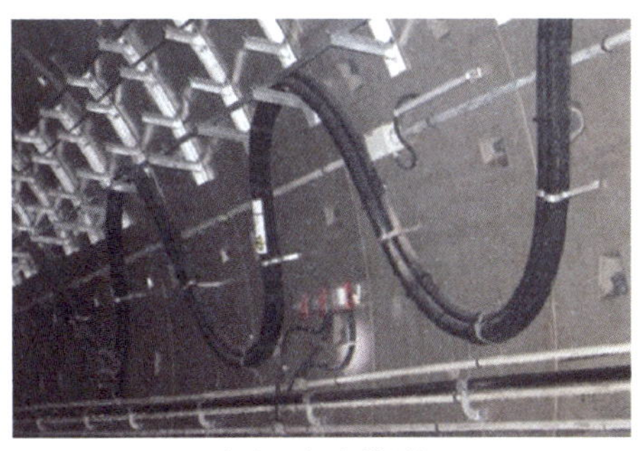

（b）区间电缆预留

图6.2 电缆预留图

（2）电缆夹层内的电缆向设备下方孔洞预留一定弧度再向上引出夹层，每根电缆预留的弧度应当一致。特别部位应当做如下处理：

①环网进出线高压电缆在高压柜下方夹层内两侧应做预留圈，预留圈长度一般不小于3 m。

②35 kV高压开关柜至配电变压器、整流变压器的一次电缆，在变压器夹层下方做预留圈，预留的电缆不应落地，预留圈长度一般不小于3 m。

③高压电缆中间接头两侧范围内高压电缆呈大波浪形跨支架敷设。

（3）制作中间头前，三相电缆应按照统一弧度进行预留，在相同一组支架上进行盘绕，确保三相电缆的预留形状整齐划一。截断电缆制作中间头时，不允许挪动预留部位。

（4）高压电缆最小弯曲半径见表6.3。

表6.3 电缆最小弯曲半径

电缆形式		多芯	单芯
橡皮绝缘电力电缆	无铅包、钢铠护套	10D	
	裸铅包护套	15D	
	钢铠护套	20D	
塑料绝缘电缆	无钢铠	15D	20D
	有钢铠	12D	15D

注：D为电缆外径。

2. 环网关键技术及实施效果

1）结构空间有限时的电缆支架布置

在车站、线路渡线、电缆过轨、环网跨分区处，现场结构空间有限，未充分考虑其他专业与供电专业的电缆支架共享、环网电缆跨分区供电情况以及电缆过轨时与接触网净空高度不足产生交叉。

实施效果：供电设计在规范允许的情况下在这些特殊地方增加电缆支架容量；供电设计共享支架图需严格执行其他专业设计会签流程；各专业施工单位尤其在共享电缆支架处严格按照图纸及设计交底作业，并在环网电缆过轨与接触网净空高度不够地方预留电缆沟槽。

2）出入场段线U形槽，环网电缆与通信、信号电缆敷设存在交叉

区间环网电缆敷设在行车方向左侧隧道壁上，出入场段线U形槽中间未有中隔墙，环网电缆在出入场段线出隧道口处通过隧道顶过轨敷设电缆与通信、信号电缆形成同侧交叉，满足不了信号电缆与高压

电缆设计安全距离要求。

实施效果:供电设计在初设阶段提前与信号设计对接,相互避开电缆敷设路径。采取环网电缆在出入场段线出隧道口处直接安装特殊落地支架在U形槽中间,至整体道床与碎石道床交界处通过下穿电缆井与电缆沟道对接,避开信号电缆与高压电缆同侧交叉敷设,整体美观且方便运营日常检修维护。

3)环网电缆敷设关键技术及实施效果

城市轨道交通工期紧、任务重。传统的环网电缆敷设是机械与人工,增加了劳动力,降低了施工进度,电缆成品保护也尤为重要。西安地铁9号线采用供电电缆敷设装置,新一代产品针对高处电缆布放施工还需进一步优化,优化后该装置可以一次将3根直径50~65 mm的电缆呈“品”字形布放至电缆托壁上,提高了电缆敷设效率,降低了安全风险,保证了电缆的外观质量。环网电缆敷设技术实施效果如图6.3所示。

图6.3　环网电缆敷设技术实施效果

6.3.3　接触网工程

1. 化学锚栓预埋控制要点

(1)埋入杆件间距允许偏差为±5 mm,埋设深度允许偏差为±2 mm,规格型号及外露尺寸应符合设计要求。

(2)埋入杆件载荷检测应符合设计要求,埋设完成后按照3‰进行拉拔试验。

(3)支持装置的跨距应符合设计图纸,允许偏差为±500 mm。道岔、关节等特殊地方跨距允许误差为±200 mm。

(4)埋入杆螺纹、镀锌层应完好,化学锚固螺栓孔填充密实,螺纹外露部分应涂油防腐,埋入杆件的埋设深度允许偏差为$^{+5}_{-3}$ mm。

2. 刚性悬挂安装控制要点

(1)刚性悬挂支持装置规格型号应符合设计要求,槽钢底座、悬吊槽钢、绝缘横撑、悬垂吊柱、T形头螺栓等合格,紧固件齐全,安装稳固可靠。

(2)悬吊槽钢、绝缘横撑与安装地点的轨道平面应平行;平坡线路上悬垂吊柱及T形头螺栓应铅垂安装,倾斜度误差一般均不应大于1°;位于坡道上的悬垂吊柱及T形头螺栓顺线路方向铅垂度偏差应以汇流排安装在悬挂金具内可伸缩为原则。

(3)绝缘子规格型号符合设计要求,爬电距离不小于250 mm。交流耐压试验、绝缘电阻测试合格。绝缘子金属件与瓷件结合紧密,绝缘子内螺栓应具有良好的防锈性能。

3. 汇流排安装控制要点

(1)汇流排中间接头外形尺寸应与汇流排的内表面相匹配,结合紧密,机械性能与汇流排一致;导电率不得低于汇流排;汇流排中间接头的连接,应保证被连接的两汇流排在同一直线上,接头部位螺栓按规定力矩用力矩扳手拧紧。汇流排中间接头与悬挂点的距离不应小于 300 mm。

(2)连接件的接触面清洁,汇流排连接缝两端夹持接触线的齿槽连接处平顺、光滑。汇流排连接端缝平均宽度不大于 1 mm,紧固件齐全,螺栓紧固力矩符合设计要求。

4. 柔性接触网支柱安装控制要点

(1)支柱侧面限界应符合设计要求,允许误差:向线路内侧不大于 60 mm,向线路外侧不大于 100 mm,在任何情况下,严禁侵入建筑限界。

(2)单钢柱倾斜符合下列要求:

①顺线路方向应中心直立,允许误差不应大于支柱高度的 0.5%。

②有单方向拉线的支柱允许向拉线方向倾斜 0~50 mm,不允许向受力方向倾斜。

③安装棘轮补偿器的锚柱,受力后中心直立,以利于制动卡块间隙的调整。

④横线路方向,曲线外侧和直线上的支柱允许外倾不大于支柱高度的 0.5%;曲线内侧的支柱应受力的反方向倾斜大于支柱高度的 0.5%。

(3)软横跨、硬横梁支柱倾斜符合下列要求:

①顺线路方向应直立,允许误差不大于支柱高度的 0.5%。

②横线路方向应直立,允许向受力的反方向倾斜柱高的 0.5%~1%,不得向受力方向倾斜。

(4)钢柱底层钢垫片,每片面积不小于 50 mm×100 mm,每片厚度不大于 5 mm,片数不大于 3 片。

5. 柔性接触网悬挂安装控制要点

(1)绝缘子的规格、型号、质量符合要求,爬距不小于 250 mm,交流耐压试验、绝缘电阻测试合格。

(2)软横跨固定角钢的安装位置应符合设计要求,允许误差为±20 mm。

(3)简单悬挂的软横跨承力索与定位索的最小距离应符合设计要求,允许误差为±100 mm。

(4)软横跨受力后,上下部固定索应水平,允许有少量的负弛度。

(5)横向承力索、上下部固定索不得有接头,连接螺栓紧固力矩应符合设计要求。

(6)绞线在楔形线夹内的回头长度宜为 300~500 mm,回头与本线的绑扎长度为 100 mm,允许误差为±10 mm,软横跨固定索受力均匀。

(7)吊索安装应符合设计要求,吊索以吊索座为中心,两侧平分,允许偏差为±100 mm,两端受力均匀。悬挂点接触线高度应符合设计要求,允许偏差为±30 mm。吊索座、高吊索座受力方向正确,直线区段吊索线夹端正、牢固,曲线地段吊索线夹应垂直于接触线工作面。螺栓紧固力矩应符合要求。

6. 接触网关键技术及实施效果

1)接触网无轨测量关键技术及实施效果

(1)接触网无轨测量关键技术

接触网专业无轨测量,基于站前测量单位提供各施工区段处控制桩的坐标及高程数据,土建单位或轨道单位提供带有坐标的平面图,设计单位提供接触网专业场、段及正线悬挂点布置图,将接触网专业悬挂点与带有坐标的地形图进行合图,然后利用 CAD 软件提取悬挂点对应轨道线路中心坐标,使用全站仪进行现场放样,根据施工蓝图要求确定悬挂点位置。

(2)接触网无轨测量实施效果

在西安地铁 4 号线、6 号线一期、9 号线一期等正线及车辆段推广无轨测量技术,在保证施工质量的情况下,缩短施工周期,减少轨行区交叉施工,提高轨行区利用率。

2)再生制动能量回馈装置关键技术及实施效果

(1)再生制动能量回馈装置关键技术

城市轨道交通牵引变电所整流机组采用二极管整流,电能只能单向流动,因此多余的再生电能无法回馈到中压供电网路。为了防止牵引网电压的升高,此时列车将电制动的再生电能转为由车载制动电阻所吸收或者起动机械制动。

另一方面,再生制动产生的能量除了一定比例被其他相邻运行的列车吸收利用外,剩余部分主要被装在列车上的吸收电阻以发热的方式消耗掉或被线路上的吸收装置吸收。随着国内节能减排政策的实施,各城市在轨道交通建设中逐步利用列车再生制动能量。

(2)西安地铁9号线实施效果

①经济效果

该系统应用可以产生明显的节能效果,发车间隔大于10 min,每天能量回收装置可节能10%~25%;发车间隔小于10 min,每天能量回收装置可节能5%~15%。根据有关资料计算,列车每次制动可回收的电能为4 kW·h。若考虑城市轨道交通全线的运营列车数及发车密度,节省的电费还将成倍数增长。此外该系统应用还可产生多种边际效益,如减少车辆投资、减少环控容量等。

②社会效果

国外已有多家公司针对城轨供电系统进行了类似项目的研究,但国内还处于初步发展阶段。能量回馈装置的全线推广,一方面符合国家的产业政策,另一方面全线配置再生制动电能利用装置并展开该项目的研究,有助于形成符合我国国情的、具有完全自主知识产权的城轨直流供电系统新型再生制动回馈节能技术体系,极大推进我国城轨交通的技术进步。

③环境效果

通过配置中压能馈装置节能的系统,预计每年能节电180万kW·h,折算每年减少720 t标准煤,同时减少污染排放490 t碳粉尘、1 795 t二氧化碳(CO_2)、54 t二氧化硫(SO_2)、27 t氮氧化物(NO_x)。

3)场段接触网专业关键技术及实施效果

(1)场段接触网专业关键技术

场、段内土建及轨道进度与供电系统施工进度不匹配的情况下,采用公铁两用车可进行机动转车、高空作业安装,降低安全风险,确保施工质量及进度。

公铁两用车在施工作业中可在钢轨、地面进行行驶方式的转换,采用机械化对不同安装位置的接触网展开施工作业,利用液压臂进行控制旋转,满足全方位施工需求。

(2)场段接触网专业实施效果

使用公铁两用高空作业平台后,安装电连接时,由于液压臂的工作半径大、高度足以伸至非工作支的任意位置,因此人员只需站在液压平台上就可完成电连接安装,降低了工作强度,提高了安装精度和安装效率。

作业人员频繁登高,现场施工条件有限,利用公铁两用高空作业平台则可减少作业人员的投入,提升作业人员的安全保障。

应用公铁两用高空作业平台可较大程度地提高施工效率,降低人工成本。

该装置在西安地铁9号线中应用,替代作业梯车用于接触网施工作业,进行电气设备安装、线缆敷设,既保证了施工质量和进度,也降低了安全风险。

4)汇流排架设关键技术及实施效果

(1)汇流排架设关键技术

汇流排架设装置:由牵引轨道车+作业平台组成汇流排安装作业车组,其中作业平台是由两台轨道电动平板车组成,其中一台电动平板车设置主汇流排操作平台,两边各加装一个可拆卸式平板;另一台电动平板车设置辅助汇流排操作平台。

使用作业平台上的安装调整器将两对接汇流排调至同一直线面,保持对接面密贴,尤其是汇流排开口处过渡平直顺滑,不偏斜错位。依次拧紧螺栓,紧固力矩达到设计要求。

在悬挂支持装置上安装汇流排定位线夹,将汇流排卡入汇流排定位线夹内。两端用临时锚固线夹锚固,以防汇流排发生偏移。

安装列车前进,装配汇流排中间接头,对接安装第二根汇流排,依次安装至此锚段汇流排安装完毕。

(2)汇流排架设实施效果

地铁汇流排布放装置具有独立作业平台可整体吊装,载物平台和作业装置能够独立升降,实现上料与安装可同步进行的功能，大幅度提高了刚性接触网安装的规范化及机械化程度，节省人力，降低劳动强度，提高安装效率、精度及质量。

6.4 弱电系统设备安装

6.4.1 通　信

1. 通信施工技术控制要点

1）区间托架安装施工技术控制要点

（1）地下区段托架安装

地下区段托架安装如图6.4所示。

①位置定测

a. 根据区间限界图统筹确定弱电侧电缆托架及漏缆卡具位置。

b. 盾构区段结合盾构环片的配筋图进行托架固定锚栓孔位置确定。

c. 对于工期特别紧张的工程，可采用无轨测量的方式进行托架位置确定，具体参考6.3.3节关于“接触网无轨测量关键技术”的内容。

②托架安装

a. 托架不得侵入设备限界。

b. 在盾构区段安装时，托架固定锚栓应与盾构管片的螺栓避开。

c. 电缆托架应与贯通扁铁连接，并通过其可靠接地。

图6.4　地下区段托架安装

（2）高架区段托架安装

高架区段一般采用安装在疏散平台下部或侧壁的外露式托架，外露式托架应设置遮阳设施。

若在疏散平台立柱上固定托架时，为保证疏散平台立柱预留孔距和大小满足托架安装条件，需在设计阶段相互提资、统筹考虑，并加强安装前的定测工作。

（3）区间特殊区段托架安装

①异形托架

一般在人防门后部从隧道过渡到车站段，此部位侧壁距离轨道比较远，线缆集中且安装有其他设备，因此这段托架宜采用长臂托架。

②吊装方式

在隧道进入车站段结构存在连续直角弯或者短距离悬空时，线缆宜采用钢吊线、角钢或扁钢吊挂方式通过。

(4)接地扁钢安装

电缆托架之间应采用不小于 20 mm×4 mm 的镀锌扁钢连接,并在站端与车站综合接地体连接,连接处应进行防腐处理,接地电阻值应符合设计要求。

接地扁钢安装在电缆支架上并与支架间采用镀锌螺栓连接,重点控制好接地扁钢之间的连接质量,接地扁钢开孔处做好防锈处理,接地扁钢和镀锌螺栓镀锌层应符合设计要求。

在隧道结构伸缩缝处,接地扁钢应根据隧道设计的最大伸缩值留有备用长度,接地扁钢应制作成弯曲的形状,以防止由于气候温度的变化引起隧道伸缩缝变形而造成接地扁钢断裂。

2)区间光电缆敷设技术控制要点

(1)区间光电缆敷设根据现场实际情况,敷设前做好现场定测和光电缆配盘工作。

(2)敷设前应进行单盘测试,并做好记录,测试合格后方可敷设。

(3)敷设过程中保证光电缆受力均匀,禁止猛拉强拽,光电缆弯曲半径应不小于外径的 15 倍,施工过程中应不小于 20 倍光缆外径,避免出现背扣及外皮损伤。

(4)单模光缆敷设后再次进行光衰耗测试,检查光纤是否良好(使用光时域反射仪 OTDR),最后对光缆端头做密封防潮处理保证指标合格(≤0.08 dB/km)。

(5)对于受地形限制(如区间隧道人防门)的地方,提前调查特殊地方孔洞的排列位置、形状、用途,决定光电缆的穿越和防护方式,并做好特殊地段的光电缆预留和防护措施。

(6)接触网上网隔离开关处,需要对敷设光电缆进行特殊防护处理,同时不能影响隔离开关使用。

(7)区间光电缆接头处需做好防潮、防尘和防腐处理,符合设计要求。

(8)区间、室外光缆引入时,其室内、室外金属护层及金属加强芯应断开,并彼此绝缘分别接地。

接触网上网隔离开关处托架和光电缆施工如图 6.5 所示。

图 6.5　接触网上网隔离开关处托架和光电缆施工图

3)漏泄电缆施工技术控制要点

漏泄电缆施工常见缺陷有漏泄电缆接头松动、功分器接头错误、跳线损耗过大、合路器接线错误、车站引入 7/8 馈缆受损、漏泄电缆接头进水等,以上问题引起区间无线信号异常,从而影响其他工作正常开展,因此应重点做好以下几方面工作:

(1)漏泄电缆配盘和单盘测试

漏泄电缆配盘在参照施工图纸的基础上,应充分结合现场实际情况,控制配盘长度,尽量减少接头数量。

漏泄电缆敷设之前,应进行单盘测试,并做好记录。漏泄电缆的主要电气特性包括直流电特性和交流电特性,主要电气特性应在出厂前完成检测,其中直流电特性可在施工现场进行复核测试。

(2)支架(夹具)安装及漏泄电缆敷设

漏泄电缆支架安装应垂直隧道壁,并严格按照设计要求控制好防火支架和普通支架的比例。安装的支架、夹具应确保平直、牢固。特殊地段,如在隧道拐角处或者隧道立柱处,需要做钢丝拉线或者扁铁拉线,保证漏泄电缆顺直无打弯。

漏泄电缆在敷设过程中,漏泄电缆严禁急剧弯曲,严禁在地上拖拉,敷设、架设过程中须注意漏泄电缆的电磁波漏泄开口方向应对准列车和轨道侧,一般漏泄电缆外保护层上有明显凸起标记或色带标记。

漏泄电缆敷设时,尽可能不与其他线缆交叉,如无法避免时,漏泄电缆布设在其他线缆之上;弯曲半径应满足漏泄电缆最小弯曲半径表的要求。漏泄电缆与电压小于35 kV的电力电缆平行间距宜大于500 mm,特别困难处不小于300 mm,以避免产生干扰。

(3)漏泄电缆接续及测试

漏泄电缆固定接头应保持原结构及开槽间距不变,接头应连接可靠,装配后接头外部应按设计要求进行防护。

漏泄电缆施工完成后,用驻波比测试仪测量漏泄电缆系统的驻波比是否符合设计要求,驻波比测试大于1.5则说明漏泄电缆系统指标不合格,需及时检查、调整或更换,特别注意对漏泄电缆连接处的检查。

4)轨旁设备安装控制要点

轨旁设备的安装,应保证区间行车安全,不可侵入限界,壁挂箱盒宜采用下开式,以避免造成行车隐患。具体控制要点如下:

(1)区间广播

广播设备原则按照设计图纸位置安装,不得侵入设备限界。

(2)区间电话

①区间电话安装位置、安装方式、接地应符合设计要求,安装牢固。

②区间电话不得侵入设备限界。

③区间电话进线孔应进行防水处理。

(3)区间摄像机

①区间摄像机安装方式符合设计要求。

②区间摄像机防雷接地符合设计要求。

③在接触网等高压设备附近架设摄像机时,安全防护距离符合设计要求。

④室外机箱的安装高度、防护功能、防雷接地应符合设计要求。

⑤区间设备安装不得侵入设备限界。

5)系统设备安装及配线施工技术控制要点

城市轨道交通通信工程包括专用通信系统、民用通信系统、公安通信系统,其中专用通信系统主要由传输系统、无线通信系统、公务电话系统、专用电话系统、视频监视系统、乘客信息系统(PIS)、广播系统、时钟系统、集中告警系统、办公自动化系统、电源系统及接地等子系统组成,以及各子系统设备的安装及配线工作,部分城市也将场段周界安防系统纳入专用通信系统中建设。涉及关键技术控制要点如下:

(1)室内设备安装通用要求

①机柜(架)、设备及附件应无变形、表面无损伤。

②机柜(架)底座应对地加固,机柜应垂直,倾斜度偏差应小于机柜(架)高度的1‰;相邻机柜(架)间隙不大于3 mm;相邻机柜(架)正立面应平齐。

③子架或机盘安装位置应符合设备技术文件或设计要求。

④金属机柜(架)、基础型钢应保持电气连接,并应可靠接地。

(2)无线通信系统控制要点

①馈线进入机房与设备连接前应安装避雷器,接地端子应就近引接到接地线上;馈线在室外部分的

外防护层应有不少于3点的外防护层接地连接,接地位置应在天线与馈线连接处、馈线引入机房应在馈线洞外处。

②无线设备安装完成后,应进行场强检测,并根据结果对天线位置和角度进行调整,对天线数量进行增设。

③场段楼顶天线架设:天线杆底座应与建筑物避雷网用避雷引下线连通。馈线引入机房前,在墙洞入口处应制作滴水弯,馈线引入室内应采取防火封堵措施。

(3)闭路电视监视系统控制要点

①监视器的安装位置应使屏幕不受外来光直射,当有不可避免的光时,宜加遮光罩遮挡。

②摄像机的安装位置和角度在依据设计图纸的基础上,应组织运营使用部门、维护部门和地铁公安进行安装前定测工作。

(4)乘客信息系统(PIS)控制要点

①乘客信息系统显示终端安装在地面、高架站台时,其防水、防尘应符合设计要求。

②安装支架应结合风管、水管等吊顶内管线的位置进行加工。

③乘客信息系统安装前应组织导向专业以及运营相关部门共同现场定测。

(5)安防系统控制要点

①防雷与接地应符合设计要求。

②安装位置应参照施工图纸设置,并应结合现场实际确定。

③安防管道定测时应参照综合管线图,与道路、给排水、绿化等专业共同定测。

(6)公安通信控制要点

①公安通信施工场所包括控制中心、车辆基地、车站、区间、地铁公安分局、派出所等,其区间光缆、电缆、漏缆的敷设不得侵入设备限界。

②公安通信的安装要求与专用通信的标准基本一致。

③公安通信建设界面的确定,分界面为地铁分局配线架端子外侧,一般出局业务和地铁范围外的建设由公安系统自行建设。

(7)民用通信控制要点

①民用通信引入的场所包括控制中心、车辆基地、车站、区间等,验收前应确认民用通信引入系统机房环境及供电、防雷、接地符合设计要求。

②民用通信的安装要求与专用通信的标准基本一致。

③随着5G信号的广泛使用,手机无线信号频段越来越多,但民用通信信源的引入不得影响轨道交通各系统的正常使用。

(8)系统配线

①首先进行机房里面所有的线缆整体规划,然后按照线缆排布顺序进行敷设,保证线缆无交叉,利用固线器对线缆分层固定,做到机柜、设备和配线整体美观,如图6.6所示。

②采用定制直角弯头固定馈缆,保证无线机柜的配线美观及接头可靠。

③采用定制机柜扎线杆固定线缆,保证机柜配线的美观性。

2. 通信关键技术及实施效果

1)通信"三通"

(1)通信"三通"是指专用通信开通三个系统业务,主要包括:传输系统、专用电话系统和无线通信系统。通信"三通"应在低压配电专业送电之后开展,其中各通信设备/电源室低压配电箱必须至少保证一路稳定的电源,以保证通信设备安全运转。通信"三通"最迟要在车辆专业或信号专业动车调试前完成。

(2)通信"三通"应保证相应系统最基本的使用功能,相关指标、参数测试可在后续调试过程中逐步完善。

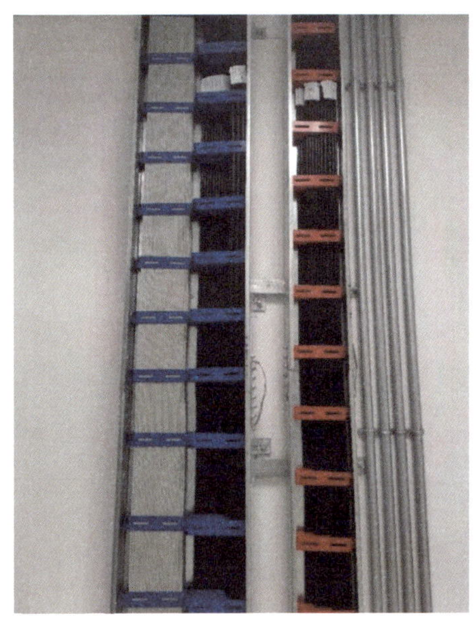
（a）机房爬架布线图

（b）机房地面线槽布线图

图 6.6 机房线槽及线缆安装实景图

(3)通信“三通”为地铁调试提供了通信功能和系统调试的可能，尤其是为综合联调、动车调试等工作提供了通信保障手段，同时传输系统的启用为 FAS/BAS、电力监控等系统的中央级调试奠定了基础。

2)信息安全等保

信息安全等级保护，是对信息和信息载体按照重要性等级分级别进行保护的一种工作，是一种信息安全领域的工作。

(1)安全等保的分级

根据系统业务信息安全被破坏时所侵害的客体以及对相应客体的侵害程度，依据业务信息安全保护等级矩阵表(表 6.4)，即可得到系统业务信息安全保护等级为第 X 级。

表 6.4 业务信息安全保护等级矩阵表

业务信息安全被破坏时所侵害的客体	对相应客体的侵害程度		
	一般损害	严重损害	特别严重损害
公民、法人和其他组织的合法权益	第一级	第二级	第三级
社会秩序、公共利益	第二级	第三级	第四级
国家安全	第三级	第四级	第五级

(2)通信系统信息安全等保建议

专用通信系统依据业务内容和工作实际情况，建议至少视频监视系统、乘客信息系统(PIS)应采取信息安全等保，等保等级应不低于二级。

视频监视系统、乘客信息系统等系统作为第二级系统，根据《信息安全技术 网络安全等级保护基本要求》(GB/T 22239—2019)的有关规定，安全等级保护建设完成后，应当具备如下安全保护能力：应能够防护免受来自外部小型组织的、拥有少量资源的威胁源发起的恶意攻击，一般的自然灾难，以及其他相当危害程度的威胁所造成的重要资源损害，能够发现重要的安全漏洞和处置安全事件，在自身遭到损害后，能够在一段时间内恢复部分功能。

信息安全等级保护工作应按照定级、备案、安全建设和整改、信息安全等级测评、信息安全检查五个阶段来实施。应遵循同步建设的原则，即信息安全等保工作应在新建、改建、扩建主体工程时，同步规划和设计，投入一定比例的资金建设信息安全设施，保障信息安全与信息化建设相适应。

3)与云平台技术的结合

(1)云平台技术的发展

在中国城市轨道交通协会主导的智慧城轨信息化规范中,明确提出《城轨交通云平台构建及部署》《城轨交通网络拓扑架构》《城轨交通网络安全》《城轨交通大数据平台构建及部署》《城轨交通线网运营指挥中心》五个相对应的标准,指导各地城市轨道交通信息化建设。

(2)云平台规划设想

依据《智慧城市轨道信息技术架构及网络安全规范》及其他城市工程实施方案,城轨云平台规划设想如图6.7所示。

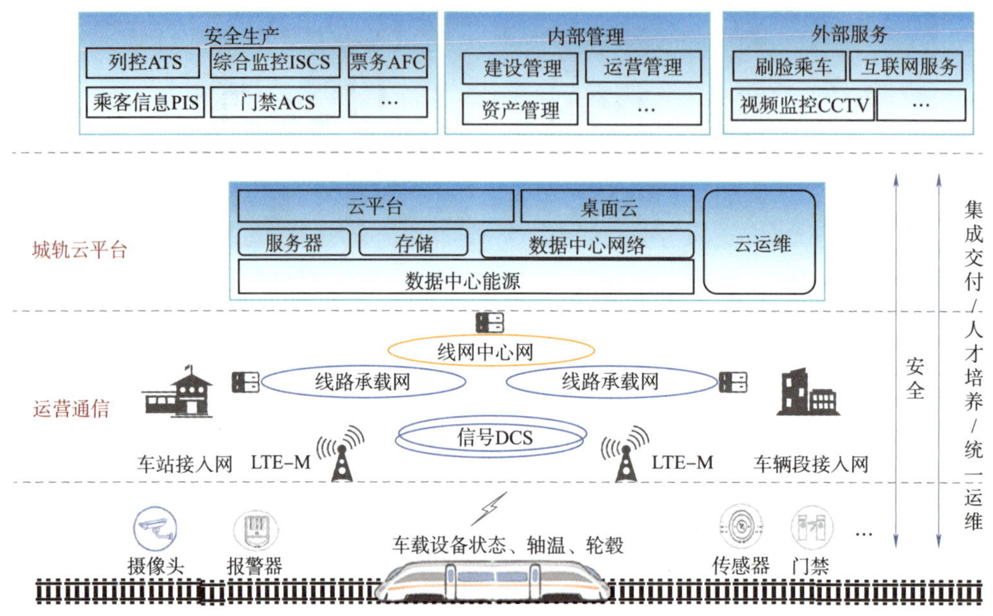

图6.7 城轨云平台规划图

(3)通信与云平台技术结合的原则

通信系统与云平台技术结合,应参照包括但不局限于以下主要原则:

①可靠性及可用性。系统的可靠性包括整体可靠性、数据可靠性和单一设备可靠性三个方面。云平台的分布式架构,从整体系统上提高可靠性,降低系统对单设备可靠性的要求。云平台应提供同城的容灾机制,保证业务连续性。系统的可用性是通过冗余、高可用集群、应用与底层设备松耦合等特性来体现,从硬件设备冗余、链路冗余、应用容错等方面充分保证整体系统的可用性。

②安全性。遵循行业安全规范,地铁云平台按照等级保护三级标准设计安全防护保证城轨信息系统安全。重点保障网络安全、主机安全、虚拟化安全、数据保护。

③成熟性。地铁云具有行业特点,涉及行业业务的对接测试,因此需要选择行业中有多场景成功实践的云平台厂家。从架构设计、软硬件选型和IT管理三个方面设计城轨云平台方案,采用技术领先及经过大规模商用实践检验的架构方案和软硬件产品选型,采用符合ITIL规范的IT管理方案,保障方案的成熟性。

④先进性。合理利用云计算的技术先进性和理念先进性,突出云计算给城市轨道交通带来的价值。采用虚拟化、资源动态部署等先进技术与模式,并与城轨业务相结合,确保先进技术与业务应用的有效结合。

⑤可扩展性。适配地铁信息系统的资源需求,根据应用系统负荷需求进行弹性伸缩,IT基础架构与业务系统松耦合,在应用系统进行容量扩展时,只需增加相应数量的IT软硬件设备,即可实现系统的灵活扩展。

⑥开放性。采用业界主流的开源云平台框架 OpenStack,充分融入行业生态,实现硬件、软件厂商无关性,最大限度地保证资源池建设投资。

⑦可管理性。系统架构提供集成、统一的软硬件管理功能,满足各种日常的管理需求,适应管理快捷、方便的特点。系统设置与其他非云平台承载应用系统的物理接口,包括与广播系统接口、与时钟系统接口等,实现信息共享。

⑧通信系统的应用兼容性。基于通信业务自身特性考虑,云平台需要完成与主流业务系统提供商的测试验证,并提供相关测试验证报告。

4)延长线接入、既有线割接关键技术及实施效果

(1)关键技术

地铁建设不可避免地遇到线路延长、接入既有换乘站等情况,因此既有线割接是非常重要的一项工作。不仅要保证新增设备的顺利接入和整体系统的可靠运行,最重要的还须保障既有线正常运营和安全。

通信专业各系统接入前应先完成新增设备的单体调试工作,既有设备的升级改造工作可提前完成或随接入工作一并升级完成。其中专用通信专业中传输系统、无线通信等系统的接入工作更是关键环节。

传输系统是最基础的设备系统,承载着通信专业自身和其他专业很多业务,因此传输系统宜单独开展割接、接入工作,待传输通道稳定之后,再对其他承载业务展开接入工作。

无线通信系统涉及行车指挥业务,中心 MSO 也一般承载着几条地铁线路的无线业务,同时新增设备接入会引起中心 MSO 等既有设备的升级改造工作,因此无线通信系统接入前,可先行对既有中心 MSO 设备进行数据配置和升级改造工作,并利用割接点最终完成剩余接入相关工作。

(2)实施效果

在地铁 2 号线南延段、1 号线二期以及 14 号线等延长线路的建设过程中,对于通信系统的接入工作,前期组织做了大量细致的摸底调查工作。在此基础上,由施工单位牵头,设备集成商、供货商、监理单位、设计单位、建设单位、运维单位参与,编制了详细的割接及接入方案,并准备了充分的应急预案,在保障运营安全和各项工作正常运行的前提下,成功地完成了通信专业各系统接入、割接工作。

5)无线通信网络覆盖关键技术及实施效果

(1)关键技术

通信"三通"后,无线通信网络常常出现网络不稳定现象,原因主要体现在两个方面:一方面为设计原因,另一方面为施工工艺原因。

设计原因主要表现在由于现场条件限制,结构发生变化,致使覆盖效果不佳,需要挪动天线位置,或者增加天线。

施工工艺原因主要表现在漏缆敷设过程中预留量考虑不足,热胀冷缩余量较少致使接头拔脱。

(2)实施效果

在漏泄电缆经过桥梁、人防门等伸缩缝处的施工中,均提前预留好漏泄电缆余量,有效地杜绝了漏泄电缆接头拔脱现象的发生。

在车站砌筑及线路结构基本完成后,设计单位、施工单位、监理单位相关人员应到现场进行勘察,确定无线通信覆盖范围,对天线设置的位置、数量进行优化,以保证无线通信信号覆盖。

6)机柜间配线关键技术及实施效果

(1)关键技术

通信专业深化设计和施工图纸中一般没有设备机柜内及机柜间线路走向图,该项工作需在系统集成商或供货商的督导下完成,易出现工艺不统一,或错配、少配等问题。

针对此类现象,由集成商组织各子系统厂商统一提供柜内配线及柜间配线原则,并形成安装指导用图,极大地提高了工程正确率和施工效率。

(2)实施效果

在西安地铁建设中，施工单位依据安装指导用图，有效地保持了统一的配线工艺，杜绝了错配现象的发生；同时该图可为以后运维部门开展工作提供依据和便利。

6.4.2 综合监控

1. 综合监控施工技术控制要点

1)控制中心显示大屏安装施工技术控制要点

大屏安装在控制中心调度控制大厅内，为本中心控制的几条线路共用的显示装置。一般根据开通线路完成对应大屏的安装和使用，未开通线路的显示区域按预留处理。安装时要控制好拼接弧度，同时预留好后续拼接接口，最后还要处理好与装修装饰面的收边收口工作。

2)室内设备安装及配线施工技术控制要点

综合监控系统室内设备安装及配线的通用技术要求，与通信系统一致。

3)其他施工技术控制要点

(1)门禁连接线严禁用普通网线，需用 RVV 型号类的控制线，保证信号传输效果。

(2)综合监控终端设备分布点非常多，由于外界因素变化比较大，施工中需要及时更新图纸，务必做到图纸与实际安装位置一一对应。

(3)综合监控是综合联调的基础平台，做好自身的系统调试工作是保证综合联调顺利进行的基础。

(4)车站控制室 IBP 盘目前多采用一体化机柜，对车站控制室环境具有极大提升。车站控制室 IBP 盘安装前应与设备生产厂家、设计、装修施工等单位及时沟通，确保 IBP 盘基础标高、外形尺寸、安装空间符合设计及规范要求。

(5)通过在门框磁力锁上加装“Z”字形支架，弥补车站防火门门框磁力锁与门扇上衔铁存在的间隙，解决门扇无法吸合的问题。

2. 综合监控关键技术及实施效果

1)在智慧车站建设中应用的关键技术及实施效果

(1)关键技术

智慧车站项目以面向“乘客服务、设备管理、站务(人员)管理”为目标导向，在综合监控系统平台的基础上，借助精准客流分析和乘客数据挖掘技术，深度综合多种资源信息，持续拓展和深化服务内容，向乘客提供优质特色的信息服务。

车站综合运管平台(SOM)通过数字可视化综合看板统一承载智慧功能业务，实现一键开关站等场景联动功能；智能票厅取代原有人工票厅，通过票务自助终端、智能咨询终端和移动客服终端实现乘客自主和辅助服务；智能视频、智能环境传感器、车站无线覆盖和无线单兵等，实现车站全息感知和管控；智能电子导引实现信息发布和主动导乘。实现车站设备自动化、客运服务自主化、人员管控信息化，提升车站管控的安全性和高效性。

(2)实施效果

在地铁 5 号线、6 号线以及 14 号线等已开通运营线路的建设过程中，以综合监控系统为平台已开始了一键开关站、智能票亭、车站无线覆盖等新技术、新功能的研究和试点。

2)搭建临时调试中心关键技术及实施效果

(1)关键技术

延长线接入既有控制中心是一项复杂且重要的工作，在综合联调阶段，既要保障既有线运营安全，还要兼顾新线路的调试进度，因此在延长线的联调阶段可搭建临时调试中心来模拟控制中心功能，完成新线的联调工作，并为试运行前接入控制中心做好技术准备。

(2)实施效果

在西安地铁 2 号线南延段、1 号线二期以及 14 号线等延长线路的建设过程中，均采取了临时控制中心调试方案,在综合联调期间避免了对既有控制中心的干扰,同时保证了调试进度,达到了近似于新线建设的条件和效果。

6.4.3 信　　号

1. 信号系统施工技术控制要点

1)电(光)缆施工技术控制要点

(1)电(光)缆成品的低(无)烟、低(无)卤、阻燃特性,应由具有相应资质的检测单位出具检测报告。

(2)电(光)缆敷设前应在监理旁站监督下进行单盘测试,包括但不限于导通测试、线间绝缘和对地绝缘测试等项目。

(3)电(光)缆敷设的弯曲半径应符合:全塑电缆不得小于外径的10倍,铠装电缆不得小于外径的15倍,光缆不得小于外径的15倍。

(4)电(光)缆穿越轨道、排水沟时必须使用防护管,其中通过碎石道床过轨时,防护管两端各伸出轨枕端不应小于500 mm,并埋于地面200 mm以下;在整体道床处过轨时,防护管两端应各超出轨枕端,并用管卡直接固定在地面上;穿越排水沟时,防护管长度应大于排水沟宽度。

2)信号机施工技术控制要点

(1)信号机显示距离

显示距离是指各种信号机及信号表示器所能显示的距离,信号机的显示均应使其达到最远,即使是在曲线上的信号机,也应使接近的列车司机尽量不间断地看到。各种固定信号及指示器在无遮挡条件下的最小显示距离应符合下列要求:

①行车信号和道岔防护信号应不小于400 m。

②调车信号应不小于200 m。

③引导信号和各种标识器应不小于100 m。

(2)信号机的安装方式

①信号机原则上安装于列车运行方向的右侧,特殊情况下按相关程序报设计单位批准后,也可安装在列车运行方向的左侧。

②正线内的矮型信号机一般采用角钢支架安装于隧道侧壁上或用钢质支柱安装于道床上,车辆段/停车场内的矮型信号机安装一般采用钢质支柱或水泥基础固定方式,库内的矮型信号机安装采用角钢支架或水泥基础固定方式。

③场段内的进段信号机通常采用高柱信号机,高柱信号机的安装位置、安装高度、显示方向及灯光配列应满足设计要求。当高柱信号机采用环形预应力混凝土机柱时,机柱质量应符合下列规定:

a. 横向裂缝宽度应小于0.2 mm,长度应小于周长的1/2;裂缝条数不应超过5条,且间距应在200 mm以上。

b. 纵向裂缝不应超过1条,裂缝宽度应在0.2 mm以内,长度应小于1 000 mm,混凝土面应无剥落现象。

c. 机柱的弯曲度不应大于机柱长度的1/200。

④若采用非标信号机时,其主体设备及附属设施进场前应进行检查,其型号、规格及参数指标应符合设计要求。

⑤正线区间所设置的信号机,其金属支架应与弱电托架侧接地扁钢可靠连接,出入段线及库内设置的信号机,其金属支架应与单独设置的接地体可靠连接。

3)道岔转辙设备安装要点

(1)条件及施工准备

①当每组道岔安装调测完成并通过轨道验收后,信号专业应依据转辙机安装图纸,对道岔型号、道岔

开程、岔枕间距，安装槽深度、宽度等指标进行安装前复核。

②转辙机安装前应对道岔尖轨、基本轨安装情况进行检查，采用方尺测量两尖轨尖端前后位置偏差，其偏移量不得大于 20 mm。

(2)安装装置安装

①安装装置采用侧式安装方式时：固定长基础角钢的角形座铁应与钢轨密贴（轨腰除外）；长基础角钢与单开道岔直股基本轨或对称形道岔中心线垂直，其偏移量不得大于 20 mm；固定道岔转换设备的短基础角钢应与长基础角钢垂直连接；密贴调整杆、表示杆或锁闭杆、尖端杆、第二连接杆与长基础角钢之间应平行，其前后偏差各不应大于 20 mm；各部绝缘及铁配件安装应正确，并应无遗漏和破损现象。

②安装装置采用轨枕式安装方式时：预留机坑容积应满足转辙机安装空间，并有防渗水措施；基础角钢应与钢轨垂直安装，角形座铁应与钢轨密贴（轨腰除外）；杆件应动作灵活，与机坑边缘应无卡阻、碰擦现象。

(3)外锁闭装置安装

①锁闭框、尖轨连接铁、锁钩和锁闭杆等部件的安装应正确，并连接牢固。

②可动部分在转换过程中应动作平稳、灵活，无磨卡现象。

③外锁闭两侧（定位、反位）的锁闭量应符合相关技术要求。

④锁闭框下部两侧的限位螺钉应有效插入锁闭杆两侧导向槽内，不得松脱。

(4)转辙机安装

①转辙机动作杆与密贴调整杆应在一条直线上，与表示杆、道岔第一连接杆平行。

②转辙机的内部配线的配线型号及规格应符合设计和相关技术要求，配线不得有中间接头，并无损伤、老化现象，机箱内部的配线应绑扎整齐，绝缘软线两端芯线采用爪形线环时应卷压平整，采用铜线绕制线环时应缠绕紧密，线环的孔径与连接端子柱应有适当的间隙。

(5)防雷与接地

转辙机的安装装置应通过不小于 16 mm^2 的接地线与弱电托架侧接地扁钢可靠连接，同时根据供电回流等实际情况，宜在接地连接线处加设开断闸刀，以便于运营维护时使用。

4)列车检测装置安装要点

结合目前国内城市轨道交通新建项目情况，列车检测装置主要采用有绝缘轨道电路和计轴装置。其安装技术控制要点如下：

(1)有绝缘轨道电路安装

①绝缘安装

轨道电路的两钢轨绝缘应并列安装，不能并列安装时，其错开的距离应满足设计要求。

设于警冲标外方的钢轨绝缘，除渡线及其他侵限绝缘外，绝缘安装位置与警冲标计算位置的最小距离应符合设计要求。

钢轨绝缘夹板螺栓应相对应安装（辙叉跟部除外），轨端绝缘的顶部与轨面应平齐。

②钢轨引接线安装

无牵引电流通过的钢轨引接线截面积不应小于 15 mm^2，有牵引电流通过的钢轨引接线截面积应符合设计要求。

钢轨引接线穿越股道时，应采用绝缘橡胶管防护。固定引接线的卡钉、卡具不得与钢轨铁垫板、防爬器接触。

钢轨引接线连接螺栓的绝缘管、垫圈等部件应安装正确、齐全；螺栓紧固、无松动。

③钢轨接续线安装

有牵引电流通过的钢轨，接续线连接采用胀钉方式或焊接方式，接续线为多股铜线，其截面积符合设计要求。

钢轨接续线应安装在钢轨外侧，在道岔辙叉跟部或其他安装困难处，塞钉式钢轨接续线及胀钉式钢轨接续线可安装在钢轨内侧。

塞钉式钢轨接续线应紧贴钢轨鱼尾夹板上部安装平直、无弯曲；胀钉式钢轨接续线沿钢轨底边敷设安装；焊接式钢轨接续线应在钢轨鱼尾夹板的两侧焊接牢固，并呈弧形下垂。

④道岔跳线安装

无牵引电流通过的道岔跳线截面积不应小于 15 mm^2，有牵引电流通过的道岔跳线截面积应符合设计要求。

道岔跳线穿越钢轨时，出轨底的距离应大于或等于 30 mm，并用卡具固定在轨枕上；如在整体道床处过轨，卡具直接固定在道床上。

⑤回流线的安装

伸缩轨牵引回流线应采用镀锌钢管防护，伸缩轨两端回流线的伸缩量应符合设计规定。

回流线应采用焊接方式或胀钉方式与钢轨连接，连接应牢固、无松动。

(2)计轴装置安装

①计轴传感器安装过程中需在轨腰处钻孔，因此必须待轨道专业施工、调测及验收完毕后实施，安装前需根据设计图纸做好现场定测工作。

②磁头应安装在同一根钢轨上，磁头安装必须用绝缘材料与钢轨隔离。

③磁头在钢轨上的安装孔中心距轨底高度、孔径、孔与孔的间距应符合相关技术要求，两相邻磁头的安装间距应符合设计要求。

④电子盒安装位置应根据磁头电缆的布置方式确定，宜靠近信号设备机房。

⑤电子盒内部配线应连接正确、排列整齐，电子盒密封装置应完整，电子盒体应接地良好。

⑥计轴装置采用的专用电缆，其长度应符合设计要求；电缆走线应平缓，严禁盘圈、弯折。

5)应答器安装要点

(1)无缘应答器安装

应答器定测时应尽可能连续测量，从而减少累计误差，并最好进行反方向复测以提高定测精度。应答器顶面参考标记中心点至两条钢轨间中心线的最大横向误差为 15 mm，应答器顶部距钢轨顶部距离为 93~150 mm。

(2)有缘应答器安装

电缆终端盒设计位置距有源应答器安装位置电缆长度宜小于 9 m，最大不超过 15 m。应答器顶面参考标记中心点至两条钢轨间中心线的最大横向误差为 15 mm，应答器顶部距钢轨顶部距离为 93~150 mm。

应答器密封装置应完整，防潮性能应良好，馈电盒盒体接地应良好。

6)轨旁车地通信设备安装要点

(1)无线天线

无线定位天线顶面应与钢轨顶面平行，天线安装不得侵限，天线安装应牢固。

(2)漏缆

漏泄同轴电缆在现场敷设前，应在监理的见证下进行单盘测试，其内外导体的直流电阻、绝缘介电强度、绝缘电阻等直流电气指标应符合产品技术要求；其特性阻抗、电压驻波比、标称耦合损耗、传输衰减等交流电气指标应符合设计要求。

(3)区间 AP/轨旁 RU

区间 AP/轨旁 RU 在直线区段、曲线区段的安装坐标均应符合设计要求，并应满足设备限界的规定。区间 AP/轨旁 RU 应沿支架方向纵向移动，并无障碍物阻挡。

区间 AP/轨旁 RU 无线接入单元电子箱应密封良好，底部防水接头应安装牢固。电子箱内配线应绑扎整齐，元器件安装应齐全、牢固，电子箱体应接地良好。AP 机箱箱门宜采用下开门的方式，以避免区间活塞风风压过大而造成箱门侵限。

7）发车指示器及按钮装置安装要点

发车指示器安装于车站站台两端的端门外列车停靠的车头位置，发车指示器的安装位置应与同位置处的司机监视器同步定测；安装位置宜由电客车司机在电客车驾驶室协助确定。

紧急停车按钮宜在车站站台两端，按上下行位置分别设置，在紧急停车按钮上方应有显著标识。

8）室内设备安装要点

室内设备底座安装位置严格按照设计图纸，安装时应水平并安装牢固。组合柜、电源屏及其他机柜若在一排，要求所有底座应排列整齐（机柜面一侧应在同一水平面上）。考虑机柜底部大于底座，故底座间应预留 10 mm 的空间。

（1）室内组合柜安装

①下走线式组合柜安装于角钢支架上，机柜安装应横平竖直、端正稳固。同排机柜应处于同一平面，底部处于同一直线。

②上走线式组合柜安装场段内等位置处的信号设备室，若采用上走线式组合柜安装方式时，机柜上方要预留进线口，机柜采用上走线槽连接固定。

（2）机柜及分线盘安装

机柜底座与地面应固定平稳、牢固，当机房有防静电地板时，底座应与防静电地板等高。机柜在组立与安装前，应与通风空调专业进行位置确认，应与空调送风口位置错开，对于布置特别困难的机房，确实无法避让时，应在对应机柜上方加装遮挡盖。

（3）电源设备安装

蓄电池安装宜采用电池架，不宜堆放层数过多，做好散力架。

（4）防雷与接地

单独设置电源防雷箱、防雷分线柜，室外引入的电缆进入室内分线盘前要做好接地。

9）试车线设备安装要点

试车线采用碎石道床，应答器安装采用轨枕固定安装方式，固定在轨枕上的支架螺丝要安装牢固，其他控制要点与正线整体道床施工基本相同。

10）车载设备安装要点

通过设计联络，确定车载设备的型号、规格及相关标准要求。车载设备的安装不应超出车辆限界，车载机柜应设有防震装置，底座与机架电气隔离，机架应与车体接地连接。机柜内各种元器件安装正确，模块、箱体应安装端正、牢靠；制动接口单元继电器安装牢固，各种插件应插接紧密、无松动。

2. 信号系统关键技术及实施效果

1）CBTC 模式下信号机状态检测关键技术及实施效果

（1）关键技术

CBTC 模式下，区间信号机一般采取灭灯状态。如果信号机在长期灭灯状态下，不方便对信号机进行运营维护，因此一般设置信号机点灯测试电路，当检修人员按下信号机点灯测试按钮后，可对信号机进行点灯测试及检修。

（2）实施效果

CBTC 模式下信号机状态检测装置有助于运营维护人员对区间信号机的功能进行检测，保证信号机各项功能处于正常状态，确保在 CBTC 模式降级后，人工办理进路时，区间信号机能够正常使用，保证列车运行安全。

2）联锁试验关键技术及实施效果

（1）关键技术

①单项试验

a. 信号机试验

信号机光源的额定电压应符合相关技术要求，灯光色显应正确，调整显示距离应符合设计要求。色灯信号机正常点灯时,应点亮主灯丝。设有灯丝转换装置的信号机主、副灯丝转换应可靠,并能及时接通报警电路。LED 信号机正常工作时全部灯管应点亮。当 LED 灯管故障数至报警门限值以下时,正常 LED 灯管应继续点亮,并能及时接通报警电路。

b. 道岔转辙设备试验

道岔在定位或反位状态时,尖轨与基本轨密贴应良好;道岔在正常转换时,电机不应空转。道岔尖轨因故不能转换或转换中途受阻时,电动转辙机应使电机克服摩擦连接力空转。转辙设备可动部分在转动过程中应动作平稳、灵活,无卡阻现象,杆件连接部位旷量应符合设计要求。道岔的转换动程、外锁闭量以及转换时间、动作电流与故障电流等主要性能指标应符合设计和相关技术要求。在道岔第一牵引点锁闭杆中心处的尖轨与基本轨间有 4 mm 及以上间隙时,道岔不得锁闭;其他牵引点处的不锁闭间隙应符合设计要求。

转辙机内表示系统的动接点与定接点在接触状态时,接点相互接触深度不应小于 4 mm,动接点前端边缘与定接点座的距离不应小于 2 mm。在挤岔状态时,转辙机表示系统的定位、反位接点应可靠断开。转辙机开启机盖或插入手摇把时,其安全接点应可靠断开。非经人工恢复不得接通启动电路,关闭机盖时安全接点应接触良好。

②综合试验

应确保进路上道岔、信号机和区段的联锁,联锁条件不符时,严禁进路开通。敌对进路必须相互照查,不得同时开通。

装设引导信号的信号机因故不能开放时,应通过引导信号实现列车的引导作业。

室内外设备一致性检验应符合下列要求:

a. 控制台(显示器)上复示信号显示与室外对应信号机的信号显示含义应一致,灯丝断丝报警功能符合设计要求。

b. 室外轨道电路位置与控制台(显示器)上的轨道区段表示应一致。

c. 室外道岔实际定/反位位置与控制台(显示器)上的道岔位置表示相符;操作道岔时,室外道岔转换设备动作状态与室内有关设备动作状态应一致。

d. 室外其他设备状态与控制台(显示器)上的相关表示应一致。

(2)实施效果

信号系统单项试验和综合试验是联锁试验的重要组成部分,通过联锁试验,办理各项进路对信号系统的各项功能进行检测,保障综合联调、试运行及后期开通试运营正常进行,确保列车运行安全,提高运营效率和质量。

3)信号全自动运行关键技术及实施效果

(1)关键技术

全自动运行系统是涉及土建和设备等多专业的系统性、综合性工程,建设过程中需要结合运营管理模式,加强系统顶层设计,统筹信号、车辆、通信、综合监控、供电、自动化车场等诸多专业设计,遵循“场景说明分析”和“运用规则分析”为基础及主线的工作推进方法,在项目实施前形成全自动运行系统的总体方案、运营场景和运营规则等纲领性文件。

(2)实施效果

全自动运行线路较常规线路的系统方案变化涉及车辆、信号、通信、综合监控、站台门、车辆基地等多个专业,需要各相关系统具有更加完善的自动控制功能,对轨道交通控制中心、车站的运营指挥管理模式也提出了更高的要求。全自动运行系统通过新增和增强多重的安全保障策略,确保列车运行安全、设备运营安全、系统功能安全、应急保障安全以及运营环境安全等,提升轨道交通整体安全性,乘客和运营人员的安全也得到了更好的保障。

全自动运行系统通过岗位综合配置可以有效减少定员,降低运营成本,同时提高轨道交通运营效率,有利于实现 24 h 服务,提高社会满意度。

4)信号冗余式双总线 UPS 供电应用关键技术及实施效果

(1)关键技术

冗余式双总线 UPS 供电是指由两套完全独立的“1+1”UPS 冗余并机系统为核心,构成双总线输入输出的冗余式 UPS 供电系统。

当其中一个系统发生供电中断时,有主备用电源供电或采用“1+1”冗余电源的设备仍能正常工作;有备份系统的单电源设备则由于分别接在不同的 UPS 系统,仍有一个系统可以正常工作,对业务不产生影响;而重要性相对不高的单电源单系统设备,不采用通常推荐的 STS(静态转换开关)切换后供电的方式,避免造成两个系统间的相互关联,降低其可用度指标,但由于机柜内有两路 UPS 电源,因此可在很短的时间内把电源插拔到正常的供电系统上,从而大大缩短了设备的切换启动时间。

(2)实施效果

随着技术的逐渐发展和成熟,西安地铁陆续也采用了冗余式双总线 UPS 供电方式,消除了可能出现在各种配电线路中由于各种设备、器件、线缆等因素而存在的单点瓶颈故障隐患。当其中一套“1+1”冗余并机系统中某台 UPS 出现故障时,除了单机仍能继续向负载供电外,另一套系统将承担起供电可靠性保障的任务,即使维修过程中出现系统输出中断,也不会引起退出服务。

5)信号分段动车调试关键技术及实施效果

(1)关键技术

信号动车调试是信号调试过程中的重点环节。在实际项目建设过程中,经常会出现因为某些区间不具备动车调试条件而不能进行全线贯通动车调试。为保证调试工作顺利完成,可在动车调试过程中采用分段动车调试的方式,在分段的选取上应优先考虑有折返线路的车站或区段。调试时,可按照先分段平行调试、再贯通全线测试的原则开展调试工作。

(2)实施效果

信号分段动车调试,避免了因交叉施工对调试工作的影响,保证了整个项目的工期。同时,分段调试在保证调试效率的基础上,最大可能地确保了全功能测试。除新线建设外,延长线信号动车调试也常采用这种方式。

6)跨越轨道下方线缆防护关键技术及实施效果

(1)关键技术

在区间施工过程中,常会遇到有些计轴器、有源应答器、信号机、转辙机的电缆无法采用预埋钢管过轨,需单独从钢轨下方横穿的情况,为避免钢轨承载的牵引回流对过轨管线造成灼伤,同时避免列车通过时钢轨造成的撞击,应在施工过程中,根据横向穿越钢轨的电缆外径选择合适内径的保护管,保护管同时应考虑与轨底的绝缘防护性能,若采用钢管过轨时,须在轨底相应钢管区域包裹绝缘材料。保护管两端应各超出轨枕端,并用管卡直接固定在地面上。

(2)实施效果

对于预埋过轨管线无法到达的区域,通过此类办法有效解决了管线过轨的实际需求。

7)上盖开发场段的信号设备安装

(1)关键技术

随着城市轨道交通的发展,部分城市的场段采用上盖物业的形式,场段形式已不同于传统的露天场段。为满足行车要求,上盖物业的场段内信号机的选择和车地无线信号的覆盖上均应考虑现场实际结构情况,建议如下:

①对于上盖开发的场段,信号机宜采用半高柱信号机,若显示有遮挡时,应考虑设置复示信号机。

②为保证车地通信效果,上盖区域内应根据场强测试结果,增加室分天线。

(2)实施效果

上盖物业的场段内信号机通常采用半高柱信号机,解决了现场因施工条件限制而无法安装普通信号机的问题,既满足了列车限界要求,又满足了显示距离的要求。同时增加室分无线信号覆盖后,良好的车地无线通信信号也为全自动运行提供了最基本的保障。

6.5 通用设备系统安装

6.5.1 通风空调与采暖系统

1. 通风空调与采暖系统安装要点

1)支架制作安装

车站风管水平悬吊长度超过 20 m 时,应设置防止摆动的固定支架,其间距不应超过 20 m,排烟风管支吊架须单独设置。通风空调设备重力大于 1.8 kN、风管截面面积大于等于 0.38 m^2 及防排烟风管应采用抗震支吊架;其中制冷机房内管道应设置侧向和纵向抗震支撑,多根管道共用支吊架或管径大于等于 300 mm 的单根管道采用门形抗震支吊架。风管固定支架和抗震支吊架如图 6.8 所示。

(a)风管末端设置固定支架

(b)风管抗震支架

图 6.8 风管支架

2)风管安装

(1)风管水平安装允许偏差为 3‰,总偏差不大于 20 mm。风管垂直安装允许偏差为 2‰,总偏差不大于 20 mm。除尘系统的风管宜垂直或倾斜敷设,水平夹角不小于 45°。

(2)风管穿过防火墙或楼板时,预埋防护套管的钢板厚度不小于 1.6 mm。风管与防护套管之间,采用不燃且对人体无危害的柔性材料封堵。

(3)通风、空调送回风管法兰螺栓及铆钉孔孔距不大于 150 mm,排烟系统风管不大于 100 mm。

(4)金属矩形非保温风管边长超过 630 mm、保温风管边长大于 800 mm、风管管段长度大于 1 250 mm 或风管单边平面面积大于 1.0 m^2,宜采用楞筋、立筋、角钢、扁钢、加固筋和管内支撑等形式对风管进行加固。

风管制作和安装如图 6.9 所示。

(a)复合风管吊装

(b)镀锌钢板风管制作安装

图 6.9 风管安装

3）风口安装

风口的设置应充分考虑现场设备位置、吊顶主龙骨、气体灭火喷头、灯具排布等因素，如图 6.10 所示。站厅送风口应避开闸机、售票机等电子设备；排风口、排烟口距离紧急疏散楼梯口不小于 1.5 m；设备用房送风口应避开电气设备；为减少屏蔽门外侧冷凝水，宜将排风口设于靠近屏蔽门一侧，送风口设于靠近楼扶梯一侧。

（a）送风口与设备关系图

（b）风口、灯具排布图

图 6.10　风口的设置

风口与风管的连接应紧密，其布置应横平竖直，同轴线、同水平或垂直面连续 3 个以上的风口，其中心线与轴线的允许偏差为 10 mm，同类型风口应对称布置，同方向风口调节装置置于同一侧。风口与风管连接如图 6.11 所示。

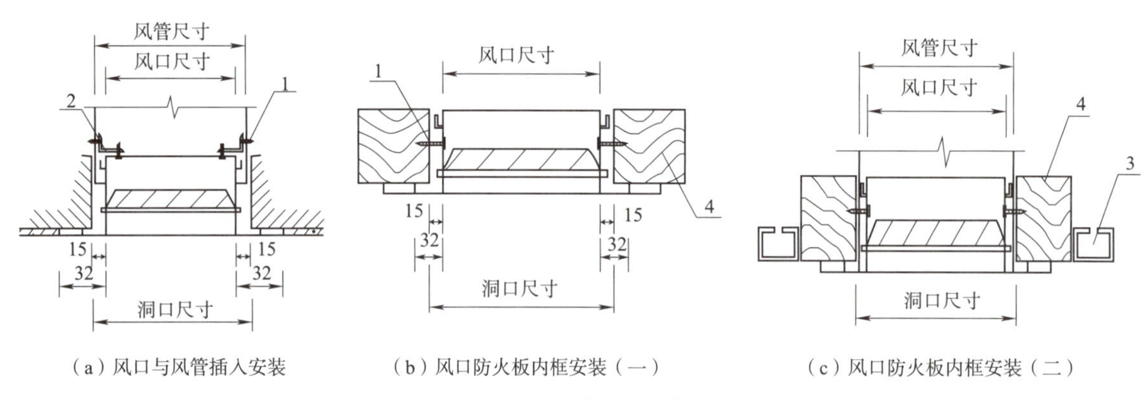

（a）风口与风管插入安装　（b）风口防火板内框安装（一）　（c）风口防火板内框安装（二）

图 6.11　风口和风管连接（单位：mm）

1—自攻螺丝；2—固定角钢；3—龙骨；4—防火板内框

4）通风空调设备安装

（1）风机安装

①落地安装风机底座设置斜垫铁找平，垫铁厚度 30～40 mm，间距 500～1 000 mm，露出基座外边 25～30 mm，每组垫铁不超 3～4 块。固定设备的地脚螺栓应紧固，并采取防松动措施。

②减震器的安装应准确，各组或各个减震器承受荷载的压缩量应均匀一致，偏差应小于 2 mm。

③轴流风机的叶轮与筒体之间的间隙应均匀，安装水平偏差和垂直度偏差均不应大于 1‰。

④风机传动装置的外露部位及直通大气的进、出风口，须装设防护罩、防火网或其他安全防护措施。

⑤风机的进、出口不得承受外加重量，相连接的风管、阀件应设置独立的支吊架。

风机安装如图 6.12 所示。

（2）空调机组安装

①设备基础强度应满足机组运行重量，高度应高出装修面 200 mm，同时基础高度应满足凝结水 U 形弯的要求，如图 6.13 所示。

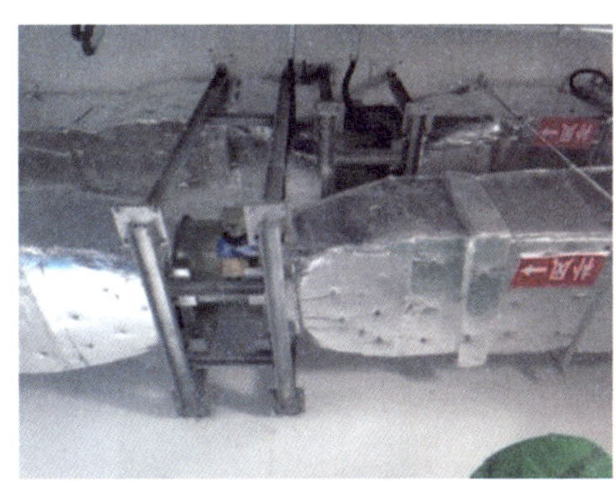

(a)风机吊装

(b)天圆地方安装

图 6.12 风机安装

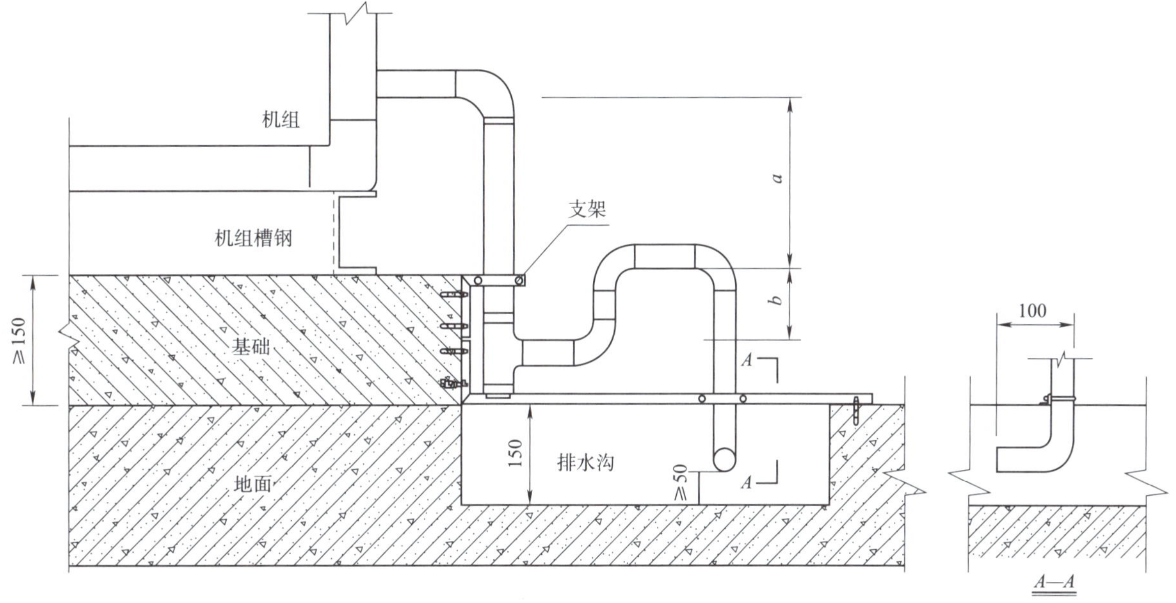

图 6.13 空调机组冷凝水存水弯安装图(单位:mm)

②凝结水 U 形弯水封应按空调机组技术文件要求进行设置。

③机组安装前,四周应预留充足检修空间,当机房空间有限时,应在非检修门侧留设不小于 500 mm 的过道,机组进出水管道侧或检修门侧空间不小于单个机组的宽度(以便更换盘管时有足够检修空间),最小不小于 1 000 mm。

④空调机组安装完成后,四周应进行限位固定,如图 6.14 所示。

⑤机组管道最低点须设泄水阀,最高点设放气阀,水管与机组连接采用橡胶软接头,管道设置独立支吊架。

2. 通风空调与采暖系统关键技术及应用实施效果

1)风管保温加固

风管保温加固采用含绝缘涂层的 304 不锈钢丝绑扎,间距为 400~500 mm,宽度不小于 16 mm。

变配电房、空调机房和站台层设备区风管保温采取上述加固措施,避免了因保温棉脱落对运行设备造成的安全隐患。

2)阀门安装

(1)直径或长边尺寸大于或等于 630 mm 的防火阀应设独立支吊架。

(2)防火阀安装距墙表面应小于 200 mm,并设置独立支吊架。

(3)风阀安装气流方向须与阀体标志箭头方向一致。

图 6.14　组合式空调机组安装

（4）所有防火阀、防烟阀的手动复位装置应设于气体灭火保护区外，优先考虑设于相邻设备区走廊，安装标高统一设置为：距地面装修面 1.5~2 m。

（5）风阀安装完成后，手动或电动装置应灵活可靠，执行器靠近墙体一侧时，应在执行器正对处开 300 mm×300 mm 检修孔，以便后期维修。

（6）风阀安装应避免安装于各类电气设备正上方。

各系统风阀安装过程中，严格执行以上风阀安装关键技术，可有效规避风阀检修空间不足的问题。风阀安装如图 6.15 和图 6.16 所示。

图 6.15　风阀安装（一）

（a）风阀接线

（b）防火板包覆风阀检修门

图 6.16　风阀安装（二）

6.5.2 给排水及消防系统

1. 给排水及消防系统施工技术控制要点

1) 区间消防管道安装

(1) 区间消防干管安装不应低于轨面 550 mm,消火栓口的安装高度不低于道床面 1 100 mm。

(2) 区间消防管道安装,曲线段范围内消防管每 3 m 设置 1 个卡箍,直线段范围内消防管每 6 m 设置 1 个卡箍,卡箍两侧 500 mm 分别设置固定支架。

(3) 管道穿越暗挖区间隧道的特殊变形缝时须加设不锈钢金属软管,并在软管两端安装固定式支架,最大伸缩量为 20 mm。

(4) 区间消防给水连通管及过轨管采用不锈钢管,并于过轨管两侧分别设置绝缘法兰。过轨水管在疏散平台附近通过结构预留孔洞进入联络通道,其在联络通道内的安装应满足人员应急疏散的要求。区间消防过轨管道安装如图 6.17 所示。

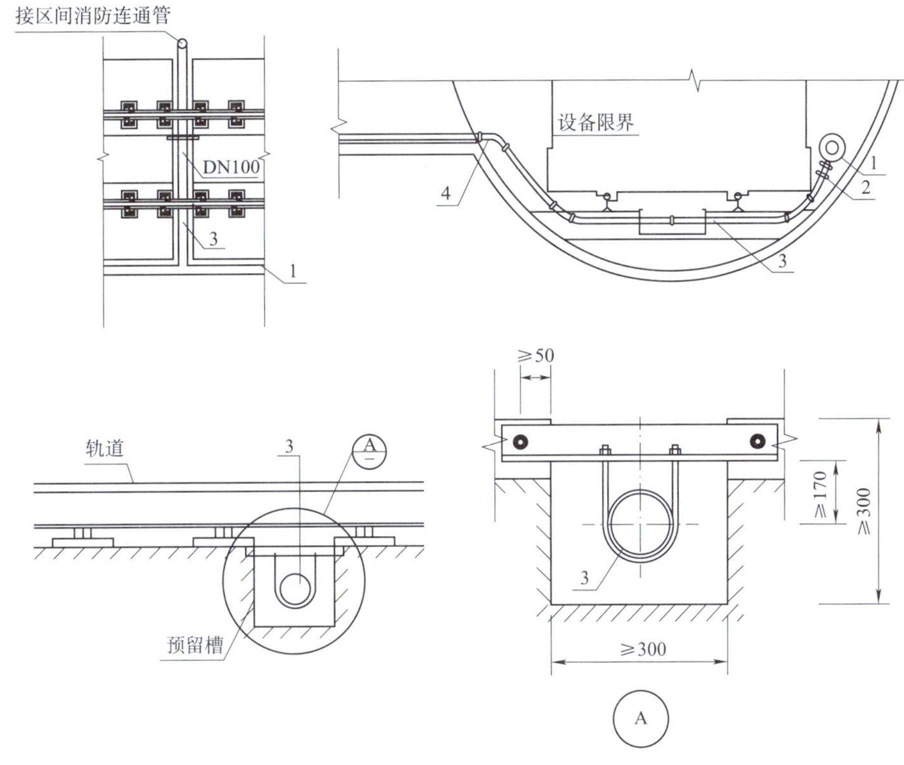

图 6.17 区间消防过轨管道安装图(单位:mm)

1—消防水管;2—绝缘法兰;3—过轨水管;4—沟槽弯头

2) 预留套管与预留洞

(1) 跨越建筑物的水管、穿越结构主体的管道,需预留过墙套管。给水套管大于干管两挡,排水套管大于干管一挡。穿过建筑物结构内部的管道采用刚性套管,穿过土建结构外墙的管道采用柔性防水套管。

(2) 套管安装完成后,严格按照设计及规范要求对套管进行加固,确保套管垂直度与水平度符合后续安装要求。上下层及水平穿越主体结构墙时,套管均须处于同一高度。

(3) 管道安装完成后,套管与管道间孔隙,按照设计蓝图的要求进行封堵。

3) 给排水管道施工要点

(1) 水平管安装前,管道分层堆放,并将各分支口加设管堵,防止泥砂杂物进入管内。安装时,将各管口清理干净,保证管路的畅通。

(2) 直线管道每隔 50 m 应设置波纹补偿器。补偿器安装前进行外观检查,清除波纹间异物。补偿器应与管道保持同心,严禁采用补偿器变形调整管道安装偏差。补偿器两侧应分设固定支架及导向支架。

(3)给排水管道安装前,按照规范要求设置承重防晃支架及抗震支吊架,管道与支架间应加设绝缘衬垫。

(4)给排水管道安装过程中,设备及相应阀组根据设备接口分设橡胶软接头。阀组及管道保温时,阀门及附件均需根据设计及规范要求设置同等厚度保温材料,防止设备、阀门、管路结露。

水管安装施工效果如图 6.18 所示。

图 6.18　水管安装施工效果

2. 给排水及消防系统关键技术及应用实施效果

1)潜水排污泵安装

(1)排污泵基础施工完成后,其纵向、横向允许偏差±20 mm;平面外形尺寸允许偏差±20 mm;凸台上平面外形尺寸允许偏差-20 mm。

(2)排污泵泵座安装完成前,需对基础水平度进行复核,确保其纵向、横向坡度≤0.1‰。

(3)水泵安装完成后,应对吸水管及底阀的严密性进行检查,并确保叶轮内无异物。

潜水排污泵通过采取上述措施,有效避免了水泵反转、电机损坏及运行堵塞等问题。

2)出入口伸缩缝结构渗漏水排水

出入口伸缩缝结构处如出现排水不通畅会引起地面石材返水。通过在出入口伸缩缝处增设接水槽,并将接水槽导入离壁沟排水,可解决出入口地面石材泛水问题。出入口伸缩缝接水槽示意如图 5.5~图 5.7 所示。

3)市政接驳施工工期提升

调研车站及附属结构周边的既有管线,通过 BIM 技术,优化管线迁改及回迁施工方案,合理规划管线迁改次数,使结构施工、管线迁改、市政接驳施工工期相匹配。

6.5.3　低压配电与照明系统

1. 低压配电与照明系统施工技术控制要点

1)电线电缆敷设质量控制

(1)敷设线缆前应检查电缆,严禁有绞拧、铠装压扁、护层断裂和表面划伤等缺陷。根据缆线截面合理调整线缆在机架、槽道、走线架的布设路径,避免不同线径缆线交错混放。

(2)严格按照施工操作规程和验收规范要求敷设线缆,配备必要的放缆机具,控制放缆速度,转弯处缆线弯曲半径必须符合规范要求,敷设时避免缆线外皮损伤。不同电压、不同用途的电缆,不宜敷设在同一电缆槽盒内;同一槽盒内不宜同时敷设绝缘导线和电缆。

(3)电缆在支架、槽盒内敷设时,应在首端、末端、转弯及每隔 50 m 处设有注明编号、型号及规格和起止位置等信息的标牌。

电缆敷设如图 6.19 所示。

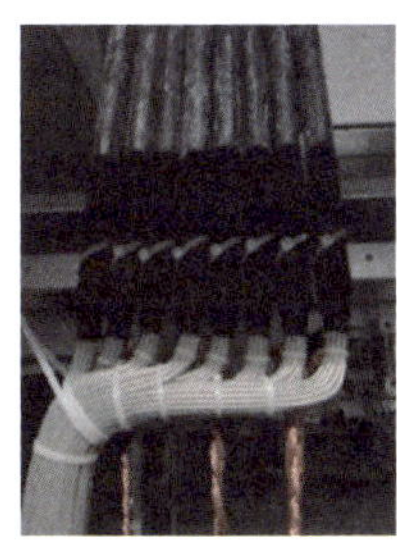

图 6.19 电缆敷设

2)成套配电箱(柜)安装质量控制

(1)配电箱箱体高度高于 1.2 m 时,宜落地安装。在供配电机房内落地安装时,箱柜基础宜高出装修完成面 10 mm;在泵房等潮湿场所落地安装时,箱柜基础应高出装修完成面 150~250 mm。暗装配电箱孔洞在墙体砌筑时预留,预留孔洞的周边应大于配电箱的箱体尺寸 5~10 cm,以便于箱体安装。

(2)配电箱(柜)的金属框架及基础型钢必须可靠接地,装有电器的可开启门与框架的接地端子间采用裸编织铜线连接并设置标识。

(3)配电箱(柜)安装垂直允许偏差为 1.5‰,相互间缝隙不应大于 2 mm,成列盘面偏差不应大于 5 mm。

配电箱(柜)安装如图 6.20 所示。

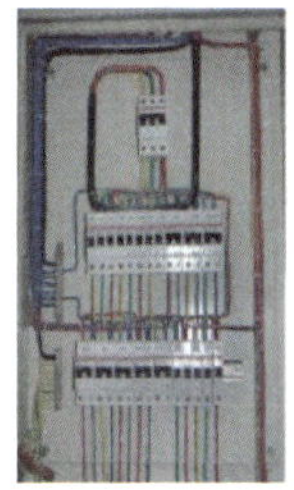
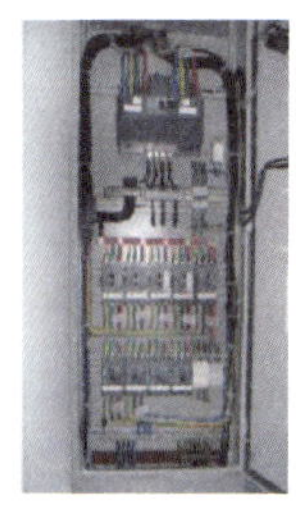

图 6.20 配电箱(柜)安装

3)接地施工

(1)接地装置的焊接应采用搭接焊,焊接搭接长度应符合下列规定:扁钢与扁钢搭接不应小于扁钢宽度的 2 倍,且应至少三面施焊;圆钢与角钢搭接不应小于圆钢直径的 6 倍,且应双面施焊;圆钢与扁钢搭接不应小于圆钢直径的 6 倍,且应双面施焊;扁钢与钢管、扁钢与角钢焊接,应紧贴角钢外侧两面,或紧贴 3/4 钢管表面,上下两侧施焊。

(2)车站内接地电缆由站台板下接地引出点引出,沿电缆支架或穿钢管方式敷设。接地端子排及接地线缆敷设完成后,需对接地电阻进行测试,确保电阻值不大于 1 Ω。

4)消防电源监控系统施工

(1)消防电源监控主机最多可监测 4 个回路,每个回路可连接 64 个传感器。

(2)消防电源监控系统施工前应根据地铁车站规模及监测设备数量进行二次深化,当监测设备数量较多时,可分区域进行监测,各区域设区域分机,区域分机经总线与消防控制室系统主机通信,组成监控系统网络结构。

2. 低压配电与照明系统关键技术及应用实施效果

1)低压母线槽按图排产供货

低压母线槽应严格按图排产,安装前应对低压联络柜顶上方净空进行复测,确保其净空不小于 900 mm,并确保无其余管线侵入安全距离范围。低压母线槽通过采用按图排产,减少了供货周期,确保关键设备用房送电工期的实现。以 6 号线仁村站为例,其低压母线槽排产图如图 6. 21 所示。

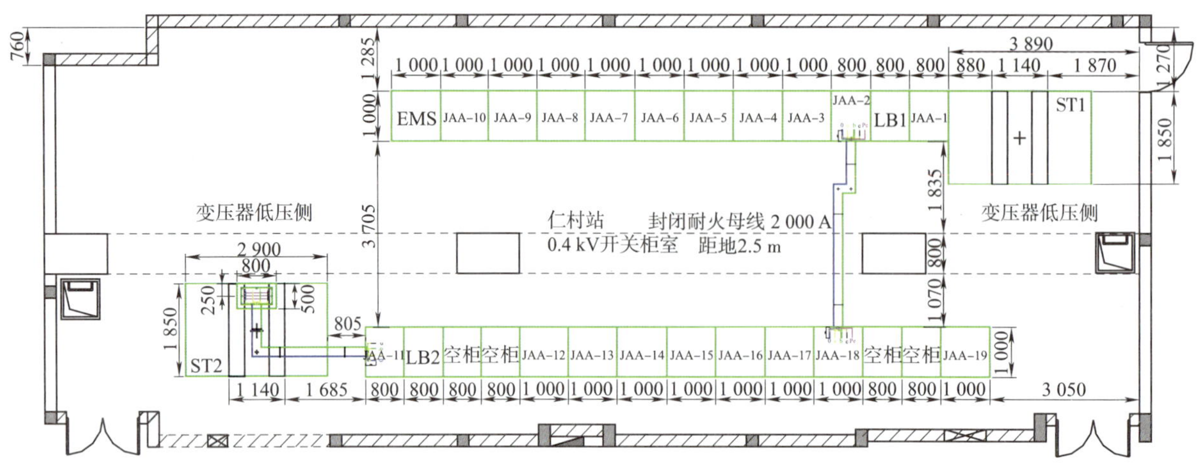

图 6. 21 地铁 6 号线仁村站低压母线槽排产图(单位:mm)

2)电气火灾监控系统故障分析及解决措施

低压配电专业 TN-S 接地自变压器中性点引出,其电气火灾监控设备安装过程中,应确保配电电缆或电线的相线与零线同时、同方向穿过电流互感器。施工完成后,应检查并区分不同回路配电电缆、电线的 N 线与 PE 线是否存在混接,避免因混接造成电气火灾监控系统报警。

通过采取上述关键技术,可有效减少及避免车站设备正常运行情况下,电气火灾监控系统因照明及应急照明供电回路、直流屏供电回路、信号设备室供电回路的故障信息引发的报警。

3)消防电源监控系统的应用

消防电源监控系统通过传感器对消防设备的主电源和备用电源进行实时监测,判断电源设备是否有过压、欠压、过流、断路、短路及缺相等故障。当故障发生时可快速在监控器显示并记录故障部位、类型和时间,并发出声光报警信号,运营维护人员根据上述信息可迅速查清并排除故障。

通过在消防泵、自动扶梯、气体灭火等消防类配电箱,环控电控柜、消防负荷进线柜、EPS 等回路设置消防电源监控系统,有效保证了火灾发生时消防联动系统的可靠性。

6.5.4 火灾自动报警系统、环境与设备监控系统、门禁系统

1. 火灾自动报警系统、环境与设备监控系统、门禁系统施工技术控制要点

1)火灾自动报警系统施工技术控制要点

(1)感温(感烟)探测器安装

①探测器至墙壁、梁边的水平安装距离不小于 0. 5 m。探测器至空调送风口的水平安装距离不应小于 1. 5 m,并宜靠近回风口安装。感温探测器之间的安装净间距不应超过 10 m;感烟探测器之间的安装净间距不应超过 15 m。

②公共区吊顶镂空率不大于 15% 时,感烟探测器宜设置于吊顶下方;吊顶镂空率大于 30% 时,感烟探测器宜设置于吊顶上方;吊顶镂空率在 15%~30% 之间时,感烟探测器应在吊顶上、下分别设置。

(2)感温电缆敷设

①传感电缆安装过程中应避免重力挤压冲击,严禁硬性弯曲、扭转传感电缆(弯曲半径≥15 mm),在电缆桥架内敷设时,应确保以正弦波方式敷设,如图 6. 22 和图 6. 23 所示。

②缆式线型定温探测器每根模拟量需配接一个输入模块，末端终端盒（终端盒内应加装终端电阻）接入车站火灾自动报警系统，确保可实时将电缆温度信号反馈至监控主机。

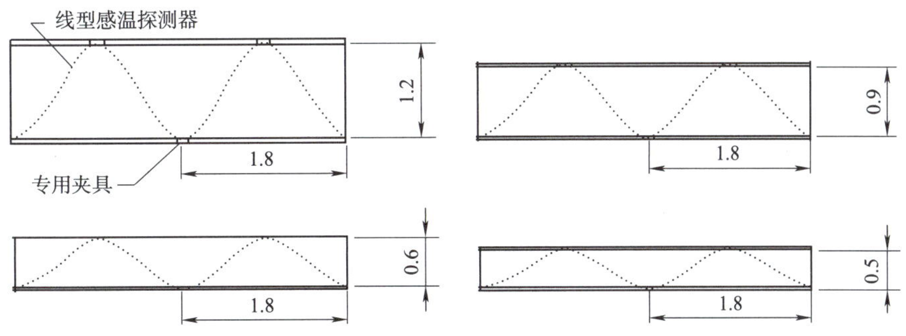

图 6.22 缆式线型定温探测器敷设示意图（单位：m）

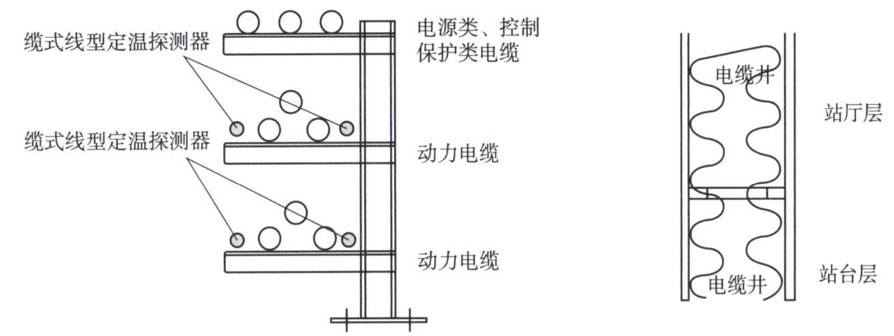

图 6.23 电缆桥架缆式线型定温探测器敷设剖面图

③手动报警按钮、模块箱、紧急启停按钮、手自动转换开关距地面装修完成面 1.4 m，声光报警器距地面装修完成面应大于 2.2 m，区间消火栓按钮、手动报警按钮、消防电话插孔安装于疏散平台侧隧道壁，其底边距疏散平台 1.4 m。

2）环境与设备监控系统施工技术控制要点

控制箱采用明装方式，箱体安装距地面装修完成面 1.3 m。当公共区吊顶镂空率不大于 15%时，温湿度传感器宜设置于吊顶下方；吊顶镂空率大于 30%时，温湿度传感器宜设置于吊顶上方；吊顶镂空率在 15%~30%之间时，温湿度传感器应在吊顶上、下分别设置。空调机房内温湿度传感器采用落地安装，其仪表中心距地面装修完成面高度宜为 1 200~1 500 mm，并设置于便于观察的位置。

3）门禁系统施工技术控制要点

考勤机、可视对讲机、门禁系统读卡器、出门按钮及紧急开门按钮距地面装修完成面 1.3 m，以利于设备安装完成后的美观及操作方便。

2. 火灾自动报警系统、环境与设备监控系统关键技术及应用实施效果

1）火灾自动报警系统关键技术及应用实施效果

设备区管线种类多，安装空间小，感烟探测器安装位置应根据管线排布情况综合考虑。当顶部管线整体镂空率大于 30%，感烟探测器居中安装被遮挡时，将其向侧方空间较大区域移动吸顶安装；当顶部风管将走廊空间占满、下方风管镂空率小于 15%、走廊其余管线整体镂空率大于 30%时，将顶部感烟探测器移动至大风管下方安装；当顶部风管将走廊空间占满、下方风管镂空率小于 15%、走廊其余管线整体镂空率小于 15%时，将感烟探测器安装于最下层桥架下方；当顶部风管较小、下方风管镂空率为 15%~30%、其余管线整体镂空率为 15%~30%时，顶部安装感烟探测器，并在下方增设烟感探测器作为辅助。设备区走廊感烟探测器安装如图 6.24 所示。

无吊顶设备区走廊感烟探测器安装通过采取以上措施，有效避免了因设备区走廊管线密集而造成对

图 6.24　设备区走廊感烟探测器安装

感烟探测器探测性能的影响，同时解决了感烟探测器后期检修空间不足的问题。

2) 环境与设备监控系统关键技术及应用实施效果

(1) 环境与设备监控系统通过在市政给水总管、卫生间给水总管、冷却塔补水管、冷水机房补水管等处增设远传智能水表，实现在综合监控界面对车站用水量信息实时监控，从而上传综合运管平台统一管理。

(2) 基于环境与设备监控系统的基础，通过增设电动卷帘门就地远程控制箱、红外对射探测器、传感器、行程开关等设备，实现了一键开关防盗卷帘门的功能。

6.5.5　管线综合

1. 管线综合施工技术控制要点

1) 管线综合设置要点

(1) 管线综合设置应遵守“风管在上、电缆居中、水管在下”的原则。管线施工过程中，在交叉点的管线布置应遵守“小管让大管，软管让硬管，弱电让强电，有压让无压”的原则。

(2) 管线敷设水平间距大于 1.2 m 时，应考虑两侧均可检修；管线敷设水平间距小于等于 1.2 m 时，可考虑从单侧进行检修。检修宽度一般应满足 0.6 m，困难情况下不应小于 0.4 m。

(3) 关键设备用房的空调送风管及送风口不应设置于各类电气设备正上方。

(4) 在管线综合设置原则下，各类管线敷设最小净距应满足表 6.5 的要求。

表 6.5　管线敷设最小净距(单位：mm)

类别		水管		风管	强电桥架	弱电桥架
		无阀	有阀			
水管	平行	100	满足阀门检修要求	—	—	—
	垂直交叉	50				
风管	平行	100	满足阀门检修要求	100	—	—
	垂直交叉	50		50		—
强电桥架	平行	150	满足阀门检修要求	150	150	—
	垂直交叉	100		100	100	
弱电桥架	平行	150	满足阀门检修要求	100	150	100
	垂直交叉	50		100	50	50

2) 综合支吊架材料质量控制

(1) 装配式支吊架主要构件表面处理使用热浸镀锌，锌层厚度不小于 45 μm。

(2)锚栓采用具有适应开裂混凝土性能扩孔型金属锚栓,锚栓材质为不锈钢 A4 或热浸镀锌 8.8 级钢,并具有抗腐蚀性能、抗冲击性能。

(3)锚栓 120 min 耐火极限下的承载力不低于 3 kN,每个支架及锚栓系统应能在列车振动状态下提供至少 30 kN 的剪力和 20 kN 的拉力。

2. 管线综合关键技术及应用实施效果

1)公共区管线综合

(1)强、弱电桥架途经车站主体结构下翻梁或腋角时,应增大桥架宽度,并根据现场情况调整布置方向,确保桥架连续性敷设。强、弱电线缆严禁敷设于同一桥架,垂直布置时应分层敷设,水平布置应确保强、弱电桥架安全净距不小于 150 mm。

(2)风管途经车站主体结构下翻梁或腋角时,在保证风管截面积不变前提下,可将风管主管与各干管分支交错敷设,以确保风管连续性。

公共区管线综合如图 6.25 所示。

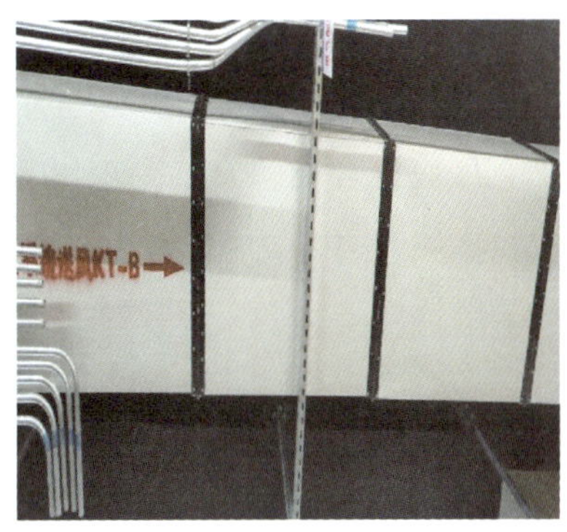

图 6.25 公共区管线综合

通过采取上述措施,有效降低了公共区管线施工难度,解决了垂直空间净距小、吊顶与管线安装标高冲突等施工重难点问题,为后续运营管线检修提供了便利。

2)设备区管线综合

(1)设备区管线综合布置应靠两边墙体敷设,确保为电缆敷设、风口安装提供操作空间,并为后期运营维护提供便利条件。

(2)设备区预埋管线施工前,应根据设计图纸确定敷设路径及标高,在预埋管线下穿防火门区域时,应在上方设置过梁并对其进行防火封堵。

设备区走廊、机房管线综合如图 6.26 所示。

图 6.26 设备区走廊、机房管线综合

3)区间管线综合

(1)区间管线综合布置应充分考虑强、弱电管线与广告灯箱及排水管之间的空间关系,在保证管线敷设连续性的前提下,应确保管线不得侵入设备限界。

(2)管线穿越区间人防门时,线缆支架安装应找坡处理,并确保线缆敷设顺畅。

区间管线综合通过采取上述措施,避免了管线侵限,为区间车辆通行提供了保障。

6.6 电扶梯、站台门、AFC 安装

6.6.1 电扶梯设备安装

1. 电扶梯施工技术控制要点

电梯的施工主要对土建井道勘测、钢结构施工、门系统安装及幕墙安装进行重点控制。扶梯的施工主要对设备吊装、梯级安装和驱动主机调整进行重点控制。

1)井道土建符合性

土建条件作为电梯施工的基础条件,应重点关注预留孔洞、洞口尺寸和井道垂直度。

电梯井道按照图纸要求预留足够的吊钩、预留洞,并确保洞口尺寸满足施工需求,如果遗漏,后期土建整改难度非常大。

电梯井道垂直度应符合设备安装要求(0~+30 mm),现场井道超过偏差要求比较多,垂直度不满足要求的井道设备将无法安装,土建整改难度大且工期长,土建施工单位务必严格按照设计要求实施,同时土建监理加强现场盯控。

2)钢结构焊接

(1)钢结构井道作为观光电梯的主体结构,强度要从材料及现场工艺方面进行重点控制。

(2)所有进场材料的壁厚、材质及镀层厚度均应符合设计要求。

(3)钢结构施工中存在大量焊接,所有的焊缝应保证达到设计要求并满足钢结构的相关规范要求,以保证质量及使用寿命。

(4)现场动火作业须规范,防火措施应作为现场安全管理的重点进行关注。

3)玻璃幕墙施工

钢结构幕墙施工重点为底座精度控制、幕墙外表面精度控制以及玻璃与周边的收边收口的细节控制。

钢结构幕墙玻璃安装完成后再进行周边装修施工,由于玻璃上下通透、面积大,若周边装修先施工将致使幕墙玻璃无法安装。

驳接底座安装精度直接影响玻璃安装位置,在底座放线定位时应考虑与周边装修的距离尺寸,防止出现玻璃安装距离不足造成的返工。若现场无法满足玻璃安装空间时,可考虑采用异形爪件或无底座的安装方式。

幕墙外表面控制的重点是整面幕墙玻璃的平整度,不能出现错台、歪斜不正等情况,同时还要考虑与吊顶等建筑的接口能否收口。

玻璃幕墙在与周边构筑物进行收口时,需要重点关注幕墙与楼梯、幕墙与墙柱、幕墙与吊顶的位置关系,不能出现侵入或干涉的情况。

4)电梯门系统安装

电梯使用过程中 90% 的故障点都在厅门上,在电梯施工过程中重点把控厅门的施工质量,间隙符合电梯验收要求,轿厢与厅门动作配合顺畅,无卡阻,降低门故障率。

轿厢地坎与厅门地坎间隙确保在 30~35 mm 范围内,厅门和轿门无形变应力,确保轿门厅门系统开合顺畅。

5)扶梯吊装就位

吊装是扶梯安装中的重要部分,进行吊装的必要条件:场地、通道、吊点缺一不可。

地铁扶梯的吊装大体上分为站内扶梯吊装作业、出入口扶梯吊装作业、高架站扶梯吊装作业,要根据

实际环境情况来确定具体的吊装方法。土建施工单位务必严格按照图纸要求设置吊钩,避免因后期土建设计复核结构强度和土建施工单位增设吊点而延误吊装进度,增加吊装难度和降低吊装安全。

6)桁架和导轨固定

(1)桁架是扶梯的承重主体,导轨是电梯运行舒适感的基础。拼接导轨时应检查上、下端部齿轮轴的水平。

(2)水平测定时,应确认用40~100号砂纸将端部齿轮轴中间位置上的防锈油除去后再测定。

(3)使用精度在0.05/1 000 mm以上的精密角型水平仪进行测量,左右的水平差值应在0.5/1 000 mm以内。

(4)确认上、下端部齿轮轴水平后,要求安装小组分别将梯架端部调整螺栓的所有锁紧螺母紧固并点焊。

(5)检查导轨的驳口修光及清洁。

(6)导轨连接处的前轮行走面、后轮行走面及导轨侧面,应该达到即使用手触摸也感觉不到有凹凸或高低差的程度。

(7)有高低差时,应该用导轨挫在50 mm以上的长度范围内将其磨平滑,且连接处(驳口位)不能有间隙。

(8)导轨应用抹布除去导轨滑行面的灰尘、污垢及油墨,然后用抹布沾上机油把各导轨滑行面及前轮导轨侧面擦一遍。

7)梯级安装

梯级安装应该检查以下三点:

(1)检查梯级和裙板的间隙,用斜塞尺逐个梯级分别检查两侧间隙,梯级与裙板间隙应为0.5~4 mm。

(2)检查梯级和梯级导向轮间隙,应在0.5~1 mm范围内。

(3)逐个梯级检查确认固定螺栓是否完全拧紧,然后用尖嘴钳分别将梯级垫圈与六角螺母平行侧边的止动垫圈弯折起,使其紧贴螺母和轴承边,以防止异物卡梯级导致梯级撞击梳齿板。

8)驱动主机调整

主机抱闸制动力的大小通过调动臂两侧压缩弹簧的压缩量来调整,制动臂间隙应不小于0.5 mm,确保闸瓦与主轴无剐蹭,确保间隙均匀。

9)控制柜布线

控制柜内线缆需增加接线端子排,线缆应横平竖直,优化线缆路径,增加端子线缆编号,以便后期维护,确保设备安全运行。

2. 电扶梯关键技术及实施效果

直梯钢结构对接焊接时采用两人对称焊接及打V形坡口,减少焊缝变形和焊接时型材的应力变形,在施工完成后焊口平整美观,焊缝质量一次合格率可达到95%以上。

玻璃幕墙通过与装修的界面优化,减小幕墙与周边界面的干涉,提高施工效率。

自动扶梯桁架在吊装时应先进行试吊,以确保吊钩强度能够安全顺利吊装完成。在现场无吊钩时,土建施工单位要设置安全可靠的吊点,确保安全完成扶梯吊装就位。

6.6.2 站台门设备安装

1. 站台门施工技术控制要点

1)曲线、折线站台分布形式

西安轨道交通每节列车车厢长度约20 m,列车在曲线站台运行时,每节车厢都不会随轨道和站台的曲线进行弯曲,因而每节车厢与内弧和外弧站台的限界距离会有不同,站台门门槛、滑动门轨道侧斜面的防爬板、后封板与列车限界最为接近。

站台分布形式示意如图 6. 27 所示。

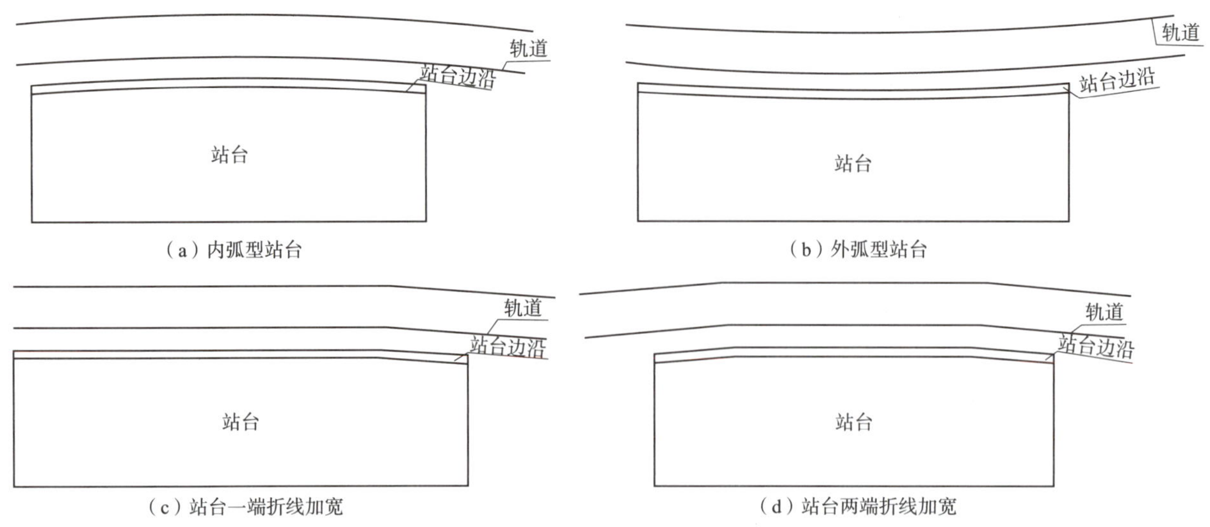

图 6. 27 站台分布形式示意图

站台形式为内弧时,车厢的中间位置与站台门门槛、站台板边沿距离最近,列车连接处距离则最远,列车连接处与站台门门槛边沿水平方向间隙最宽。每节车厢会随站台曲率的变化与门槛和站台板边沿保持不同的距离。

站台形式为外弧时,车厢的中间位置与站台门门槛、站台板边沿距离最远,列车连接处距离则最近,列车连接处与站台门门槛边沿水平方向间隙最窄。每节车厢会随站台曲率的变化与门槛和站台板边沿保持不同的距离。

当站台两端或一端有限界加宽时,站台门门槛、站台门边沿结构则根据图纸中限界加宽量和加宽起点、终点进行站台板浇筑或门槛安装。任何情况下都需确保站台板结构、设备限界不能侵入列车限界。

西安市地铁曲线站台案例如图 6. 28、图 6. 29 所示。

图 6. 28 站台形式为外弧时限界图示

图 6. 29 站台形式为内弧时限界图示

2)测量放线

(1)站台门在站台边缘的设置和外形尺寸不得侵入列车行驶动态包络线,站台门外轮廓线距轨道中心线安装只允许有正公差,不允许有负公差,例如目前西安轨道交通所选车辆,站台门外轮廓线距轨道中心线 1 530 mm+10 mm。

(2)限界安装误差为 0~+10 mm,安装作业指导按照+8 mm 为理论施工标准。

(3)标高以轨道顶面为基准,基准面距门槛上表面为 1 050 mm,为了便于安装,宜先弹出一条从轨顶面到站台板侧面 850 mm 的高程线。

(4)曲线车站测量程序和方法与直线车站基本相同,不同之处是曲线车站站台门安装必须是在轨道锁定之后进行,目的是便于站台门门槛安装时限界测量、校核以及对轨道水平方向误差的消化(轨道未锁轨前存在 3~5 mm 的调节量)。

(5)当工期紧、站内轨道未铺设时,必须在轨道专业和站台门专业监理的见证下,由第三方单位出具有效站台范围内每侧任意 3 个铺轨控制基标点的正式文件。站台门施工单位使用全站仪根据基标点放出有效站台中心,利用水准仪在有效站台中心处的轨道顶面设计高程为基点,在站台板边缘侧面放出标高线(一般为轨顶面上 800~850 mm),根据限界要求,向站台板边沿平移放出一条轨道控制线,并要求后续轨道专业根据站台门限界控制线铺设轨道,防止站台门超出限界标准,如图 6.30 所示。

图 6.30 利用线坠、卷尺根据弹线复核限界示例图

3)立柱安装

(1)用磁力线锤对立柱进行垂直于轨道方向的调校(无坡度要求,垂直):将线锤吸附在立柱站台侧 2 m 处的表面,用角尺测量立柱底部位置至垂线的距离和立柱 2 m 位置至垂线的距离,两处的距离一致,用记号笔在上部连接板上划线,定出上部钢结构支座前后的位置。

(2)用磁力线锤对立柱进行平行轨道方向的调校(有坡度要求):将磁力线锤吸附在立柱平行于轨道 2 m 处的表面,使立柱向坡度低的方向倾斜 4 mm(坡度:2‰,立柱:2 m 高度),线锤吸附立柱平行于轨道内侧、外侧两个表面时,内外两侧上下测量点的距离均会不同。

立柱调校示例如图 6.31 所示。

图 6.31 立柱调校示例图

4)绝缘层施工

(1)L 形绝缘支架完全与站台门门槛贴合后,用不锈钢钉将 L 形绝缘支架固定在找平层地面,每隔

500 mm 固定一个钢钉，防止在施工中 L 形绝缘支架移动。

(2)站台门施工单位在绝缘层敷设前应对混凝土垫层进行平整和清洁，保证无尖、钢筋和石头等，保证绝缘层与混凝土垫层结合良好。

2. 站台门关键技术及应用实施效果

1)站台门门体绝缘

(1)门体绝缘涂层部位包括滑动门的立柱包柱板、门槛和门楣底板表面。有两种方案：一种为立柱包柱板为不锈钢材质，门体绝缘涂层宜在公共区装修施工完成后进行喷涂，避免施工过程中破坏涂层；另一种为立柱包柱板为铝合金材质，门体绝缘涂层在立柱包柱板出厂前完成，门体绝缘涂层在运输及整个施工过程中必须做好贴膜保护，若涂层出现破损，必须在试运行前进行修复或更换立柱包柱板。绝缘涂层部位为不锈钢材质在南方城市线路应用多。绝缘涂层部位为铝合金材质在西安轨道交通多条线路应用，外观美观。

(2)为便于绝缘控制和排查，站台门采用分段绝缘方式安装，分段位置与列车连接处位置对应，分段位置的门槛、门机梁、立柱、后封板、后封板胶条相邻两段完全分开，分段距离不小于 15 mm，并使用密封胶收口，如图 6.32 所示。同时分段绝缘处需用铜排或者等电位线缆将两端连接，排查时断开。

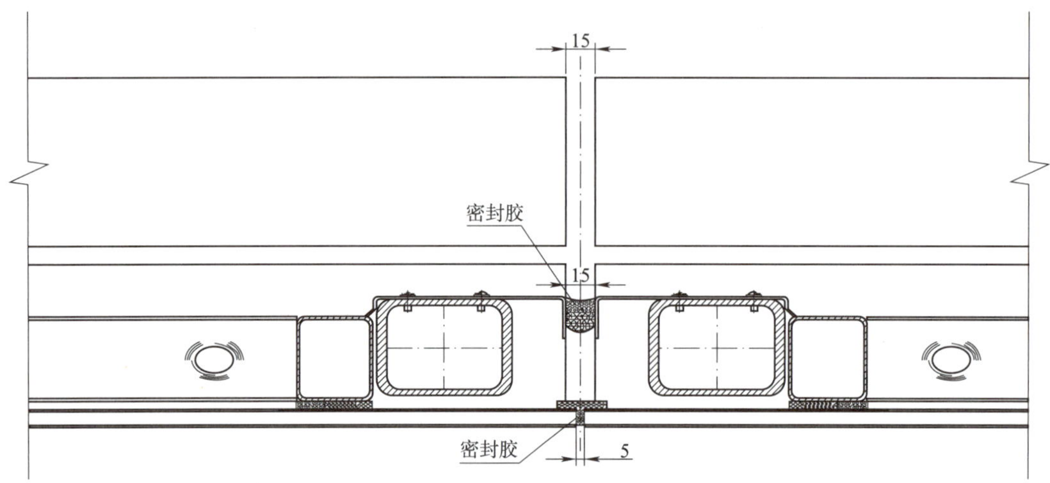

图 6.32　分段绝缘示例图(单位：mm)

(3)站台门下部支撑处设置双重绝缘。站台门底座与站台板中间设置绝缘板，首先在站台板上放置钢板，钢板上面放置绝缘板，绝缘板上面为站台门底座支撑，站台门底部支撑与立柱之间再设置一层绝缘，如图 6.33 所示。

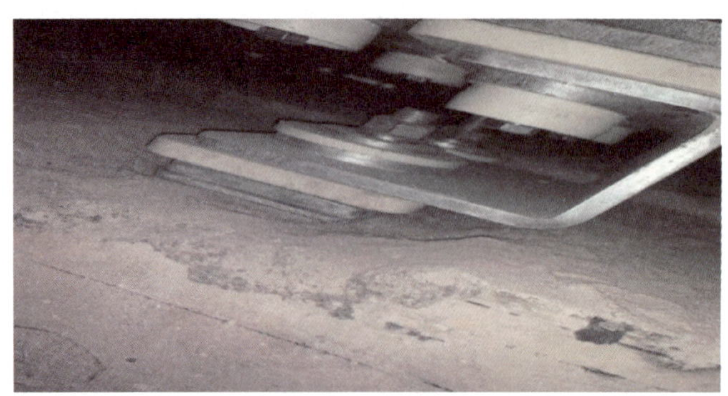

图 6.33　双重绝缘示例图

(4)站台门顶箱与外部接口保持 50 mm 距离，站台门设备不得与外部(如装修龙骨等)搭接，端门墙处与站台门保持 20 mm 距离，采用绝缘密封胶多间隙封堵收口。

门体绝缘采用门体表面绝缘和门体下部支撑绝缘这种双重绝缘方案，为地铁列车与站台门门槛的等电位连接提供了保障，提高了乘客上下列车的安全性和舒适度。绝缘检测示例如图 6. 34 所示。

图 6. 34 绝缘检测示例图

2）站台门安装辅助工装夹具

针对站台门几个重要部件的安装调整，现设计专用的安装辅助工装夹具，提高安装精度，避免人为安装错误出现。

（1）站台门立柱、门槛与轨道中心线定位夹具：通过工装夹具直接确定站台门立柱、门槛相对轨道中心位置，减少调节工作，保证尺寸准确统一，如图 6. 35 所示。

图 6. 35 立柱、门槛与轨道中心线定位夹具示例图

（2）门槛导槽夹具：通过工装夹具直接调整门槛位置，减少调节工作，保证尺寸准确统一，如图 6. 36 所示。

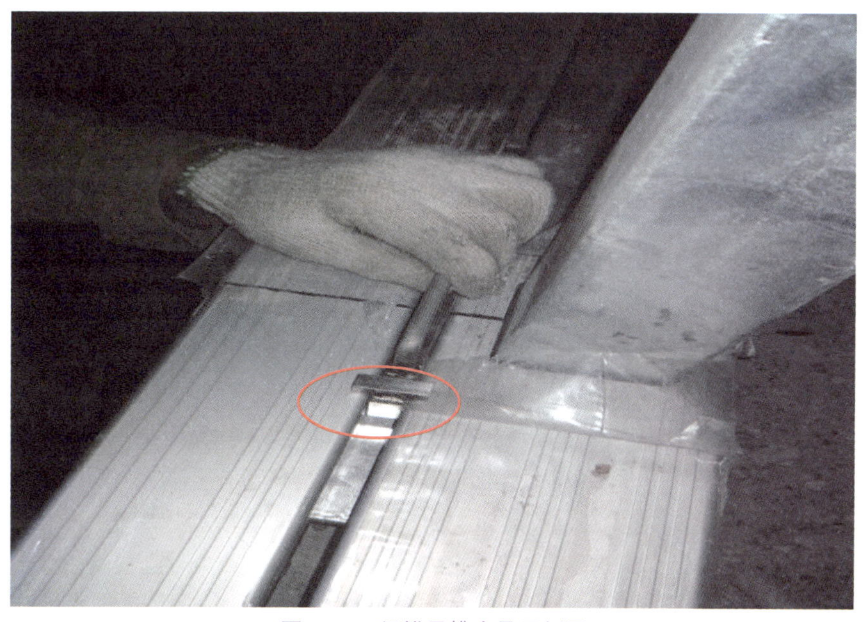

图 6. 36 门槛导槽夹具示例图

（3）门机梁与立柱前后定位夹具：通过工装夹具直接定位门机梁立柱相对位置，减少调节工作，保证尺寸准确统一，如图 6. 37 所示。

（4）立柱和立柱中心定位夹具：通过工装夹具直接确定立柱与立柱相对位置，减少调节工作，保证尺寸准确统一，如图 6. 38 所示。

图 6.37　门机梁与立柱前后定位夹具示例图

图 6.38　立柱和立柱中心定位夹具示例图

6.6.3　自动售检票系统设备安装

1. 自动售检票系统施工技术控制要点

自动售检票系统在地铁车站各机电系统中属于进场较晚实施的一个系统,其施工及安装需与车站装修同步进行。自动售检票系统设备安装时,与站厅公共区装修专业在地面、墙面、栏杆等方面均存在接口,尤其是线槽与地面装修地坪层(垫层)的相互配合,在自动售检票系统施工过程中占据着十分重要的位置。地铁自动售检票系统终端设备(包括自动售票机等)安装在车站站厅公共区地面,终端设备的电缆防护线槽、电缆槽中间分向盒、终端盒、检修盒均需预埋于地面的装修地坪层中。

1)不锈钢线槽的连接

由于自动售检票系统线槽是固定在结构板之后再浇筑垫层,因此线槽需同时满足防腐蚀、防水等要求。此外,在线槽敷设过程中,地铁多个系统施工也在同时进行,各专业之间存在很多交叉作业,对线槽进行踩、踏、压的现象较为普遍,在上述施工环境复杂的情况下,自动售检票系统线槽还需考虑一定的承重要求,因此多数线槽采用了不锈钢材质。

(1)施工准备

了解车站土建、装修垫层浇筑的施工进度及计划;核对装修单位是否提供站厅完工地面的标高。

(2)施工测量放线、定位

根据施工设计图纸上标注的设备安装位置,确定出线盒中心位置,在线槽径路上按直线段取两端点定位,按照上述方法标出站厅层全部公共区预埋线槽的位置。根据现场实际情况核实施工图纸是否和现场情况相符合,核对标高是否满足线槽敷设要求(站厅中板至大理石敷设完成面应满足 150 mm)。地铁站厅公共区垫层从站厅结构层往上至装修完成面约分为 5 层(图 6. 39),自动售检票系统预埋线槽的部分为“100 mm 厚素混凝土垫层”,理论上,线槽及分向盒最厚的部分不超过 100 mm 即可,但施工过程中,由于站厅结构层的施工误差,结构层标高超高,造成装修垫层厚度减小,留给线槽预埋的空间亦降低。在实际现场施工过程中,超高现象较为普遍。因此,AFC 系统线槽规格需充分综合考虑电缆敷设空间、垫层厚度、施工误差等多方面因素。以 60 mm 厚线槽为例,以 AFC 检修盒反映与地面装修的关系示意如图 6. 40 所示。

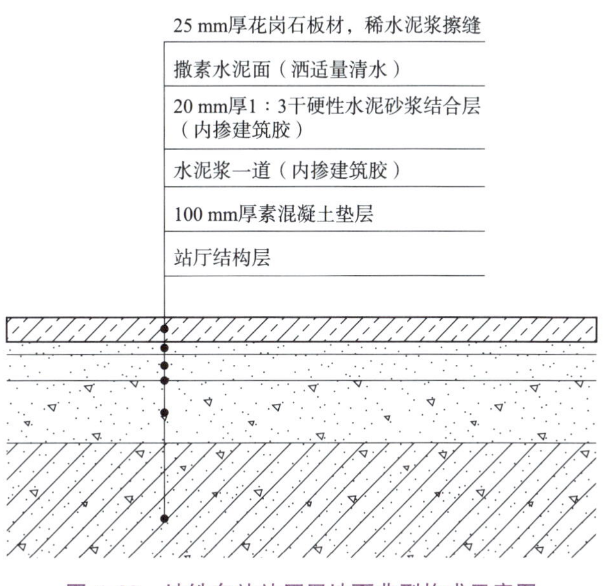

图 6. 39　地铁车站站厅层地面典型构成示意图

25 mm厚花岗石板材
水泥砂浆
20 mm厚干硬性水泥砂浆
100 mm厚素混凝土垫层
结构层
地面活动石材板
ϕ8锚筋
500
410
100
20
70
60
AFC检修盒
300~350

图 6. 40　AFC 检修盒与地面装修关系示意图(单位:mm)

(3)管槽焊接

为减少现场焊接点,线槽可在工厂生产时将盖板和线槽焊接完成,并按照顺序逐节进行编号。按照施工设计图纸,对照槽体编号将线槽逐节摆放平整,用平锉将线槽口的毛刺锉平,防止布放线缆时刮伤电缆。利用氩弧焊机逐节焊接,钢槽槽体接缝处满焊连接。焊完后,用角磨机将焊点打磨平整。开孔分线盒及终端盒与钢管焊接时,所有钢管长度一致,伸入盒内 1~2 mm。采取满焊的方式焊接内部盒体与钢管的结合部,达到密封防水的作用。焊接完成后线槽应保证在一水平面,无明显扭曲,焊缝严密,无砂眼,无假焊、漏焊,如图 6.41 所示。

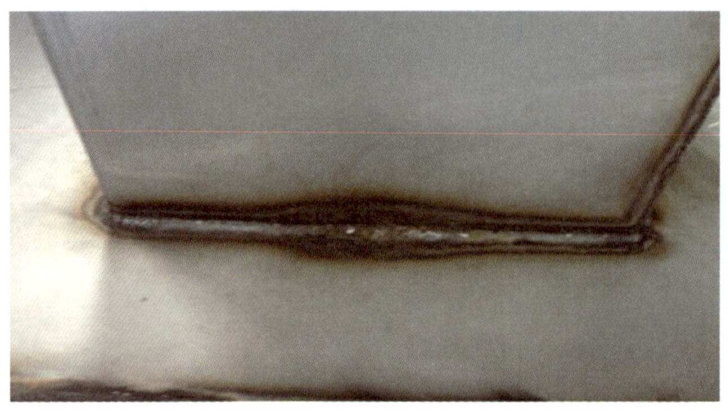

图 6.41　不锈钢线槽连接方式(焊接)

(4)线槽固定

对线槽位置进行调整、校正,利用水平仪逐一对每个出线盒、分线盒的高度进行测量,确认无误后用不锈钢卡固定在地面。大面积焊接完成后,需对线槽位置进行调整、校正,控制在作业面内,利用水平仪逐一对每个出线盒、分线盒的高度进行测量,并与土建/装修提供的水平标高线(完工后地面的标高线)进行比对,使出线口烟筒顶部比完工地面高 2~3 mm,方向盒、终端盒上口表面比完工地面低 5 cm。调整完成后用 U 形卡箍对线槽进行紧固。根据线槽、分线盒位置及卡箍开孔位置确定固定点,间隔 2 m 左右。

(5)线槽清理及出线口封堵

线槽及钢管在安装中及时进行清理密封,将焊接时打开的线盒盒盖进行恢复密封;终端钢管口用管口塞塞好,以免装修施工时掉进泥浆或塞进异物,堵住管槽通道。

(6)施工难点及应对措施

①线槽敷设前,站厅内中板标高不够,无法进行线槽敷设,否则影响装修完成面标高要求。

措施:与土建单位、装修单位共同测量标高,对于标高不满足施工要求的部分,共同协调处理。

②线槽敷设过程中,敷设路径被其他专业材料堆放占用,影响线槽敷设进度。

措施:积极联系相关单位腾挪线槽敷设路径上的材料;同时采用分段式线槽焊接,先把未占用的部分线槽焊接完成,等材料腾挪之后再进行剩余部分的焊接,极大地缩减了因为材料占地而耽误的工期。

2)设备安装控制要点

(1)机房设备机柜的安装

首先机柜就位,对准安装孔后,穿入连接螺栓并安装上垫片、螺帽,用水平尺和线坠检测机柜的水平度和垂直度偏差,在机柜底部加上金属垫块调整,水平度和垂直度偏差符合要求后按照对角方式逐一旋紧固定螺栓。

(2)机房设备的承载力的核算

首先确认楼板的承重力,当机柜的重量(包含机柜内部的设备)超过楼板承重力时,机柜底部须制作散力支架,将机柜的重量进行分解,防止由于楼板集中受力发生事故。

2. 设备单机单系统调试及接口联调

除了须按照设计联络成果完成自动售票机、自动检票机、互联网售票机、乘客自助终端等单机设备功能调试外,还需要与车站计算机系统完成站级功能调试,除此之外还须进行多线路中央计算机系统、清分系统、多元化支付平台等接口的调试。

3. 关键技术应用

自动售检票系统除了在传统业务中关键的调试工作外，随着互联网取票、移动支付购票和手机扫码过闸等多元化支付的应用，自动售检票系统设备也发生相应的变化，出现了云闸机、云售票机或者互联网取票机、智能客服机等新的设备，或者通过对传统终端设备进行改造后使之兼容新兴的各种支付方式。移动支付技术出现后，乘客的使用习惯发生重大改变，也在一定程度上减少了传统售票机等设备的使用。例如随着手机二维码过闸比例的增加，自动售票机使用率日益降低，在减少设备设置数量的同时也需降低自动售票机最低配置标准。此外，智慧终端设备等客服类设备的新兴，会根据车站具体情况配置并纳入自动售检票系统管理。

1）智慧平台

智慧的服务需要智慧大脑的支持，智慧车站采用私有云化的部署方案，将语音服务、人脸识别服务、掌静脉识别服务以及知识库部署在服务器内，不仅满足终端设备的智慧功能要求，而且私有化云的部署方案也为将来智慧服务的扩容奠定基础。

2）自动售检票系统 144 h 连续无故障运行测试

自动售检票系统通过系统性能检测、系统接入线网功能检测、外部接口功能检测合格后，进行自动售检票系统 144 h 连续无故障运行测试，确保系统的稳定性。

测试要求：

（1）在大客流情况下，所有参与测试设备均保持正常的运行状态。

（2）实际购票、进站以及出站的交易数据能正常上传至车站计算机。

（3）终端设备状态及交易数据正常上传至中央计算机系统。

（4）验证自动售检票系统满足运营要求。

（5）144 h 内没有出现系统性或者可靠性故障。

（6）报表系统正常，提供与车站运营业务有关的统计分析报告。

3）互联互通测试

新建线路与既有线除能够进行正常进出站外，还可进行相关补票业务的处理，同时进行票价准确性的验证。

测试要求：

（1）终端设备状态、寄存器及交易数据正常上传。

（2）报表系统正常，提供与车站运营业务有关的统计分析报告。

（3）验证各种票卡在车站间可以正确使用和流通，票价、扣费及各种异常处理正确。

（4）验证各种设备的处理性能、持续稳定运营能力。

（5）验证交易的准确性、数据传输速度等能达到预期指标。

（6）运营参数下发至设备，并验证正确性。

4）信息安全等级要求

自动售检票系统应采取信息安全等级保护，系统建设的初步完成阶段，信息安全设备到位，并按照三级等级保护建设情况进行部署，实现设备安装调试建设与配置实施。在完成定级备案、差距分析整改、评估测评等流程后满足信息安全等级的要求，此项工作应在新线建设过程中进行并在新线开通试运营前完成。

4. 亮点及新技术的应用

1）多线路中央计算机系统标准的运用

西安轨道交通首次采用多线路中央计算机系统技术，可接入多条线路。定义了有关的自动售票机的界面参数、自动售票机的界面同步等接口，同时编制了《西安轨道交通自动售检票系统多线路中央计算机系统》标准，通过标准约定了车站接入中央的接口和流程、终端设备的操作控制接口、终端设备的界面内容等，为后续线路的接入互联互通奠定了基础。

2)智慧设备的运用

随着科学技术的发展,自动售检票系统传统设备在硬件、系统、功能上都有了相应智慧化提升,自动检票机除了采用传统模块外,还可增加二维码、人脸识别等功能,提高乘客通行效率。自动售票机除了采用传统模块外,随着科技的发展,可以新增语音模块,建立语音库,通过语音即可完成购票。智能客服中心,除了采用发卡机芯等传统模块,可以完成传统的售票、补票业务外,还新增了自助触摸屏幕,乘客可自助进行票卡处理,节约票卡处理时间,同时可进行咨询服务。

(1)智能客服中心

智能客服中心配备有智能化应用服务。可同时对地铁使用的多种票卡进行分析,必要时可进行票卡的业务处理。智能客服中心通过链接专用库可查询站内导航、相关信息查询;在对车票业务处理时,可提供有效的引导以及辅助提示,协助乘客完成操作。也可全部采用电子支付,大大减少由于设备部件的故障对乘客使用的影响。智能客服中心现场实际展示如图 6.42 所示。

(2)智能咨询终端

智能咨询终端通过语音实现对设备的全部功能操作,还可通过摄像头实现与客服人员的视频通话,具有查询票价信息、线路信息、站内外导航以及人工座席等功能,给乘客提供一站式查询服务。

乘客还可通过智能咨询终端呼叫智慧座席,直接进行音视频对话,远程面对面地解答乘客疑问。

(3)智慧座席

配置座席服务,用于乘客与客服人员远程面对面沟通。座席可充分结合语音识别服务,客服人员除了通过视频、语音与乘客沟通外,座席系统还可将双方说话实时识别并展示给客服人员查看,同时进行语义理解,结合知识库提供建议的答案供客服人员参考。座席系统可对视频通话过程进行录像,并保存在服务器供后期查看。座席系统还可生成对话任务单,便于工作管理。

(4)智慧边门

智慧边门支持人脸识别、掌静脉识别的生物识别技术应用,供特殊乘客、车站工作人员的日常进出站使用,如图 6.43 所示。

图 6.42 智能客服中心现场实际展示

图 6.43 智慧边门现场实际展示

6.7 区间人防门、防淹门

6.7.1 区间隔断门、防淹门施工技术控制要点

1. 区间隔断门施工技术控制要点

1)技术要求

地铁建设兼顾人防,对于提高城市总体防御和抗灾能力起着至关重要的作用,地铁作为最大的人防

工程,平时以交通运营为主,战时作为人员临时掩蔽场所需要。通常把一个车站和一个相邻区间作为一个防护单元,地铁区间隔断门安装于车站小里程端隧道正线上的区间防护段,作为划分地铁防护单元的分割设备。平时,门扇处于开启状态,通过安全装置将门扇固定在线路外侧,不影响列车运营。门槛顶面与轨顶标高齐平,道床排水沟防护密闭闸板和活门槛战时安装,平时妥善放置于门后。地铁区间隔断门的抗力等级为6级。

地铁区间隔断门由门扇、门框、活门槛、道床排水沟防护密闭闸板、闭锁、铰页等部分组成。门扇与门框周边搭接,承受正向压力,冲击波负压通过连接螺栓来传递。区间隔断门自带信号控制箱,控制箱面板上设有门扇的启闭状态指示灯,可通过综合监控观察门扇的启闭状态,也可安装监视摄像头对门状态进行监视。

设置于线路直线段时区间隔断门门孔尺寸根据限界要求进行设置,当设置于非直线段时,门孔尺寸根据所处位置的曲线半径、两轨高差值进行相应的加宽加高。

2)控制要点

(1)门框安装在线路调线调坡完成后进行,根据实际情况可在轨道铺设前安装,也可在轨道铺设后安装,门框安装同时安装排水沟框。

(2)轨道铺设前安装时,门框位置可通过三个数值定位:

①里程:门框里程位置为区间隔断门设计里程,安装允许误差为±10 mm。

②标高:下门框标高依据调线调坡后的左右轨道的高程,下门框左右轨道位置处标高为调线调坡后的轨道顶面高程值,安装允许误差为±3 mm。

③中心线:门框中心线与线路中心线是否重合,由设计根据实际确定,中心线允许误差为±3 mm。

土建单位依据线路调线调坡后的数据先绑扎门框墙钢筋,再将门框转运至门洞并初步就位安装,后由第三方测量机构对门框的位置进行复测,复测数据包括隔断门里程、下门框标高、门框中心线。将测量数据与设计参数相比较,若误差超出允许范围,对门框精调,其误差值不得超出允许偏差范围。

(3)轨道铺设后安装时,门框位置应根据现场位置进行定位:

①里程:门框里程位置为隔断门设计里程,安装允许误差为±10 mm。

②标高:下门框标高依据现场轨道实际高程,下门框左右轨道位置处标高与轨道顶面平齐,安装允许误差为±3 mm。

③中心线:门框中心线与线路中心线是否重合,由设计根据实际确定,中心线允许误差为±3 mm。

(4)门扇安装可分三步:第一步通过铰页机构将门框与门扇连接;第二步连接可靠后,将门扇开启至线路外侧,开启角度必须不小于90°;第三步安装安全装置,安全装置一部分固定在门扇上,另一部分固定在道床预埋件上,两部分应可靠连接、定位,保证安全装置定位可靠并处于工作状态。

(5)门扇调试。铰页调试过程中,铰链板不得承受门扇重量。采用调整垫片的数量来调整上下铰页轴的同轴度,使密封胶条压缩均匀,贴合间隙应满足设计要求;调整上下铰页轴的垂直度,使门扇无自开自闭现象;闭锁机构调试时,应使闭锁机构转动灵活,锁头同步动作。调整锁头座的垫片,使门扇和门框紧密贴合,锁头应受力均匀,伸缩量应符合设计要求。

3)与各专业的配合要求

(1)与轨道专业配合

区间隔断门门框安装是在线路调线调坡后进行,下门框安装标高以调线调坡后的轨顶面标高为基准,门框中心线以轨道中心线为基准,直线段可在铺轨前或铺轨后安装,曲线段宜在铺轨后安装。铺轨前安装时,下门框标高、门框中心线的误差值应控制在轨道施工误差范围内,以便于后期轨道专业吸收误差。区间隔断门的安全装置固定在道床预埋件上,道床施工时需预埋安全装置预埋件,安装时预埋件上表面稍高出轨顶面30~50 mm,具体以现场实际为准,预埋件通过锚固钩与道床连接为整体,预埋件底座混凝土道床同时浇筑。

(2)与接触网专业配合

区间隔断门处接触网设置可拆卸汇流排,通过可快速拆装汇流排外接头与两端汇流排连接。紧急状态下需要关闭区间隔断门时,仅需人工快速拆除 7 m 左右范围内汇流排即可满足区间隔断门启闭要求,之后恢复该范围内接触网,安装调整后即可满足行车要求。

为减少正常行车时的弓网磨耗,建议先调试区间隔断门后安装接触线,汇流排外接头断面处接触线采用贯通方式敷设。

(3)与土建专业配合

①相互进行技术交底,明确各专业的施工界面,并互提技术要求。

②门框墙采用二次施作法,门框墙钢筋绑扎完成后立装门框。门框的垂直度和定位数据调整合格后固定门框,并用钢筋临时支撑加固,土建专业在浇筑墙体时应做好成品保护,保证门框的垂直度不超过允许偏差范围。

③土建专业向人防门安装单位移交区间隔断门里程数据,必要时办理移交手续。

④与土建专业一起确定墙皮线、门口线及门框尺寸、位置、标高、开启方向,确定无误后方可预埋门框;如现场出现与图纸不符的,必须通过设计单位明确。

⑤配合土建专业,依据区间隔断门门框墙处的结构配筋图预埋钢筋吊环。

⑥合理安排施工周期,降低占用轨道和封闭行车线路的时间。

⑦穿越区间隔断门门框墙的预埋管施工时,供电专业人防埋管为热浸镀锌钢管,壁厚不小于 4 mm。沿纵向通长割缝,缝宽不小于 3 mm,并用铜焊补齐割缝,防止环流及敷设时茬口割伤电缆,预埋管之间空隙应大于等于 50 mm。通信、信号、FAS、BAS 专业预埋管为消磁镀锌钢管。

(4)与 BAS 专业配合

区间隔断门的启闭状态纳入 BAS 监控系统。区间隔断门自带信号显示箱,位于区间隔断门放大段隧道外侧墙壁,同时提供无源干接点给 BAS 专业,采集界面位于信号显示箱的端子处。

(5)与动照专业配合

区间隔断门自带信号显示箱,位于区间隔断门放大段隧道外侧墙壁,显示箱供电由车站动照专业负责,接口位于信号显示箱的端子处,线缆敷设由动照专业负责。

2. 防淹门施工技术控制要点

1)技术要求

防淹门系统是地铁系统必不可少的防灾设备,当地铁穿越河流或湖泊等水域时,应考虑在进出水域两端设置防淹门系统,当隧道因意外事件破裂时防止水进入车站及隧道,避免事故扩大。事故发生时紧急关闭防淹门,封闭通过水域的隧道,保护地铁线路、车站及人身设备的安全。防淹门平时利用启闭机构,提升后锁定在防淹门室,防淹门设有就地控制、远程控制、检修模式控制三种控制模式。

正常情况下,防淹门闸门应打开并锁定可靠,不得影响行车安全;事故情况下,经信号系统、车站值班人员确认灾害并发出关闭闸门指令后,闸门能够在隧道水深高出防淹门底槛不大于 3.0 m 情况下,1.5 min 内紧急关闭到位,关闭后最大漏水量不大于 225 L/min;隧道检修完毕后,闸门在隧道内无水状态时开启。

系统按“无人值班、定期巡检”的运行模式进行总体设计,本着安全、可靠、经济、实用的原则进行配置。

2)控制要点

(1)门框墙采用二次施作法,门框墙钢筋绑扎完成后安装门框。

(2)埋件安装包括门槽、启闭机构预埋件、锁定机构预埋件和电气设备基础埋件等。

(3)门槽就位调整完毕,应与混凝土中的预留锚栓或锚板焊牢。门槽安装完毕后,应对所有的工作表面进行清理,门槽范围内影响闸门安全运行的外露物必须清除干净,并对埋件的最终安装精度进行复测。安装好的门槽,除了主轨道轨面、水封座的不锈钢表面外,其余外露表面均应进行防腐处理。

(4)启闭机构预埋件、锁定机构预埋件和电气设备基础埋件就位应准确,启闭机构预埋件、启闭机吊钩、门扇吊点应保持在同一铅垂面。

(5)闸门主支承部件的安装调整工作应在门叶结构拼装焊接完毕并经过测量校正合格后方能进行。所有主支承面应当调整到同一平面上,其误差不得大于施工图纸的规定。

(6)平面闸门水封装置的安装技术要求,应符合 NB/T 35045—2014 的规定。安装时,应先将橡胶按需要的长度粘接好,再与水封压板一起配钻螺栓孔。橡胶水封的螺栓孔,应采用专用钻头加工,不准采用冲压法和热烫法加工。

(7)门扇为垂直提升式启闭形式,安装可分三步:第一步通过门扇吊环、钢丝绳将启闭机与门扇连接;第二步连接可靠后,通过启闭机将门扇提升至防淹门室;第三步安装锁定装置,保证锁定装置工作可靠。

(8)防淹门安装完成后,必须进行不少于 20 次启闭测试,门体重心测试时,门体前后与左右方向倾斜不应超过门高的 1/1 000。

(9)启闭机、电动锁定装置及控制设备安装的基础必须稳固安全。机座和基础构件的混凝土,在混凝土尚未达到设计强度时,不准拆除和改变启闭机的临时支撑,更不得进行调试和试运转。

(10)电气设备的安装,应符合施工图纸及制造厂技术说明书的规定。全部电气设备应可靠接地。

(11)安装完毕,应对启闭机进行清理,修补已损坏的保护油漆,并根据制造厂技术说明书的要求,灌注润滑脂。

(12)区间水位检测与报警。区间水位按照四级检测、两级报警设置:一般将区间最低处的钢轨底面以下 100 mm 处设为一级水位,即系统报警临界水位,区间最低处的钢轨底面以上 60 mm 处设为四级水位,即系统报警危险水位,在一级和四级水位之间设二级和三级水位,并设置水位上涨过快(大于 50 mm/min)报警信号。水位传感器设置点位三套采用三取二的方式,水位信号上传至控制中心。

3)与各专业的配合要求

(1)与轨道专业配合

①防淹门门槽预埋应在轨道铺轨完成并锁定以后进行。

②门槽的预埋是以轨道里程、轨面标高、轨道中心线为基准进行的。

③防淹门底坎止水密封需与轨道专业密切配合(防淹门设置于曲线段时,还需提供两轨高差等参数)。

(2)与接触网专业配合

接触网在防淹门位置处采用独立小锚段加可快速拆卸汇流排的通过方式。当区间漏水需要关闭防淹门时,防淹门闸门可直接下落切断接触网汇流排,达到防淹门关闭功能,且不会破坏整体接触网,之后仅需要恢复独立小锚段内的接触网就可满足行车要求。

防淹门检修时,可不用破坏接触网,仅需人工快速拆除防淹门开合范围内汇流排即可实现防淹门的检测及维修,之后恢复此范围内接触网就可满足行车要求。

(3)与土建专业配合

①配合土建专业,依据防淹门位置,在防淹门室顶板预埋启闭机构预埋件。预埋件长期承重,应委托第三方检测单位对预埋螺栓进行拉拔测试。

②门槽预埋时,应由土建专业向防淹门安装单位移交第三方测量单位提供的里程、轨面标高、线路中心线等参数。

③闸门的锁定机构是重要的安全装置,配合土建专业,依据防淹门位置,在防淹门室底板预埋锁定机构预埋件。土建专业应在门楣上方两侧预留足够的锁定机构安装和运动空间。

④门槽预埋时,土建专业应按要求预埋管线,穿越门框墙的预埋管施工时,供电专业人防埋管为热浸镀锌钢管,壁厚不小于 4 mm,沿纵向通长割缝,缝宽不小于 3 mm,并用铜焊补齐割缝,防止环流及敷设时茬口割伤电缆,预埋管之间空隙应大于等于 50 mm。通信、信号、FAS、BAS 专业预埋管为消磁

镀锌钢管。

(4)与综合监控系统配合

①防淹门系统具有中央级(OCC)、车站级(车站控制室)和就地级(防淹门控制室)对门体状态及区间水位报警的三级监视功能,以及车站级和就地级的两级控制功能。

②防淹门控制器通过冗余的以太网方式连至车站综合监控系统的交换机。就地控制 PLC 通过 I/O 接口连接至车站控制室 IBP 柜(箱)端子排。在车站级(车站控制室)综合监控系统的 IBP 盘通过光纤通信接口/Modbus 或 RS485 接口、硬线(常开无源干接点)实现对防淹门的远程监视和控制功能。

(5)与信号系统配合

共有三种信号状态,分别为:

①防淹门系统向信号系统发送每扇门的全开门状态,如防淹门系统脱离全开状态,则信号系统必须报警。

②当需要关门时,防淹门系统向信号系统发送“请求关门”指令。

③信号系统向防淹门系统发送“允许关门”指令。

每种信号状态说明如下:

“请求关门”“允许关门”(常开无源干接点):防淹门系统需要关闭闸门时,向信号系统发出“请求关门”命令;当信号系统收到防淹门系统的“请求关门”命令后,信号系统确认满足关闭闸门的条件后,将向防淹门系统发出“允许关门”信号。防淹门系统收到信号系统的“允许关门”信号,在控制柜及 IBP 盘上的“允许关门”指示灯亮,由人工关闭防淹门。

闸门全开状态(常开无源干接点):防淹门处于全开状态时,防淹门系统不间断地向信号系统表示全开状态。防淹门系统的“全开状态”取自于锁定装置的锁定状态,锁定装置解锁后,防淹门系统将失去“全开状态”。

6.7.2 区间隔断门、防淹门施工关键技术

1. 区间隔断门施工关键技术

(1)区间隔断门安装:直线段宜在铺轨前安装,曲线段在铺轨后安装。既保证施工工期,又保证施工质量和限界要求。

(2)区间隔断门安装需在调线调坡完成之后开始,避免出现高程和中心线偏差而引起的返工。

(3)由第三方测量机构对门框的位置进行复测,复测数据包括隔断门里程、下门框标高、门框中心线,将测量数据与设计参数进行比较,超过要求及时修正,从地铁 2 号线开始一直采用此办法,没有出现一例质量事故,全部合格。

(4)区间隔断门安全装置固定在道床预埋件上,道床施工时需预埋安全装置预埋件,由轨道专业预埋安全性、可靠性较高,避免门体安全装置固定不牢靠,引起门体超限,发生车撞门事件。

(5)区间隔断门处接触网设置可拆卸汇流排,减少平战转换时间,便于隔断门的安装和调试。为减少正常行车时的弓网磨耗,建议先安装调试区间隔断门,后安装接触线,接触线采用贯通方式敷设。

(6)区间隔断门的启闭状态纳入 BAS 监控系统,同时可安装监控系统实时监控区间隔断门的状态。

(7)供电专业穿越区间隔断门门框墙预埋管为热浸镀锌钢管,沿纵向通长割缝,并用铜焊补齐割缝,防止环流及敷设时茬口割伤电缆。

2. 防淹门施工关键技术

(1)启闭机属于特种设备,须具有市场监督管理局颁发的制造许可证等相应资质。

(2)防淹门的安装调试必须在接触网的接触线施工前完成,避免接触网施工返工或影响整体调试。

(3)区间水位按照四级检测、两级报警设置,每个水位采用三取二的方式,以免发生误动作,选用水位和水位上涨过快两个节点进行报警,防止防淹门误报警和防淹门动作引起的行车事故或损失。

(4)防淹门在平时应定期进行检修,可以手动操作防淹门动作,并可在锁定装置上方进行动作,锁定

装置的位置信号应与信号系统进行联锁。

(5)防淹门属于防灾设备,因此在开通运营之前应组织信号、通信、综合监控、供电、BAS、防淹门等专业进行综合防灾演练。

6.7.3 区间隔断门、防淹门的安全管理

1. 区间隔断门的安全管理

区间隔断门长期处于开启状态时,门扇下端的千斤顶处于工作状态,防止门扇下垂,并用机械锁锁紧。安全插销处于锁定状态,安全拉链处于张紧状态,确保行车安全。在施工阶段、运营阶段应定期进行设备安全检查,具体内容如下:

(1)检查门扇下端的千斤顶、安全插销、安全拉链是否处于工作状态,若发现松动、失效、脱离、生锈等情况,应及时恢复到工作状态。

(2)检查信号箱的指示灯是否正常启用,门扇开启状态下,电源指示灯、开门到位指示灯亮起,关门到位指示灯关闭,警铃未响起。

(3)检查安全装置底座是否有松动现象,出现松动及时维护。

(4)检查活门槛、排水沟闸板是否在安全位置,出现松动及时维护。

(5)施工阶段应每周对以上(1)~(4)条要求至少检查一次,并在区间隔断门相应位置设置醒目标识及联系方式,避免人为引起安全事故。

(6)运营阶段应每月对(1)~(4)条要求检查一次,保证行车安全。

2. 防淹门的安全管理

防淹门正常处于开启状态,门扇通过钢丝绳悬挂在顶板的启闭机上,门扇下端放置在锁定梁上,锁定梁应固定牢靠,位置与信号系统联锁,确保行车安全。在施工阶段、运营阶段应定期进行设备安全检查,具体内容如下:

(1)检查锁定梁是否固定牢靠,是否有变形、错位、生锈等现象。

(2)检查启闭机的钢丝绳状态,不能松弛,应处于受力状态。

(3)检查电源、控制系统是否正常。

(4)检查水位传感器是否正常。

(5)施工阶段应每周对(1)~(4)条要求至少检查一次,并在防淹门相应位置设置醒目标识及联系方式,避免人为引起安全事故。

(6)运营阶段应每月对(1)~(4)条要求检查一次,并在锁定梁上方对防淹门进行一次运转,保证设备可用性。

6.8 综合联调

6.8.1 概　　述

综合联调开展的时机是在基本结束各系统单体调试工作后,试运行开始之前。综合联调的目的是全面、系统地检验各系统的实际功能是否达到开通运营的策划标准,以及系统间是否可按设计要求协同运作,并满足试运行及初期运营的要求。因此,开展综合联调工作是轨道交通建设工程中的一项重要内容。

6.8.2 联调主要内容

在开通运营前的有限时间内通过统一组织、指挥、管理和协调,全面地检验各系统的实际功能,同时对各系统之间的接口进行验证,对地铁线内车辆、线路轨道、供电、信号、通信、站台门、电扶梯等系统及机电设备进行现场点对点联动测试试验,并验证其能否满足设计要求,使其达到安全、可靠的开通运营条件。

根据联调的目的以及地铁各系统的划分及界面情况，联调主要分为四大板块：一是以通信牵头的5个项目，编号为T1X；二是以信号牵头的5个项目，编号为T2X；三是以综合监控牵头的7个项目，编号为T3X；四是以线网接入为目的1个项目T41。具体包含：

T1-通信系统相关的联动调试：包含具体项目为T11-通信无线集群与信号、车辆联调；T12-通信传输系统与关联系统联调；T13-通信时钟系统与关联系统联调；T14-车辆系统与PIS系统正常及灾害工况模式联调；T15-LTE车地通信系统与关联系统综合测试联调。

T2-信号系统相关的联动调试：包含具体项目为T21-信号系统功能综合测试（联锁测试，含出入段线）；T22-信号系统功能综合测试（ITC/点式模式）；T23-信号系统功能综合测试（CBTC模式）；T24-全线列车最大运行能力测试（ITC/点式/CBTC模式）；T25-信号与车辆、站台门综合联调。

T3-综合监控系统相关的联动调试：包含具体项目为T31-综合监控系统与站台门系统正常及灾害工况模式联调；T32-综合监控与FAS系统正常及灾害工况模式联调；T33-综合监控与BAS系统（含电气火灾、智能疏散、门禁）联调；T34-综合监控系统、PSCADA与供电设备联调（含非正常工况、支援供电）；T35-综合监控系统与PA、CCTV、PIS系统正常及灾害工况模式联调；T36-综合监控系统与信号系统正常及灾害工况模式联调；T37-综合监控系统与AFC系统正常及灾害工况模式联调。

T4-线网中心相关系统的联动调试：T41-NCC各系统设备与线路设备的联动调试。

6.8.3 联调的基本条件

1. T1-通信系统相关的联动调试的重要基本条件

（1）通信无线系统及信号ATS系统单系统功能调试完成，通信无线系统与信号ATS系统、车辆广播、交换系统通信接口链路已调试完成。

（2）正线、停车场的线路和设备满足行车的要求。

（3）传输系统功能完好，信号、AFC、综合监控、PIS、无线、CCTV、公务、专用电话、电源、时钟、广播、杂散电流（变电专业）、计算机网络、LTE车地通信系统已完成各自系统的单体调试，且各系统能通过传输系统提供的通道正常运行。

（4）模拟传输系统中断，传输系统环网应能实现自愈恢复。

（5）设备用电符合要求，输入稳定，勤务电话安装调试到位具备通话功能。

（6）时钟系统功能单调完成，可以正常工作。

（7）保证车站通信设备室机柜电源供电正常，并已接入传输系统，与控制中心网络连接状况良好。

2. T2-信号系统相关的联动调试的重要基本条件

（1）线路的限界检查完毕，并符合设计要求。线路、供电设备运作正常，满足信号设备用电及行车需求。

（2）各车站车控室内站间电话可用；通信无线系统已实现全线覆盖（包含正线、存车线、折返线）。

（3）信号系统完成全线联锁软件试验，确保联锁关系正确，并提供相关的测试报告。

（4）信号系统完成单体调试，并提供单体测试报告；完成信号正线与停车场的接口测试工作。

（5）设置临时OCC，ATS设备具备监控功能，中央调度可用。

（6）联锁测试功能完好，现场设备显示及控制功能正常。

（7）上线电客车完成点式通信模式功能测试，具备ITC模式颁发的非载客运行证书或以上等级证书。

（8）屏蔽门在测试过程中除信号与屏蔽门接口测试外全部打到互锁解除的位置，以保障信号功能测试的顺利进行。

信号系统相关联调顺序依循T21→T22、T23、T25→T24。

3. T3-综合监控系统相关的联动调试的重要基本条件

（1）综合监控系统各接口专业已完成各自单调，且所有相关系统、设备已投入运行，工作状态正常。

（2）各系统与信号、综合监控系统之间的接口已完成相应调试。

(3)综合监控系统设备已经具备车站级和中央级系统的监视及联调功能,且已经完成车站级和中央级系统的点对点单体调试。

(4)完成所有 BAS 系统的软件点编程,完成 BAS 系统接口的调试及所有点动调试,站级网络投入运行并工作正常。

(5)完成 ISCS 系统与 BAS 系统的点动调试。

(6)设置临时 OCC,并保证其已经具备联调功能,工作状况良好。

(7)无线通信系统的场强信号覆盖完成测试并达到标准。

4. T4-线网中心相关系统的联动调试的重要基本条件

(1)CCTV、RAD、TEL、SIG、ISCS 系统已投入运行,且工作状况良好。

(2)NCC 各系统设备与 CCTV、RAD、TEL、SIG、ISCS 系统的通信通道满足数据传输要求。

(3)NCC 各系统设备已实现对 CCTV、RAD、TEL、SIG、ISCS 系统的对接、监视功能,接口通信良好。

以上前提条件中,凡与车辆相关的专业调试均需提供两列功能正常的电客车且具备上线运行条件,以便开展调试;联调项目均由现场指挥进行协调、确认,组织落实并记录备查,由联调工作组发布联调令。如果在开通前某一系统无法达到联调的要求,则该项目联调相应延迟至满足前提条件时进行,单个项目实施前,已经在前置项目确认过的前提条件,不再进行重复确认;联调前人员、工器具、劳保用品均需齐全到位。

5. 重难点

综合联调的难点主要集中在 T32-综合监控与 FAS 系统模式联调及 T33-综合监控与 BAS 系统联调两项。FAS 系统、BAS 系统与整体安装及装修进度紧密相连,受轨道交通的土建实施工期制约严重,且联调点位繁多,两系统又为消防验收的前置必须条件。因此为保证综合联调及后续消防验收的顺利开展,西安市轨道交通针对 T32 与 T33 项目提早进行预备,对 FAS、BAS 系统的单体调试实行设备点位安装与单调同时进行的方案,并且对需要调试的点位进行归类,分批次统一安装及调试,以保证在综合联调开展后有限的时间内避免因单调未完成造成的时间及资源浪费;对施工条件复杂无法在联调开始前完成单体调试的设备点位,施行先甩项后补充的方式,在联调实施期间对其进行甩项并记录,在其余联调点位全部完成后通车运营前,再根据记录对剩余点位进行补充调试,以确保设备调试的完整性及运行的稳定性。

6.8.4 综合联调开始时机

根据项目建设周期短、时间紧、任务重的特点,西安市轨道交通将综合联调作为开通试运营前重要任务,因此通过提前规划,选择合理、合适的时机开始综合联调,既能保证资源的充分利用,又可以与建设工期匹配协调,具体方案为:

(1)线路已实现轨道、供电、通信的三通,车站设备(包括 FAS、BAS、门禁、信号、通信、供电、AFC 等全部设备系统)安装完成率达到 70%以上。

(2)全线设备系统(车站、车辆段、停车场、变电所等)总体安装进度达到 80%以上。

(3)车站及中心设备项目单调率达到 50%以上。

满足以上三个条件后可根据前期制定的联调方案开始进行综合联调,但是由于轨道交通建设工期受各种客观因素影响,并不能保证按照既定计划完成土建及安装装修进度,因此以上条件在无法保证工期的情况下可适当降低完成率百分比提前介入进行综合联调,以保证项目工期完成时间不受影响。

6.8.5 延伸线综合联调

(1)针对既有延伸线路的联调,首先要确保既有线正常运营及安全生产,本着安全第一、先局部后整体的思路,需先搭建临时控制中心,对新建延伸线各站点及区段进行调试,后与既有线进行整体贯通测试,以此降低调试风险和对既有线的影响。

(2)延伸线综合联调难点在于不影响既有段正常运营的前提下完成新建段综合监控系统的接入工

作，为此需要组织调配多名有经验的工程人员，根据现场实施情况分阶段、分车站进行系统接入工作，并根据现场情况及时进行调整。同时配合相关单位（如现场设备厂家人员、施工方）进行现场调试工作；在夜晚停止运行后，将临时中心实时服务器以及调试工作站接入控制中心，利用临时控制中心设备分阶段完成全线综合监控系统的调试，待所有功能调试完成后，再将临时控制中心数据导入既有控制中心设备，从而实现延伸线工程车站系统的接入；此工作完全在夜间进行，对实施人员专业及效率要求较高。

（3）在延伸线联调过程中，地铁运营分公司及相关线路管理方需做到明确设备设施管理标准，验证新增设备与既有设备接口的匹配性，加强现场管理及应急处置，同时做好调试的衔接工作；通过合理运用组织策划等手段，有效解决贯通运营及设备更新变化带来的管理问题。

6.8.6 全自动运行实施后的综合联调

西安市自地铁 8 号线开始全部使用全自动运行技术，全自动运行系统是一项系统工程，其涉及车辆、信号、通信、综合监控、站台门等各系统专业，因此针对列车全自动运行的综合联调工作，西安市轨道交通参照交通运输部发布的《城市轨道交通初期运营前安全评估技术规范》要求并结合既有其他城市及过往线路调试经验，为后续新建全自动运行线路制定了预实施方案。

1. 车辆系统

在全自动运行系统联调过程中，需特别注重乘客体验、全自动运营安全管理及应急处置相关和全自动系统差异功能的测试。对车门障碍物探测及车门故障隔离进行全面测试；对中央调度的乘客引导功能进行验证，确保车内信息的准确；对车厢视频调用功能进行验证，确保对列车运行情况进行监视；对车辆故障、应急信息进行模拟测试，确保故障及应急信息及时传递至中央；对乘客语音对讲的中央通话功能进行验证，确保乘客在应急情况下及时与中央调度员沟通；对车辆故障信息的上传及车载设备远控功能进行验证，确保中央车辆调度员准确获取车辆状态信息及应急情况下远控处置。

2. 信号系统

在系统联调过程中，信号系统的联调需围绕列车安全防护、系统设计最大能力、列车旅行速度及全自动运行专项功能四个方面进行充分的测试。应结合《城市轨道交通初期运营前安全评估技术规范》要求，对信号系统可靠性、可用性、可维护性及安全性进行逐一系统验证，包含列车超速安全防护测试、追踪安全防护测试、退行安全防护测试、车门与站台门安全防护测试等；全自动运行线路应在系统联调验证新增的设备及接口功能，包括新增的冗余接口功能、场段自动化管理功能及主备控制中心切换功能，以及全自动运行下蠕动模式、自动对标和跳跃等功能。

3. 通信系统

通信系统涉及传输系统、无线通信系统、乘客信息系统（PIS）、交换系统（公务及专用电话）、视频监控系统（CCTV）、广播系统（PA）等诸多子系统，通信系统的联调重点是对通信系统全自动功能相关的接口功能进行验证。在系统联调中应特别注重与客服、调度使用相关的通信功能验证及线路间的互联互通相关测试工作。系统联调需要对中央无线调度台、车载台、车站固定台及 800 MHz 手持台进行单呼、组呼、紧急呼叫、全呼等功能验证，为行车安全提供通信保障。全自动线路系统联调中，通信乘客服务相关功能的验证主要是对通信与信号、车辆等接口功能的验证，包含车站广播、乘客信息的发布，车站、车厢的视频调用，相关报警信息的视频联动等。线网层面应对无线系统、公务电话系统进行线路与线网间的互联测试，便于城市轨道交通线网层级管理。

4. 综合监控系统

综合监控系统联调要分别对常规车站机电系统接口功能及中央信号等接口强化功能进行验证。综合监控系统在车站集成和互联了几乎所有的机电系统，接口众多，调试工作量相对较大。在全自动运行线路中，系统联调周期较为紧张，系统间联动功能验证前置条件要求较高。综合监控系统联调应在保障接口测试完整性的基础上对重要机电系统功能进行验证，如机电系统故障一致性测试、防灾联动测试、综合后备盘功能测试等。全自动运行线路综合监控系统联调的中央级功能验证须对区间设备监控功能、列车运行位置、列车状态信息一致性等功能进行核验,同时要对故障及降级场景下的推图功能进行验证。

5. 场景联动

场景联动功能验证既要对正常、故障及应急场景的多系统联动进行核验,也要对运营人员的作业规范和应急流程同步进行验证,因此场景联动联调需与运营场景演练同步组织实施。

6.8.7 综合联调的实施

依据线路特点,西安市轨道交通综合联调实施时分别从人员组织、工期筹划、问题管理、安全管理、联调评价等几个方面着手,强化综合联调的组织管理,以确保可以高效、全面、可靠地完成调试任务。

(1)为实现对各综合联调项目的统一指挥和管理,西安市轨道交通成立综合联调组织机构。

(2)综合联调人员选配遵循主管负责原则,依据综合联调工作组建相应队伍,对参建单位从资质、责任心、培训、交底、考核等方面进行全方位管理。

(3)联调组织架构人员确保稳定。调动供货商、集成商、施工单位及设计、监理人员,确定人员组织并在联调工作组进行备案。

小　　结

轨道交通行业近年呈快速发展态势,在快速建设周期内,通过合理的组织安排,加强各系统间的综合联调工作,将会安全、可靠、有力地保证地铁建设工期和设备系统的正常运营。

第7章 BIM技术在施工中的应用

7.1 概 述

BIM技术是城市轨道交通现代、安全、高效、绿色、经济建设的重要技术手段。2020年,西安市轨道交通集团成立智慧城轨新技术应用工作组,推动以云平台、全自动运行、智慧车站、BIM等为代表的新技术在建设规划线路中全面试点和落实,以整合资源、提高效率,确保各项工作按计划有序开展。

在西安市轨道交通工程全生命期BIM应用的模式下,由勘察设计、施工和设备供应商创建模型并开展BIM应用,提高设计施工质量,提高建设管理水平。BIM平台辅助各参建方BIM模型的提交、各类模型的审核、参建方之间的模型传递,以及基于BIM的管理应用。

根据施工阶段BIM应用目标,主要开展利用BIM进行细化、完善施工方案,指导构件的生产和现场实施;对施工进度、人力、材料、设备、质量、安全、场地布置等信息进行动态管理,实现施工过程的可视化模拟和掌控;在施工过程中,对工程动态成本进行实时、精确的计算和分析,提高对项目成本和工程造价的管理能力。

西安市轨道交通建设规划项目,根据西安市轨道交通建设规划项目工程特点,在BIM标准体系的基础上,针对每条线路的项目特点制定具体的基础应用与特色应用,保障BIM工作要求的真正落地。

7.2 BIM技术基本应用

本节以国标体系为框架,从施工模型、深化设计、施工模拟、预算与成本管理,以及基于BIM的施工管理五个方面,结合案例概述西安市轨道交通施工阶段BIM应用。

施工阶段应用主要由施工相关参与方实施,其他参与方配合,对施工阶段应用要求主要分为施工阶段模型深化和基于BIM平台开展的辅助建设管理应用,同时在施工过程中加强对施工单位引导开展服务于施工环节的BIM应用内容。

7.2.1 施工模型

BIM模型创建是开展施工阶段BIM应用的基础,BIM技术应用的过程实质上是模型创建、集成、共享和管理建筑信息的过程。它是以建筑工程项目的各项相关信息数据作为基础,通过数字信息仿真模拟建筑物所具有的真实信息,在建设过程中进行共享和传递。

1. 模型创建范围

在施工图设计模型基础上,通过增加或细化模型元素等方式创建深化设计模型和施工过程模型。深化设计模型包括土建、机电、装修等子模型,施工过程模型包括进度管理、质量管理、成本管理、安全管理等子模型。

2. 模型细度

应达到指导施工和辅助施工管理的深度,支持关键复杂节点、大型设备运输路径、工程筹划等分析,以及施工进度、质量、安全、风险、成本等管理,满足各项施工阶段BIM应用需求。

3. 施工深化模型交付内容

深化设计模型是指在施工图设计模型的基础上增加施工临建等专业模型,并对施工图设计模型按分步、分项工程分割、细化,满足指导施工的需要。需增加的模型和信息见表7.1。

表 7.1 施工临建 BIM 模型数据内容

序号	类型	要素	几何信息	非几何信息
1	办公区	房屋、消防器材、办公用品等	空间定位、尺寸	材质
	生活区	体育设施、健身器材、消防器材、生活用房等	空间定位、尺寸	材质
	材料堆放区	库房、道路、消防设施	空间定位、尺寸	材质
	施工作业区	门禁、加工棚、消防设施、施工机械等	空间定位、尺寸	机械型号、维保责任人等
	施工围挡	各阶段施工占地围挡	空间定位、尺寸	材质
2	监测设施	沉降监测点	空间定位、尺寸	材质
		水平位移监测点	空间定位、尺寸	材质
		测斜点	空间定位、尺寸	材质
		收敛点	空间定位、尺寸	材质
		水位监测点	空间定位、尺寸	材质
		影像采集器	空间定位、尺寸	材质、型号
		环境监测点(温度、湿度、$PM_{2.5}$)	空间定位、尺寸	材质、型号

4. 施工过程专项子模型

施工阶段 BIM 应用开展需建立满足进度、安全、成本等施工管理需要的子模型。每个子模型均在设计深化模型的基础上增加对应的动态管理信息。

1)进度管理子模型

在设计深化模型的基础上,按工程活动模块进行整合划分,并赋予进度过程的动态信息。进度管理子模型数据内容见表 7.2。

表 7.2 进度管理子模型数据内容

序号	活动模块	环境因素	工点进度信息	施工进度信息
1	地面高架	各活动模块包含内容、工法正常情况投入的资源数量、气候条件、交通条件、融资条件等	总体设计工期;初步设计工期;施工图设计工期;征地拆迁工期;前期工程工期;招投标工期	开始时间、完成时间、总工期、环境影响工期、有效工期等
2	地面车站			
3	地下车站(含主体、附属)			
4	车辆基地工程			
5	区间隧道			
6	轨道(含道床、道岔)			
7	车站装修(含出入口、风亭)			
8	设备安装(含水、暖、电、通信、信号等)及调试			
9	冷滑、热滑			
10	全线单调			
11	联调联试			
12	试运行			

2)安全质量管理子模型

安全质量管理子模型是在设计深化模型的基础上,以进度子模型为基础,按风险点进行整合划分,并赋予随进度过程的监测数据、验收数据等动态信息。安全质量管理子模型数据内容见表 7.3。

表 7.3　安全质量管理子模型数据内容

序　号	类　　别	模　型　内　容
1	暗挖	穿越地上建(构)筑物、地下结构
2		穿越地下管线
3		穿越河湖
4		竖井
5		马头门
6		多导洞施工扣拱
7		大断面临时支护
8		扩大段开挖模型
9		仰挖、俯挖模型
10		钻爆法开挖模型
11		围岩等级突变模型
12	明挖	深基坑开挖土方、支护等模型
13		钻孔、成槽等动土作业模型
14		基坑周边风险源模型
15	盾构	盾构始发段模型
16		盾构到达段模型
17		盾构开仓模型
18		盾构穿越特级风险工程模型
19		空推段模型
20		穿越一级风险工程
21		接近隧道模型
22		区间联络通道模型
23	高架	预制梁模型
24		悬臂挂篮模型
25		桥梁转体模型
26		架桥机模型
27	大型施工机械	门式起重机
28		塔式起重机
29	模板工程及支撑体系	高度 8 m 及以上模架搭设模型
30		搭设跨度 18 m 及以上、或施工总荷载 15 kN/m^2 及以上、或集中线荷载 20 kN/m 及以上、或处于斜坡段的混凝土浇筑模型
31	铺轨	铺轨(调试)行车模型

续上表

序号	类别	模型内容
32	其他关键部位	主体结构与附属结构连接部位混凝土模型
33		钢管柱与洞桩连接部位模型
34		PBA 洞桩法大直径钻孔桩模型
35		梁板柱节点混凝土模型
36		暗挖全断面注浆模型
37		PBA 工法二衬梁拱模型
38		顶管施工的始发/接收段模型
39		跨度大于36 m 及以上的钢结构安装模型;跨度大于60 m 及以上的网架和索膜结构安装模型
40		水下作业工程模型
41		人工挖孔桩模型

3)成本管理子模型

成本管理子模型是在设计深化模型的基础上,以进度子模型为基础,以计量规则为条件进行整合划分,并赋予随进度过程的成本核算等动态信息。成本管理子模型数据内容见表7.4。

表7.4 成本管理子模型数据内容

序号	类别	成本模块	模型信息
1	路基、围护结构工程	土方工程	项目编码、项目名称、项目特征、计量单位
		石方工程	
		地基处理	
		基坑与边坡支护	
		基床	
		路基排水	
		灌注桩	
2	高架桥工程	桩基工程	项目编码、项目名称、项目特征、计量单位
		现浇混凝土	
		预制混凝土	
		箱涵工程	
		砌筑	
		钢筋工程	
		钢结构	
		其他	
3	地下区间工程	区间支护	项目编码、项目名称、项目特征、计量单位
		衬砌工程	
		盾构掘进	
4	地下结构工程	现浇混凝土	项目编码、项目名称、项目特征、计量单位
		预制混凝土	
		防水工程	

续上表

序　号	类　别	成本模块	模型信息
5	轨道工程	铺轨工程	项目编码、项目名称、项目特征、计量单位
		铺道岔工程	
		铺道床工程	
		轨道加强设备及护轮轨	
		线路有关工程	
6	通信工程	通信线路工程	项目编码、项目名称、项目特征、计量单位
		传输系统	
		电话系统	
		无线通信系统	
		广播系统	
		闭路电视监控系统	
		时钟系统	
		电源系统	
		计算机网络及附属设备	
		联调联试、试运行	
7	信号工程	信号线路	项目编码、项目名称、项目特征、计量单位
		室外设备	
		室内设备	
		车载设备	
		系统调试	
8	供电工程	变电所	项目编码、项目名称、项目特征、计量单位
		接触网	
		接触轨	
		杂散电流	
		电力监控	
		动力照明	
		电缆及配管配线	
		综合接地	
		感应板安装	
9	智能与控制系统安装工程	综合监控系统	项目编码、项目名称、项目特征、计量单位
		环境与机电设备监控系统(BAS)	
		火灾报警系统(FAS)	
		旅客信息系统(PIS)	
		安全防范系统(SPS)	
		不间断电源系统(UPS)	
		自动售检票(AFC)	

续上表

序 号	类 别	成本模块	模型信息
10	机电设备安装工程	自动扶梯及电梯	项目编码、项目名称、项目特征、计量单位
		立转门	
		屏蔽门(或安全门)	
		人防设备及防淹门	
11	车辆基地工艺设备	车辆段停车列检库工艺设备安装工程	项目编码、项目名称、项目特征、计量单位
		车辆段联合检修库设备安装工程	
		车辆段内燃机车库设备安装工程	
		车辆段洗车库、不落轮旋库设备安装工程	
		车辆段空压机站设备安装工程	
		车辆段压缩空气管路设备安装工程	
		车辆段蓄电池检修间设备安装工程	
		综合维修设备安装工程	
		物资总库设备安装工程	
12	拆除工程	拆除路面及砖石结构工程	项目编码、项目名称、项目特征、计量单位
		拆除混凝土工程	
13	措施项目	围堰及筑岛	项目编码、项目名称、项目特征、计量单位
		便道及便桥	
		脚手架	
		支架	
		洞内临时设施	
		临时支撑	
		施工监测、监控	
		大型机械设备进出场及安拆	
		施工排水、降水	
		设施、处理、干扰及交通导行	
		安全文明施工及其他措施项目	

施工阶段应用主要由施工相关参与方实施,其他参与方配合,对施工阶段应用要求主要分为施工阶段模型深化和基于BIM平台开展的辅助建设管理应用,同时在施工过程中加强对施工单位引导开展服务施工环节的BIM应用内容,见表7.5。

表7.5 施工阶段应用列表

序 号	基础应用点	应 用 内 容
1	土建深化设计	建立工区场地模型;根据设计模型深化管线改迁、交通导改模型与现场一致;根据设计模型深化模型,检查管线桥架等穿墙点,解决施工阶段的孔洞预留
2	关键、复杂节点工艺模拟	关键、复杂节点进行可见性施工三维预演模拟
3	工程筹划模拟	根据施工进度计划及施工方案创建施工进度模型
4	基于平台的进度管理	基于BIM-GIS平台实现进度管理应用

续上表

序 号	基础应用点	应 用 内 容
5	基于平台的质量管理	基于 BIM-GIS 平台实现质量管理应用
6	基于平台的安全风险管理	基于 BIM-GIS 技术体系实现安全风险管理
7	机电深化设计	优化机电管线排布、综合支吊架深化等
8	装修深化设计	对装修设计本身的效果校核、对整个空间设计的校核、各类设施的平衡、管线校核和标高控制等
9	大型设备运输路径检查	动态模拟设备的安装检修路径并优化

7.2.2 土建深化设计

1. 应用内容

建立施工各阶段施工场地模型，根据现场施工深化管线迁改、交通导改模型。展示施工用地与城市规划用地控制线关系、车站结构与周边建(构)筑物的空间关系，辅助项目沟通交流。

结合设计管综模型，获取穿墙点相关管线与桥架构件的尺寸、位置和高度等信息，截取开孔剖面，以表格形式输出包含孔洞编号、尺寸和高度等信息的孔洞清单，指导施工现场孔洞预留，利用深化设计模型在预埋件布置部位获取类型、规格、位置和高度等信息，截取包含尺寸标注的预留预埋布置图，指导施工现场预埋件布置，避免由于错、漏导致的管线拆改、封堵孔洞、重新开凿和重新埋设等，达到节约材料和工期的目的。

2. 应用流程

(1)基础数据收集。收集设计图纸及土建专业模型、施工图设计阶段管线综合调整后的成果模型。

(2)根据项目建设各阶段施工场地及周边的真实环境，建立开工前、施工各时期的施工区域三维场地模型(包含施工临建、施工围挡、标识标语、重要三临设施等)。

(3)根据施工图设计阶段管线迁改的成果及现场实际情况进行模型调整，形成与现场一致的管线迁改模型。

(4)测量土建结构净高、净宽，与土建模型中对应位置进行核对，使土建模型与现场一致。

(5)对应管线桥架等穿墙点，获取对应管线、桥架尺寸、位置和高度等信息，模型中对二次结构开洞。

(6)截取开孔剖面，在平面视图中对洞口进行标注(孔洞编号、尺寸和高度等信息)。

(7)记录开孔清单，统计孔洞清单以表格形式进行输出，包含孔洞编号、尺寸和高度等信息的孔洞清单。

(8)进行校审，修改后输出成果。

施工阶段土建深化设计流程如图 7.1 所示。

3. 流程图中包含的数据信息说明

基于三维管线综合后的模型进行应用，模型数据与三维管线综合保持一致。

4. 应用成果

施工阶段土建深化模型；开孔剖面，开孔剖面是针对管线穿隔墙设计，应包含剖切面中孔洞的高度、尺寸，以及剖切面对应的建筑、结构信息；孔洞清单，提供一定尺寸以上的孔洞的统计清单，以表格形式提交，应包含孔洞编号、尺寸、高度等信息。BIM 深化墙洞如图 7.2 所示。

7.2.3 关键、复杂节点工艺模拟

1. 应用内容

基于施工建造过程、施工顺序等信息，对项目的关键、复杂节点进行可见性施工前的三维预演模拟，辅助检查施工方案的可行性并进行方案优化，形成可视化交底记录，发现不同专业的配合要点，提前做好

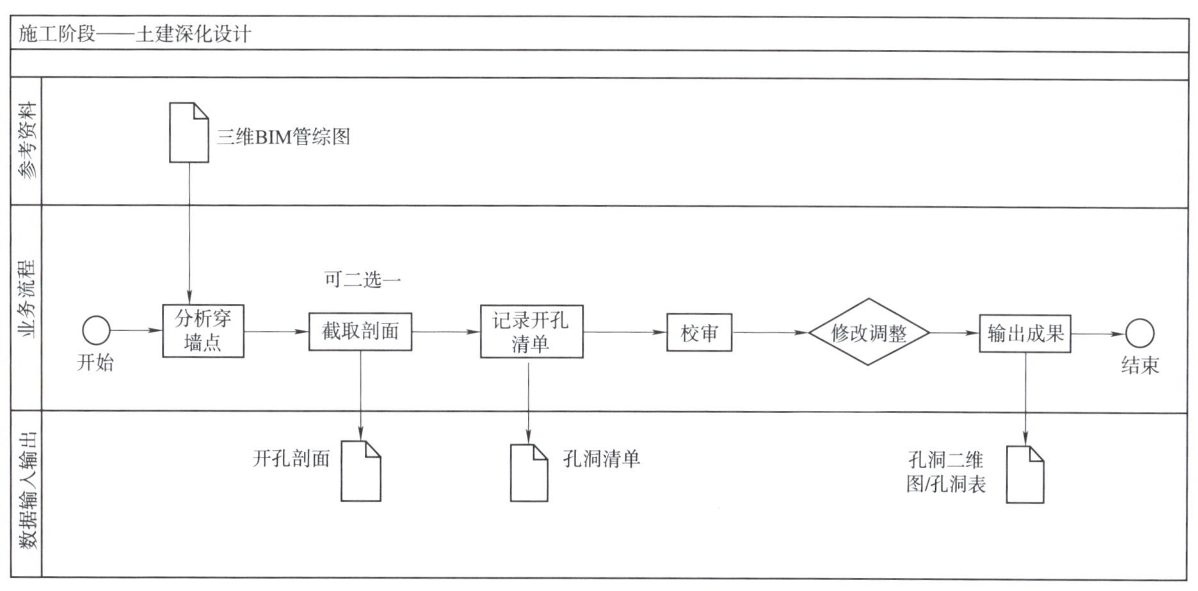

图 7.1 施工阶段土建深化设计流程

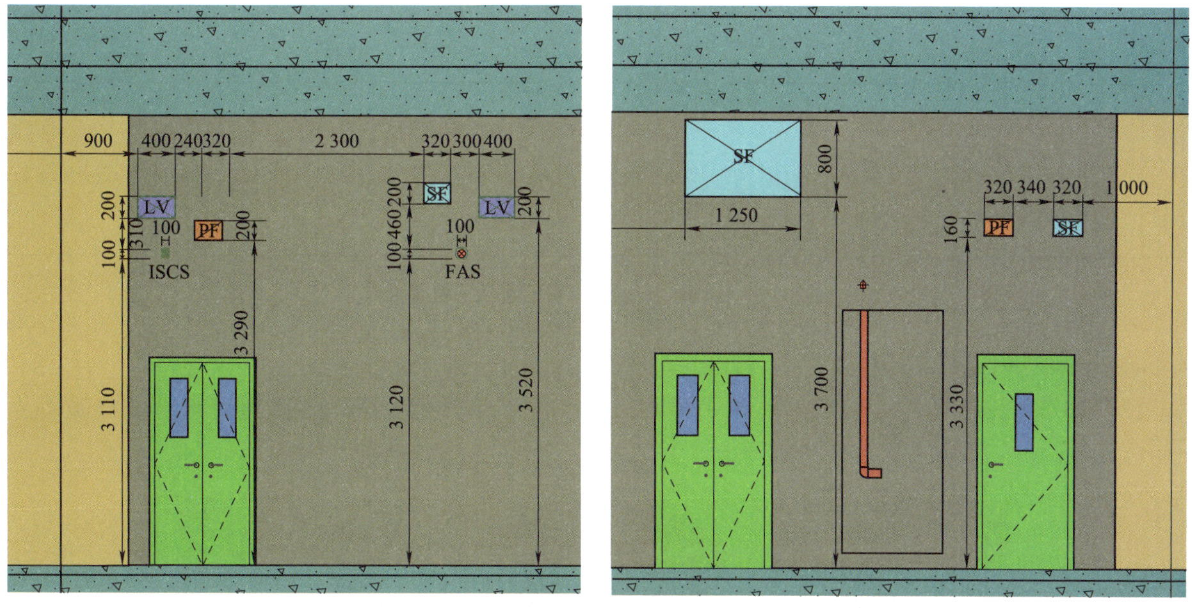

图 7.2 BIM 深化墙洞图(单位:mm)

工筹安排,减少后续的现场协调,提高工作效率。

2. 数据准备

(1)重要及复杂节点(施工中的土方工程,大型设备及构件安装、垂直运输,盾构隧道施工的始发、接收,联络通道施工,根据项目实际情况按需确定)专项施工方案。

(2)各专业模型(建筑模型、结构模型、周边环境模型、相关机械模型等)。

(3)施工图纸、施工进度计划及施工组织流程。

3. 应用流程

(1)检查可编辑模型与现场一致性、专项方案中涉及模型内容完整性。

(2)根据节点模拟需要,将施工项目重要复杂节点的工艺安排、资源组织和平面布置信息附加或关联到模型中。

(3)根据模拟任务调整模型范围,模拟过程涉及空间碰撞的,应确保足够的模型细度及工作面;模拟过程涉及与其他施工工艺交叉的,应保证各工序的时间逻辑关系。

(4)利用附加施工建造过程、施工顺序的 BIM 模型制作工序模拟视频,展示施工重要及复杂节点的施工方案,辅助指导实际项目施工。

施工阶段关键、复杂节点工艺模拟应用流程如图 7.3 所示。

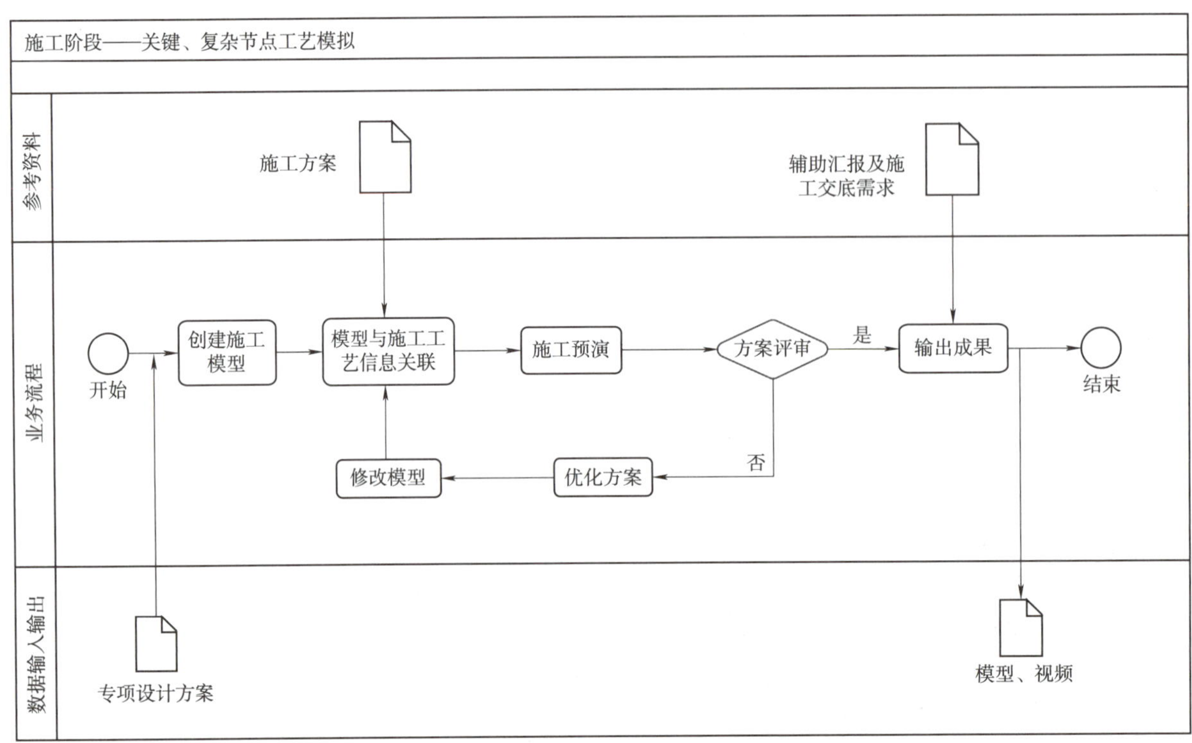

图 7.3　关键、复杂节点工艺模拟应用流程

4. 应用成果

应用成果有复杂节点可编辑模型、复杂节点施工工序模拟视频。PBA 工法模拟视频截图如图 7.4 所示。

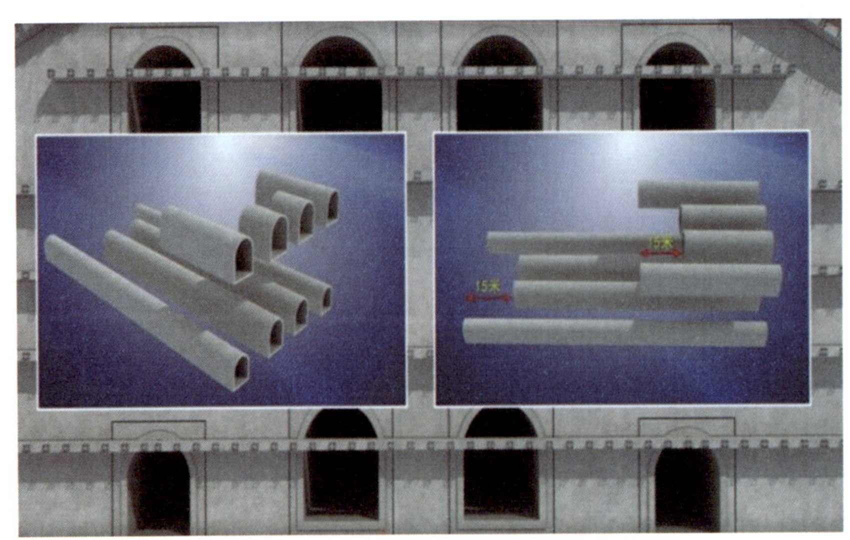

图 7.4　PBA 工法模拟视频截图

7.2.4 工程筹划模拟

1. 应用内容

在施工阶段,依据施工进度计划及施工方案确定的施工流程和逻辑关系,将其与施工图设计阶段的建筑、结构三维建筑信息模型关联生成施工进度信息模型并对施工方案模拟。结合实际情况制定不同施工方案及对应时间,对方案进行动态调整。

可对资源配置进行模拟,根据施工方案及主体工程量合理配置机械设备、人员等。

2. 应用流程

(1)收集进度数据、施工进度计划。

(2)根据项目特点创建工作分解结构,工作分解结构应根据整体工程、单位工程、分部工程、分项工程、施工段、工序依次分解。

(3)工作分解结构宜达到支持制定进度计划的详细程度,并包括任务间关联关系;在工作分解结构基础上创建的信息模型应与工程施工的区域划分、施工流程对应。

(4)根据工作分解结构对导入的施工模型进行切分或合并处理,将进度计划与三维建筑信息模型链接关联生成施工进度管理模型。

(5)利用施工进度模型进行可视化施工模拟。优化和调整施工方案,指导施工项目实施。

施工阶段工程筹划模拟应用流程如图 7.5 所示。基于 BIM 平台的施工进度管理如图 7.6 所示。

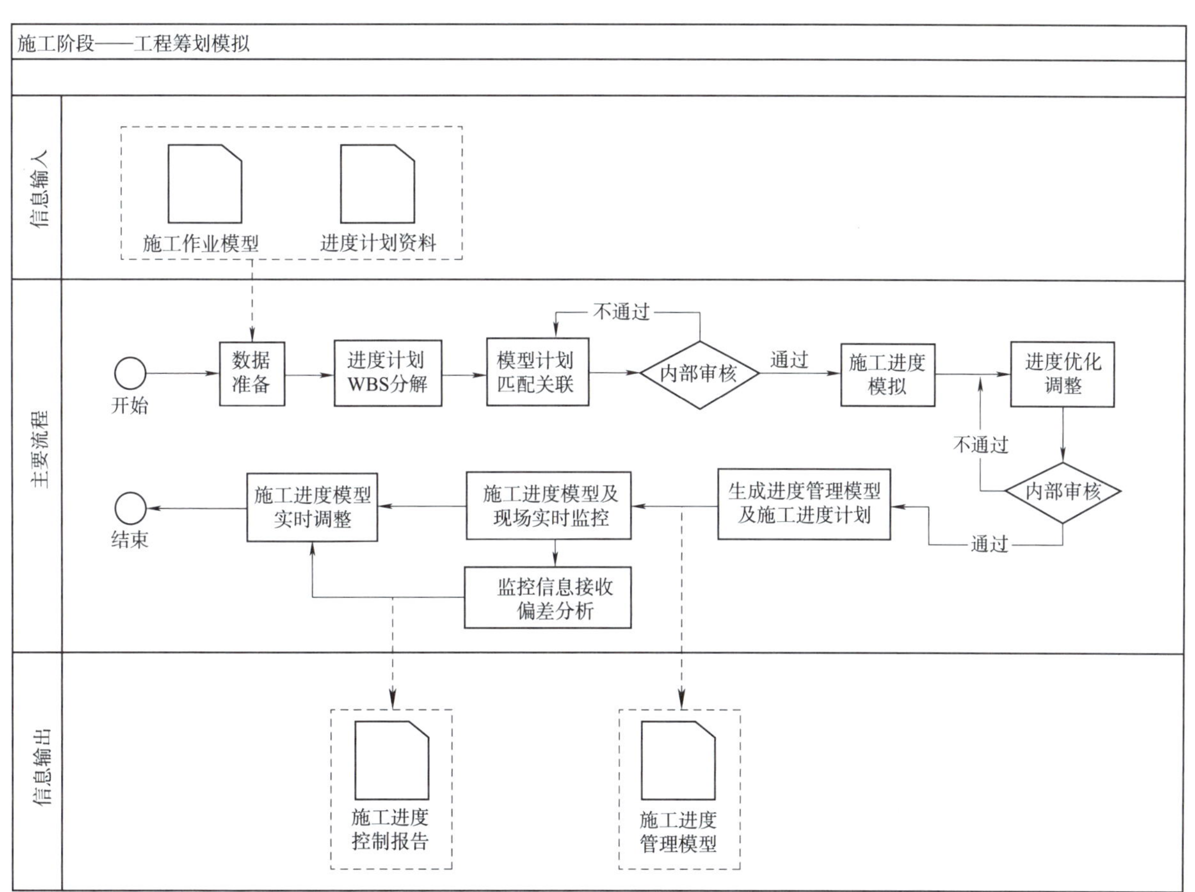

图 7.5 工程筹划模拟应用流程

3. 应用成果

应用成果有施工进度模型、工筹模拟视频。施工进度模型如图 7.7 所示。

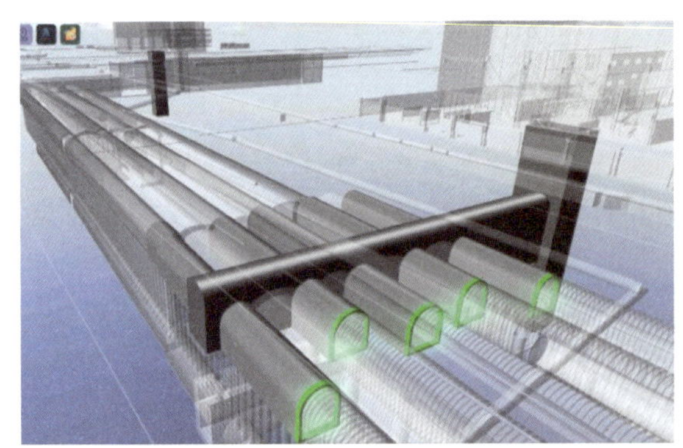

图 7.6　基于 BIM 平台的施工进度管理

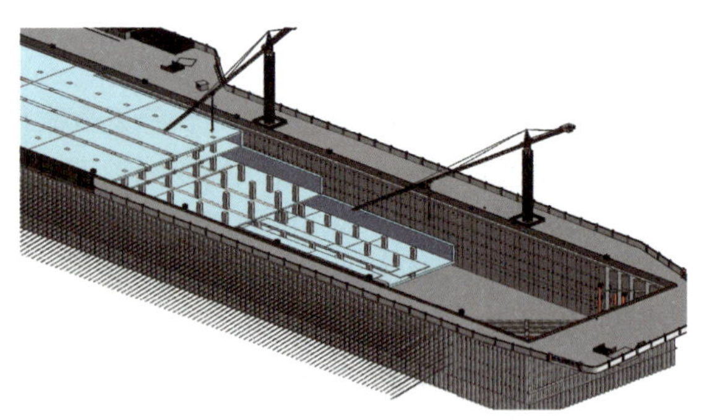

图 7.7　施工进度模型

7.2.5　基于 BIM 的施工管理

填报现场实际进度信息，基于 BIM 平台实现项目进度总览、线路重大节点管理、关键节点管理、虚拟现场管理的工程进度管理体系。基于平台进行计划与进度对比分析、进度统计分析和进度预警等。应用过程需施工单位填报施工进度计划及实际进度资料，监理单位审查。施工进度管理示意如图 7.8 所示。基于 BIM-GIS 平台的进度管理，通过提前对土建模型按照施工工序进行拆分及工程编码，将模型信息和现场进度数据挂接，对业主单位及时把控施工进度具有极大的意义。

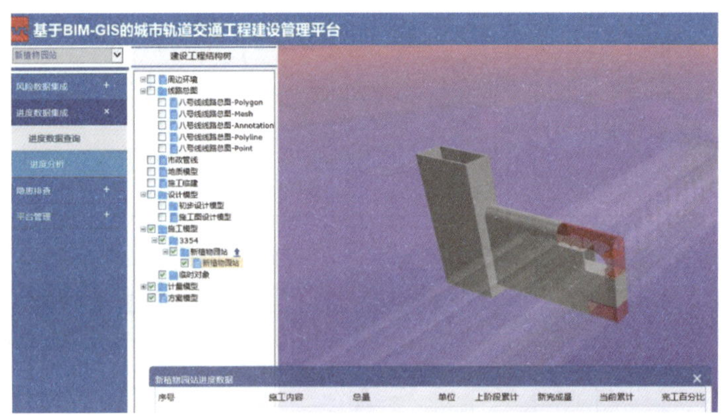

图 7.8　施工进度管理示意图

基于平台的安全风险管理，对安全风险数据获取并与三维模型关联，基于 BIM-GIS 平台实现风险源定位、监测数据集成、风险预警管理等，辅助施工过程安全风险管理，如图 7.9 所示。

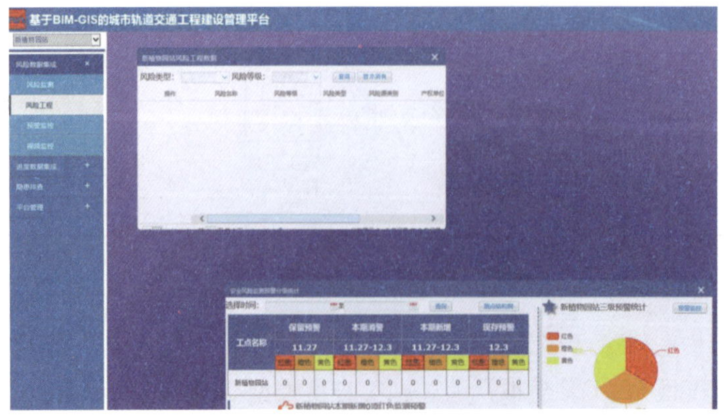

图 7.9　基于 BIM 平台的安全风险管理

7.2.6　机电深化设计

1. 应用内容

基于施工图设计模型,根据施工需要和规范要求开展设备管线优化布置、综合支吊架优化布置、设备机房布置、管道保温层设置、管线分段下料、异形构件建模指导加工等应用,指导构件加工和现场安装,保障设备安装布局美观,减少返工、缩短工期、提高施工水平。

2. 应用流程

(1)收集数据。数据内容包括管线综合模型、土建模型。

(2)管线模型中添加保温层,根据三维管线综合图及综合支吊架设计规范分析现有管线排布,针对添加保温层后的管线模型的排布进行调整。

(3)制定支吊架方案,并导出综合支吊架图纸。

(4)设备机房布置方案分析。

(5)管段、异形构件细化建模并进行校审,修改后输出成果。

施工阶段机电深化应用流程如图 7.10 所示。

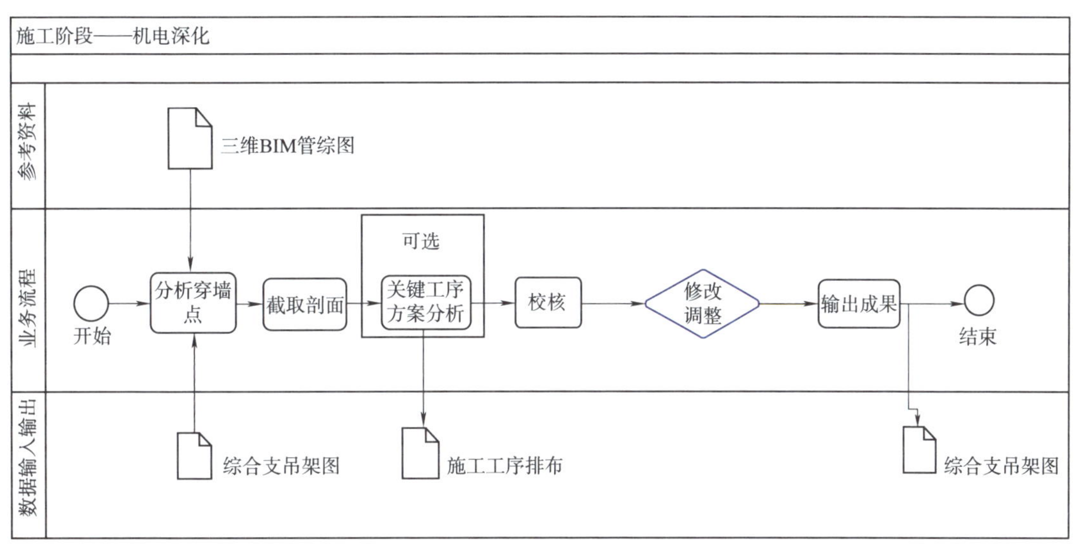

图 7.10　施工阶段机电深化流程

3. 流程图中包含的数据信息说明

机电深化设计应基于 BIM 三维管线综合设计成果开展,基础信息与其保持一致。

4. 应用成果

机电深化模型含机房布置、管道保温层、管线分段,其中异形构件可配套构件族文件交付;综合支吊架三维模型图(图纸),综合支吊架三维图纸以 BIM 模型剖面图为蓝本,在其基础之上标示综合支吊架位置、尺寸、标高。应用成果如图 7.11 和图 7.12 所示。

(a) BIM深化模型

(b) 三维预留孔洞图

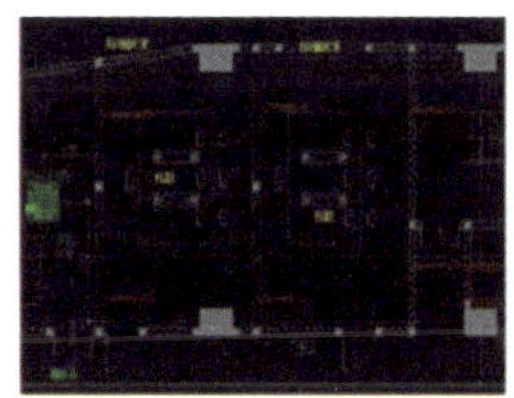
(c) 二维预留孔洞图

(d) 按图精确预留

图 7.11　墙体孔洞精准预留

图 7.12　设备管理用房深化设计

7.2.7　装修深化设计

1. 应用内容

基于装修方案和三维管线综合成果综合分析应用，深化装修模型。解决对装修设计效果校核、对整个空间设计的校核、各类设施的平衡、管线校核和标高控制等问题，并通过 BIM 模型呈现装修设计方案，最终成果可确保装修方案切实可行、无冲突。

2. 应用流程

(1)收集数据。数据内容包括车站土建模型、机电模型、建筑图、结构图、管线综合图等。

(2)建立装修模型。装修模型范围包括公共区装修、设备房间装修、设备走廊装修。

(3)分析管线排布。根据三维管线综合图及装修方案分析装修影响。

(4)进行建筑、结构影响分析。

(5)进行管线校核、标高控制。

(6)各类设施平衡。

(7)调整修改装修模型，在关键部位输出视图。

(8)效果审核，修改完善后输出成果。

施工阶段装修深化设计应用流程如图 7.13 所示。

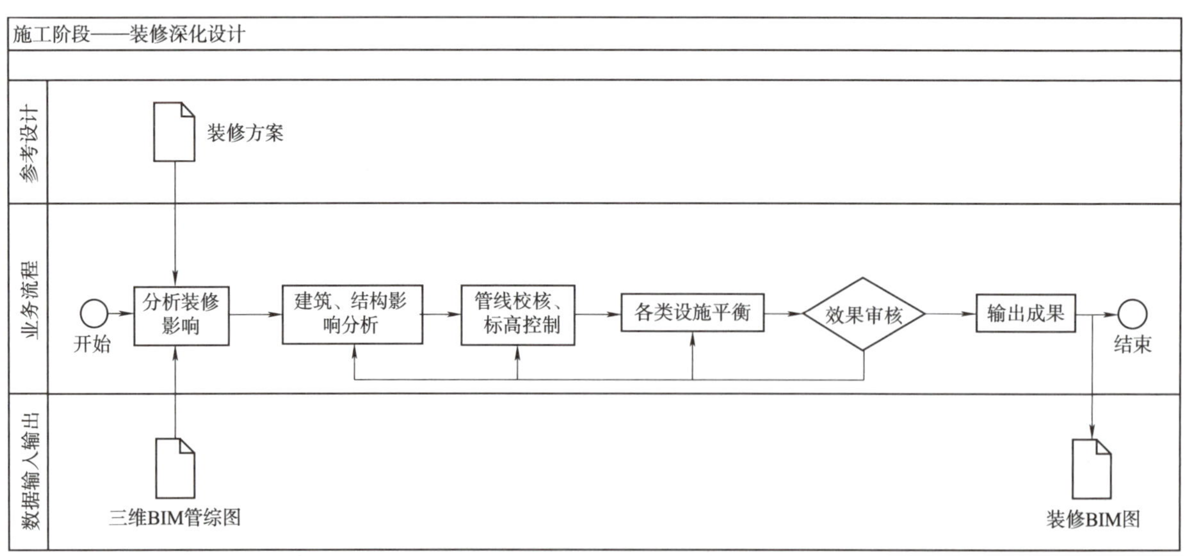

图 7.13　施工阶段装修深化设计流程

3. 流程图中包含的数据信息说明

在三维管线综合模型的基础上，增加装修材料的材质信息、办公设施的几何信息。

4. 应用成果

装修深化模型以三维渲染图片方式交付装修深化设计图。在站厅层、站台层公共区等关键部位,应能展现出装修设计意图,并用合适的装修材料进行展示。装修深化设计如图 7. 14 所示。

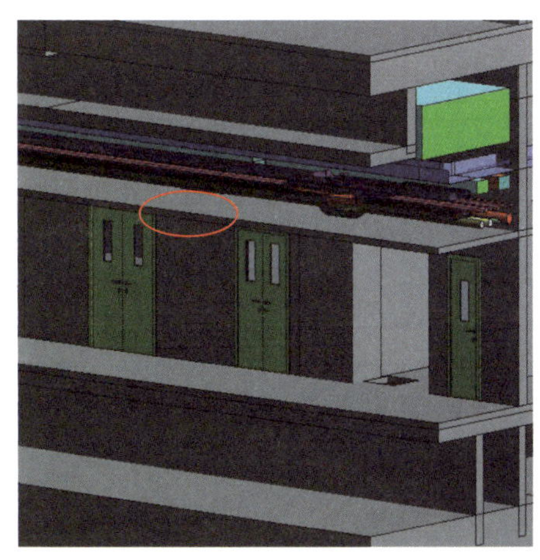

(a)原设计方案

(b)吊顶取消后

图 7. 14 装修深化设计

7. 2. 8 大型设备运输路径检查

1. 应用内容

搭建大型设备(电扶梯、冷水机组、大型供电设备、空调机组、大风机、组合风阀等)模型和定义运输路径,动态模拟设备的安装检修路径,生成大型设备运输路径模拟视频,提前规划并检查大型设备的运输检修路径,以防现场返工导致的浪费和工期延误。

2. 应用流程

大型设备运输路径检查流程如图 7. 15 所示。

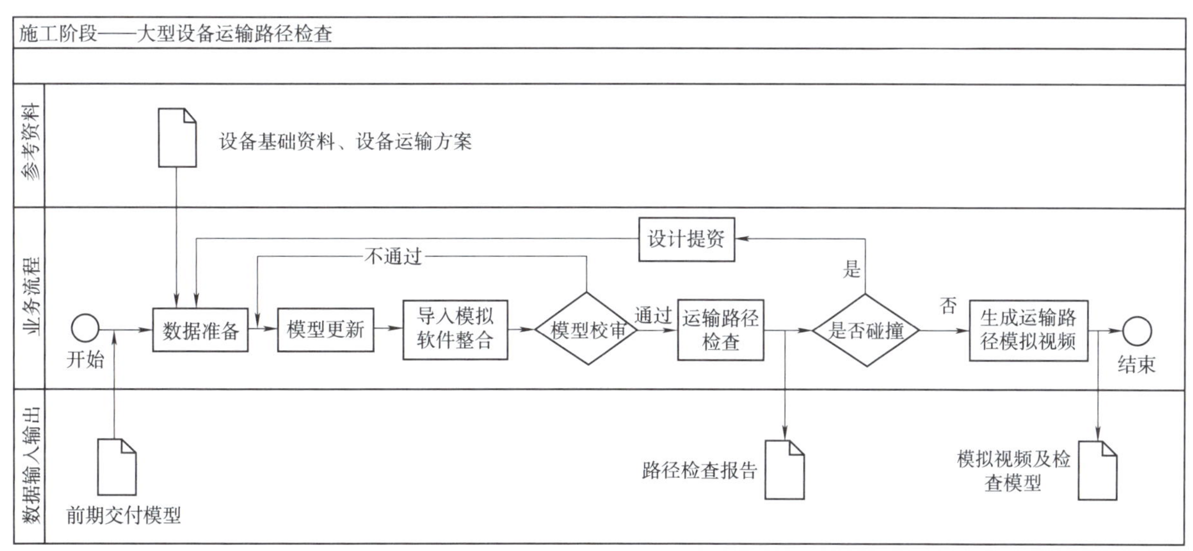

图 7. 15 大型设备运输路径检查流程

(1)施工单位数据收集。

(2)施工单位整合模型。

(3)施工单位校验模型。

(4)施工单位进行路径检查。

(5)施工单位提交路径检查问题报告。

(6)施工单位运输路径模拟动画。

3. 应用成果

(1)检查报告,形成路径检查问题报告并提交相关单位,报告用三维图片和文字说明运输碰撞点位置、碰撞对象。

(2)运输路径视频,能清晰反映设备的运输路径。

7.3 BIM 技术特色应用

由于西安市轨道交通建设规划各条线路的概况不同,设计与施工的重难点不同,如某站点采用暗挖工法,并与既有车站连接,施工风险高;某线路为市区环线,换乘站多,穿越既有线以及铁路,环境风险高;某线路具有公轨合建桥,并采用转体施工,施工技术要求高;某线路工程进度要求高;某线路为市域干线地铁线路,部分车站工况复杂,周边平行敷设综合管廊等市政工程。

通过建设规划各线路的特点应用,充分结合线路特点,发挥参建单位的主观能动性,探索出了 BIM 技术在城市轨道交通设计、施工中的落地应用体系,将 BIM 技术真正应用于解决设计与施工中的重难点问题,为 BIM 技术在行业内的推广应用积累了大量经验。

7.3.1 BIM+VR 方案技术培训交底

1. 应用内容

以某车站施工为例,选用数据集成与 VR 浏览软件(Fuzor、Steam VR)并采购 VR 设备(HTC VR),开展 VR 整体方案交底。并且通过细化标准段施工模型,开展现场技术交底(钢支撑架设、模板支架、钢筋绑扎等)。

2. 应用流程

(1)采购 VR 设备、VR 软件(Fuzor、Steam VR)。

(2)收集模型数据,包含车站模型、车站周边地形模型、施工场地布置模型。

(3)标准段精细化建模,根据已有的施工阶段模型进行构件的模型单元分解,每个构件以及构件的分解单元都含有与现实相符的材质属性,保证可编辑性。

(4)将模型导入 Fuzor 软件中进行材质完善,模型效果渲染。

(5)通过 Steam VR 将渲染后的模型连接到 VR 设备中。

(6)通过 VR 设备查看某站全车站模型进行整体方案全景浏览。

(7)通过 VR 设备查看车站土建标准段施工模型中钢筋布置、模板支架、钢支撑布置情况,对现场人员进行技术交底。

3. 应用成果

标准段精细化模型;BIM+VR 技术应用总结报告。

7.3.2 BIM+二维码辅助施工技术应用

1. 应用内容

以车站施工为例,将二维码粘贴在施工现场处,以便在施工过程中可随时观看二维码生成器挂接基础应用中的技术安全交底信息、设备信息、预埋件应用报告、重要施工模拟及关键节点施工模拟视频等相关文件,可依此对施工管理人员与现场领班人员进行可视化技术交底,辅助施工安全质量管控。

2. 数据准备

准备二维码生成器;准备施工相关技术信息及报告。

3. 应用流程

(1)将 BIM 模型上传至网络平台。

(2)通过网络二维码生成器生成二维码并打印。

(3)将二维码粘贴形成展板以及现场扫码应用。

4. 应用成果

在施工现场,建立二维码展板,方便施工过程中随时查看关键技术信息,辅助现场技术交底。

7.3.3 装配式施工

1. 土建装配式施工

西安市轨道交通某车站试点基于 BIM 的装配式预制楼梯。利用 Revit 软件构建楼梯预制梯板三维模型(图 7.16),并采用软件 Midas gen 对预制楼梯施工阶段及使用阶段受力形式进行计算分析,确保预制楼梯(图 7.17)受力安全。采用工厂预制现场拼装的装配式技术代替传统现浇楼梯工艺。

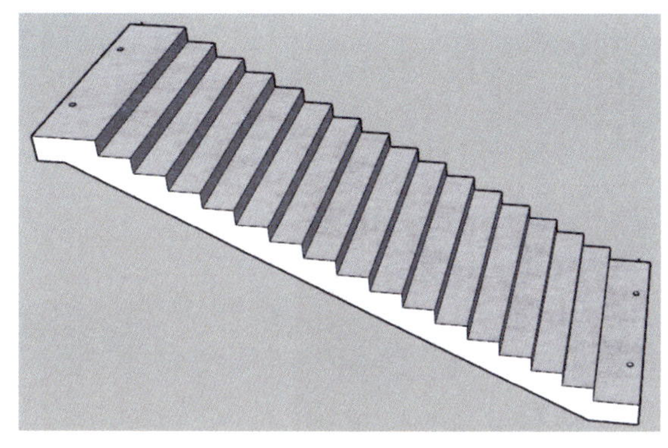

图 7.16 预制楼梯梯板 BIM 三维模型

图 7.17 预制楼梯施工现场

传统现浇楼梯工期为 3 周左右,预制楼梯现场施工时间预计 1~2 d,采用预制楼梯及楼梯墩柱替代传统的现浇工艺,可以节约工期。综合预制楼梯的结构受力安全性、施工工期、便利性及经济性等多角度分析可知,在地铁建设中采用预制楼梯具有可行性。

2. 机电装配式施工

通过结构优化设计和三维仿真设计,实现了对机电系统的整体最优布局,对各类机房可以节省占地面积和材料耗费,并且能够灵活适应特定的安装空间要求。通过工厂预制、模块运输、现场拼装,避免工程现场的交叉施工,降低业主的管理难度,提高安装质量,缩短现场建设周期。已在地铁部分站点应用装配式冷水机房技术。

城市轨道交通建设过程中,机电装配式施工主要围绕以下流程展开:

1)深化设计阶段

目前机电装配式施工主要应用于管线、支吊架系统及各类机房。在管线综合深化设计完成后,对模型中结构构件、风管、水管及桥架等进行拆分,对支吊架进行深化设计。管线和机房需要充分考虑设备和管线使用空间、检修空间、操作空间、运维空间等外部空间管理因素。深化后的模型如图 7.18 和图 7.19 所示。

同时利用三维激光全站仪(图 7.20)扫描施工完成的车站内部土建结构,形成完工后的土建结构点云模型,与土建施工深化模型进行对比,检查土建完成面的质量,形成误差分析报告供机电安装单位在标准、准确的土建模型中深化机电模型,得到具有准确位置的机电模型。

2)工厂化预制

本阶段主要根据 BIM 深化设计图,制作风管、水管、桥架、装修等加工工艺图,提交工厂进行制作加

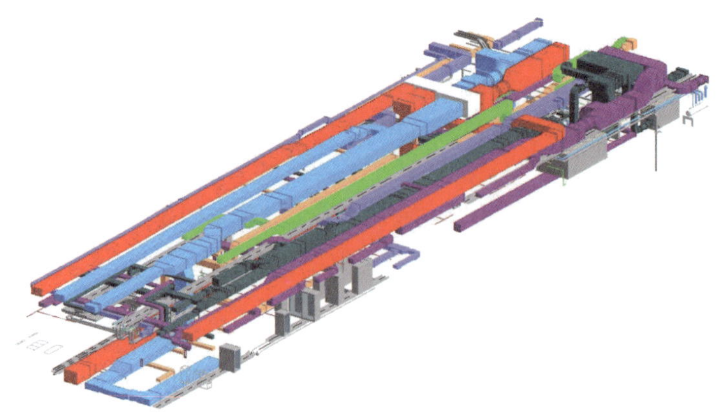

图 7.18　深化后车站机电模型

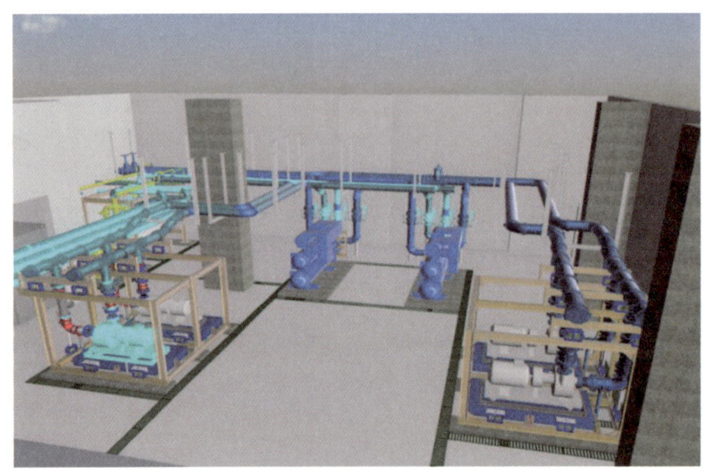

图 7.19　某站深化后装配式冷水机房模型

图 7.20　某站三维激光全站仪扫描应用

工，如图 7.21 和图 7.22 所示。本阶段管理主要是在工厂的加工制造控制，所有预制构件均在工厂车间采用自动化设备进行加工生产、标准化生产，提高生产质量和工程质量。同时，对预制加工生产厂家技术负责人及预制工人进行预制交底，确保管段预制尺寸准度。

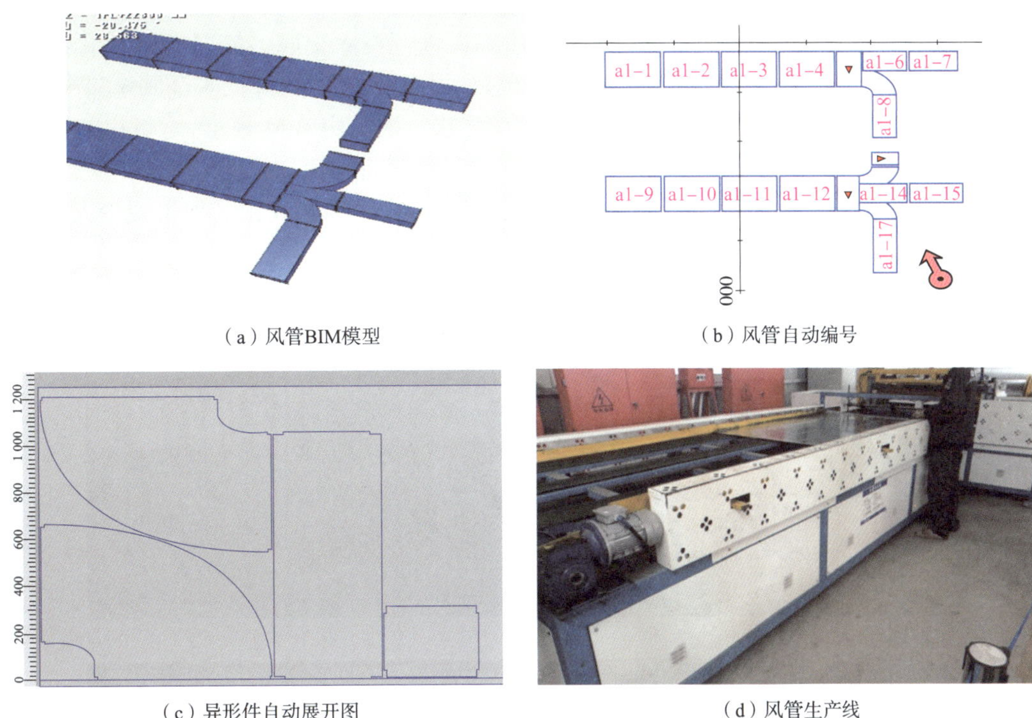

（a）风管BIM模型　（b）风管自动编号

（c）异形件自动展开图　（d）风管生产线

图 7.21　风管预制化加工

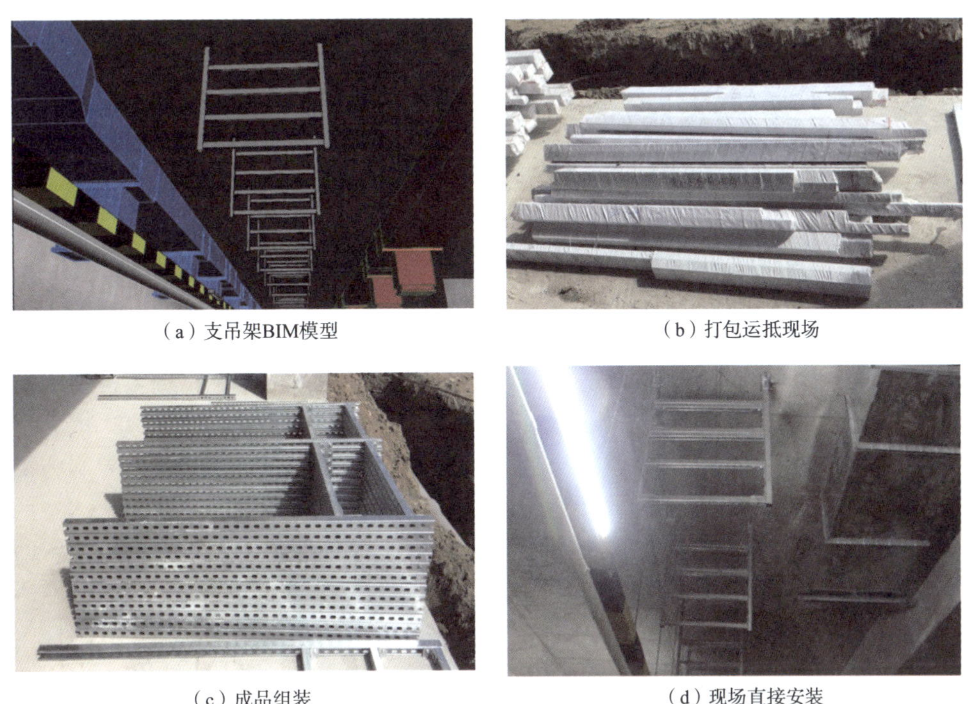

（a）支吊架BIM模型　（b）打包运抵现场

（c）成品组装　（d）现场直接安装

图 7.22　支吊架预制化加工

3）运输至现场

进行预制构件的装车运输分析，充分利用运输车的空间，最大限度提升效率。运输至施工现场后，提前根据各预制管段的装配顺序进行合理的预制构件堆放平面规划，确保施工环节“随装随取”，实现物料的高效转运。

4)现场装配

现场装配阶段,合理安排施工顺序,并对现场操作工人进行技术交底。依据 BIM 深化设计模型,现场对成品组件进行模块化安装,减少现场切、割、焊等现象,提高安装效率,降低安全风险,节约工期。

以西安市轨道交通某车站装配式冷水机房技术为例,基于该机房 BIM 模型,对机房的管线、设备布置进行深化设计,进行设备定位、复核预埋件位置、优化支吊架设计方案,确保设备安装及后期设备检修的操作空间。装配式冷水机房从施工策划到机房验收仅用时 37 d,装配式预制加工减少人工成本 30%。某站装配式设备模型及现场装配如图 7.23 所示。

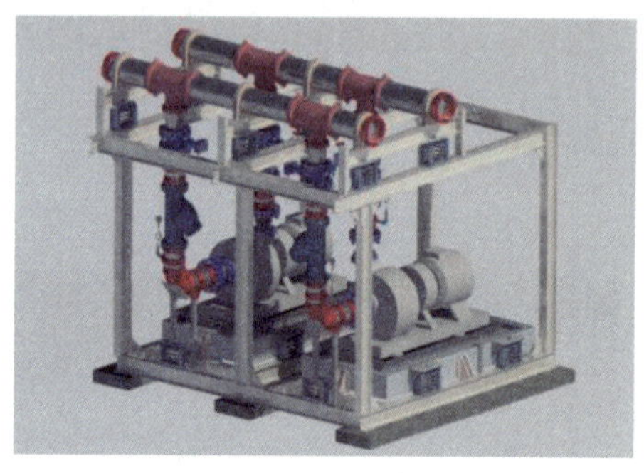

图 7.23　某站装配式设备模型及现场装配

7.3.4　暗挖工法 BIM 应用

1. 应用范围及内容

利用 BIM 技术对管理人员和加工人员进行竖井横通道施工模拟,用于钢格栅零件加工指导、特殊节点三维展示等。以西安市轨道交通某车站为例,车站为地下二层岛式车站,全长 248.75 m,是西安市轨道交通某线路工程中唯一一座采用 PBA 暗挖法施工车站。车站采用“上四下二”六导洞施工,主体高达 16 道工序,工序间衔接及步序要求严格、紧密,是全线的重难点工程。

计划在该站应用 BIM 技术进行 PBA 暗挖工法可视化培训和双侧壁导坑法支撑体系转换及主体结构施工可视化交底。

2. 应用流程

(1)数据准备:设计单位提供的车站结构模型,车站竖井、横通道、车站主体结构施工方案。

(2)结合设计单位提供的车站结构模型、勘察单位提供的地质信息模型进行模型深化,达到可以制作工法视频的条件。

(3)车站竖井、横通道、车站主体结构施工方案稳定后,将车站主体结构模型导入 3Dmax 软件进行施工步序的模拟及动画仿真视频的制作,用于单位工程培训学习及方案交底。

(4)实施过程中,针对重点环节,细化车站模型,制作动画,用于对劳务的分部分项工程交底,目前拟定于车站下二导洞双侧壁导坑法支撑体系转换及主体结构施工部分。实施过程中根据施工情况,灵活调整。

3. 应用成果

车站主体结构细部模型、车站 PBA 暗挖工法视频、双侧壁导坑法支撑体系转换及主体结构施工视频。

7.3.5 BIM 在区间结构工程量计算中的应用

1. 应用内容及范围

利用 BIM 模型的自动构件统计功能,减少异形结构人为计算的误差。主要应用于 BIM 模型中提取模型工程量,用以指导材料物资采购;从资源配置情况中提取现场实际人工、材料、机械工程量,掌握成本消耗情况。将模型工程量、实际消耗、合同工程量三量进行对比分析,掌握成本分布情况,进行动态成本管理。

计划应用于西安市轨道交通某区间(出入段线)竖井初支及二衬(主体)和某区间联络通道工程量计算。

2. 应用流程

(1)数据准备:设计单位提供的区间、联络通道结构模型,现场资源配置情况信息。

(2)结合设计单位提供的车站结构模型进行模型深化,补充钢筋等细部模型,达到可以提取工程量的条件。

(3)依据模型,提取设计工程量,根据现场实际情况,建立实际消耗资源量台账,同时根据合同文件,提取合同工程量。

(4)通过三量对比,掌握成本分布情况,进行动态成本管理,分析数据,减少资源浪费。

3. 应用成果

某区间(出入段线)竖井初支及二衬(主体)工程量;某区间联络通道工程量三量对比台账。

7.3.6 模型编码研究及工程计量应用

1. 应用目标

结合 BIM 技术的工程计量是 5D 成本管理技术中的重要组成部分,通过该技术的应用可以快速计算出特定时段、特定工程区段的工程量清单,一方面满足物资采购的需求,达到精准采购的目的,避免浪费;另一方面结合成本清单数据和市场定额,可以快速计算相关区段的成本或产值数据。

2. 应用流程

(1)模型复核:复核设计阶段提供的 BIM 参数模型,核对模型的错误、缺失、冗杂区域。

(2)模型深化:针对设计阶段的 BIM 模型,基于施工图纸及施工过程添加信息的需要,建立施工阶段的深化模型,并确定模型编码标准,以满足后期导入平台后与进度计划快速挂载。清单汇总表示例如图 7.24 所示。

(3)进度计划编制:通过 Project 软件对施工进度计划进行编制,并细化施工进度计划,进行流水段、施工内容的拆解。

(4)导入平台:将 BIM 参数化模型和 Project 文件上传平台,进行匹配,该匹配过程为 WBS 模型拆解与进度计划时间数据挂载的过程,从而进行特定时间段的工程量提取。

(5)工程量提取:通过平台提取工程的工程量,可以进行特定时间段、特定工作区段的工程量实时提取,并生成工程量清单,如图 7.25 所示。

3. 应用成果

(1)模型深化标准(以文件形式提供)。

(2)模型编码标准(以文件形式提供)。

(3)施工深化 BIM 模型一套。

(4)工程量提取清单。

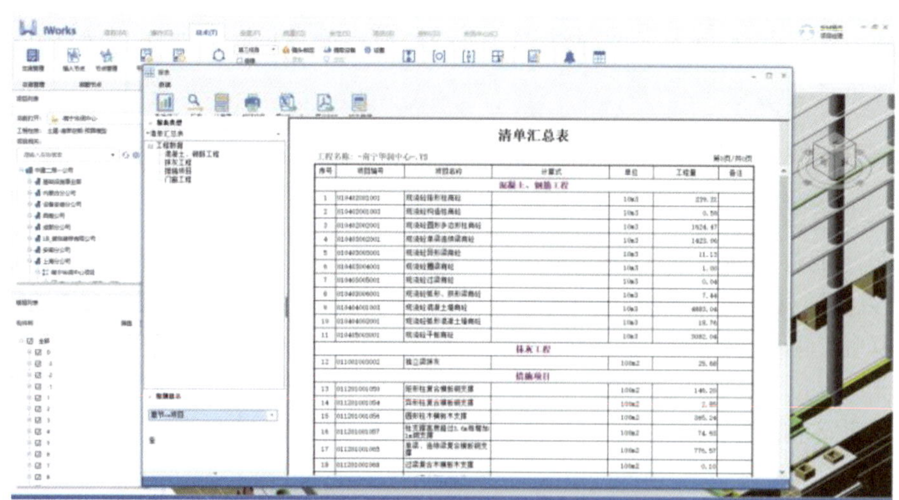

图 7.24　清单汇总表示例

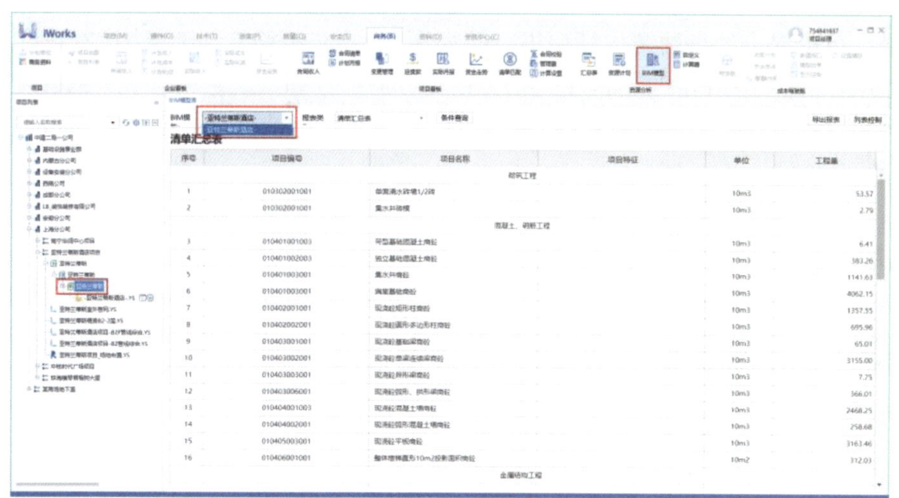

图 7.25　基于 BIM 模型生成清单

7.3.7　BIM 建模与全景照片融合(点云数据)的应用

1. 应用目标

线性工程的现场管理工作繁重,通过结合 BIM 技术,可以快速对现场的情况进行了解和掌握,并随时根据环境影响的需求进行调整。另一方面也可以根据采集的影像数据,通过软件的处理形成精确的模型数据,从而运用于土方量计算等其他方面。

2. 应用流程

(1)硬件准备:无人机、高清摄像头、定位基站、定位手持基站、DP-Smart 影响处理软件、定位服务系统。飞行控制系统如图 7.26 所示。

(2)飞行准备:施工现场,在可视度较好区域,每隔 1 km 布设相控点,现场施工人员对相控点的坐标高程数据进行测量记录。

(3)航拍:通过飞行器自动控制软件,设置飞行范围,自动采集数据,如图 7.27 所示。

(4)模型运算:将飞行的映像文件导入 DP-Smart 软件中,识别相控点,将相控点坐标高程参数进行录入,自动生成场地高清模型。

(5)人工识别:对飞行的整体影响数据进行梳理,检查本标段各分部的现场施工情况,并对可能影响周边环境的区域进行记录,并提供整改措施。

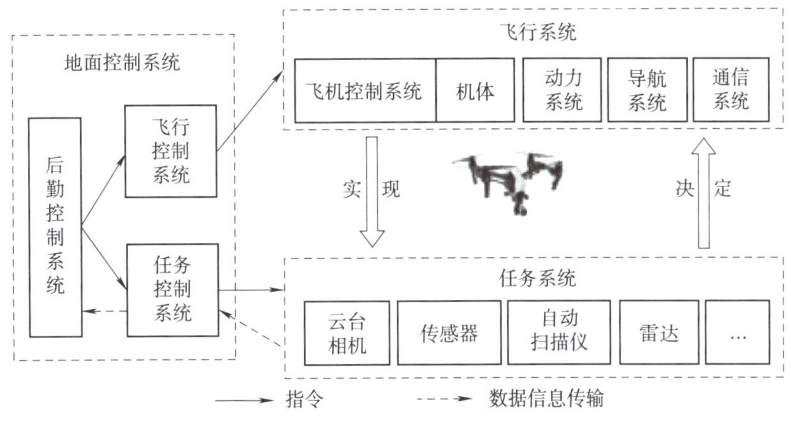

图 7.26 飞行控制系统

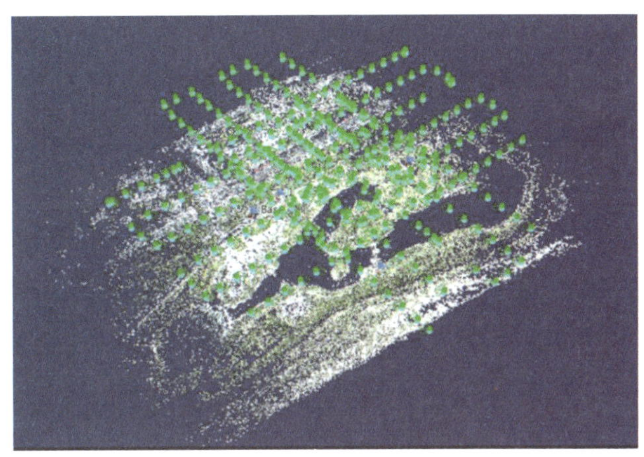

图 7.27 航拍自动采集数据

(6)模型应用:将 DP-Smart 生成的点云数据模型(OBJ 或 OSGB 格式)文件导入 BentleyCC 软件当中,可进行长度测量、面积测量、土方量计算等工作,大大减少了现场人工测量的工作量。

(7)模型应用:将点云数据模型导入 Bentley Openroads 软件当中,通过建立的设计标高场地与实际点云场地模型对比,形成土方量差值,快速计算填挖方量。

3. 应用成果

(1)标段飞行影像资料。

(2)倾斜摄影模型资料。

(3)无人机倾斜摄影技术应用(图 7.28)技术标准。

图 7.28 某站无人机倾斜摄影技术应用

7.3.8 公轨合建桥 BIM 特点应用

1. 公轨合建桥桥梁多曲面异形墩钢筋、模板可视化交底

1)应用内容

通过动态模拟创建多曲面异形墩钢筋、模板模型,设置构件显示颜色,通过模拟分析工程进度计划建造的可行性,合理调整、缩短关键工期,为现场施工提供可视化技术支持。

2)数据准备

优化模型;技术交底;施工进度计划及施工组织流程优化;模拟展示;三维效果图建立。

3)应用流程

(1)细化设计图纸。

(2)根据设计要求、模拟需要,创建结构模型,优化模型。

(3)模拟调整模型范围,模拟过程确保足够的模型细度及工作面;模拟过程涉及与其他施工工艺交叉的,应保证各工序的时间逻辑关系。

(4)利用施工工艺顺序的 BIM 模型制作工序模拟视频。

4)应用成果

多曲面异形墩钢筋、模板三维模型;多曲面异形墩钢筋、模板施工工序模拟动画;BIM 应用报告。

2. 加劲悬索桥顶推/散拼施工模拟

1)应用内容

大跨度宽幅钢桁梁施工过程中需要顶推或散拼,悬臂节点较多,施工过程中容易出现局部失稳等问题,采用 BIM 模型进行模拟,同时进行安装过程中的受力分析,对各个施工阶段的应力、线形及幅高进行施工监控及数据分析,调整施工工艺,并反馈给设计单位,及时修正参数,保证成桥后的线形和应力满足设计要求。

桥梁设计位置周边环境一般比较复杂,临时结构较多。应用 BIM 技术可视性特点对临时结构进行模拟,直观得到布置方案及工程量,方便选取施工工艺。顶推施工方案比选如图 7.29 所示。

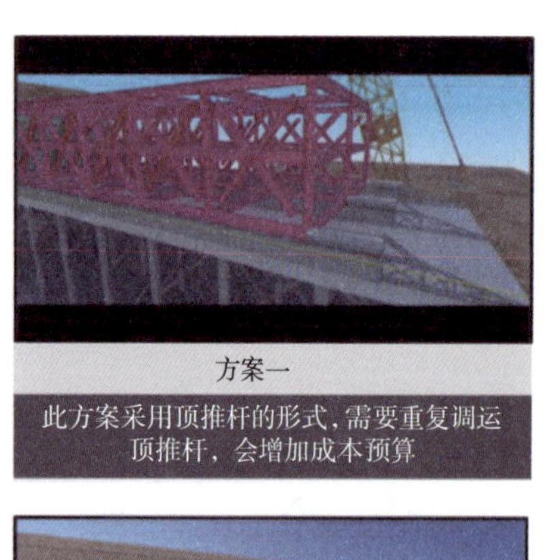

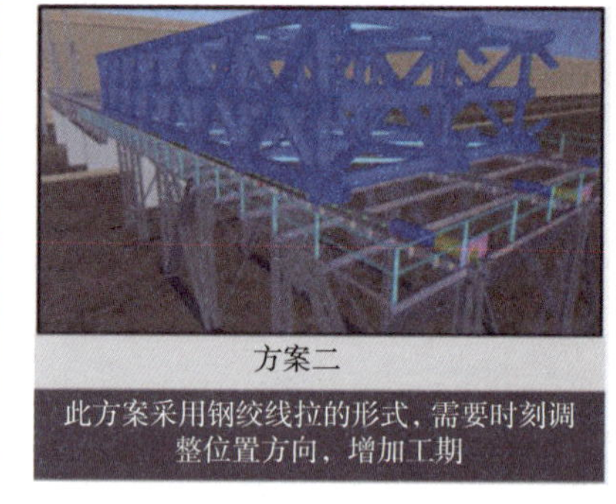

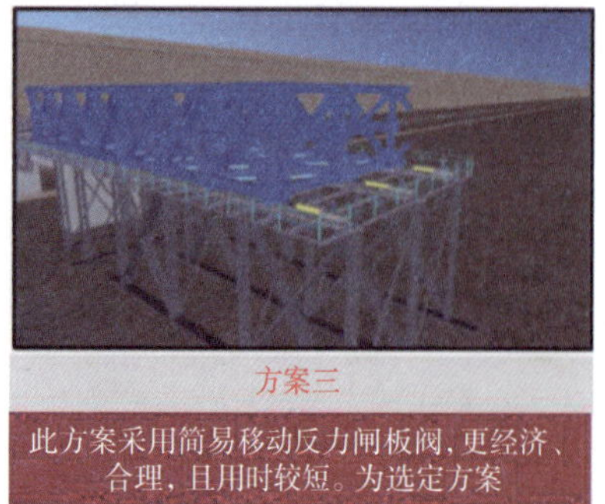

图 7.29　顶推施工方案比选图示

2)数据准备

施工方案;钢桁梁三维模型、各种辅助设施模型;施工图纸、施工进度计划及施工组织流程;三维设计数据集成,软硬空间碰撞检测,项目施工进度模拟展示;三维效果图建立,动画及视觉效果的建立。

3)应用流程

(1)检查可编辑模型的准确性、完整性。

(2)根据施工模拟需要,将两种工艺的流程分别在模型上演示,从进度、质量、安全方面进行对比、优选。

(3)根据模拟任务调整模型范围,模拟过程涉及空间碰撞的,应确保足够的模型细度及工作面;模拟过程涉及与其他施工工艺交叉的,应保证各工序的时间逻辑关系。

(4)在现场施工过程中,根据施工进度对照优选的方案进行调整和优化。

4)应用成果

施工工艺模拟视频;BIM 应用报告。

3. 钢箱梁逆向点云技术建模现场质量控制与虚拟验收

1)应用内容

利用三维激光扫描仪对钢构件进行三维测量,得到精确的三维模型,通过与 BIM 模型对比分析得出钢构件的偏差度,在实施安装时起到预判作用,为钢结构精确快速安装和质量控制提供数据支持。

2)数据准备

施工方案;钢箱梁三维模型;成品钢箱梁扫描生成点云数据。

3)应用流程

(1)徕卡 P40 三维激光扫描仪现场扫描钢箱梁,如图 7.30 所示。

图 7.30 现场扫描钢箱梁

(2)扫描生成钢箱梁点云,如图 7.31 所示。

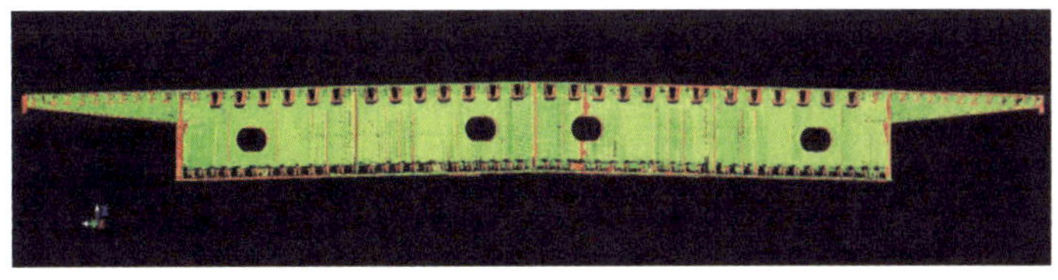
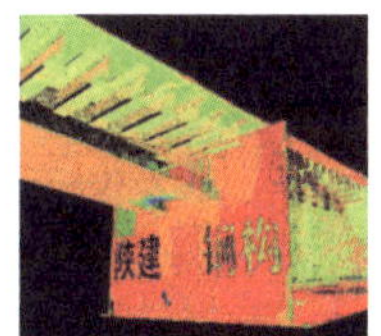

图 7.31 扫描生成钢箱梁点云

(3)BIM 模型和点云全局匹配分析,如图 7.32 所示。

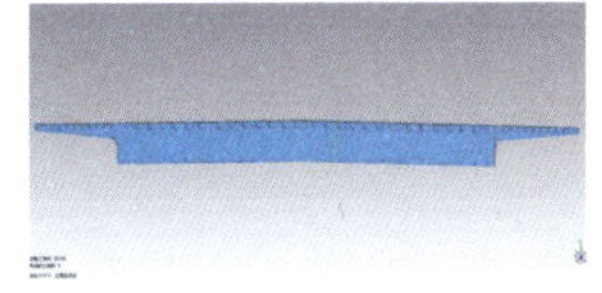
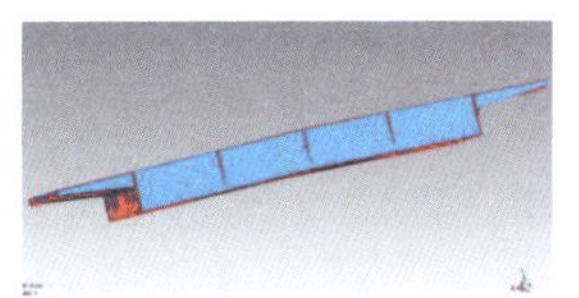
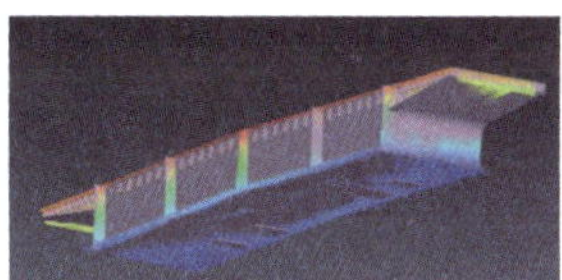

图 7.32 模型和点云全局匹配

4)应用成果

钢箱梁加工质量分析报告;BIM 应用报告。

7.3.9 数字资产移交

城市轨道交通工程竣工验收合格后,将各阶段验收形成的专项验收情况、设备系统联合调试数据、试运行数据等验收信息和资料附加或关联到模型中,形成竣工验收模型,分别向政府管理部门和运营单位移交,实现工程建设信息的数字化交付。

数字化交付内容主要包括竣工模型、设备构件模型(含相关资料)和工程建设资料。其中竣工模型与工程建设资料和设备构件模型(含相关资料)应具备关联关系,满足基于三维模型进行信息查询的需要。

竣工模型与信息交付应用流程如图 7.33 所示。

(1)由施工单位校验并按工程实体修改模型偏差,完善补充竣工信息,形成竣工模型提交监理、设计、BIM 咨询单位审核。

(2)基于 BIM 平台,预验收合格后应将工程预验收形成的验收资料与模型进行关联,竣工验收合格后应将竣工验收形成的资料与模型关联,形成竣工验收模型。

(3)BIM 咨询单位配合建设单位完成竣工验收模型交付。

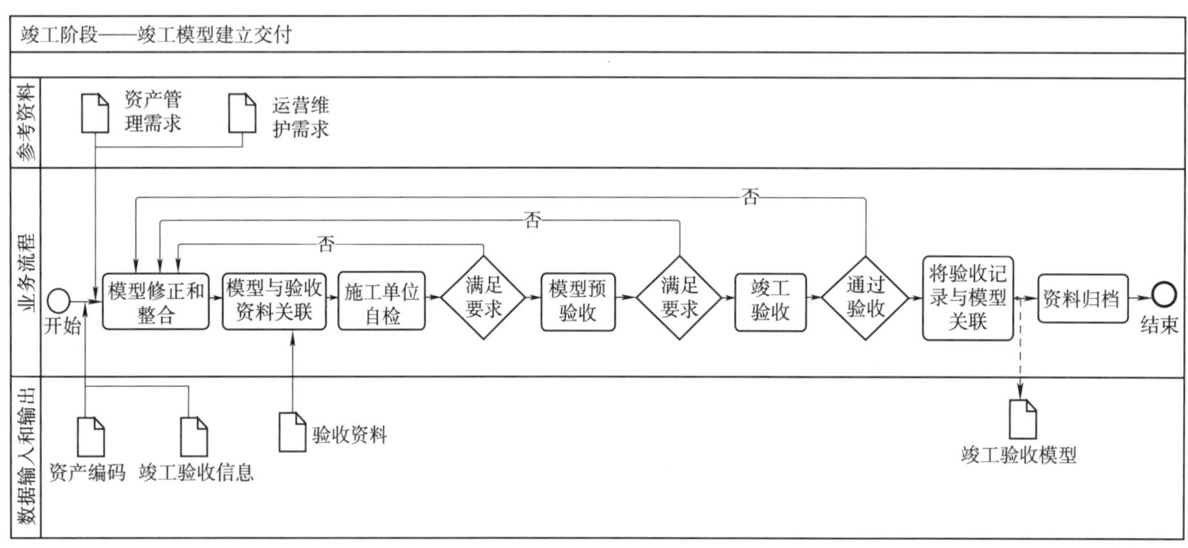

图 7.33 竣工模型与信息交付应用流程

通过数字化交付建立虚拟城市轨道交通,对工程竣工实体的工程前期、勘察设计、施工管理、设备采购等信息及图档资料进行一体化管理,为基于 BIM、物联网、大数据等技术开展智能运维奠定数据基础。

小　　结

西安市轨道交通成立智慧城轨领导小组,下设 BIM 实施小组及各有关部门共同建立了 BIM 实施组织管理架构,根据 BIM 工作需要安排了各专业背景的专业工程师进行技术对接,推动各项 BIM 工作落地实施。BIM 咨询单位、设计咨询单位、设计总体单位、施工总承包单位等均建立了配套的内部管理机制,明确了内部分工和外部对接机制,支撑了各类 BIM 应用成果的审核、传递流程的制定。在 BIM 领导小组的组织推动下,各项 BIM 应用工作按照既定目标和计划有序开展。

通过三期建设规划各线路的特点应用,充分结合线路特点,发挥参建单位的主观能动性,探索出了 BIM 技术在城市轨道交通设计、施工中的落地应用体系,将 BIM 技术真正应用于解决设计与施工中的重难点问题,为 BIM 技术在行业内的推广应用积累了大量经验。

1. BIM 应用接口管理

西安市轨道交通 BIM 应用范围涵盖所有专业,包括建筑、结构、暖通、机电等,是全专业、全参与方的综合应用。做好各专业、各参与方之间接口管理是整体 BIM 实施的重点。

1) 多专业接口管理

勘察、土建、机电、系统和装修等各专业共同组成轨道交通全专业模型数据,各工点单位基于同一套模型数据,分别根据设计任务开展建筑方案比选优化、土建深化、机电深化和装修深化等应用,保障多专业的设计协同。设计总体制定协同工作机制(含版本管理、提资管理、问题反馈等),借助于 BIM 咨询提供的设计系统平台进行成果审核、提资等接口管理工作。

2) 多阶段接口管理

随着工程建设推进,控制因素分析、换乘方案模拟、设计方案比选、管线迁改、交通数据、工程量统计等各项 BIM 应用同步加深,应用成果作为输入条件向下一阶段传递。例如管线迁改在初步设计阶段主要用于工程筹划,施工图设计阶段根据方案调整和详勘结果进行调整,施工阶段现场复测、实施后调整模型,并进行最终交付。本次开发的设计协同平台,提供了多级审核流程、成果管理和分发使用功能。

3) 多业务接口管理

组织施工单位介入设计阶段的站后正向设计(三维管综)工作,保障管综成果的可实施性。组织设计单位介入施工阶段的深化设计工作(含土建深化、机电深化和装修深化),保障深化结果在满足施工的情况下,符合标准规范和设计意图。设计单位、监理单位等介入设备供应商提交构件模型的审查工作,保障模型与实物一致、信息符合要求,最终实现满足资产需要的数字化交付。

4) 模型与现场接口管理

土建施工完成后进行现场复测,根据土建实体校正、调整机电深化模型,优化、调整后用于指导现场施工。

2. 展望

当前 BIM 模型的构建与检查仍以人工为主,自动化、智能化程度不高,通过加大软件工具研究、内置模型标准,提高建模效率,实现模型的自动化检查,提高 BIM 设计效率,从而全面推动未来西安市轨道交通后期建设规划线路的正向设计工作。

打通智慧工地与 BIM 的数据接口,实现施工现场人、机、料、法、环在三维空间的真实再现,实现工地的五要素、四控、三管、一协调,推动四期建设规划线路的智慧建造。

研究 BIM 技术与物联网、人工智能技术的集成应用,减少现场人工数据采集、上报工作量,智能分析建造过程的进度、安全、质量状态,保证现场的安全文明绿色施工,支撑未来西安市轨道交通后期建设规划线路全面落实数字化建设管理。

第 8 章　技术展望

西安轨道交通经过 15 年(2006—2021)建设及已运营 8 条线路(截至 2021 年 8 月)的工程实践,涉及西安地区主要工程及水文地质,形成了关键施工技术,车站主要以明挖法为主,部分采用盖挖法或暗挖法;区间隧道以盾构法为主,部分采用浅埋暗挖法、明挖法等;系统设备采用同期主流先进技术。

随着西安轨道交通建设高质量发展,工程建设面临更为复杂的环境条件,研究探索施工新技术和新工艺,着力解决复杂条件下地铁施工难题,规避或化解工程风险,对促进西安轨道交通施工技术先进性和智能化水平意义重大。

借鉴《城市轨道交通工程创新技术指南》(2019 年 4 月),坚持"以人为本",实现轨道交通建设的绿色化、智能化、信息化、标准化等。装配式车站、盾构隧道扩挖车站、类矩形盾构隧道、矩形顶管法等建造技术在国内轨道交通建设中已有成功案例;随着 5G、物联网、区块链等信息技术的发展,轨道监测、维护技术日新月异,在西安轨道交通工程建设中,结合工程重难点、风险点,开展针对性专题研究,并适时合理采用,能达到事半功倍的效果。

8.1　装配式车站建造技术

该技术已在长春地铁 2 号线袁家店站、西环路站、西兴站及建设街站 4 座车站施工中得以应用,适用于工期紧、占地时间短的明挖车站施工。

如图 8.1 所示,预制装配式车站结构为封闭式筒体,中间设置现浇立柱及中板,预制构件可在纵向分割成多个标准环,每环独立拼装,不断向前推进成型;每个标准单元根据其尺寸和位置分为不同的预制段,每段之间通过榫槽定位,张拉预应力后成型。

图 8.1　预制装配式地铁车站

(图片来源于网络)

装配式车站构件每环宽度 2 m,由 7 块预制构件组成;构件采用榫接形式,各块均为通缝拼装;立柱与楼板采用现浇结构,构件内埋直螺纹接驳器与楼板钢筋采用机械连接;出入口采用特殊块拼装,装配段与现浇段采用后浇环梁连接。

预制构件分块如图 8.2 所示。

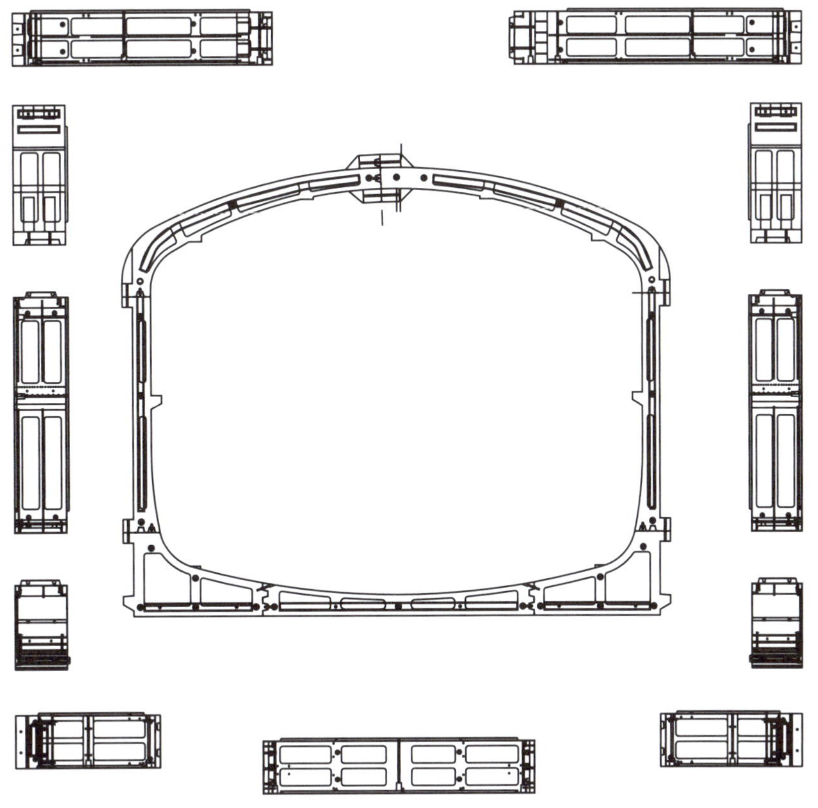

图 8.2 预制构件分块图

8.2 盾构隧道扩挖车站建造技术

当地铁车站站位、外部条件不具备施工条件时,盾构区间施工也往往被延误,无法掘进。为了摆脱此类问题的束缚,充分发挥盾构法施工的优势,延长盾构一次推进距离,采用先期盾构隧道施工完毕,后续车站借助盾构隧道扩挖进行车站施工。该技术为解决连续的多车站盾构区间,且中间车站不具备开工条件的施工难题提供了解决方案,具有很强的针对性和适应性。

8.3 类矩形盾构隧道建造技术

工程实例为宁波轨道交通 3 号线出入段线工程、宁波轨道交通 4 号线翠柏里站—大卿桥站区间、宁波轨道交通 2 号线五里牌站—枫园站区间项目。其中宁波轨道交通 3 号线出入段线最小曲率半径 400 m,沿线穿越城市主干道、老旧厂房、河流等。隧道收敛变形控制在 3 mm 内,轴线偏差控制在 100 mm 内,地表沉降控制在 15 mm 内,施工效果良好,满足规范要求。

8.3.1 结构设计

四条光滑相切的圆曲线形成成拱效果明显的“类矩形”隧道断面,结构包含分散式逃生横通道、内置式泵房等。衬砌环全环由 11 分块(含中间立柱块)组成,环间采用 A、B 型衬砌环交错拼装形成错缝形式,如图 8.3 所示。

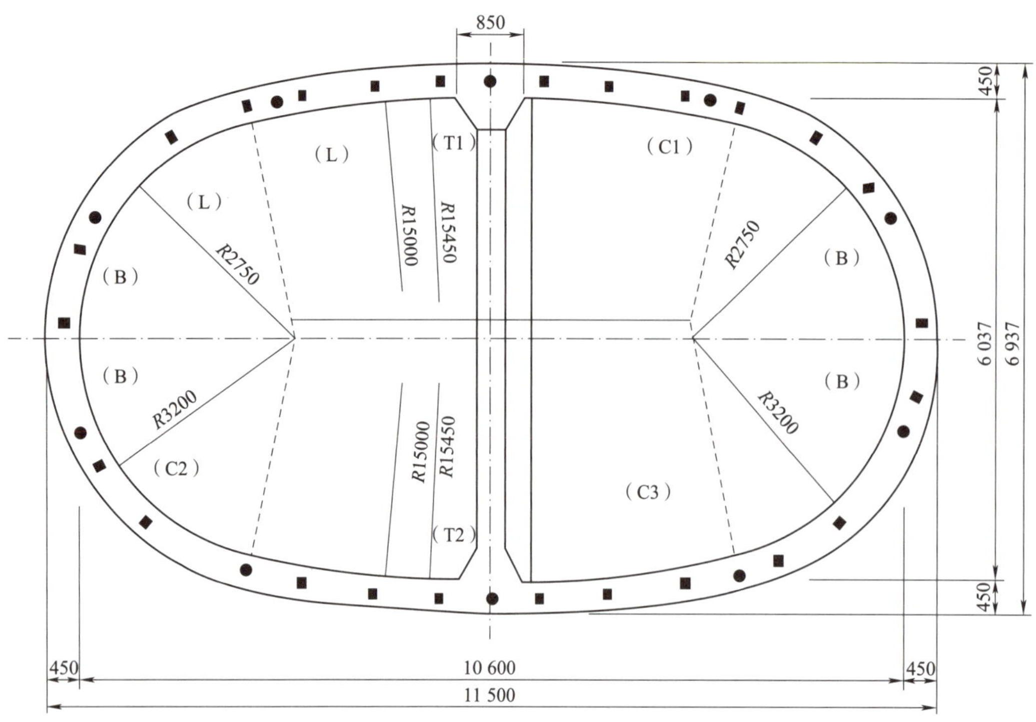

图 8.3　类矩形盾构隧道断面形式(单位:mm)

8.3.2　类矩形土压平衡盾构机

采用 11.83 m×7.27 m 全断面切削类矩形土压平衡盾构机,盾构机包含“双 X 同面+偏心多轴”组合式全断面切削刀盘系统(图 8.4)、串联环臂式轨迹伺服拼装系统(图 8.5)、防背土系统、地中可换可调式铰接密封系统等;其中,环臂式拼装机采用 2 台中空轴式回转拼装机,既可以同时独立运行,也可以协同工作,通过拼装运动控制轨迹跟踪技术,实现流程自动化、拼装微调化,通过协同作业完成超长中立柱管片的拼装。

图 8.4　“双 X 同面+偏心多轴”组合式切削刀盘

图 8.5　串联环臂式轨迹伺服拼装系统

8.3.3　施工控制技术

通过管片的拼装仿真模型初步确定拼装顺序及质量控制措施,并经管片水平拼装、拼装机试拼装、负环拼装等环节验证和反馈,最终确定拼装顺序。通过室内试验、现场试验确定浆液配合比及注浆参数,采取八点位注浆的方式保障注浆质量。

该技术采用矩形断面结构形式,可节约地下空间占用率,且具有较大的结构强度和刚度;11.83 m×7.27 m 全断面切削类矩形土压平衡盾构机可保证全断面切削,施工扰动小。类矩形盾构隧道为扁狭结构,隧道纠偏过程易偏转,且偏转对隧道成型质量影响大。施工过程实时监控隧道偏转状态,出现偏转时及时采用压载、不对称注浆等方式纠偏。特别适用于城市轨道交通建设中沿线道路狭窄、交通繁忙、建筑物密集区域的隧道施工。

8.4 车站出入口矩形顶管法施工技术

顶管法是指隧道或地下管道穿越铁路、道路、河流或建筑物等各种障碍物时采用的一种暗挖式施工方法。矩形顶管法自 20 世纪 90 年代起在我国上海、广州、深圳、武汉、宁波、苏州等南方城市的地铁车站出入口及市政过街通道工程中得到广泛应用,近年来也逐渐推广到天津、济南、青岛等北方城市的地铁出入口建设。

顶管法主要工作原理(图 8.6)与盾构法相同,均是采用非开挖式掘进施工,但其尺寸比盾构小,管片拼装形式及操作模式也与盾构不同。目前国内地铁工程中主要采用土压平衡矩形顶管,其工作原理为通过顶管机头前端大、小刀盘对掌子面土体进行全断面切削,由主顶油缸提供前进动力克服机头迎面阻力和摩擦力,并通过改变螺旋机的旋转速度及顶进速度来控制排土量,使土压仓内的土压力值稳定并控制在所设定的压力值范围内,从而使开挖切削面的土体稳定。顶管法施工工艺流程如图 8.7 所示。

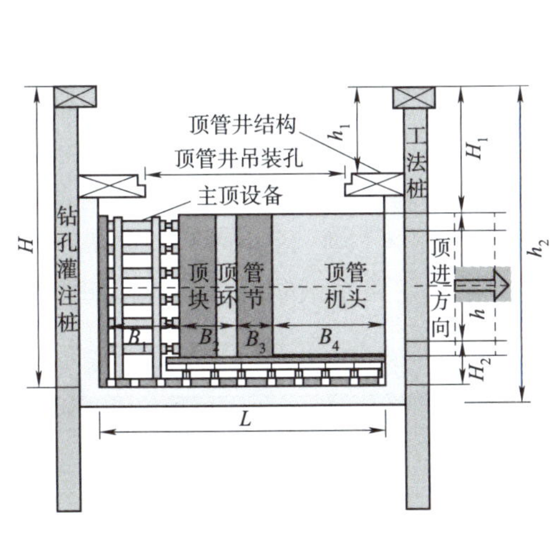

图 8.6 顶管法工作原理示意图

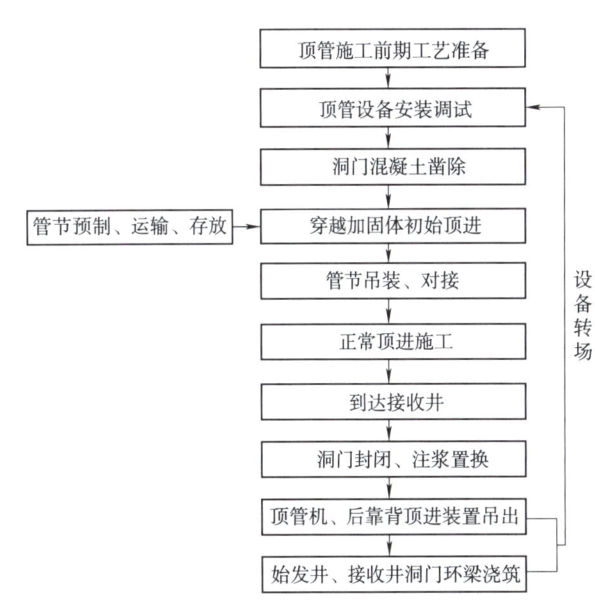

图 8.7 顶管法施工工艺流程图

8.5 泥水平衡顶管施工技术

泥水平衡顶管技术作为一种日益成熟的施工技术,在排水管道的铺设施工中发挥了很好的作用,如图 8.8 所示。顶管适用的土层范围很广,特别适用于黏土和粉土,也适用于砂石、卵石、碎石、风化残积土等,特别是在地层为流砂时,采用泥水平衡顶管安全性高,可以用于地铁前期工程,或砂层中联络通道施工。

泥水平衡顶管施工是一种以全断面切削土体,以泥水压力来平衡土压力和地下水压力,利用泥水作为输送弃土介质的机械式顶管作业。基本原理是泥水护壁,在泥水式顶管施工中,要使挖掘面保持稳定,必须向泥水仓注入一定压力的泥水,泥水在压力作用下向土体内部渗透,在开挖面形成一层泥皮,泥皮的作用,一方面阻止泥水继续向土体内部渗漏,另一方面泥水的压力通过泥皮作用在开挖面防止坍塌。

泥水平衡顶管施工效率比人工顶管高两倍,比土压平衡顶管效率高一倍,且不良地质处理费用较小。可以适用各类均匀地质, 控制精度高,安全保障技术全面可靠。

图 8.8　泥水平衡顶管

8.6　U-BIT 工法

BIT 工法借鉴了日本 URT 工法的基本理念,将传统管幕法的圆形钢管优化为矩形,通过专门设计的止水锁扣,形成管节内和管节间两组空腔,管幕闭合后在空腔中设置后张法钢索波纹套管并浇筑混凝土填充。待预应力完成后可直接开挖,无需洞内加固和支撑。钢管幕既可以作为隧道的临时衬砌,耐久性经受考验后也可以作为隧道的永久衬砌。U-BIT 工法试验工程取消了日本惯用的外挂式专用张拉管节的设计,提高了空间利用率,K-T 锁扣内充填专用密封油脂也较 URT 的单纯咬合锁扣具有更好的密封性;施工中应用对比了 3 种不同类型的土压平衡式矩形工具管,最终确认行星式单刀盘土压工具管为最优形式。2021 年 8 月 29 日,随着上海地铁 14 号线武定路站 1 号出入口在 48 h 内开挖完成(图 8.9、图 8.10),上海地铁完成了自主创新的 U-BIT 工法首个试验工程,武定路站试验工程运营初期不浇筑二衬,通过长期监测掌握预应力结构作为永久衬砌的力学和耐久性特点。

图 8.9　上海地铁 14 号线武定路站 U-BIT 工法

图 8.10　上海地铁 14 号线 1 号出入口贯通

8.7　BIM+工厂预制化装配式机房

在充分考虑运维、检修空间后,将除冷机之外的水泵、阀门、管道、管道支撑、水处理装置、泄水、电气、接地、控制、检测集成于一体的单元模块化机房,如图 8.11 所示。

具有如下优势:优化空间排布,提高空间利用率,布局美观合理;缩短现场施工周期,减少主体结构对安装工期的影响；模块化设计，减少施工接口，便于各专业统筹协调；工厂化预制加工，降低现场作业风险，有利于安全管控；精细化质量管控，严格的出厂质检标准，保障工程质量；人性化设计，充分考虑运维通道，便于后期运维使用；机房安装所需劳动力减少 50%；机房安装人工费用减少 40%；施工过程中的拆改、返工费用减少 95%；危险作业源减少 95%；机房安装工期节省 90%。

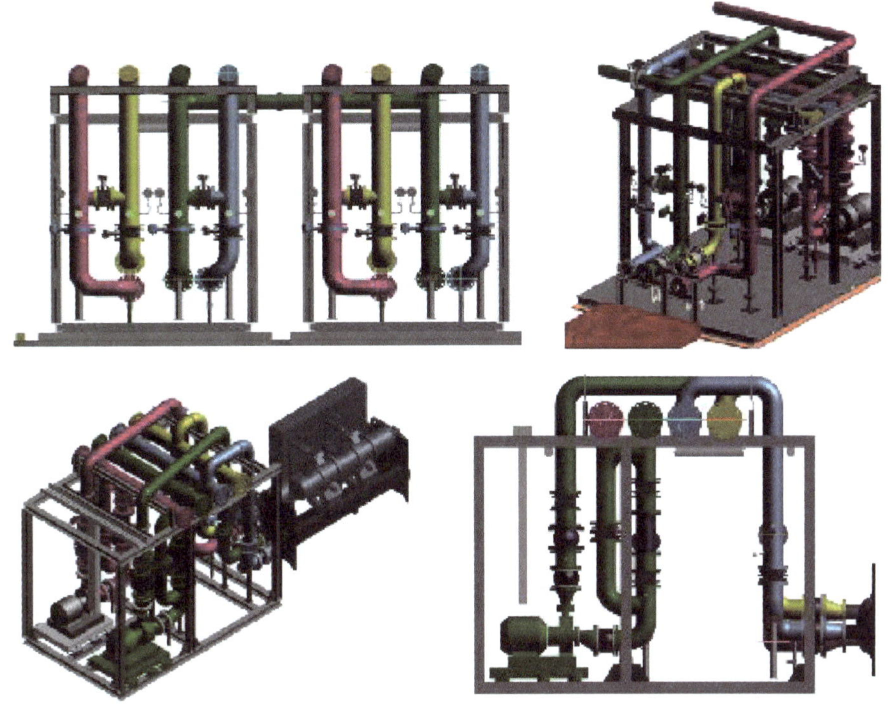

图 8.11 BIM 单元模块

8.8 GRF 绿色装配式土钉墙施工技术

为响应国家大力推广绿色建筑的政策，通过研究新材料、新工艺、新技术，解决传统边坡防护受天气、温度、材料供给、施工人员数量、作业水平等因素导致较大的施工缺陷，突破传统支护工程“傻、大、粗” 的特点，采用 GRF 绿色装配式边坡支护施工技术，可以大大推动边坡防护工程绿色施工发展，为项目增值添彩。

GRF 绿色装配式支护施工技术，面层主要由加筋层、防护层、性能层等预制而成，具有反滤、防水等特点，可实现坡面防水功能，如图 8.12 所示，同传统喷护面层钢筋网片具有等效抗拉强度，满足规范技术安全要求。该技术是提前利用全站仪在基面上放好土方开挖的上口线及下口线，然后按设计要求严格分层

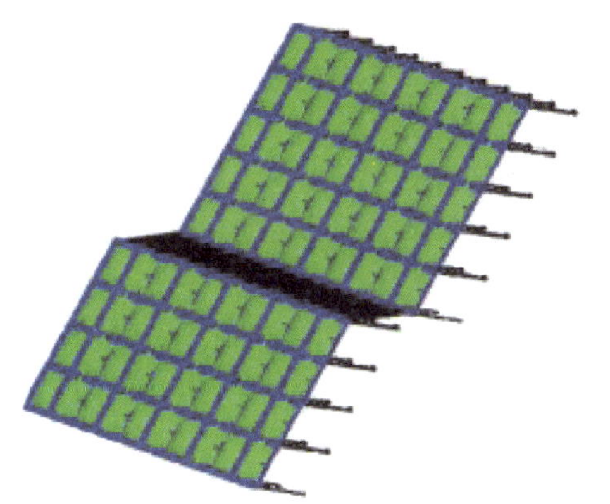

图 8.12 装配式土钉墙

开挖,开挖到设计标高后,对局部坡面进行修整,随后开始土钉施工,土钉成孔、制作安装及注浆依次完成后,进行 GRF 面层摊铺、接缝连接。为了防止雨水由坡顶向坡底渗透,对坡顶及坡底进行翻边处理。相对于传统钢筋网喷支护形式,GRF 面层材料由工厂预制,标准严格,受影响因素少,质量易于控制,人工产能提高,绿色美观。

8.9 轨道维护技术

8.9.1 建立高覆盖、高速度、高安全的基础通信及集中的数据存储平台

首先,基于 5G 通信及云平台技术,实现段场、线路、车站的全覆盖网络,做到轨道线路检查检测实时高效的数据传输,为数据的收集打下基础。其次,基于云技术,搭建安全有效的城轨数据云平台,实现海量数据的集中存储及共享,完成数据的互联互通,为后续线路病害的智能研判提供条件。

8.9.2 构建高精度、高可靠的实时在线监测系统

基于分布式光纤/光栅融合传感的隧道结构实时在线自动监测系统,对隧道裂缝、渗漏水、沉降变形等健康状态进行有效的监测并获取其长期的演化规律。采取宽频声敏光纤和声谱机器识别+监控融合的实时状态采集方法,解决内部损伤和外部入侵的灵敏感知难题。利用感温光纤+感烟型报警器阵列获得火灾预警;利用雷达反波实测管片空洞等技术,全面实现高精度、高可靠的实时主动预警,构建智能化线路运行维护保障体系。

8.9.3 形变、伤损动态检测

基于视觉成像、雷达和激光图像融合识别技术,集成惯性导航系统,以车轮编码、激光扫描、高清照相结合隧道内现有的 CPⅢ控制系统实现高精定位,实现目标识别、实时跟踪、精确测量,对隧道(收敛、错台)、轨道、接触网等一体化快速检测。基于电磁、超声、激光图像多物理融合的钢轨缺陷巡检技术,对复杂的现场和空间利用激光快速扫描加高清侧拍,实现对隧道结构及线路设备的全断面检测。

后　　记

历久弥新,西安轨道交通自建设以来在众多工作人员的不懈努力下攻克了一道又一道技术难题,推动着西安轨道交通建设不断向前迈进。本书编写得到了施工、设计、勘察、监理单位的大力支持,我们精选案例,由业务骨干执笔撰写,历时数月,经多次修改完善,最终定稿形成了这本极具有西安特色的《西安城市轨道交通施工关键技术》。对于各位参编人员所付出的辛勤劳动,在此表示衷心感谢。由于篇幅有限,我们只选取了具有代表性的施工关键技术和案例向读者展示,同时,由于我们水平和经验有限,书中难免存有瑕疵,敬请读者批评和指正。

编写人员名单

编写内容		编写人员
第 1 章　西安轨道交通工程发展概述		高万春、栗慧珺
第 2 章　西安轨道交通工程地质条件概况		张鑫、周晓燕、王永刚
第 3 章 土建施工 关键技术	3.1　湿陷性黄土地层施工技术	王电华、房盛楠、潘剑
	3.2　饱和软黄土地层隧道施工技术	杨晓强、贺智宏、桑雨
	3.3　隧道穿越地裂缝施工技术	马明波、范星亮
	3.4　全断面富水砂卵石地层隧道施工技术	杨晓强、周沈华、唐立州
	3.5　盾构法下(侧)穿国家级文物施工技术	杨飞、康见星、张天奕
	3.6　盾构近距离下穿既有地铁隧道施工技术	温克兵、陈波、任斯慧
	3.7　大断面浅埋暗挖法施工技术	韩日美、王征、曾俭荣、李储君
	3.8　暗挖车站施工技术	韩日美、杨飞、孙振国
	3.9　复杂环境下明挖车站施工技术	何小华、徐靖骅、张乐、张亚龙
	3.10　半铺盖法施工技术	王彦臻、梁玉钊、何白琳
	3.11　盾构端头及联络通道加固的施工技术(包括冷冻法)	周沈华、陈飞、殷欢
	3.12　地铁隧道防水控制要点	雒克强、张琦、王晓华
	3.13　换乘车站改造	王彦臻、陈波、张得祥
	3.14　带上盖开发场段工程施工技术	何小华、严小勇、刘涛、李百赢
	3.15　测量、监控量测管理及新技术应用	姜雁飞、赵伟、周志强、王婷
	3.16　桥梁施工技术	王电华、王锁利
	3.17　大直径雨污水管道水下截流导改技术	张睿、张宾
	3.18　外部电源接入工程	王成、夏付炳
第 4 章　轨道施工技术		刘建利、苗永杰、左世鑫、郭炜
第 5 章　车站装饰装修工程及公共艺术设计施工		武文、李立、李路葵、芮文祥
第 6 章 系统设备 关键技术	6.1　设备系统概述	胡建侠
	6.2　系统对土建、装饰装修工程的接口	冯平、王欣
	6.3　供电系统设备安装	魏峰、金静、刘二江、卢扬阳
	6.4　弱电系统设备安装	常毅、吕健、朱永刚
	6.5　通用设备系统安装	周鑫、樊琦、姚琎、范维超
	6.6　电扶梯、站台门、AFC 安装	李贤妮、钟锐楠、欧阳科华、牛胜利
	6.7　区间人防门、防淹门	赵立新、李建康
	6.8　综合联调	马一博、许双伟、刘韦良、李伟伟
第 7 章　BIM 技术在施工中的应用		王电华、刘富强、马骉
第 8 章　技术展望		高万春、温克兵、栗慧珺